■2025年度高等学校受験用

# 早稲田大学高等学院

## 収録内容一覧

★この問題集は以下の収録内容となっています。また、編集の都合上、解説、解答用紙を省略させていただいている場合もございますのでご了承ください。

（○印は収録、ー印は未収録）

| 入試問題の収録内容 | | 解説・解答 | 解答用紙 |
|---|---|---|---|
| 2024年度 | 英語・数学・国語 | ○ | ○ |
| | 小論文 | ー | ー |
| 2023年度 | 英語・数学・国語 | ○ | ○ |
| | 小論文 | ー | ー |
| 2022年度 | 英語・数学・国語 | ○ | ○ |
| | 小論文 | ー | ー |
| 2021年度 | 英語・数学・国語 | ○ | ○ |
| | 小論文 | ー | ー |
| 2020年度 | 英語・数学・国語 | ○ | ○ |
| | 小論文 | ー | ー |
| 2019年度 | 英語・数学・国語 | ○ | ○ |
| | 小論文 | ー | ー |
| 2018年度 | 英語・数学・国語 | ○ | ○ |
| | 小論文 | ー | ー |
| 2017年度（29年度） | 英語・数学・国語 | ○ | ○ |
| | 小論文 | ー | ー |

★当問題集のバックナンバーは在庫がございません。あらかじめご了承ください。

# ●凡例●

## 【英語】

≪解答≫

〔　〕　①別解
　　②置き換え可能な語句（なお下線は置き換える箇所が2語以上の場合）
　　（例）I am〔I'm〕glad〔happy〕to～

（　）　省略可能な言葉

≪解説≫

1, 2…　本文の段落（ただし本文が会話文の場合は話者の１つの発言）

〔　〕　置き換え可能な語句（なお〔　〕の前の下線は置き換える箇所が２語以上の場合）

（　）　①省略が可能な言葉
　　（例）「（数が）いくつかの」
　　②単語・代名詞の意味
　　（例）「彼（＝警察官）が叫んだ」
　　③言い換え可能な言葉
　　（例）「いやなにおいがするなべにはふたをするべきだ（＝くさいものにはふたをしろ）」

//　訳文と解説の区切り

*cf.*　比較・参照

≒　ほぼ同じ意味

## 【数学】

≪解答≫

〔　〕　別解

≪解説≫

（　）　補足的指示
　　（例）（右図１参照）など

〔　〕　①公式の文字部分
　　（例）〔長方形の面積〕＝〔縦〕×〔横〕
　　②面積・体積を表す場合
　　（例）〔立方体ABCDEFGH〕

∴　ゆえに

≒　約、およそ

## 【社会】

≪解答≫

〔　〕　別解

（　）　省略可能な語

＿＿　使用を指示された語句

≪解説≫

〔　〕　別称・略称
　　（例）政府開発援助〔ODA〕

（　）　①年号
　　（例）壬申の乱が起きた（672年）。
　　②意味・補足的説明
　　（例）資本収支（海外への投資など）

## 【理科】

≪解答≫

〔　〕　別解

（　）　省略可能な語

＿＿　使用を指示された語句

≪解説≫

〔　〕　公式の文字部分

（　）　①単位
　　②補足的説明
　　③同義・言い換え可能な言葉
　　（例）カエルの子（オタマジャクシ）

≒　約、およそ

## 【国語】

≪解答≫

〔　〕　別解

（　）　省略してもよい言葉

＿＿　使用を指示された語句

≪解説≫

〈　〉　課題文中の空所部分（現代語訳・通釈・書き下し文）

（　）　①引用文の指示語の内容
　　（例）「それ（＝過去の経験）が　～」
　　②選択肢の正誤を示す場合
　　（例）（ア，ウ…×）
　　③現代語訳で主語などを補った部分
　　（例）（女は）出てきた。

／　漢詩の書き下し文・現代語訳の改行部分

# 早稲田大学高等学院

| | |
|---|---|
| 所在地 | 〒177-0044 東京都練馬区上石神井3-31-1 |
| 電　話 | 03-5991-4210（入試） |
| ホームページ | https://www.waseda.jp/school/shs/ |
| 交通案内 | 西武新宿線 上石神井駅北口より徒歩7分<br>JR中央線 西荻窪駅・吉祥寺駅，西武池袋線 大泉学園駅・石神井公園駅よりバス |

普通科

男子

くわしい情報はホームページへ

## 応募状況

| 年度 | 募集数 | 受験数 | 合格数 | 倍率 |
|---|---|---|---|---|
| 2024 | 推薦100名<br>一般260名 | 260名<br>1,438名 | 100名<br>522名 | 2.6倍<br>2.8倍 |
| 2023 | 推薦100名<br>一般260名 | 204名<br>1,410名 | 103名<br>516名 | 2.0倍<br>2.7倍 |
| 2022 | 推薦100名<br>一般260名 | 244名<br>1,389名 | 105名<br>520名 | 2.3倍<br>2.7倍 |

※一般の募集数には帰国生を含む。

## 試験科目　（参考用：2024年度入試）

推薦：面接

一般：英語・国語・数学，小論文

## 教育理念

早稲田大学建学の精神に基づく高大一貫教育のもと，教養を高め，健全な批判力を養い，国家及び社会の形成者として有為な人材を養成するとともに，専門の学芸を研究するのに必要な資質を育成することを目指している。

## 教育の特色

- ２年次より緩やかな文・理コース制を導入し，多様な選択科目を設置している。
- 第二外国語（ドイツ語・フランス語・中国語・ロシア語から１つの言語を選択）を３年間の必修科目としている。
- 全生徒が早稲田大学のネットワーク環境を利用できるIDを取得しており，徹底した情報教育を行っている。
- 総合的な探究の時間では少人数のゼミ形式で「自ら問題を発見し，仮説をつくり，論証して，他者と議論する」授業を行い，３年次に卒業論文を執筆する。
- ３年次に履修する大学準備講座や自由選択科目には，大学教員が中心となって授業を行う科目が設置されている。また，学部進学説明会，学部教員によるモデル講義，大学正規授業の履修，学部生・大学院生と学院生との懇談会など，高大一貫教育を推進している。
- スーパーサイエンスハイスクール指定校の実績を生かし，理数教育を強化しているほか，生徒の主体的な研究活動を奨励している。
- グローバル社会に対応できる生徒の育成に力を入れており，複数の学校・機関と学術交流協定を結んでいる。また，短期・長期の多彩な留学・研修プログラムを用意しており，所定の条件を満たせば，年間留学をしても３年間で卒業可能な制度もある。

## 進路

ほぼ全員が早稲田大学へ進学する。学部は，生徒の志望に基づき，３年間の成績，あるいは面接・書類による総合選抜で決定される。

◎早稲田大学への進学状況　（2023年3月卒業生）

| | | | |
|---|---|---|---|
| 政治経済学部 | 110 | 創造理工学部 | 35 |
| 法学部 | 76 | 先進理工学部 | 30 |
| 文化構想学部 | 27 | 社会科学部 | 30 |
| 文学部 | 14 | 人間科学部 | 0 |
| 教育学部 | 25 | スポーツ科学部 | 0 |
| 商学部 | 45 | 国際教養学部 | 10 |
| 基幹理工学部 | 68 | 進学者数合計 | 470 |

編集部注―本書の内容は2024年3月現在のものであり，変更されている場合があります。正確な情報は，学校のホームページ等で必ずご確認ください。

# 出題傾向と今後への対策 英語

## 出題内容

| | 2024 | 2023 | 2022 |
|---|---|---|---|
| 大問数 | 4 | 4 | 4 |
| 小問数 | 44 | 45 | 49 |
| リスニング | × | × | × |

◎近年は大問４題，小問数50問程度である。語彙・文法・読解・作文と全領域を網羅した高度な内容となっている。

### 2024年度の出題状況

A 文法・語彙総合

B 長文読解総合―説明文

C 長文読解総合（英問英答形式）―物語

D 長文読解総合（英問英答形式）―物語

## 解答形式

| | |
|---|---|
| 2024年度 | 記　述／マーク／併　用 |

## 出題傾向

中学での学習範囲を超えた広く深い知識とそれを使いこなせる総合力が求められる。長文は３題で，そのうちの１つは，内容把握から音声問題まで含むいわゆる総合問題である。残りの２題は設問が全て英語の英問英答形式で，この中には英作文も含まれる。このほか，適語補充や誤文訂正を含む語彙と文法の総合問題が出題される。

## 今後への対策

基礎となる語彙・文法は高校１年程度の内容まで体系だてて習得しよう。その後は高校初級程度の読解問題集を１冊決めて繰り返し解こう。英文に慣れることで読むスピードも上がっていく。辞書も繰り返しひいて単語や熟語も貪欲に覚えていこう。最後に過去問題集で問題と時間配分を確認し，間違えた問題は必ず見直しておこう。

### ◆◆◆◆◆ 英語出題分野一覧表 ◆◆◆◆◆

| 分野 | | | 2022 | 2023 | 2024 | 2025予想※ |
|---|---|---|---|---|---|---|
| 音声 | 放送問題 | | | | | |
| 音声 | 単語の発音・アクセント | | ● | ● | ● | ◎ |
| 音声 | 文の区切り・強勢・抑揚 | | | | | |
| 語彙・文法 | 単語の意味・綴り・関連知識 | | | | ● | △ |
| 語彙・文法 | 適語(句)選択・補充 | | ● | | ● | ◎ |
| 語彙・文法 | 書き換え・同意文完成 | | ● | ● | ● | ◎ |
| 語彙・文法 | 語形変化 | | | ■ | ● | ◎ |
| 語彙・文法 | 用法選択 | | | | | |
| 語彙・文法 | 正誤問題・誤文訂正 | | ● | ● | ● | ◎ |
| 語彙・文法 | その他 | | | | | |
| 作文 | 整序結合 | | ● | ● | ● | ◎ |
| 作文 | 日本語英訳 | 適語(句)・適文選択 | | | | |
| 作文 | 日本語英訳 | 部分・完全記述 | ● | ● | ● | ◎ |
| 作文 | 条件作文 | | ● | | | △ |
| 作文 | テーマ作文 | | | ● | ● | ◎ |
| 会話文 | 適文選択 | | | | | |
| 会話文 | 適語(句)選択・補充 | | | | | |
| 会話文 | その他 | | | | | |
| 長文読解 | 内容把握 | 主題・表題 | ● | ● | ● | ◎ |
| 長文読解 | 内容把握 | 内容真偽 | ● | ■ | ■ | ◎ |
| 長文読解 | 内容把握 | 内容一致・要約文完成 | ● | ● | | ◎ |
| 長文読解 | 内容把握 | 文脈・要旨把握 | ★ | ● | ■ | ◎ |
| 長文読解 | 内容把握 | 英問英答 | ★ | ★ | ★ | ◎ |
| 長文読解 | 適語(句)選択・補充 | | ■ | ● | ■ | ◎ |
| 長文読解 | 適文選択・補充 | | | ● | | △ |
| 長文読解 | 文(章)整序 | | | | | |
| 長文読解 | 英文・語句解釈(指示語など) | | ● | ● | ● | ◎ |
| 長文読解 | その他(適所補充) | | | | | |

●印：１～５問出題，■印：６～10問出題，★印：11問以上出題。
※予想欄　◎印：出題されると思われるもの。　△印：出題されるかもしれないもの。

# 出題傾向と今後への対策　数学

## 出題内容

**2024年度**

大問４題，16問の出題。[1]は小問集合で，場合の数，平面図形，数の性質。[2]は空間図形で，立方体を利用した問題。３点を通る平面で切断したときの，断面や分けられた立体について問われている。[3]は関数で，放物線と直線に関するもの。直線の傾きや切片，図形の面積は，いずれも，文字を使って表すものとなっている。[4]は確率で，４問。立方体の頂点を２点が移動したときの２点を結ぶ線分の長さを考えるもの。

**2023年度**

大問４題，15問の出題。[1]は小問集合で，数の性質と平面図形の計量題。平面図形の計量題は円に関するもので，かなり難度が高いと思われる。[2]は空間図形で，正方形２個，正三角形８個でつくられた十面体について問うもの。[3]は関数で，放物線と直線に関する問題。直線の式が少し複雑なので，ていねいな計算が必要である。[4]は特殊・新傾向問題で，約束記号を利用した問題。

作…作図問題　証…証明問題　グ…グラフ作成問題

## 解答形式

| | |
|---|---|
| 2024年度 | 記　述／マーク／併　用 |

## 出題傾向

大問４題，設問数15問前後で，関数，図形が必出。あとは方程式の応用や場合の数・確率，数の性質，特殊・新傾向問題など，年度によりさまざま。オリジナルの問題が多く，柔軟な思考力を要する。また，問題数は少ないものの，複雑なものや手順を踏むものなど時間を要する問題があるので，時間配分も重要である。

## 今後への対策

まずは，標準レベルの問題集で演習を積んで，いろいろな解法や考え方を身につけていくようにしよう。１つの問題に対して他の解き方がないか考えるようにするとよい。次に，応用力を養うために発展レベルの問題を。一つ一つ問題をていねいに解き，確実にものにしていくこと。偏りのない学習を心がけよう。

### ◆◆◆◆◆ 数学出題分野一覧表 ◆◆◆◆◆

| 分野 | 年度 | 2022 | 2023 | 2024 | 2025予想※ |
|---|---|---|---|---|---|
| 数と式 | 計算，因数分解 | | | | |
| | 数の性質，数の表し方 | ● | ■ | ● | ◎ |
| | 文字式の利用，等式変形 | | | | |
| | 方程式の解法，解の利用 | ★ | | | △ |
| | 方程式の応用 | | | | |
| 関　数 | 比例・反比例，一次関数 | | | | |
| | 関数 $y=ax^2$ とその他の関数 | ★ | ★ | ★ | ◎ |
| | 関数の利用，図形の移動と関数 | | | | |
| 図　形 | （平面）計　量 | ■ | ● | ● | ◎ |
| | （平面）証明，作図 | | | | |
| | （平面）その他 | | | | |
| | （空間）計　量 | ● | ★ | ★ | ◎ |
| | （空間）頂点・辺・面，展開図 | | | | |
| | （空間）その他 | | | | |
| データの活用 | 場合の数，確率 | | | ★ | △ |
| | データの分析・活用，標本調査 | | | | |
| その他 | 不　等　式 | | | | |
| | 特殊・新傾向問題など | ★ | ★ | | △ |
| | 融合問題 | | | | |

●印：１問出題，■印：２問出題，★印：３問以上出題。
※予想欄　◎印：出題されると思われるもの。　△印：出題されるかもしれないもの。

# 出題傾向と今後への対策　国語

## 出題内容

**2024年度**

論説文　論説文　古文

課題文
一谷川嘉浩『スマホ時代の哲学』
二池田賢市『学校で育むアナキズム』
三『撰集抄』

**2023年度**

論説文　論説文　古文

課題文
一鈴木宣弘『食の戦争』
二福田育弘
『ともに食べるということ』
三松平定信『花月草紙』

**2022年度**

論説文　論説文　古文

課題文
一苅谷剛彦『コロナ後の教育へ』
二佐藤弘夫『日本人と神』
三『今物語』

## 解答形式

| 2024年度 | 記述／マーク／併用 |
|---|---|

## 出題傾向

ここしばらく，出題傾向に変化はない。設問は，現代文の読解問題に10問前後，古文の読解問題に６問前後付されている。課題文については，現代文は，分量は標準的であるが，内容的には２題とも高度である。古文は，内容・分量ともに標準的で，とりわけ平安・鎌倉時代の作品からの出題が目立つ。

## 今後への対策

課題文の内容が高度なので，文章を速く正確に読み，全体の論旨を的確に把握する力が必要である。こうした力を身につけるには，応用力を養成するための問題集をたくさんこなすのはもちろんのこと，課題文の要旨をまとめる練習なども効果的である。また，日頃から新書などを読んでおくことも，大切である。

## ◆◆◆◆◆ 国語出題分野一覧表 ◆◆◆◆◆

| 分野 | | 年度 | 2022 | 2023 | 2024 | 2025予想※ |
|---|---|---|---|---|---|---|
| 現代文 | 論説文 説明文 | 主題・要旨 | ● | ● | ● | ◎ |
| | | 文脈・接続語・指示語・段落関係 | | | | |
| | | 文章内容 | ● | ● | ● | ◎ |
| | | 表現 | ● | ● | ● | ◎ |
| | 随筆 日記 手紙 | 主題・要旨 | | | | |
| | | 文脈・接続語・指示語・段落関係 | | | | |
| | | 文章内容 | | | | |
| | | 表現 | | | | |
| | | 心情 | | | | |
| | 小説 | 主題・要旨 | | | | |
| | | 文脈・接続語・指示語・段落関係 | | | | |
| | | 文章内容 | | | | |
| | | 表現 | | | | |
| | | 心情 | | | | |
| | | 状況・情景 | | | | |
| 韻文 | 詩 | 内容理解 | | | | |
| | | 形式・技法 | | | | |
| | 俳句 和歌 短歌 | 内容理解 | | | | |
| | | 技法 | ● | | | △ |
| 古典 | 古文 | 古語・内容理解・現代語訳 | ● | ● | ● | ◎ |
| | | 古典の知識・古典文法 | | ● | ● | ◎ |
| | 漢文 | （漢詩を含む） | | | | |
| 国語の知識 | 漢字 語句 | 漢字 | ● | ● | ● | ◎ |
| | | 語句・四字熟語 | ● | ● | | ◎ |
| | | 慣用句・ことわざ・故事成語 | | | ● | △ |
| | | 熟語の構成・漢字の知識 | | | | |
| | 文法 | 品詞 | | | | |
| | | ことばの単位・文の組み立て | | | | |
| | | 敬語・表現技法 | | | | |
| | 文学史 | | | | ● | △ |
| 作文・文章の構成・資料 | | | | | | |
| その他 | | | | | | |

※予想欄　◎印：出題されると思われるもの。　△印：出題されるかもしれないもの。

合格を勝ち取るための

# 本書の使い方

本書に掲載されている過去問をご覧になって，「難しそう」と感じたかもしれません。でも，大丈夫。ほとんどの受験生が同じように感じるのです。高校入試の出題範囲は中学校の定期テストに比べて広いですし，残りの中学校生活で学ぶはずの，まだ習っていない内容からも出題されているかもしれません。

ですから，初めて本書に取り組む際には，点数を気にする必要はありません。点数は本番で取れればいいのです。

過去問で重要なのは「間違えること」です。自分の弱点を知るために，過去問に取り組むのです。当然，間違った問題をそのままにしておいては意味がありません。

本書には，長年にわたって高校受験に関わってきたベテランスタッフによる詳細な解説がついています。間違えた問題は重点的に解説を読み，何度も解きなおしてください。時にはもう一度，教科書で復習するのもよいでしょう。

別冊として，抜き取って使える解答用紙を収録しました。表示してあるように拡大コピーをとれば，実際の入試と同じ条件で，何度でも過去問に取り組むことができます。特に記述問題では解答欄の大きさがヒントになる場合があります。そうした，本番で使える受験テクニックの練習ができるのも，本書の強みです。

前のページにある「出題傾向と今後への対策」もよく読んで，本校の出題傾向に慣れておきましょう。

# 2024年度 早稲田大学高等学院

## 【英　語】（50分）

（注意）解答に同じ記号が不自然に続く場合は該当部分を無効とするので注意すること。

**A**　Ⅰ～Ⅲの指示に従って設問に答えなさい。

Ⅰ．空所に入る最も適切なものをア～エから１つ選び，その記号を書きなさい。

(1) My sister came back from London last week.　She (　　　　) her experience there.
ア．talked me about　イ．said about　ウ．told about　エ．told me about

(2) If he (　　) the truth, he would be surprised.
ア．know　イ．knows　ウ．knew　エ．knowing

(3) I have to get this homework (　　) by the end of this week.
ア．do　イ．doing　ウ．does　エ．done

(4) There (　　) be a Chinese restaurant here two years ago.
ア．used to　イ．must　ウ．may　エ．would

(5) This school has one computer for (　　) two students.
ア．each　イ．all　ウ．every　エ．either

Ⅱ．以下の日本語に合うように，空所に入る語を答えなさい。なお，(　)内に示された文字がある場合は，その文字で始まる語を書くこと。

(1) 幼い頃，私はよく口に物をほおばったまま話さないよう注意されました。
When I was small, I was told not to speak (　　) my mouth full.

(2) 急げばまだ間に合いますよ。
If you hurry, you can still (m　　) it.

(3) A：このかばんを運ぶのを手伝っていただけますか。
B：もちろん，よろこんで。
A： Could you help me with this bag?
B： Sure, I'd be happy (　　).

(4)「僕はきっと大丈夫」とその男の子はひとりごとを言った。
"I should be fine," the boy said to (　　).

(5) A：彼があんなことをしたなんて信じられない！
B：君が怒るのももっともだよ。
A： I can't believe he did such a thing!
B： You have good (　　) to get angry.

Ⅲ．以下のア～エのうち，誤りを含むものをそれぞれ１つずつ選び，例にならって誤りを訂正しなさい。

例　He ア studies イ hard that he ウ will surely pass エ the entrance examination.
イ → so hard

(1) I met an old friend ア of mine イ for the first time ウ in ten years エ while my stay in London.

(2) A big earthquake ア hit the town イ where I was born.　I was happy ウ that my parents were エ safety.

**B**　次の英文を読んで，設問に答えなさい。

What exactly is a smile for ?　How do we do it, and if we lose it, can we get it back ?

It's one of the most fundamental things that humans do : smile.　Newborn babies can do it without thinking.　New parents often think it is a reaction to their presence, although (1)it's not until six to eight weeks of age that babies smile in a social way.　(2)The【that / parents often / shows / mistake / smiles / fact / these first】how difficult it is to understand a smile : the physical smile―and what the smile means.

(3)On a physical level, how we make a smile is clear enough.　There are 17 pairs of muscles controlling expression in the human face, plus a ring that goes around the mouth.　When the brain decides to smile, a message is sent out across the face from the eyes to the chin, connecting to the muscles that control the lips, nose, eyes and forehead.

Culturally, smiles can be found on ancient statues and paintings right up to modern-day emojis. Emojis with smiling faces are by far the most common in online messages.　The most popular emoji of all―(　4　)―was picked as the 2015 Word of the Year by the Oxford Dictionary.　Just as this emoji expresses more than happiness―the tears add a jokey feeling―(　5　) themselves show so much more, too.

(6)A 2016 study questioned thousands of people in 44 cultures about (7)photographs of eight faces―four smiling, four not.　Most people judged the smiling faces to be more honest than the non-smiling ones.　This difference was huge in some countries, such as Switzerland, Australia and the Philippines, but small in others, such as Pakistan, Russia and France.　In a few countries, such as Iran, the Maldives and Zimbabwe, people did not feel the smiling faces could be trusted.　The authors concluded that when people have little trust in their government or society, they are less likely to trust a smile.　Here, a smile could even give people a (　8　) impression.

However, what happens when the smile disappears ?　(9)There are various medical problems that can stop us from smiling.　A common one is to lose control of your face muscles due to brain damage. Rarer is Moebius syndrome, an illness that means you can't smile, make an unhappy face or move your eyes from side to side.

"You essentially have a mask on your face," says Roland Bienvenu, 67, who has Moebius syndrome. Without being able to smile, "other people can get an incorrect impression of you," he says.　"You can almost read (　10　).　They wonder : 'Is something wrong with him ?　Has he had an accident ?' They question your intelligence."

The scientific study of smiles finds differences in gender (generally, women smile more) and culture. Smiles are (11)definitely used in communication―people smile more when they are in【　12　】than they do when they are alone, and more when they are communicating with others than when they are not.

Scientists have shown that smiles are far easier to recognize than other expressions.　What they don't know is why.

"We can do really well recognizing smiles," says Aleix Martinez, a professor of electrical and computer engineering at Ohio State University.　"Why is (13)that true ?　Nobody can answer that right now.　We don't know.　We really do not know.　We have (14)an experiment, where we showed images of faces to people, but we showed them very quickly . . . 0.01 seconds, 0.02 seconds.　I can show you an image for just 0.01 seconds and you can tell me it's a smile.　It does not work with any other expression."　Fear takes 0.25 seconds to recognize―25 times as long as a smile, "which makes absolutely no sense, evolutionarily speaking," Martinez says. "(15)Recognizing fear is important for survival, while a smile . . . But that's how we have developed."

Scientists such as Martinez think that smiles—as【 16 】as frowns (unhappy faces) and other facial expressions—remain from the time before humans learned how to speak. Human language started developing as far back as 100,000 years ago, but our expressions reach back further still, before we even became modern humans.

"Before we could communicate with words, we had to communicate with our faces," Martinez says. "That brings us to a very interesting question in science: where does language come from? Some scientists think that it developed from the emotions that we show on our faces," he continues. "First, we learned to move the muscles in our faces—'I'm happy! I feel positive with you! I'm angry!' Then a grammar of facial expressions developed, and over time that developed into language. So, when we think about how our languages began, the answer is that they almost certainly【 17 】with a smile."

Ⅰ. 下線部(1), (3), (9), (15)とほぼ同じ意味・内容になるように，空所にそれぞれ最も適切な語を書き入れなさい。なお，(　)内に示された文字がある場合は，その文字で始まる語を書くこと。

(1) it's not until six to eight weeks of age that babies smile in a social way
＝babies (　　) to smile socially at around seven weeks of age

(3) On a physical level, how we make a smile is clear enough.
＝The (p　　) of how human muscles move when smiling is easy to understand.

(9) There are various medical problems that can stop us from smiling.
＝Some people can't smile (　　) of various medical problems.

(15) Recognizing fear is important for survival, while a smile . . .
＝For survival, recognizing a smile is (　　) important than recognizing fear.

Ⅱ. 下線部(2)の【　】内の語句を文意が通るように並べかえて書きなさい。

Ⅲ. 空所(4), (5), (8), (10)に入る最も適切なものをア～エから1つ選び，その記号を書きなさい。

(4) ア. 　イ. 　ウ. 　エ. 

(5) ア. other cultures　イ. the photographs　ウ. smiles　エ. statues and paintings

(8) ア. positive　イ. negative　ウ. strong　エ. weak

(10) ア. the mask　イ. the unhappy face　ウ. nothing　エ. their thoughts

Ⅳ. 下線部(6)について，この研究論文のタイトルとして，最もふさわしいものをア～エから1つ選び，その記号を書きなさい。

ア. A Fact of Globalization: How We Speak

イ. Facial Recognition and Gender Difference

ウ. Always Be Honest When You Smile

エ. Smiles and What They Mean to Us

Ⅴ. 下線部(7), (11)の語の最も強く読まれる部分を1つ選び，その記号を書きなさい。

(7) pho-to-graphs (ア イ ウ)　(11) def-i-nite-ly (ア イ ウ エ)

Ⅵ. 空所【12】,【16】,【17】に入る1語をそれぞれ答えなさい。【12】はpで始まる語を書きなさい。

Ⅶ. 下線部(13)が指す内容を本文より8語以内で抜き出して書きなさい。

Ⅷ．下線部⒁の実験に関する記述として最もふさわしいものをア～エから１つ選び，その記号を書きなさい。

ア．This experiment was performed to understand how we can recognize smiles so quickly.

イ．The result shows that a smile has developed from other facial expressions over 100,000 years.

ウ．Aleix Martinez used the experiment data to measure how fast the human face smiles.

エ．Considering human evolution, there is no reasonable way to explain the results of the experiment.

Ⅸ．本文の内容と合致しないものをア～カから２つ選び，その記号を書きなさい。

ア．Newborn babies can smile to express their feelings about their parents' presence.

イ．When people smile, a message is sent from the brain to control the facial muscles.

ウ．It's possible to find a record of smiles from ancient times to the modern age.

エ．For people with Moebius syndrome, even though a smile is rare, an unhappy face is possible.

オ．Even before the modern age, early humans began using facial expressions.

カ．Human beings developed a kind of language by understanding other people's facial expressions.

C　次の英文を読んで，設問に答えなさい。Ⅰ～Ⅶの解答は最も適切なものを１つ選び，記号で答えること。

We're having a spelling test again. No matter how hard I try, I can only ever get four or five out of ten. I just can't remember them. I glance across at the new girl on our table. Her name is Rochelle Blake. She smiles at me, and I smile back. She only joined our school last week. It must be hard to join in the middle of the year.

At last, the bell goes for the end of the day. I spot Rochelle running towards her mom when I see a surprising thing. Rochelle's mom is waving her arms around and making shapes with her fingers, and Rochelle is doing the same. It's like they're talking to each other with their hands. I know I'm staring, but I can't stop watching them. **Rochelle's mom looks as though she is conducting an orchestra**. I saw this once on a TV program when a lady was doing it for deaf people. But Rochelle can hear fine. Oh, could her mother be deaf ?

The next morning, I see Rochelle and her mom again. The way they move their arms reminds me of the dancers who came to our school last year. I want to watch more, but it seems a bit rude. I start reading this week's spelling words when Rochelle walks up to me.

"Shall we test each other ?" she asks, pointing to my spelling book.

"Sure," I say. I want to ask her, but I don't know how. "Hey, you know that thing you do with your mom, with your hands ?"

"Signing."

"Yes, signing. Is it because she's, um, deaf ?"

"Yes, both my parents are deaf. My mom can speak, so I can communicate with her mainly through sign and sometimes speech, and with my dad we sign."

"Oh, I'm sorry. That must be really difficult."

I can tell by the look on Rochelle's face that I've said something wrong, but I don't know what.

"I'm what's known as a CODA," she says.

"A what ?"

"A child of deaf adults : C, O, D, A."

"So, did your parents need someone to help them look after you when you were a baby ?"

"Of course not !" Rochelle looks angry. "Why do you think they can't look after me, just because they're deaf ? Being deaf doesn't mean they're stupid."

I get hot all over. I didn't say her parents were stupid. I try to explain, but the bell goes and Rochelle walks off towards the cloakroom. She doesn't speak to me again all day.

When it's time to go home, I see Rochelle and her mom again. They're moving their hands so fast. It looks like they're arguing. Now they've slowed down and Rochelle's mom seems to be explaining something to her.

Suddenly, Rochelle comes over. Oh, no. I look down at my feet, and my hair falls forward, so my face is hidden. I feel her hand on my shoulder. Surprised, I look up. Her eyes look a bit watery and red.

"I'm sorry," she says.

"I'm sorry, too," I reply.

"My mom explained it was unfair of me to think that you know anything about deaf culture," she pauses. "I shouldn't have got angry with you this morning."

"It's OK," I say. "Friends ?"

She puts her flat hand against her chin and moves it forward, saying "Thank you." Then she moves her hands as though she's shaking hands with herself and says, "Friends."

I copy her hand movements and repeat the words "friends" and "thank you". It feels good.

"You're a quick learner," she says. I smile with pleasure. "Would you like me to teach you more signs ?" she asks.

"Oh, yes, please."

After school the next day, Rochelle begins to teach me the letters of the alphabet, which she calls fingerspelling. I say each letter of the alphabet after her and copy what her hands are doing. It's much more fun than writing the letters on paper.

Over the next few weeks, I learn to fingerspell my name and lots of other words. Soon we're even signing short sentences to each other. We're becoming good friends, and I also find that fingerspelling is helping me learn real spellings, too.

It's the last Friday spelling test before the holiday, and I've been practicing really hard. Excitement builds in my chest as I write down the answers, doing fingerspelling in my head. When I get the paper back, **my heart jumps into my mouth**.

"Stand up if you scored ten out of ten," the teacher says. I tuck my hair behind my ears and stand up. It feels like the clapping is just for me. I sit back down, look across at Rochelle, who has a grin on her face as big as mine, and I sign, "Thank you."

Ⅰ. Why did the writer feel bad for Rochelle in the first part of the story ?

A. She felt sorry for Rochelle starting the school year late.

B. She thought the spelling test was too difficult for a new student.

C. She knew that Rochelle didn't have any friends yet.

D. She was embarrassed that Rochelle's mom came to school.

Ⅱ. Why did the writer think, "Rochelle's mom looks as though she is conducting an orchestra" ?

A. She looks like she is using her arms to communicate something.

B. She recently saw a lady conducting an orchestra on TV.

C. She remembers the deaf people that danced at the school last year.

D. She looks like she is playing a musical instrument.

Ⅲ. Which of the following explains why Rochelle got angry with the writer ?

A. Rochelle couldn't believe that the writer didn't know what a CODA was.

B. Rochelle knew that it was difficult for her parents to bring her up and felt embarrassed.

C. The writer didn't know about deaf culture and her comments were not careful.

D. The writer thought that Rochelle's parents were not very intelligent people.

Ⅳ. What is the most likely reason why Rochelle and her mother argued ?

A. The mother felt that her daughter should not tell other kids about their family.

B. The mother was upset because Rochelle expected too much from her new friend.

C. Rochelle's mother told her not to hang out with children who didn't understand deaf culture.

D. Rochelle tried to calm her mother down after her mother got angry at the writer's comments.

Ⅴ. Which of the following is how Rochelle signed "thank you" ?

A.

B.

C.

D.

Ⅵ. The writer says, "My heart jumps into my mouth." What is the most likely reason for this ?

A. She was disappointed that she forgot some words.

B. She was nervous of standing up in class.

C. She was proud that she learned to fingerspell.

D. She was very happy to see her score.

Ⅶ. Which of the following statements about this passage is **NOT** true ?

A. Learning to sign letters can help you to remember the spelling of some words.

B. Rochelle's parents were able to look after her well when she was a baby.

C. The writer learned to sign at school in order to improve her spelling.

D. There is a special expression used for young people whose parents cannot hear.

**D** 次の英文を読んで，設問に答えなさい。Ⅰ～Ⅴの解答は最も適切なものを１つ選び，記号で答えること。

Long ago, in a small Italian town lived a hat seller named Alessandro. In the past, his hats, known for their high quality, sold by the cartload. Recently, however, most citizens bought their hats from a cheaper store in the city. Alessandro had no choice but to borrow a lot of money from Enzo, the local money lender.

Enzo was an old and unkind man, but he was very attracted to the hat seller's seventeen-year-old daughter, Isabella. He knew that Alessandro could not pay back the money that he had borrowed, so he decided to offer him a deal. He told Alessandro that he would cancel the loan entirely, but only if he could marry the hat seller's daughter.

When Isabella heard of this proposal, she cried, "Please don't make that choice."

Enzo was no fool. He had expected this answer and instead made a different offer. He said that he would place two small stones in a bag, one white and one black. Isabella would have to place her hand in the bag and take out a stone. If the stone was white, Alessandro's loan would be cancelled, and Enzo would leave them alone. But if the stone was black, Enzo would again cancel the loan, but Isabella would agree to marry him.

The money lender bent down and picked up two small stones. While he was picking them up, Isabella noticed that both of the stones in his hand were black. He placed them in a small money bag and shook it hard, before asking Isabella to choose one.

Isabella knew she had **three choices**:

1. She could refuse to take a stone. But she knew that Enzo was a mean man and that her father would suffer greatly.
2. She could remove both stones to prove that Enzo was cheating. Again, she feared that Enzo would take out his anger on her father.
3. She could take out a stone, even though she knew it would be black. While it would break her father's heart, he would be free.

She slowly took a stone out of the bag, but before looking at it, "**accidently**" dropped it on the ground. As there were many small stones on the ground, it was impossible to see which one was from the bag. She looked Enzo in the eye and said:

"Oh, I'm so sorry. I was just so nervous. But it's no problem. If you take the other stone out of the bag, you will be able to tell me the color of the stone that I picked."

Enzo knew that he was beaten. A small crowd of people were now standing around watching and he didn't want the local people to ____________________. He drew the black stone out of the bag and held it up. Alessandro hugged his wise daughter as Enzo turned quickly and walked away.

Ⅰ. Which of the following popular phrases best describes the message of this story?

A. No pain, no gain.

B. Don't give up at the first sign of failure.

C. If you do good, good will come to you.

D. Your actions may come back to bite you.

Ⅱ. Which of the following sentences means the same as the underlined part of the story?

A. The hats were popular because they were well made.

B. His hats were delivered in large numbers to local people.

C. The hats sold very well as they were the cheapest around.

D. He added his skill to hats brought in from the city.

Ⅲ. Which of the three choices would have resulted in Isabella getting married to Enzo?

A. Just 1 B. Just 2 C. Just 3 D. 1 and 2 E. 2 and 3 F. 1 and 3

Ⅳ. Which of the following words could be used in place of "accidently" in this context?

A. mistakenly B. purposefully C. regrettably D. unfortunately

Ⅴ. Which of the following best fits in the ____ in the story?

A. be angry with Isabella B. be impressed with his trick

C. find the missing stone D. know that he was a cheat

Ⅵ. Imagine that you were in Isabella's situation. What would you do? Why? Complete the sentence on the answer sheet. Pay attention to your grammar.

## 【数　学】 (50分)

(注意)　1．必要な式と計算は，解答用紙の計算欄に書くこと。

2．答の$\sqrt{\phantom{a}}$の中はできるだけ簡単にし，分数は，それ以上約分できない形で答えること。

**1**　次の問いに答えよ。

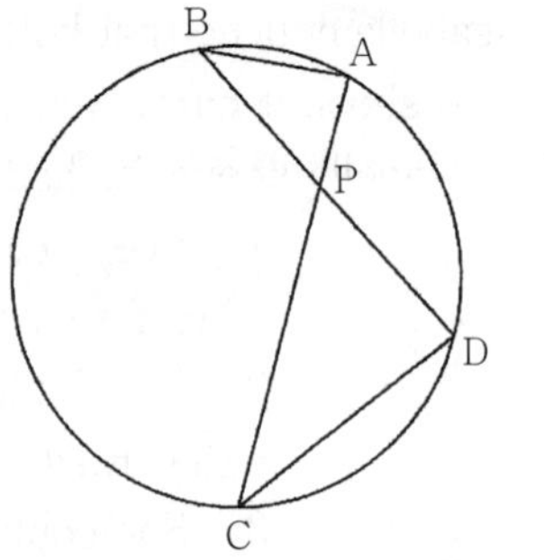


(1)　大小2つのさいころを投げ，大きいさいころの目を十の位の数，小さいさいころの目を一の位の数とする，2けたの数$m$を作る。次の条件を満たす$m$は，それぞれ何個あるか求めよ。

①　3の倍数である。

②　素数である。

(2)　右の図のように，円周上に4点A，B，C，Dがある。線分ACと線分BDの交点をPとする。$AB=3$，$BP=x$，$CP=x+2$，$CD=x+1$であるとき，$x$の値を求めよ。

(3)　1から$n$までの自然数の中から，異なる3個の自然数$a$，$b$，$c$を，次の条件を満たすように選ぶ。

【条件】

$a<b<c$であり，3つの数$\sqrt{a}$，$\sqrt{b}$，$\sqrt{c}$を3辺とする直角三角形が存在する。

このような自然数の組$(a,\ b,\ c)$が，少なくとも10組存在するような最小の$n$を求めよ。

**2**　右の図のように，1辺の長さが9の立方体ABCD-EFGHがある。頂点Aから，辺BF上の1点と辺CG上の1点を通り，この立方体の表面にそって頂点Hまでいくときの最短経路を考える。この最短経路と2辺BF，CGの交点をそれぞれP，Qとする。また，線分PQ上に$PR:RQ=1:2$となる点Rをとる。このとき，次の問いに答えよ。

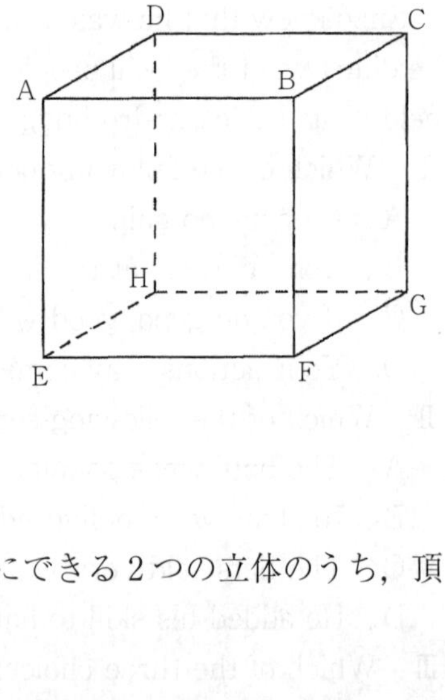


(1)　最短経路の長さ$AP+PQ+QH$を求めよ。

(2)　3点A，P，Qを通る平面で立方体ABCD-EFGHを切ったときにできる断面の図形について，次の値を求めよ。

①　周の長さ

②　面積

(3)　3点A，R，Hを通る平面で立方体ABCD-EFGHを切ったときにできる2つの立体のうち，頂点Eを含むものの体積を求めよ。

**3**　$a$を正の定数とする。放物線$y=ax^2$上に，4点A，B，C，Dがあり，点A，B，Cの$x$座標はそれぞれ$-2$，$-1$，3である。直線ADと直線BCが平行であるとき，次の問いに答えよ。

(1)　直線BCの傾きと$y$切片をそれぞれ$a$の式で表せ。

(2)　点Dの$x$座標を求めよ。

(3)　四角形ABCDの面積を$a$の式で表せ。

(4)　直線BCと$y$軸の交点を通る直線で，四角形ABCDの面積を2等分するものの傾きを$a$の式で表せ。

**4** 図のような1辺の長さが1の立方体の辺上を，2点A，Bが次のルールでそれぞれ移動する。

【ルール】

どの頂点から出発しても，1秒後には出発した頂点との距離が1である別の頂点に，確率 $\frac{1}{3}$ で移動する。

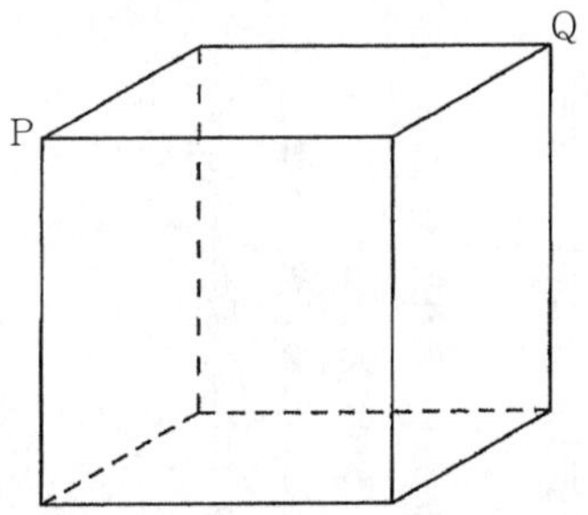


このとき，次の問いに答えよ。

(1) 2点A，Bがともに頂点Pから出発して，その1秒後に $AB=\sqrt{2}$ となる確率を求めよ。

(2) 2点A，Bがそれぞれ頂点P，Qから出発して，その1秒後も $AB=\sqrt{2}$ となる確率を求めよ。

(3) 2点A，Bがともに頂点Pから出発して，その2秒後に $AB=\sqrt{3}$ となる確率を求めよ。

(4) 2点A，Bがともに頂点Pから出発して，その3秒後に $AB=\sqrt{2}$ となる確率を求めよ。

域や季節に応じて多種多様な水産物を利用してきた魚食文化が深く根付いていることも影響していると考えられている。

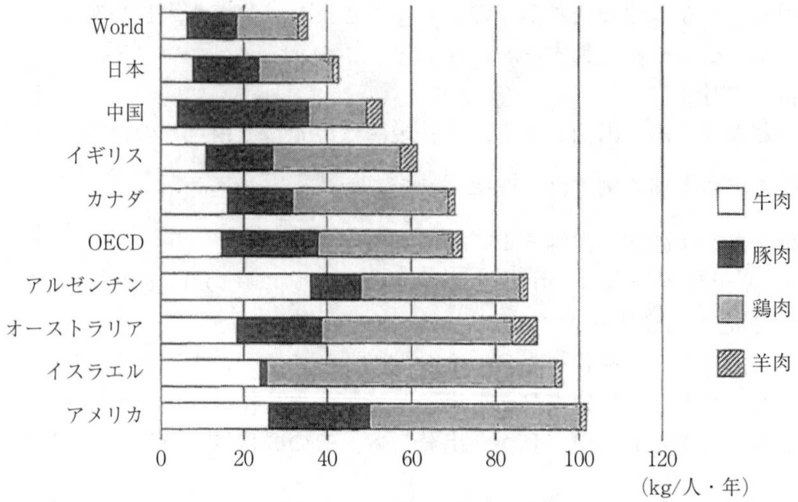


図５．１人あたりの年間食肉消費量

（OECD, Meat consumption 2021 より作成）

（出典）

総務省統計局「世界の統計２０２３」

農林水産省「２０５０年における世界の食料需給見通し」

「大豆をめぐる事情」

野村総合研究所「プロテインクライシスがもたらす食品業界の地殻変動」

「代替肉業界の分析と日本が取り組むべき方向性」

世界自然保護基金「拡大する大豆栽培」

Water Footprint Network (2010) The Green, Blue and Grey Water Footprint of Farm Animals and Animal Products

OECD (2021) Meat Consumption

(2023) OECD-FAO Agricultural Outlook 2023-2032

なお、作問の都合上、原文の一部を改変した。

※語注

1　フレキシタリアン…基本は植物性食品中心の食生活であるが、時には肉・魚も食べるという食生活のスタイルの人々。

2　ＦＡＯ…国際連合食糧農業機関。食糧の安全保障と栄養、作物や家畜、漁業と水産養殖を含む農業、農村開発を進める先導機関である。

3　ＯＥＣＤ…経済協力開発機構。ヨーロッパ諸国を中心に日・米を含め38か国の先進国が加盟する国際機関。本部はフランスのパリにあり、１９６１年9月に発足した。

［設問］

「日本」が大豆を使用した代替肉の開発を推進することの是非について、あなたの意見を示して、その理由を述べなさい。賛成・反対のどちらかを必ず選ぶこととし、双方のメリットに必ず言及する（片方のメリットのみに触れることはしない）ものとする。賛成・反対の理由は、原則的に以上の資料によること。

の肉の味や食感を再現すべく、更なる開発が進んでいる。買い物に行けば、精肉コーナーの隣や店舗によっては特設コーナーがあることや、冷凍食品コーナーに置いてあるケースもある。ハンバーガーショップを始め、イートインの店舗でも代替肉メニューが見られるようになり、それらの専門店を展開するオフィスビルまでできている。ある大手家具チェーンでは、店内にレストランが併設されていて、そこで代替肉を利用したミートボールやホットドッグなどを食べることもできる。

また、肥料や飼料など生産過程で投入するタンパク質量に対して、最終的な食料として得られるタンパク質量の割合（タンパク質の変換効率）を比較すると、牛肉（３・８％）豚肉（８・５％）鶏肉（19・６％）に対して、植物由来の代替肉は70％以上と非常に変換効率が高く、従来の畜産肉に比べて代替肉は効率的にタンパク質を得られる方法といえる。

代替肉を扱う企業数および投資件数は国際的に年々増加しており、代替肉の普及が進むと、牛肉・豚肉・鶏肉などを食べなくても効率的なタンパク質の摂取が可能となる。そして、従来の畜産肉の増産を抑えることによって、環境負荷の軽減に繋げられると考えられている。

【資料４】

飼料や代替肉に用いられる大豆に関して、その生産は急増を続けている。[2]ＦＡＯは最近の予測で、２０５０年までに生産量が５億１千５百万トンに達するとしており、そのほかにも、２０３０年まで年２・２％の割合で増加するとの予測がある。こうした予測の大きさに疑問を投げかけるものもあるが、大豆の需要が増え続けることは間違いない。そして、大豆需要の拡大に伴って、この数十年の間に、広大な森林や草原、サバンナが大豆用の農地に転換されている。南米では２０００～２０１０年の間に２千４百万ヘクタールの土地が耕作地となり、これと同じ期間に大豆の栽培面積は２千万ヘクタール増加している。また、中国では同時期に大豆の消費が倍増し、２０００年には２千６百万トン程であったものが、２００９年には５千５百万トンになり、このうち４千１百万トンが輸入であった。アフリカと中東の市場でも、今後10年の間に急拡大が予測されている。

このように、大豆を栽培するための耕地面積の急速な拡大に伴い、生物の多様性と重要な生態系が脅かされつつある。

【資料５】

日本における大豆の食料自給率に関して、２０１７年を例にとると、国内の大豆需要量は約３５７万トンで、うち国産大豆は約25万トンで（自給率約７％）、２０１０年から現在にかけても、７％前後でほぼ横ばい状態である。また、大豆の輸入相手先は、２０１８年の実績では、（１位）アメリカ（２３２万トン）、（２位）ブラジル（56万トン）、（３位）カナダ（33万トン）、（４位）中国（３万トン）となっており、近年のアメリカからの輸入量は約８割で推移している。

日本において、大豆は輸入に依存している品目の１つであり、輸入に頼ることは輸入相手国との友好的な関係の構築や国際経済の活性化等に寄与できる一方で、更なる食料自給率の低下、価格の不安定化、農薬等による食品の安全性への不安といった問題も含んでいる。

【資料６】

図５は、１人あたりの年間食肉消費量の各国の比較（一部抜粋）である。牛肉・豚肉・鶏肉・羊肉の合計値で見ると、上位にはアメリカ、イスラエル、オーストラリア、アルゼンチンが並んでいる。この中でもアメリカは特に多く、１人が年間１００kgを超える肉を食べている唯一の国となっている。日本は約42kgで、世界平均の約35kgよりは多い一方で、[3]ＯＥＣＤ平均の約72kgよりは少なく、鶏肉と豚肉が中心となっている。また、これには日本人が昔から地

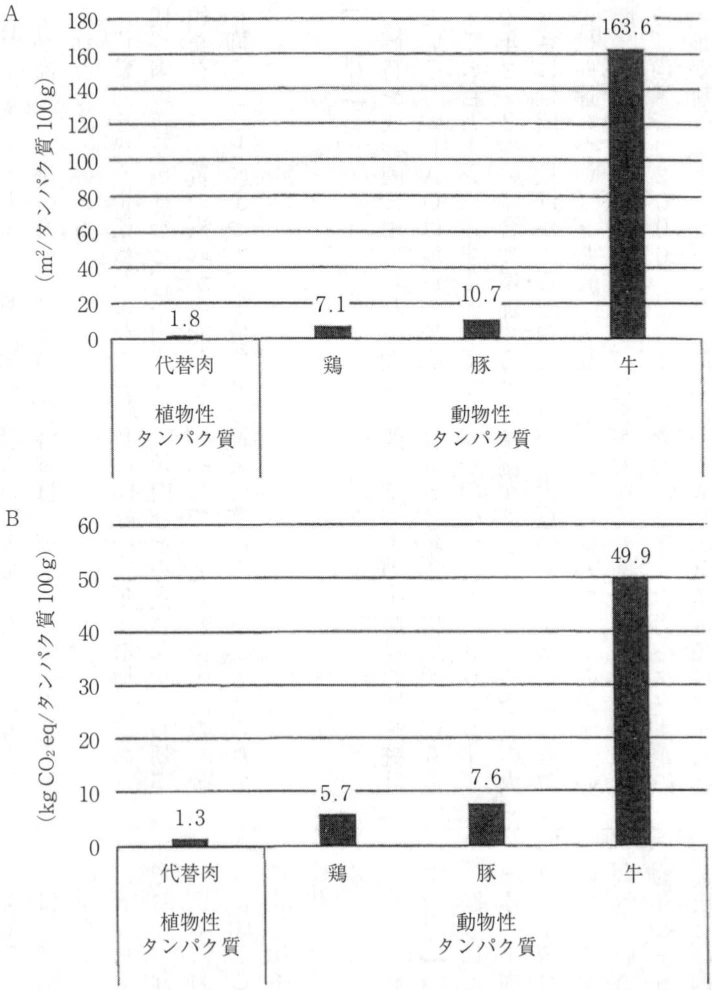


図4．動物性タンパク質(牛，豚，鶏)と植物性タンパク質(代替肉)の環境負荷比較

A．タンパク質100gあたりの利用土地面積の比較

B．タンパク質100gあたりの温室効果ガス排出量の比較

【資料3】

それでは、環境負荷を減らし、持続可能な食肉の生産消費形態を確保するためには、どうしたら良いだろうか。

そのひとつの解決策として近年注目されているのが「代替肉」である。代替肉とは、従来の畜産肉の代わりに、主に大豆や小麦などの植物性原料を加工して作られた〝肉様〟食品のことである。最近では本物の肉と同じような味と食感を実現した商品が販売されるようになってきており、欧米諸国を中心として世界的にその需要が増大している。

アメリカでは、大手ハンバーガーチェーンが代替肉を使った商品を通常販売しており、購入者の感想の多くは食感も味も、本物と変わらないとしている。ひき肉の代替肉は完成の域に達してきており、ハンバーガーパテだけでなく、ナゲットやソーセージもリアルな食感・風味などを再現している。次はステーキなど、リアルな代替肉塊の完成が期待されている。

欧州では、[1]フレキシタリアンなどの増加に伴い、動物性食品の消費を抑える動きが見られる一方で、食肉および乳製品の代替食品の市場規模が拡大し、食肉や乳業メーカーがその市場に参入するなど、新たな動きも見られている。

日本においてもすでに「大豆ミート」などが普及しており、従来ルと、17倍の水が必要であることがわかる。これは、牛が飲む水と、牛の水浴びのための水と、そして(牛が食べる)飼料を生産するための水との合計量だと考えることができる。全体的に見て、穀物よりも畜産物を生産する方が、はるかに多くの水を必要とすること、すなわち食肉はウォーターフットプリントが大きいことがわかる。

一方で、家畜が与える環境への負荷は、膨大な水資源の消費だけではない。家畜の飼育には飼料が必要であり、飼料作物の栽培には広大な土地を必要とする(図４Ａ)。土地利用のグラフは、１００グラムの動物性または植物性タンパク質を生産するために必要な土地の大きさを平方メートルで示したものである。また、家畜の消化管内発酵から発生するメタンなど温室効果ガス排出量も大きい(図４Ｂ)。温室効果ガスのグラフは、１００グラムのタンパク質を生産する際に排出される全ての温室効果ガスの合計であり、メタンなど他の物質も二酸化炭素に換算して示した質量(キログラム)である。

このように、家畜の飼育には膨大な水と飼料が必要で、飼料作物の栽培には広大な土地が必要とされる。また、家畜の消化器官内発酵から発生するメタンなどの温室効果ガス排出量の増大が懸念されている。

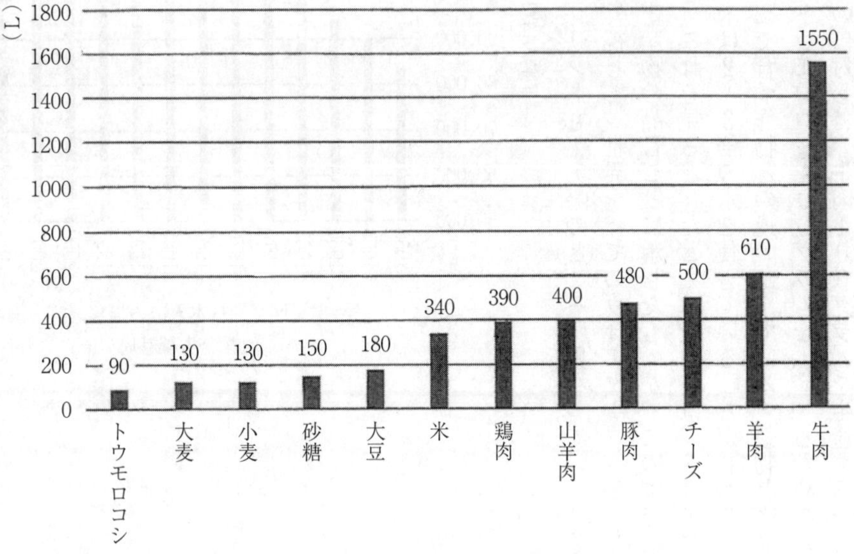


図３．農畜産物 100ｇのウォーターフットプリント
(オランダのトウェンテ大学とユネスコの共同プロジェクトのデータより作成)

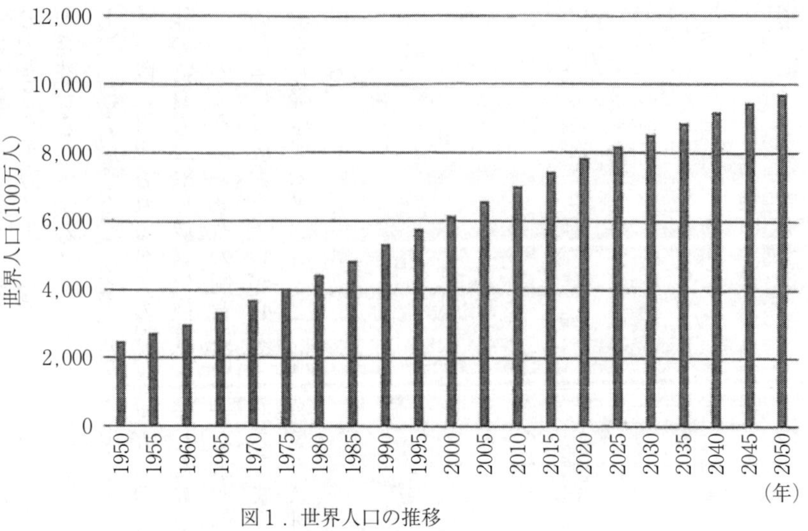


図1．世界人口の推移
(総務省統計局データより作成)

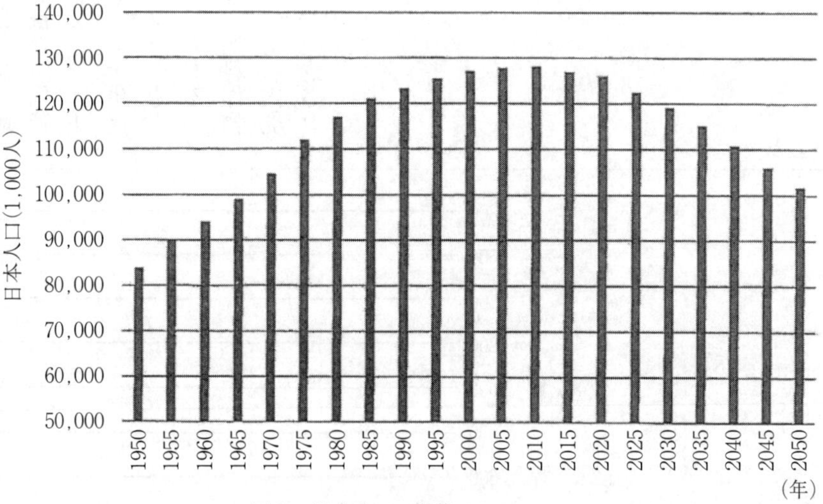


図2．日本人口の推移
(総務省統計局データより作成)

今後、わたしたちは、食糧の増産と環境負荷の低減とを両立する、持続可能な社会・経済を考えていかなければならない。

【資料2】

水資源に関して、図3は農畜産物のウォーターフットプリントを表している。ウォーターフットプリントとは、その品目を生産するために、どのくらいの水が使用されたかを算出したものである。国によって水の使い方は大きく異なるので、国別のウォーターフットプリントも、実際のところは異なっている。そうした国別の差を度外視して、世界全体でのウォーターフットプリントの平均値を、農畜産物の品目ごとに示したものが、この図である。

これを見ると、たとえば穀物では、トウモロコシ・小麦に比べて米は2～3倍の水を使っていることがわかる。畑で育つ作物と、水田で育つ作物との違いが出ている。穀物と畜産物を比べてみると、トウモロコシ１００グラムを生産するための水は90リットルであるのに対して、牛肉１００グラムを生産するためには１５５０リット

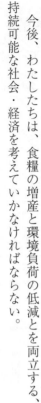

問三　傍線部３「あはれ」、４「さすが」の意味として最も適切なものを後の中からそれぞれ選び、その記号を答えよ。

３　あはれ
　ア　ああ　　イ　おい　　ウ　はい　　エ　いや

４　さすが
　ア　ついに　　イ　やはり　　ウ　そっと　　エ　すべて

問四　空欄Ａに入る最も適切な言葉を次の中から選び、その記号を答えよ。

ア　雲　　イ　露　　ウ　霜　　エ　霧

問五　傍線部５「しか」が指す内容として最も適切なものを次の中から選び、その記号を答えよ。

ア　つらさも喜びも自然と忘れてしまったこと。
イ　つらさや喜びをいつまでも忘れられないこと。
ウ　女院のことを思い出すことがなくなったこと。
エ　女院のことが心にかかって悲しく感じること。

問六　傍線部６「まことの道」とは何のことか。次の中から最も適切なものを選び、その記号を答えよ。

ア　武道　　イ　歌道　　ウ　仏道　　エ　神道

問七　傍線部７「そこ」は何を指すか。次の中から最も適切なものを選び、その記号を答えよ。

ア　待賢門院　　イ　中納言の局
ウ　誰々の人　　エ　語り手（西行）

問八　傍線部８「いかにすみて侍らん」の現代語訳として最も適切なものを次の中から選び、その記号を答えよ。

ア　どうやったら澄むのでしょうか。
イ　どこに住んでいることでしょう。
ウ　どんなに澄んでいることでしょう。
エ　どのように住んでいることでしょう。

## 【小論文】（九〇分）

〔注意〕題名（タイトル）は記入せず、解答用紙の一行目から本文を書き始めること。

次の【資料１】〜【資料６】を読んで後の設問に答えなさい。なお、九〇一字以上一二〇〇字以内で述べること。また、改行によって生じる空欄は字数に数えるものとする。

【資料１】

国際連合の世界人口推計（２０２２年７月発表）によると、世界人口は２０２２年に80億人を突破した。今後、世界人口は２０３７年頃に90億人、２０５８年頃に１００億人を突破すると予測されている（図１）。その一方で、先進国では少子化が進行しており、特に日本は２００８年の１億２千８００万人をピークに減少に転じている（図２）。現在、日本の合計特殊出生率（２０２１年：１・30）は人口規模を維持する上で必要とされる人口置換水準（２・06〜２・07程度）を大きく下回って推移しており、今後総人口は毎年70万人程度のペースで減り続け、２０５０年代には１億人を下回ると予測されている。

世界全体における急激な人口の増加に伴って、世界の食糧需要も急激に増加すると予測されている。ただし、食糧はすでに世界各地で不足しており、需要に対して供給が追いつかなくなる状態、いわゆる世界的な食糧危機が深刻化するとも考えられている。また、今後の世界の人口増加と一人当たりの食肉（畜産肉）消費量の増加により、２０１０年から２０５０年にかけて世界全体の食肉消費量が１・８倍、特に低所得国では３・５倍に増加すると予測されている。食肉需要の増加に畜産物の増産が追い付けば問題ないが、先の食料需要の急激な増加予測を踏まえると、今まで以上に農畜産物を増産する必要があり、その農畜産物を増産するためには、より多くの水や土地が必要である。しかしながら、果たして水や土地は、無尽蔵にあるのだろうか。

エ　自分のプライバシーに対する侵害を過度に恐れること。
オ　自分の本来のあり方を集団の中で見失ってしまうこと。

**問七**　空欄Aに当てはまる文学者を次の中から一人選び、その記号を答えよ。
ア　夏目漱石　イ　太宰治　ウ　志賀直哉
エ　芥川龍之介　オ　森鷗外

**問八**　傍線部6「禅智内供」はどのような人物の例として挙げられているか。本文中から八字で抜き出して答えよ。

**問九**　本文の内容と合致しないものを次の中から一つ選び、その記号を答えよ。
ア　自尊心を傷つけられた禅智内供の苦しみは、集団から解き放たれて「個人」になった近代人の悩みを象徴的に表しているものと言える。
イ　現代の教育で自尊感情を高める実践が重視されているのは、近代社会の基礎であった「個人」の尊厳が軽視されるようになったためである。
ウ　人間は最初から集団との関係の中で存在しており、人間を集団から切り離された「個人」と捉えることは、もともと実態に即していない。
エ　近代社会で「個人」の自由が保障されたのは、近代社会特有の厳しさや不平等を人々に受け入れさせるための仕掛けであったと考えられる。
オ　近代社会において、人々は自分のすべての行動に責任を負う「個人」と見なされ、自らを他者とは明確に異なる存在と意識するようになった。

---

**三**　次の文章を読んで、後の問いに答えよ。なお、この話の語り手は西行（平安末～鎌倉初期の歌人・僧侶）である。

＊待賢門院に、＊中納言の局《つぼね》と云ふ女房おはしましき。＊女院に1後れ参らせられて後、＊様をかへ、＊小倉山のふもとに行ひすましておはし侍《はべ》りとうけたまはり侍りしかば、2長月のはじめつかた、かの御室にたどりたどりまかりにき。

さて、かの局に対面申したりしはじめの言葉に、「うき世を出で侍りしはじめつかたは、女院の御事のつねは心にかかりて、3あはれいかなる所にか、いまそかるらんなど悲しく覚え、誰々の人も恋しく覚え侍りしかど、いまはふつに思ひわすれて、Ａばかりもなげく心の侍らぬなり。4さすが、行ふ甲斐《かひ》の侍ればや、憂き喜び心に忘られぬなるべし。愚かなる女の心だにも5しかなり。年久しく世をそむき、6まことの道に思ひ立ちて、月日かさね給ふ7そこの御心のうち、8いかにすみて侍らん。」とぞのたまはせし。ありがたかりける心かな。

（『撰集抄』より・一部改）

語注
＊待賢門院　藤原璋子。鳥羽天皇の皇后。崇徳・後白河天皇の母。
＊中納言の局　待賢門院に仕えた女性。
＊女院　待賢門院のこと。
＊様をかへ　頭髪をそって出家すること。
＊小倉山　京都市右京区にある山。

**問一**　傍線部1「後れ参らせられて」とはどういう意味か。次の中から最も適切なものを選び、その記号を答えよ。
ア　年齢が若いこと　イ　能力が劣ること
ウ　出発が遅れること　エ　先に死なれること

**問二**　傍線部2「長月」は何月の異名か。次の中から最も適切なものを選び、その記号を答えよ。
ア　七月　イ　八月　ウ　九月　エ　十月

る。

　近代的な「個人」は自分自身であることに重きを置く。もうこれ以上分解できない存在なのだから、単体のものでなくてはならない。「自分」という存在は、ひとつの特徴で説明されなければならない。しかも、不変の固定的な性質をもつと考えられねばならない。こうして、自分とは何者なのかという、いわば「自分探し」の問いが成立してくる。自意識やプライバシーの問題も出てくる。

今日、人権教育の枠組みで、自尊感情を高める実践が重視されることが多くなっている。それは自己肯定感と言い換えられることもある。自分自身であるという「個人」の発想自体が、尊厳の基礎であったはずなのだが、それが揺らいでいるのである。だからこそ、あえて尊重したり、肯定したりする実践が必要になってしまう。5「個人」であることは、精神的に非常に不安定であることがわかる。

　このような個人心理の問題は、近代小説の大きなテーマともなり、わたしたちは、それを読むことでいろいろな問題のあり方にふれることができる。どんな小説が思い浮かぶかは、人それぞれに異なるだろうが、[　A　]の短編「鼻」における和尚《おしょう》の自尊心の問題は、わたしにとってはかなり印象的である。

　高徳の僧である6禅智内供《ぜんちないぐ》の鼻は、上唇の上から顎《あご》の下まで、細長い腸詰めのように下がっている。内供はこの鼻のことをとても気にしているのだが、それは、この鼻が食事をするときなどに不便だからというわけではない。つまり、気にしているのは、鼻の存在そのものではないのである。他者がこの鼻のことをどう見ているのか、どんな噂《うわさ》をしているのかを気にしているのであり、また、自分がこの鼻のことを気にしていること自体が嘲笑の対象になることを気にしているのである。こうして、内供は実はこの鼻によって傷つけられる自尊心のために苦しんでいるのであり、この自尊心の毀損《きそん》を回復しようといろいろと試みるのである。自分を尊敬できない、肯定できない、そのままの姿で受け入れられないという、まさに近代的な悩みと闘っているのである。さまざまな集団的なつながりから解き放たれ、自由で自足した「自分」そのものになったはずが、実際には、「自分」であることに悩むようになってしまったのである。

（池田賢市『学校で育むアナキズム』より・一部改）

**問一**　傍線部a～cのカタカナを漢字に直し、漢字はその読みをひらがなで答えよ。

**問二**　傍線部1について、「個人」をこのように捉えるようになったために、近代社会において何が生じたか。それが端的に述べられている部分を本文中から五字で抜き出して答えよ。

**問三**　傍線部2「ロビンソン・クルーソーの物語」の事例が表しているのはどのようなことか。次のように答えるとして、その空欄に入る最も適切な言葉を本文中から二十六字で探し、その始めの五字を答えよ。

　近代化の過程で[　　]ということ。

**問四**　傍線部3はどのような労働のことか。次のように答えるとして、その空欄に入る最も適切な言葉を本文中から七字で抜き出して答えよ。

　[　　]に基づいて行われる労働。

**問五**　傍線部4「近代が要請する『個人』」の説明として本文の内容と合致しないものを次の中から一つ選び、その記号を答えよ。

ア　自分の労働だけで必要なものを作り出す自立性の高い人間。
イ　現在だけでなく将来も視野に入れて計画的に労働する人間。
ウ　自らの労働で生じた収益と損失を抜け目なく計算する人間。
エ　自分の労働によって余剰が生まれることに喜びを感じる人間。
オ　有益なものを生み出すために労働の範囲を拡張し続ける人間。

**問六**　傍線部5について、精神的に不安定になる例として適切でないものを次の中から一つ選び、その記号を答えよ。

ア　自分をそのままの姿で受容できなくなってしまうこと。
イ　自分は何者なのかという問題に常に悩んでしまうこと。
ウ　自分に対する他人の評価ばかりを気にしてしまうこと。

わたしたち自身がこれ以上分解できない個体だと想定すると、そこで何が起こるか。それは、バラバラになった個人間の生存をかけた自由な競争である。しかも、この競争には、強制的に参加させられていく。その結果、当然、格差が生まれる。

　つまり、これまでの共同体のあり方の中では得られなかった利益を得る者も登場するわけである。そのような経済活動では、個人の能力の有無が問われることで、個人間の処遇の違いが合理的に説明されていくことになる。個人は、富める者とそうではない者とに大きく分類されていく。

　要するに、競争や格差の必然性を、自由の保障として人々が受け入れていく仕掛けとして「個人」が機能しているのではないか、ということである。そのような「個人」には、どんな特性がaヌり込められているのか。これをわかりやすく解説してくれるものに、2ロビンソン・クルーソーの物語がある。

「個人」であることの究極の状態は、たった一人で存在することだろう。つまり、無人島でのロビンソンの状態である（物語の後半で、他者と出会っていくことになるが）。彼は、無人島にいるにもかかわらず、3近代的労働を行うのである。

　難破しながらもどうにか助かったロビンソンは、船に引き返し小麦を見つける。初めてこの小説を読んだとき、わたしはこのつぎの彼の行動に感心してしまったことを覚えている。ロビンソンはその小麦すべてを食べてしまうのではなく、今後、食糧を安定的に確保（備蓄）するために、一部を蒔《ま》いて収穫するのである。同様に、見つけた山羊《やぎ》を家畜にし、数を増やしていく。作物を栽培し、家畜を飼い、野生動物からそれらを守るための囲いをつくり、夜中に見回りもし、大工仕事がうまくなり、土器もつくれば、b暦と日時計もつくる。彼は一年経つごとに、自分にどういうプラスとマイナスがあったかの損益計算をする。そして、余剰が出たことを神に感謝する。

　資本家にとって、こんなに都合のいい人間はいない。労働と道徳とが見事に結びつけられている。合理的に計算し禁欲的に働いて財産を増やしていく「ロビンソン的人間」は、資本主義には絶対に欠かせない。資本家が労働者をより長く働かせ、生産量を増やしたい場合、賃金を増やすという方法がある。この場合、賃金が増え、それほど働かなくてもいままでと同様に必要が満たされるのなら、これまでより短い労働時間でいい、と考えられては困るのである。自分の必要を上回るものを生産することがなぜ必要なのか、という疑問は封印しておかなくてはならない。

　無人島のロビンソンは、4近代が要請する「個人」の典型なのである。労働が社会生活に必要であると言うことと、人生の意味が労働にあり、労働の意味（喜び）が人生の生きがいになると言うことは、およそ別個の事態であるにもかかわらず、労働が道徳的規範として高い価値を得ていくことになったのである。ロビンソンは、絶海の孤島で貨幣経済とは切り離された自給自足をする人物であるというよりはむしろ、十分に資本主義の精神を体現する近代人なのである。

　このように、せっかく人権保障の基礎としての「個人」が登場したにもかかわらず、その「個人」はゆったりと生活できず、ロビンソンのように常に将来を心配しながら生きなくてはならなくなった。むしろ、「個人」であることによって生活が苦しくなることさえ引き受けなくてはならなくなった。

「個人」としてcハアクされるようになった人々は、契約し、勤勉に働き、所有する権利を得たのであるが、そのことと同時に、常に自分自身の能力が問われ、一定の行動が期待され、その意志も問われるようになった。ものごとを認識し、判断し、行動するのはあくまでも「個人」であり、その「個人」としての一連の振る舞いが他者から注目されることになる。

　このように自分の存在が責任の所在として理解されていけば、自分は他者とは明確に異なっているという意識をもたざるを得なくなる。こうして自意識過剰な個人が生み出され、それは「アイデンティティ」や「人格」という用語によって強められていく。他者とは異なる存在であること、つまり自分自身であることが要求されてく

最も明瞭に感じられるから。

問六　空欄Aに入る最も適切な言葉を次の中から選び、その記号を答えよ。

ア　依存　　イ　逆説　　ウ　同調　　エ　衝動　　オ　短絡

問七　傍線部4とあるが、「スマホ時代」に〈寂しさ〉が加速してしまう」のはなぜか。その説明として適切でないものを次の中から一つ選び、その記号を答えよ。

ア　スマホ時代には、有意義な活動に没頭することで得られる充実感を抱きにくくなっているから。

イ　スマホ時代には、自己の内面を見つめて思考することで得られる精神的な充足感が失われているから。

ウ　スマホ時代には、不安や虚しさを直視して、それを克服していくという生き方が難しくなっているから。

エ　スマホ時代には、様々な技術によって生活が効率化され、することのない空いた時間が増えているから。

オ　スマホ時代には、他者と共感に基づいた関係を結びにくくなり、表面的な人間関係しか持てなくなっているから。

問八　傍線部5「スマホというメディアの特性」に関連した説明として、本文の内容には合致しないものを次の中から一つ選び、その記号を答えよ。

ア　スマホの常時接続によって、人々はつねに多様な感覚的刺激に巻き込まれていることになる。

イ　スマホを持つことで、人々はいつもスマホを意識し、その意識から影響を受けることになる。

ウ　スマホでマルチタスク的な処理をすると、人々はその一つ一つをおろそかにするようになる。

エ　スマホを常用していると、人々は反射的なコミュニケーションを積み重ねていくようになる。

オ　スマホの便利な機能に頼ると、人々は自分で考える習慣そのものを喪失していくことになる。

問九　二箇所ある空欄Bに入る最も適切な言葉を本文中から五字以内で抜き出して答えよ。

問十　本文の内容と合致しないものを次の中から一つ選び、その記号を答えよ。

ア　〈寂しさ〉にとらわれることは、現代の都市社会で暮らす人間にとって避けられない運命だと言える。

イ　常時接続などのテクノロジーの発達によって、人間の行動様式、感性などは必然的に変えられていく。

ウ　アーレントの言う〈孤独〉には、自分自身の生き方を見つめ直すという肯定的な意味が含まれている。

エ　スマホが普及した社会では、何もせずに静かに過ごすダウンタイムの価値が顧みられなくなっている。

オ　現代のアテンションエコノミーは、メディア技術によって注目度を数量化することで成り立っている。

## 二　次の文章を読んで、後の問いに答えよ。

1「個人」という言葉はindividualの訳であり、これ以上分解できないという状態を意味するということは、現在ではかなり知られている。「これ以上分けられない」ということを人間のあり方の理解と結びつけているわけだが、これによって、他者とは異なる自分、ひとりひとり区別できる個人というとらえ方が成り立つ。ここから、集団は、他とは区別できるそれぞれの「個人」の集まりであるとの考えが一般化してくる。全体は個（全体を成り立たせている要素）の集合体、自分の意志で自由に動く個人の集合体だと理解されていく。

しかし、わたしたちは、まず個として発生し、その後に相互に関係をつくっていったわけではない。最初から関係の中で存在し始めた。にもかかわらず、すでに溶け込んでいる関係の中から個を浮き立たせて分離し、その個を相互につないでいこうとする。なぜ、わざわざ集団からいったん切れた「個人」を想定し、その後にもう一度結びつけようとするのか。

たい」「退屈を埋めたい」などというニーズにうまく応答してくれます。スマホは、いつでもどこでも使えるだけでなく、スマホを含む様々な情報技術が、私たちのタスクを複数化し、並行処理を可能にしています。コミュニケーションも娯楽もその他の刺激も流し込み、自己対話を止めて感覚刺激の渦に巻き込んでくれるマルチタスキングは、つながりへの欲望も、退屈や不安も覆い隠してくれます。

　しかし、〈寂しさ〉からくるマルチタスキングは、いろいろな刺激の断片を［②］継ぎ早に与えるものなので、一つ一つのタスクへの没頭がありません。そうすると、ふとした瞬間に立ち止まったとき、「あれは何だったんだ」と虚しくなったり、つながりの希薄さ（つながっていても一人ぼっち）を実感したりすることになります。

　4常時接続が可能になったスマホ時代において、〈孤立〉は腐食し、それゆえに〈孤独〉も奪われる一方で、〈寂しさ〉が加速してしまうにもかかわらず、私たちはそうした存在の仕方の危うさに気づいていないように思えます。これまで論じてきた問題点に、5スマホというメディアの特性を重ねると、〈寂しさ〉という問題が前景化してくるということです。

　私たちは自分の生き方を見つめ直すときなどに、自分と対話し、思考することが必要です。いつでも、たまには〈孤独〉を確保する必要があります。しかし、現代においてそれが困難になっていることも確かです。

　現代では、様々なテクノロジーやサービスによって体験が効率化されています。様々な時短の方法があり、いずれも生活の重要な部分を占めているでしょう。

　こうした消費環境の変化は、空いた時間を私たちが有効に活用することを前提としていますが、そうした発想自体に問題が含まれています。実際に、私たちは浮いた時間を〈孤独〉につながるものとして用いず、別の様々なマルチタスクで埋めてばかりいるでしょう。景色を見たり、ただ周囲の音を聴いていたりするような＊ダウンタイムを、スマホを手にした私たちは失ってしまいました。スマホを手に取るときには、様々な細切れのタスクを反射的に追いかけてしまっています。

　「マルチタスクじゃなくて、ずっとＳＮＳ（あるいは動画）に没頭しているとき、私は孤独を感じる」などと反論したくなるかもしれません。しかし、そもそも本書の〈孤独〉概念は、［　Ｂ　］をもたらすものとして定義されており、ＳＮＳや動画に浸りきることは、［　Ｂ　］に必要な注意を分散してしまいかねず、〈孤独〉からほど遠いのではないでしょうか。反論の文章にある「孤独」は、むしろアーレントの言う〈寂しさ〉を指しているように思えます。

（谷川嘉浩『スマホ時代の哲学』より・一部改）

語注

＊ダウンタイム　リラックスできる時間。

**問一**　傍線部ａ～ｃのカタカナを漢字に直し、漢字はその読みをひらがなで答えよ。

**問二**　空欄①・②に入る漢字一字をそれぞれ答えよ。

**問三**　傍線部１「注意の分散」に関する説明として適切でないものを次の中から一つ選び、その記号を答えよ。

ア　注意の分散を防ぐには、物理的な隔絶状態が必要である。
イ　注意の分散は現代社会の消費環境の成立に貢献している。
ウ　注意の分散のために、対話では難しい内容が避けられる。
エ　注意の分散は、人が〈孤独〉になることを確実に妨げる。
オ　注意の分散はそこにスマホがあるというだけで生じ得る。

**問四**　傍線部２「共感」とは具体的にはどういうことか。次のように答えるとして、その空欄に入る最も適切な言葉を本文中から十三字で抜き出して答えよ。

［　　　　］すること。

**問五**　傍線部３のように言えるのはなぜか。次のように答えるとして、その空欄に入る最も適切な言葉を本文中から八字で抜き出して答えよ。

他の人々との［　　　　］は、その人々と一緒にいるときに恐らくこのことの背景には、注意の分散があるのでしょう。一つのことに十分注意を向けて、それについてあれこれ考える習慣そのものが衰退しているのだとすれば、やはり〈孤立〉が重要になってきます。

いろいろな事柄や相手に注意が分散しているわけですから、対面での会話が作業するようにこなされてしまうのは当然です。反射的なコミュニケーションで自分を取り巻くことは、相手の人格や心理状態を想像しないようにと日夜練習を積み重ねているようなものです。

常時接続の世界では、〈孤立〉だけでなく〈孤独〉もまた失われつつあるという話でした。〈孤立〉は、注意を分散させず、一つのことに集中する力に関係するのに対して、〈孤独〉は、自分自身と対話する力に関わっています。

ただし、〈孤独〉といっても、これは「自分自身と過ごすこと」をそのまま指す言葉なので、否定的な含みがないことに留意する必要があります。そうはいっても、悪い印象を持ってしまう人も多いでしょう。その疑問を[b]払拭するためにも、どうして〈孤独〉が必要なのかという問いに、ハンナ・アーレントという哲学者の想像力を借りて迫ってみたいと思います。

アーレントは、「一人であること」を三つの様式に分けています。それが、〈孤立〉、〈孤独〉、〈寂しさ〉です。

アーレントは、他の人とのつながりが断たれた状態を〈孤立〉と呼びました。言い換えると、〈孤立〉は、何らかのことを成し[c]トげるために必要な、誰にも邪魔されずにいる状態を指しています。創造的・生産的なことでなくても、何かに集中して取り組むためには誰かが介在してはなりません。例えば「何かを学んだり、一冊の書物を読んだりする」ときなどに、「他の人の存在から守られていることが必要になる」ように。

要するに、何かに集中して取り組むために、一定程度以上求められるのが、この物理的な隔絶状態です。この意味で、〈孤立〉は、何かに集中的に注意を向けるための条件になっていることがわかります。

それに対して〈孤独〉は「沈黙の内に自らとともにあるという存在のあり方」だと説明されます。〈孤独〉にあるときの私たちは、心静かに自分自身と対話するように「思考」しているということです。〈孤独〉とは、私が自分自身と過ごしながら、「自分に起こるすべてのことについて、自らと対話する」という「思考」を実現するものなのです。

しかし、人から話しかけられたり、余計な刺激が入ったりすると、自己との対話（＝思考）は中断されてしまいます。この意味で〈孤立〉は、〈孤独〉とそれに伴う自己対話のための必要条件にほかなりません。〈孤立〉抜きに〈孤独〉は得られないということです。

より興味深いのは、「一人であること」の三様式の残りの一つである〈寂しさ〉です。アーレントは、〈孤独〉と〈寂しさ〉を区別するとき、〈孤独〉が〈孤立〉を必要とするのに対して、[3]〈寂しさ〉は、他の人々と一緒にいるときに最もはっきりあらわれてくると述べています。

〈寂しさ〉は、いろいろな人に囲まれているはずなのに、自分はたった一人だと感じていて、そんな自分を抱えきれずに他者を[A]的に求めてしまう状態です。どうにも不安で、仕事が虚しくて、友人や家族とうまくいかないのが苦しくて、誰にも理解されない感覚があって、退屈を抱えきれなくて他者や刺激を求めてしまう。これに心当たりがない人は恐らくいませんよね。

実際、〈寂しさ〉は旧来的な共同体が崩壊した都市社会に生きる現代人に、宿業のようにのしかかるものだとアーレントは考えていました。私たちはみな、どこにいてもアットホームな気持ちになれない余所《よそ》者（故郷喪失者）のような心理になる素質を持っており、その気持ちを忘れるために、何かや誰かと一緒にいたいと望む寂しがり屋なのです。

スマホという新しいメディアは、〈寂しさ〉からくる「つながり

# 二〇二四年度　早稲田大学高等学院

【国　語】（五〇分）

〔注意〕　字数指定のある問いに答える場合は、句読点などの記号も字数に含めるものとする。

一　次の文章を読んで、後の問いに答えよ。

メディア論では、「人の感覚がテクノロジーによって書き換えられていく」という考え方をすることがよくあります。新たなテクノロジーは、それが普及するにつれて、行動様式、感じ方や捉え方、ものの見方を具体的に変えていくのです。

技術が感性のあり方を左右していくのだとすれば、スマホを手にした私たちはどう変わってしまったのでしょうか。この変化によって失われたものにフォーカスしてみましょう。

常時接続の世界で失われたもの。いろいろな論者の見解を私なりに整理して総合するなら、それは二つの観点から説明できます。それは、〈孤立〉と〈孤独〉です。それぞれについて言い換えれば、他者から切り離されて何かに集中している状態と、自分自身と対話している状態のことです。

常時接続の世界の行動について立ち止まって考えればわかることですが、私たちは、反射的なコミュニケーションを積み重ねています。いろいろなものを保留しながら、短いテキストやアクションで表面的な返答を順次していく。

ここで失われているのが〈孤立〉です。何か一つのことに取り組み、それに集中するにはあまりに気が散っていて、いろいろなコミュニケーションや感覚刺激の多様性が、一つのことに没頭することを妨げてしまっています。ここで念頭に置かれている「〈孤立〉の喪失」は、マルチタスキングによる[1]注意の分散のことであり、これは、メディア技術が可能にした「アテンションエコノミー（注意経済）」の一つの帰結でもあります。

アテンションエコノミーにおいては、コンテンツ、広告、製品、サービス、ウェブプラットフォーム、オンラインサロン、YouTubeチャンネル、インフルエンサーなどのいずれも、どれくらいの人がそれに注目し、クリック数や購入者数、登録者数、売上などがどれくらい具体的に動いているかという、数量的な動員こそが問題になります。

あらゆる人間やイベント、商品などがアテンション（＝注意）を奪うことに最適化しているこうした消費環境は、明らかに注意の分散に貢献していますが、別に企業や技術だけのせいでもありません。私たち自身が、日夜スマホを通じて注意を分散させる試みに喜んで参加していることを進んで認める必要があるでしょう。スマホを触りながらの対面コミュニケーションでは、相手の会話は薄く聞くだけ、小難しい内容は無視する、何か聞かれたら生返事、そんなやりとりが①の山でしょう。こんな環境で、「消化しきれなさ」「モヤモヤ」「難しさ」の類を抱えておくなんてやってられないとしか思えないはずです。

残念ながら、注意の分散によっておろそかになるのは、対面のコミュニケーションだけではありません。マルチタスク的に処理しているあらゆることが、同時並行している分だけおろそかになっています。漫画を読むことも、電話をすることも、音楽を聴くことも、誰かとテキストをやりとりすることも、全部です。

さらに、スマホを通じて注意を分散することに慣れた私たちは、スマホを使っていないときでさえ、気もそぞろで対面のやりとりをしているらしいのです。

いくつかの研究が[a]シサするところでは、スマホを触っていなくても、そこにスマホがあるという事実が、対面の会話に影響を与えている可能性があります。具体的には、会話での[2]共感のレベルが下がり、話題がスマホに左右される恐れがあり、自他の感情や心理状態への注意が削がれてしまいかねません。

# 2024年度／早稲田大学高等学院

## 英語解答

**A** Ⅰ (1)…エ (2)…ウ (3)…エ (4)…ア (5)…ウ

Ⅱ (1) with (2) make (3) to (4) himself (5) reason

Ⅲ (1) エ→during (2) エ→safe

**B** Ⅰ (1) begin〔start〕 (3) process (9) because (15) less

Ⅱ (2) fact that parents often mistake these first smiles shows

Ⅲ (4)…エ (5)…ウ (8)…イ (10)…エ

Ⅳ エ Ⅴ (7)…ア (11)…ア

Ⅵ 【12】 public 【16】 well 【17】 began

Ⅶ We can do really well recognizing smiles

Ⅷ エ Ⅸ ア，エ

**C** Ⅰ A Ⅱ A Ⅲ C Ⅳ B Ⅴ D Ⅵ D Ⅶ C

**D** Ⅰ D Ⅱ A Ⅲ C Ⅳ B Ⅴ D

Ⅵ (例) If I were in Isabella's situation, I would take out both stones, (because) I would be able to prove that Enzo was cheating and ask for people's help.

(声の教育社 編集部)

**A** 〔文法・語彙総合〕

Ⅰ＜適語(句)選択・語形変化＞

(1) 'tell＋人＋about＋物事' で「〈人〉に〈物事〉について話す」という意味。talk「話す」は自動詞なのでアは talked の後に to が必要。 「私の姉〔妹〕が先週ロンドンから帰ってきた。彼女は私にそこでの経験について話してくれた」

(2) 'If＋主語＋動詞の過去形～，主語＋助動詞の過去形＋動詞の原形…' の仮定法過去の文。 「もし彼が真実を知ったら驚くだろう」

(3) 'get＋目的語＋過去分詞' で「…を～された状態にする」という意味を表す。なお，'get＋目的語＋～ing' なら「…を～している状態にする」という意味になる。「私は今週末までにこの宿題を終わらせなければならない」

(4) used to ～は「(かつては)～だった」という '過去の状態' を表せる。 「2年前にはここに中華料理店があった」

(5) every には「～ごとに」という意味がある。every two students で「生徒2人ごとに」ということ。 「この学校には生徒2人に1台のコンピューターがある」

Ⅱ＜和文英訳―適語補充＞

(1) 'with＋名詞＋補語(形容詞や分詞など)' の形で「～が…した状態で」という意味を表せる。この with は '付帯状況' を表す。

(2) make it には「間に合う」という意味がある。

(3)「よろこんで」は「よろこんで手伝う」ということ。よって，I'd be happy to (help you)とする(help you は繰り返しとなるので省略される)。

(4) say to ～self で「心の中で思う，ひとりごとを言う」。talk to ～self「ひとりごとを言う」という表現もある。

(5)「怒るのももっともだ」は「怒るもっともな理由がある」と読み換える。ここでの good は「もっともな」という意味。have good reason to ～で「～するもっともな理由がある」という意味になる。

Ⅲ＜誤文訂正＞

(1) while「～する間」は接続詞なので後ろには‘主語＋動詞’が続かなければならない。ここでは後ろが my stay という名詞句なので，前置詞の during「～の間に，～中に」にする。　「私はロンドン滞在中に10年ぶりに旧友と会った」

(2)「無事だった」という状態を表すためには，be動詞 were の後に形容詞 safe「安全な，無事な」を続けなければならない。safety「安全，無事」は名詞。　「大きな地震が私の生まれた町を襲った。私は両親が無事だったのでうれしかった」

**B**〔長文読解総合―説明文〕

≪全訳≫❶ほほ笑みはいったい何のためにあるのだろうか。私たちはどうやってほほ笑むのだろうか，そしてもしほほ笑みを失ったら，それを取り戻せるのだろうか。❷ほほ笑むことは，人間がする最も根本的なことの１つである。新生児は考えることなくほほ笑むことができる。親になったばかりの人たちはしばしば，そのほほ笑みは彼らの存在に対する反応だと考える。もっとも，赤ん坊は生後６週間から８週間になって初めて社交的な意味でほほ笑むのだが。(2)親がしばしばこれらの最初のほほ笑みを誤解するという事実は，ほほ笑み，つまり身体的なほほ笑みと，そのほほ笑みが意味することを理解するのがいかに難しいかを示している。❸身体的な観点では，私たちがどうやってほほ笑むかは十分にはっきりしている。人の顔には表情を制御する17対の筋肉があり，さらに口の周囲を巡っている輪がある。脳がほほ笑むことに決めると，メッセージが目から顎へと顔全体に送られ，唇，鼻，目，そして額を制御する筋肉につながる。❹文化的には，ほほ笑みは古代の像や絵画から現代の絵文字に至るまで目にすることができる。笑顔の絵文字はオンラインのメッセージで群を抜いて最もよく使われている。全ての絵文字の中で最も人気のあるもの――😂――が，『オックスフォード辞典』によって2015年の単語に選ばれた。ちょうどこの絵文字がうれしさ以上のものを表しているように――涙がおどけた感じをつけ足している――ほほ笑みそのものも，ずっと多くのことを表すのだ。❺2016年のある研究では，44の文化の何千人もの人に，８つの顔写真――４枚が笑顔，４枚が笑顔ではないもの――について質問した。ほとんどの人が笑顔の方が笑っていない顔よりも誠実だと判断した。この差は，スイス，オーストラリア，フィリピンなどの国では大きかったが，パキスタン，ロシア，フランスのような国では小さかった。イラン，モルディブ，ジンバブエのような少数の国では，人々は笑顔を信頼できるとは思わなかった。この研究の執筆者たちは，人々が自分たちの政府や社会をほとんど信頼していない場合は，笑顔を信頼する可能性が低くなると結論づけている。この場合，ほほ笑みは悪い印象を与えることさえありえるのだ。❻しかし，ほほ笑みが消えたらどうなるのだろうか。私たちがほほ笑むことをできなくさせるさまざまな医学的問題がある。よくあるのは，脳の損傷により顔の筋肉を制御できなくなることだ。より珍しいのはメビウス症候群で，それはほほ笑むこと，不機嫌な顔をすること，眼球を左右に動かすことができないことを意味する病気だ。❼「基本的には顔に仮面をつけているようなものです」とメビウス症候群を患っている67歳のローランド・ビアンブヌは述べる。ほほ笑むことができないので，「他の人たちが患者に対して間違った印象を持つことがあるのです」と彼は述べる。「患者は彼らの心をほぼ読み取ることができます。彼らは『この人はどこかおかしいのか，事故に遭ったのかな』と思うわけです。彼らは患者の知性を疑うのです」❽ほほ笑みに関する科学的な研究は，性別(一般的に女性の方がよくほほ笑む)や文化における違いを見出した。ほほ笑みは間違いなくコミュニケーションで用いられる。人々は１人でいるときよりも人前にいるときの方がよくほほ笑み，他者とコミュニケーションを取っているときの方がそうでないときよりもよくほほ笑む。❾科学者たちは，ほほ笑みが他の表情よりもはるかに認識しやすいことを示している。彼らがわからないのは，その理由だ。❿「私たちはほほ笑みを認識するのが本当に得意です」とオハイオ州立大学の電気・コンピューター工学部のアレックス・マルティネス教授は言う。「どうしてそうなのか。それには今の時点では誰も答えられません。わからないのです。本当にわかりません。私たちはある実験をしました。その実験では，顔の画像を人々に見せたのですが，とてもすばやく…0.01秒，0.02秒の間だけ見せたのです。画像をたった0.01秒見せただけでも，それがほほ笑みだとわかるのです。他の表情ではうまくいきません」　恐怖は認識するのに0.25秒――ほほ笑みの25倍の長さ――かかり，「これは，進化論的に言えば，全く筋が通りません」とマルティネス氏は言う。「恐怖の認識は生存するために重要ですが，ほほ笑みは…。しかし私たちはそのように進化してきたのです」⓫マルティネス氏のような科学者は，ほほ笑みは，しかめ面(不機嫌な顔)や他の表情と同様に人間が話せるようになる前から変わらずに残っているものだと考えている。人間の言語ははるか10万年前に遡って発達し始めたが，私たちの表情はさらに遡って，現生人類になる前に発達し始めたのだ。⓬「言葉でコミュニケーションを取れるようになる前は，顔でコミュニケーションを取らなければなりませんでした」とマルティネスは言う。「そのことが科学におけるとても興味深い疑問をもたらします。つまり，言語はどこから生じたのか，ということです。言語は人が顔に出す感情から発達したと考える科学者もいます」と彼は続ける。「まず，私たちは顔の筋肉を動かせるようになりました――『私はうれしい！　あなたに好意を感じる！　私は怒っている！』　そして，表情の基本原理が発達し，やがてそれが言語に発展したというわけです。だから，私たちの言語がどうやって始まったかを考えたら，その答えは，言語はほぼ確実にほほ笑みとともに始まったということになるのです」

Ⅰ＜書き換え―適語補充＞⑴「赤ん坊は生後６週間から８週間になって初めて社交的な意味でほほ笑む」＝「赤ん坊はおよそ生後７週間で社会的にほほ笑み始める」　‘It is not until ～ that …’「～で初めて…，～のところでようやく…」　begin〔start〕to ～「～し始める」　⑶「身体的な観点では，私たちがどうやってほほ笑むかは十分にはっきりしている」＝「ほほ笑んでいるときの人間の筋肉の動き方の過程は理解しやすい」　process「過程」　⑼「私たちがほほ笑むことをできなくさせるさまざまな医学的問題がある」＝「さまざまな医学的問題のため，ほほ笑むことができない人もいる」　‘stop＋目的語＋from ～ing’「…が～するのをやめさせる〔妨げる〕」　because of ～「～が原因で，～のために」　⒂「恐怖の認識は生存するために重要だ。その一方でほほ笑みは…」＝「生存のためには，ほほ笑みを認識することは恐怖を認識することよりも重要でない」　‘less ～ than …’「…よりも～でない」

Ⅱ＜整序結合＞まずThe fact that ～で「～という事実」という意味を表せる(このthatは「～という」の意味で前の名詞を説明する‘同格’のthat)。that節の中身は前文の内容から，parents often mistake these first smilesとまとめ，最後に残ったshowsが文の述語動詞となる。

Ⅲ＜適語(句)選択＞⑷この絵文字を説明している次の文にthe tears add a jokey feelingとある。　⑸空所４に入る絵文字を説明している部分。この絵文字は「ほほ笑み」を表すものである。　⑻文頭のHere「ここでは，この場合は」に着目。このHereは，直前で述べている，笑顔が信頼されない国の場合ということである。　⑽空所を含む文の主語Youが何を指すかに注意する。これは同じ段落第１文のYouと同様でMoebius syndromeの患者を指している。直後に続く内容が読み取った心の内の具体例になっていることからも判断できる。

Ⅳ＜要旨把握＞この研究で行った実験では，笑顔の写真を見た人々が「信頼できる」「信頼できない」といった異なる反応を示しており，これは，住む国によって笑顔が異なる意味を持つことを明らかにしている。よって，この研究論文のタイトルとして適切なのは，エ．「ほほ笑みと，それが私たちに何を意味するか」である。

Ⅴ＜単語のアクセント＞⑺ phó-to-graphs　⑾ déf-i-nite-ly

Ⅵ＜適語補充＞【12】同じ文後半のwhen they are aloneとの比較となる部分。in publicで「人前で」という意味。　【16】as well as ～「～と同様に，～だけでなく」　【17】同じ文の前半でhow our languages beganとあり，空所を含む部分はその答えを示している。

Ⅶ＜指示語＞下線部を含むWhy is that true？は，その前のマルティネス教授の発言であるWe can do really well recognizing smilesを受けての言葉である。

Ⅷ＜要旨把握＞この実験は笑顔がいかにすぐに認識されるかを証明するもの。同じ段落の後半で，生き残るために笑顔よりもはるかに重要な恐怖の方が笑顔よりも認識するのに25倍長い時間がかかることを説明した後，それが進化論的には筋が通らないと言っている。エ．「人間の進化を考慮すると，実験結果を説明するための筋の通った方法はない」は，この内容をまとめている。なお，実験で調べたのは認識する方法ではなく認識する速さなので，ア．「この実験は私たちがどうやってそんなにすばやくほほ笑みを認識できるかを理解するために行われた」は不適。

Ⅸ＜内容真偽＞ア．「新生児は親の存在についての感情を表すためにほほ笑むことができる」…×　第２段落第３文後半の内容に反する。　イ．「人々がほほ笑むとき，顔の筋肉を制御するために脳からメッセージが送られる」…○　第３段落第３文の内容に一致する。　ウ．「古代から現代までの間で，ほほ笑みの記録を見つけることができる」…○　第４段落第１文の内容に一致する。　エ．「メビウス症候群を患っている人にとって，ほほ笑むことは珍しいが，不機嫌な顔をすることは可能だ」…×　第６段落最終文の内容に反する。この文のcan'tは後に続く３つの動詞全てにかかり，you can't smile, (can't) make an unhappy face or (can't) move your eyes ... という意味。　オ．「近代以前に，初期の人類は顔の表情を使い始めた」…○　第11段落最終文の内容に一致する。　カ．「人間は他の人々の表情を理解することで一種の言語を発達させた」…○　最終段落の内容と一致する。

**C**〔長文読解総合（英問英答形式）―物語〕

≪全訳≫❶またつづりのテストがある。どんなにがんばっても，10問中４，５問しか正解できない。とにかく覚えられないのだ。私は自分たちのテーブルに座っている新しい女の子の方をちらっと見る。彼女の名前はロシェル・ブレーク。彼女は私にほほ笑みかけ，私は彼女にほほ笑みを返す。彼女は先週，うちの学校に来たばかりだ。学年の途中に入るのは大変に違いない。❷ようやく１日の終わりを告げるベルが鳴る。ロシェルが彼女のお母さんの方に走っているのに気づいたとき，驚くようなことを目にする。ロシェルのお母さんは両腕を振り回して指で形をつくっていて，ロシェルも同じことをしているのだ。それはまるで互いに手で話しているようなものだ。じっと見ていたことはわかっているが，彼女たちを見るのがやめられないのだ。ロシェルのお母さんはまるでオーケストラを指揮しているように見える。このようなことは一度テレビ番組で見たけど，そのときは女性が耳の不自由な人のために行っていた。でもロシェルは問題なく耳が聞こえる。あっ，彼女のお母さんは耳が不自由なのかしら？❸次の日の朝，またロシェルと彼女のお母さんを見かける。彼女たちの腕の動かし方で，私は去年学校に来たダンサーたちを思い出す。もっと見たいけど，ちょっと失礼なようだ。今週のつづりを覚える単語を読み始めると，ロシェルが私の所にやってくる。❹「お互いに問題を出し合おうか？」と彼女が私のつづりの本を指さしながら尋ねる。❺「いいわよ」と私は言う。彼女に尋ねたいけど，どうやって尋ねたらいいのかわからない。「ねえ，あなたのお母さんと手を使ってやっている，あれがあるでしょ？」❻「手話ね」❼「そう，手話。お母さんが，えーと，耳が不自由だからなの？」❽「ええ。私の両親は2人とも耳が不自由なの。お母さんは話せるから，お母さんとはだいたいは手話で，たまには話してコミュニケーションをとるの。お父さんとは手話を使うわ」❾「あっ，ごめんね。それってすごく難しいんでしょうね」❿ロシェルの表情から自分が何かいけないことを言ってしまったことはわかるけど，何がいけなかったのかはわからない。⓫「私って，CODAとして知られている人なんだ」と彼女は言う。⓬「何？」⓭「聴覚障がいがある大人の子どもよ，C，O，D，A」⓮「それで，あなたが赤ちゃんのとき，ご両親は自分たちがあなたの世話するのを手伝ってくれる人が誰か必要だったの？」⓯「そんなことあるわけないでしょ！」　ロシェルは怒っているようだ。「どうしてただ耳が不自由なだけで両親が私の面倒をみられないと思うの？　耳が不自由だからって劣ってるっていうわけじゃないのよ」⓰自分の体中が熱くなる。私は彼女の両親が劣っていると言ったわけではなかった。説明しようとするけど，ベルが鳴ってロシェルはトイレの方に歩いていく。彼女は一日中，もう私とは話してくれない。⓱帰宅する時間になると，またロシェルと彼女のお母さんを目にする。彼女たちは手をとても速く動かしている。口論しているようだ。やっと落ち着いて，ロシェルのお母さんが彼女に何か説明しているようだ。⓲突然ロシェルがやってくる。えっ，どうしよう。私が下を向くと，髪の毛が顔の前に垂れて顔が隠れる。自分の肩に彼女が手を置くのを感じる。驚いて，顔を上げる。彼女の眼はちょっとうるんでいて赤くなっている。⓳「ごめんね」と彼女が言う。⓴「私こそごめんね」と答える。㉑「あなたが聴覚障がい者の文化について何か知っているって私が考えるのはずるいってお母さんが説明してくれたの」　彼女は一息置く。「今朝はあなたに腹を立てるべきではなかったわ」㉒「いいのよ」と私は言う。「友達になる？」㉓彼女は「ありがとう」と言いながら，平らにした手を顎に当てて前に動かす。それから彼女はまるで自分と握手しているかのように両手を動かして「友達」と言う。㉔私は彼女の手の動きをまねして「友達」と「ありがとう」という言葉を繰り返す。気分がいい。㉕「あなたは飲み込みが速いわね」と彼女が言う。私は喜んでにっこりする。「もっと手話を教えてあげましょうか？」と彼女が尋ねる。㉖「うん，お願い」㉗次の日の放課後，ロシェルは彼女が指文字と呼ぶアルファベット文字を私に教え始める。私は彼女に続いてアルファベットのそれぞれの文字を声に出して，彼女の手の動きをまねる。紙に文字を書くよりずっと楽しい。㉘その後数週間で，私は自分の名前や他の多くの単語を指文字で表せるようになった。ほどなく私たちは短い文を互いに手話でやり取りしているようにすらなった。私たちは仲の良い友達になりつつあり，それに指文字が普通の単語のつづりを学ぶのに役立っていることもわかる。㉙休暇に入る前の最後の金曜日のつづりのテストだ。私はものすごくがんばって練習してきた。自分の頭の中で指文字で表しながら答えを書くと，胸の中で興奮が高まる。答案用紙が戻ってきたとき，心臓が口から飛び出しそうになる。㉚「全問正解の人は立って」と先生が言う。私は髪の毛を耳の後ろにかけて立ち上がる。拍手が私だけのためにあるような感じだ。着席してロシェルの方を見ると，彼女は私と同じくらい満面の笑みを浮かべている。そして私は「ありがとう」と手話をする。

Ｉ＜要旨把握＞「話の前半で，なぜ筆者はロシェルを気の毒に思ったのか」―A.「彼女はロシェルが学年度を遅れて始めなければならないことを気の毒に思った」　第1段落最終文参照。

Ⅱ＜要旨把握＞「なぜ筆者は『ロシェルのお母さんはまるでオーケストラを指揮しているように見える』と思ったのか」―A.「彼女は何かを伝えるために自分の両腕を使っているように見える」　第2段落第3，4文参照。このconductは「～を指揮する」という意味。

Ⅲ＜文脈把握＞「次のうちロシェルが筆者に怒った理由を説明しているのはどれか」―C.「筆者が聴覚障がい者の文化について知らず，発言が不用意だった」　第9～15段落参照。このやり取りから，聴覚障がい者の文化を知らない筆者の発言がロシェルを怒らせたことが読み取れる。

Ⅳ＜文脈把握＞「ロシェルと彼女の母親が口論した理由として最も可能性の高いものは何か」―B.「ロシェルが彼女の新しい友人に過度の期待をするから母親は腹を立てた」　第21段落参照。このunfairは「不当な，ずるい」という意味。　'It is ～ of … to ―'「―するとは…は～だ」

Ⅴ＜要旨把握＞「次のうちロシェルが『ありがとう』を手話で表した方法はどれか」―D　第23段落第1文参照。　'put＋目的語＋against ～'「…を～に(押し)当てる」　forward「前方に」

Ⅵ＜文脈把握＞「筆者は『心臓が口から飛び出しそうになる』と言う。このことの理由として最も可能性の高いものは何か」―D.「彼女は自分の点数を見てとてもうれしかった」　この後に続く内容から筆者が満点を取ったことがわかる。

Ⅶ＜内容真偽＞「本文について，次のうち正しくないのはどれか」　A.「文字を手話で表すことを学ぶことは，単語のつづりを覚えるのに役立つ」…○　第28段落最終文の内容に一致する。　'help＋人＋(to) ～'「〈人〉が～するのを助ける」　B.「ロシェルの両親は彼女が赤ん坊の頃，彼女をよく世話することができた」…○　第14，15段落の内容に一致する。　C.「筆者はつづりを上達させるために学校で手話のやり方を学んだ」…×　第27段落第1文参照。手話は学校ではなくロシェルから個人的に習った。　D.「耳が不自由な親を持つ若者を表す特別な表現がある」…○　第13段落の内容に一致する。

**D**〔長文読解総合(英問英答形式)―物語〕

≪全訳≫❶昔，イタリアの小さな町にアレッサンドロという名の帽子売りがいた。以前は，高品質で有名な彼の帽子は大量に売れていた。しかし最近は，ほとんどの市民が帽子を都会のもっと安い店で買っていた。アレッサンドロは地元の金貸しのエンツォから多額のお金を借りるよりしかたなかった。❷エンツォは意地の悪い老人で，帽子売りの17歳の娘，イザベラにとても魅了されていた。エンツォはアレッサンドロが借りたお金を返せないことを知っていたので，アレッサンドロに取引を提案することにした。彼はアレッサンドロに借金を全て帳消しにしてやると言ったが，それは彼が帽子売りの娘と結婚できる場合に限るという条件つきだった。❸イザベラはこの提案を聞いたとき，「お願い，その選択はしないで」と言って泣いた。❹エンツォは決して愚かではなかった。彼はこの回答を予想していたので，その代わりに別の提案をした。彼は袋の中に小石を2つ入れると言った。1つは白で1つは黒だ。イザベラは袋に手を入れて小石を1つ取り出さなければならない。もし小石が白だったら，アレッサンドロの借金は帳消しになり，エンツォは親子に手を出さない。しかし，もし小石が黒だったら，エンツォはこの場合もまた借金を帳消しにするが，イザベラは彼と結婚することに同意する。❺その金貸しはかがんで小石を2つ拾い上げた。彼が小石を拾い上げている間，イザベラは彼の手の中の小石はどちらも黒であることに気づいた。エンツォは小石を小さな金入れに入れてそれを激しく振ってから，イザベラに小石を1つ選ぶように言った。❻イザベラは自分には3つの選択肢があることを知っていた。／1．彼女は小石を取ることを拒否できる。しかしエンツォは意地の悪い男で，彼女の父親がひどく苦しむことはわかっていた。／2．エンツォが不正をしていることを証明するために両方の小石を取り出すことができる。この場合もまた，エンツォが父親に怒りをぶつけることを彼女は恐れていた。／3．黒だとわかっていても小石を取り出すことができる。父親をひどく悲しませるだろうが，彼は自由になるだろう。❼彼女はゆっくりと小石を1つ袋から取り出した。しかしそれを見る前に，「誤って」それを地面に落とした。地面には小石がたくさんあったから，どの小石が袋から出たのか知るのは不可能だった。彼女はエンツォの目を見てこう言った。❽「あら，本当にごめんなさい。とっても不安だったから。でも大丈夫です。もう一方の小石を袋から取り出せば，私が選んだ小石の色を教えてくれることができますよね」❾エンツォは自分の負けだとわかった。もう小さな人だかりが周りで立って見ており，彼は地元の人たちに自分がいかさま師であることを知られたくないと思った。彼は黒い小石を袋から取り出して，それを掲げた。エンツォがきびすを返して歩み去るとき，アレッサンドロは彼の賢い娘を抱きしめた。

Ⅰ＜主題＞「この物語のメッセージを最もよく表しているのは，次の広く知られた表現のうちどれか」―D.「自分の行為が自分にかみつくために戻ってくる」　エンツォの悪巧みは，イザベラの機転により失敗に終わった。自業自得であることを示す物語である。

Ⅱ＜英文解釈＞「次の文のうち物語の下線部と同じ意味を表しているのはどれか」―A.「帽子は上手につくられているから人気があった」　(be) known for ～ は「～で知られた，～で有名な」という意味。by the cartload はわからなくても，後ろにある however から，直後の文と‘逆接’の内容になるとわかる。　by the cartload「大量に」

Ⅲ＜要旨把握＞「3つの選択肢のうち，イザベラがエンツォと結婚するという結果をもたらしただろうものはどれか」―C.「3のみ」　イザベラが引いた小石が白なら結婚しなくて済み，黒なら結婚する，という提案だが(第4段落)，実際には袋の中の2つの小石はどちらも黒，という状況である(第5段落)。3つ目の選択をすると，黒い小石を取り出して，エンツォと結婚することになる。2の選択をした場合．2つの黒の小石を取り出すのでエンツォの不正を暴いて結婚を拒否できるが，父親がエンツォにひどい仕打ちを受けることになる。

Ⅳ＜単語の意味＞「次の単語のうち，この文脈において accidently の代わりに使うことができるのはどれか」―B. purposefully「意図的に」　後に続く内容から，イザベラがエンツォのたくらみを逆に利用するために「意図的に」小石を落としたことがわかる。本文中の accidently は「誤って」小石を落としたように見せたことを表している。

Ⅴ＜適語句選択＞「次のうち本文中の ～～～ に入れるのに最も適切なものはどれか」―D.「彼がいかさま師だったことを知る」　‘want＋人＋to ～’「〈人〉に～してほしい」の否定文。エンツォが地元の人たちにしてほしくなかった内容が入る。この後，エンツォがイザベラの言うとおりにしたのは，自分がいかさまをしたことを地元の人に知られたくなかったからである。cheat は名詞で「詐欺師，いかさまをする人」，動詞で「～をだます」という意味。

Ⅵ＜テーマ作文＞「あなたがイザベラの状況だったらと想像してみてください。あなたならどうしますか？　それはどうしてですか？　解答用紙の英文を完成させなさい。文法に注意しなさい」　‘If I were ～, I would＋動詞の原形’「もし私が～だったら，…するだろう」の仮定法の文をつくる。理由を表す部分の時制も仮定法の文の時制に合わせる。　(別解例) (If I were in Isabella's situation), I would do the same as Isabella did, (because) that would be the only way for us to beat Enzo.

## 数学解答

**1** (1) ① 12個 ② 8個
(2) $1+\sqrt{7}$ (3) 8

**2** (1) $9\sqrt{10}$
(2) ① $12\sqrt{10}$ ② $27\sqrt{11}$
(3) $\dfrac{651}{2}$

**3** (1) 傾き…$2a$ $y$切片…$3a$ (2) 4
(3) $25a$ (4) $\dfrac{9}{2}a$

**4** (1) $\dfrac{2}{3}$ (2) $\dfrac{7}{9}$ (3) 0
(4) $\dfrac{182}{243}$

(声の教育社　編集部)

**1**〔独立小問集合題〕

(1)＜場合の数—さいころ＞①2けたの数$m$の十の位の数，一の位の数は，いずれも1から6の整数である。よって，3の倍数となる$m$は，12，15，21，24，33，36，42，45，51，54，63，66の12個ある。　②素数となる$m$は，11，13，23，31，41，43，53，61の8個ある。

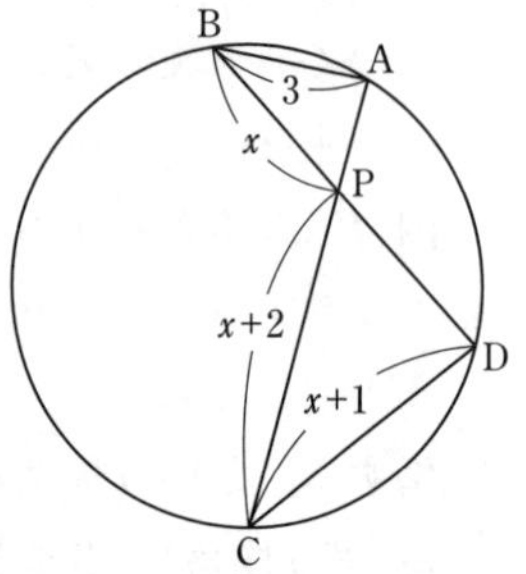


(2)＜平面図形—$\boldsymbol{x}$の値＞右図で，対頂角より，∠APB＝∠DPCであり，$\overset{\frown}{\mathrm{AD}}$に対する円周角より，∠ABP＝∠DCPだから，△ABP∽△DCPである。よって，AB：DC＝BP：CPだから，$3:(x+1)=x:(x+2)$が成り立つ。これを解くと，$3\times(x+2)=(x+1)\times x$，$3x+6=x^2+x$，$x^2-2x-6=0$より，$x=\dfrac{-(-2)\pm\sqrt{(-2)^2-4\times1\times(-6)}}{2\times1}=\dfrac{2\pm\sqrt{28}}{2}=\dfrac{2\pm2\sqrt{7}}{2}=1\pm\sqrt{7}$となる。$x>0$だから，$x=1+\sqrt{7}$である。

(3)＜数の性質＞$a$，$b$，$c$は自然数だから，$a<b<c$より，$\sqrt{a}<\sqrt{b}<\sqrt{c}$である。3つの数$\sqrt{a}$，$\sqrt{b}$，$\sqrt{c}$を3辺とする直角三角形が存在するとき，最も大きい$\sqrt{c}$が直角三角形の斜辺となる。よって，三平方の定理より，$(\sqrt{a})^2+(\sqrt{b})^2=(\sqrt{c})^2$が成り立ち，$a+b=c$となる。$a+b$の値は最小で$1+2=3$だから，$c\geqq3$である。$c=3$のとき，$a+b=3$より，$a$，$b$の組は，$(a,\ b)=(1,\ 2)$の1組ある。$c=4$のとき，$a+b=4$より，$a$，$b$の組は$(a,\ b)=(1,\ 3)$の1組ある。以下同様にして，$c=5$のとき$(a,\ b)=(1,\ 4)$，$(2,\ 3)$の2組あり，$c=6$のとき$(a,\ b)=(1,\ 5)$，$(2,\ 4)$の2組あり，$c=7$のとき$(a,\ b)=(1,\ 6)$，$(2,\ 5)$，$(3,\ 4)$の3組あり，$c=8$のとき$(a,\ b)=(1,\ 7)$，$(2,\ 6)$，$(3,\ 5)$の3組ある。したがって，$a$，$b$，$c$の組は，$n=7$とすると，$1+1+2+2+3=9$(組)，$n=8$とすると，$9+3=12$(組)となるから，$a$，$b$，$c$の組が少なくとも10組存在するような最小の自然数$n$は，$n=8$である。

**2**〔空間図形—立方体〕

≪基本方針の決定≫(1)　3つの線分AP，PQ，QHを含む面を展開する。　(2)　ひし形であることに気づきたい。　(3)　面BFGCの切り口は，線分AHと平行である。この切り口が，正方形BFGCのどの辺と交わるかを考える。

図1

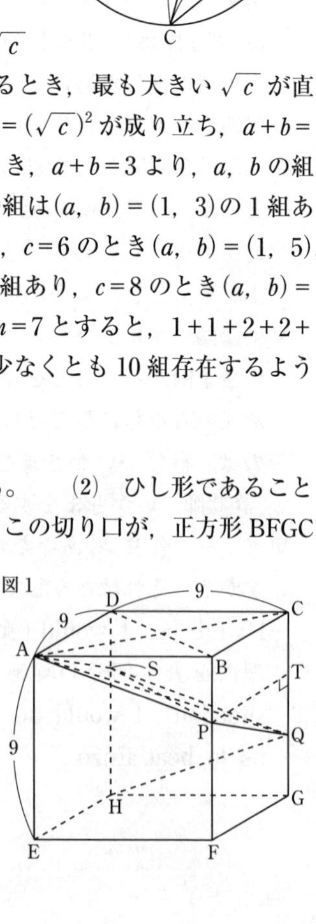


(1)＜長さ—三平方の定理＞右図1で，立方体ABCD-EFGHの表面に沿って，頂点Aから，辺BF上の点P，辺CG上の点Qを通り，頂点Hまでいくときの最短経路は，通る3つの面，面AEFB，面BFGC，面DHGCを次ページの図2のように展開すると，線分AHと重なる。よって，最短経路の長さAP＋PQ＋QHは，図2の線分AHの長さとなる。AD＝9＋9＋9＝27，DH＝9だから，△ADHで三平方の定理より，最短経路の長さはAP＋PQ＋QH＝AH＝

$\sqrt{AD^2+DH^2}=\sqrt{27^2+9^2}=\sqrt{810}=9\sqrt{10}$ である。

(2)＜長さ，面積＞①前ページの図1で，3点A，P，Qを通る平面は辺DHと交わるので，その交点をSとすると，断面は，四角形APQSとなる。〔面AEFB〕∥〔面DHGC〕，〔面AEHD〕∥〔面BFGC〕より，AP∥SQ，AS∥PQとなる。また，右図2で，BF∥CG，AB＝BCより，AP＝PQである。以上より，図1の四角形APQSはひし形である。図2で，△ABP∽△ADHだから，AP：AH＝AB：AD＝1：3であり，$AP=\frac{1}{3}AH=\frac{1}{3}\times9\sqrt{10}=3\sqrt{10}$ となる。よって，図1の断面であるひし形APQSの周の長さは，$4AP=4\times3\sqrt{10}=12\sqrt{10}$ となる。　②図1で，①より，断面である四角形APQSはひし形だから，その面積は $\frac{1}{2}\times PS\times AQ$ で求められる。図2で，△ABP∽△ADHより，BP：DH＝AB：AD＝1：3だから，$BP=\frac{1}{3}DH=\frac{1}{3}\times9=3$ である。同様に，△ACQ∽△ADHだから，CQ：DH＝AC：AD＝2：3より，$CQ=\frac{2}{3}DH=\frac{2}{3}\times9=6$ となる。図1で，点Pから辺CGに垂線PTを引くと，四角形BPTCは長方形だから，CT＝BP＝3となり，TQ＝CQ－CT＝6－3＝3となる。また，AS＝PQ，AS∥PQだから，△ADS≡△PTQとなり，DS＝TQ＝3である。よって，BP＝DS＝3なので，四角形BPSDは長方形となり，PS＝BDである。△ABDは直角二等辺三角形だから，$BD=\sqrt{2}AB=\sqrt{2}\times9=9\sqrt{2}$ となり，$PS=9\sqrt{2}$ である。さらに，$AC=BD=9\sqrt{2}$ だから，△ACQで三平方の定理より，$AQ=\sqrt{AC^2+CQ^2}=\sqrt{(9\sqrt{2})^2+6^2}=\sqrt{198}=3\sqrt{22}$ となる。したがって，断面の図形の面積は，〔ひし形APQS〕$=\frac{1}{2}\times9\sqrt{2}\times3\sqrt{22}=27\sqrt{11}$ である。

図2

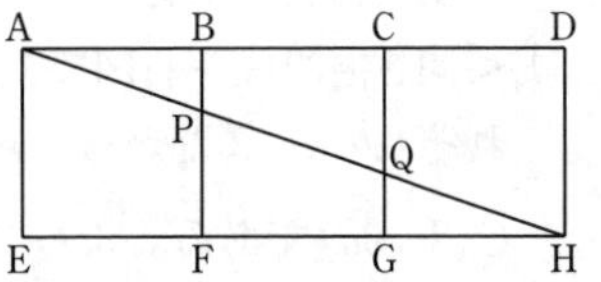


(3)＜体積＞右図3で，〔面AEHD〕∥〔面BFGC〕だから，立方体ABCD-EFGHを3点A，R，Hを通る平面で切ったとき，面BFGCの切り口は，線分AHと平行である。2点B，Gを結ぶと，AH∥BGだから，面BFGCの切り口は，線分BGと平行である。線分BGと線分PQの交点をOとする。BP＝3，GQ＝CG－CQ＝9－6＝3より，BP＝GQであり，∠BPO＝∠GQO，∠PBO＝∠QGOだから，△BPO≡△GQOである。これより，PO＝QOだから，点Oは線分PQの中点である。PR：RQ＝1：2だから，点Rは線分PO上の点となり，面BFGCの切り口は，辺BF，辺FGと交わる。その交点をそれぞれU，Vとすると，3点A，R，Hを通る平面で切ったときの頂点Eを含む方の立体は，立体AEH-UFVとなる。$PO=\frac{1}{2}PQ$，$PR=\frac{1}{1+2}PQ=\frac{1}{3}PQ$ より，$OR=PO-PR=\frac{1}{2}PQ-\frac{1}{3}PQ=\frac{1}{6}PQ$ となり，UV∥BGだから，$BU:PU=OR:PR=\frac{1}{6}PQ:\frac{1}{3}PQ=1:2$ となる。よって，$BU=\frac{1}{1+2}BP=\frac{1}{3}\times3=1$，UF＝BF－BU＝9－1＝8である。△AEHが直角二等辺三角形より，△UFVも直角二等辺三角形だから，FV＝UF＝8である。点Aと2点F，Vを結ぶと，立体AEH-UFVは，四角錐A-EFVHと三角錐A-UFVに分けられる。〔四角錐A-EFVH〕$=\frac{1}{3}\times$〔台形EFVH〕$\times AE=\frac{1}{3}\times\left\{\frac{1}{2}\times(9+8)\times9\right\}\times9=\frac{459}{2}$，〔三角錐A-UFV〕$=\frac{1}{3}\times\triangle UFV\times AB=\frac{1}{3}\times\left(\frac{1}{2}\times8\times8\right)\times9=96$ だから，求める立体の体積は，〔立体AEH-UFV〕＝〔四角錐A-EFVH〕＋〔三角錐A-UFV〕$=\frac{459}{2}+96=\frac{651}{2}$ となる。

図3

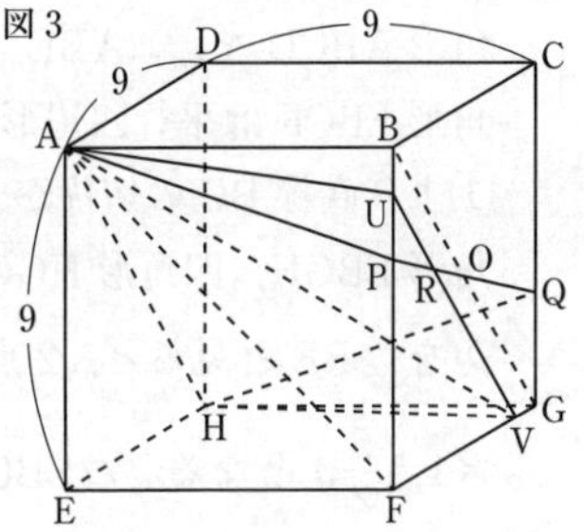

**3**　〔関数—関数 $\boldsymbol{y=ax^2}$ と一次関数のグラフ〕

≪基本方針の決定≫(3)　点B，点Cを通り $y$ 軸に平行な直線で，3つの図形に分けるとよい。

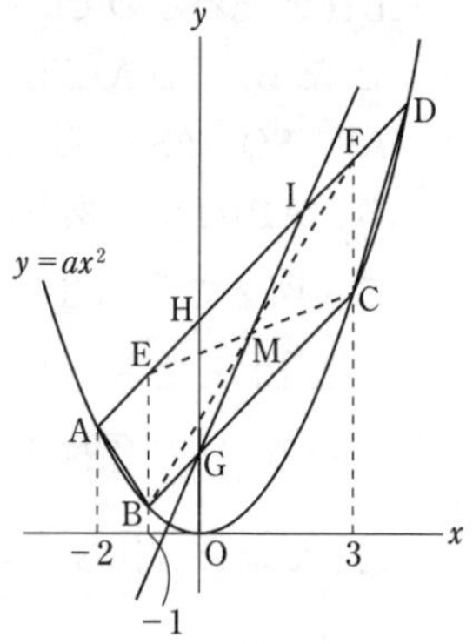


(1)＜傾き，切片＞右図で，2点B，Cは放物線 $y=ax^2$ 上にあり，$x$ 座標がそれぞれ−1，3だから，$y=a\times(-1)^2=a$，$y=a\times3^2=9a$ より，B$(-1,\ a)$，C$(3,\ 9a)$である。よって，直線BCの傾きは $\dfrac{9a-a}{3-(-1)}=2a$ である。また，直線BCの式は $y=2ax+b$ とおけ，点Bを通ることより，$a=2a\times(-1)+b$，$b=3a$ となるので，($y$)切片は $3a$ である。

(2)＜$\boldsymbol{x}$ 座標＞右図で，AD∥BCであり，(1)より，直線BCの傾きは $2a$ だから，直線ADの傾きも $2a$ である。よって，直線ADの式は $y=2ax+c$ とおける。点Aは放物線 $y=ax^2$ 上にあり，$x$ 座標は−2だから，$y=a\times(-2)^2=4a$ より，A$(-2,\ 4a)$である。直線 $y=2ax+c$ が点Aを通るので，$4a=2a\times(-2)+c$，$c=8a$ となり，直線ADの式は $y=2ax+8a$ である。点Dは放物線 $y=ax^2$ と直線 $y=2ax+8a$ の交点だから，$ax^2=2ax+8a$，$ax^2-2ax-8a=0$ となり，両辺を $a$ でわって，$x^2-2x-8=0$，$(x+2)(x-4)=0$　$\therefore x=-2,\ 4$　したがって，点Dの $x$ 座標は4である。

≪別解≫右上図で，点Dの $x$ 座標を $d$ とすると，点Dは放物線 $y=ax^2$ 上にあるから，$y=ad^2$ となり，D$(d,\ ad^2)$である。A$(-2,\ 4a)$だから，直線ADの傾きは，$\dfrac{ad^2-4a}{d-(-2)}=\dfrac{a(d+2)(d-2)}{d+2}=a(d-2)$ と表せる。直線ADの傾きは $2a$ だから，$a(d-2)=2a$ が成り立ち，$d-2=2$，$d=4$ となる。よって，点Dの $x$ 座標は4である。

(3)＜面積＞右上図で，点B，点Cを通り $y$ 軸に平行な直線と辺ADの交点をそれぞれE，Fとして，四角形ABCDを，△ABE，四角形EBCF，△DCFに分ける。このとき，AD∥BC，BE∥CFより，四角形EBCFは平行四辺形である。線分BCと $y$ 軸の交点をG，線分ADと $y$ 軸の交点をHとすると，(1)より直線BCの切片が $3a$，(2)より直線ADの切片が $8a$ だから，G$(0,\ 3a)$，H$(0,\ 8a)$となる。四角形EBGH，四角形HGCFは平行四辺形なので，BE＝CF＝GH＝$8a-3a=5a$ となる。△ABEの底辺を辺BEと見ると，2点A，Bの $x$ 座標より，高さは $-1-(-2)=1$ となるので，△ABE＝$\dfrac{1}{2}\times5a\times1=\dfrac{5}{2}a$ となる。▱EBCFの底辺を辺BEと見ると，2点B，Cの $x$ 座標より，高さは $3-(-1)=4$ となるから，▱EBCF＝$5a\times4=20a$ となる。△DCFの底辺を辺CFと見ると，2点C，Dの $x$ 座標より，高さは $4-3=1$ となるから，△DCF＝$\dfrac{1}{2}\times5a\times1=\dfrac{5}{2}a$ となる。以上より，〔四角形ABCD〕＝△ABE＋▱EBCF＋△DCF＝$\dfrac{5}{2}a+20a+\dfrac{5}{2}a=25a$ と表せる。

(4)＜傾き＞右上図で，点Gを通り四角形ABCDの面積を2等分する直線と辺ADの交点をIとすると，〔四角形ABGI〕＝〔四角形CDIG〕である。(3)より，△ABE＝△DCFだから，直線GIは▱EBCFの面積を2等分する直線である。線分ECと線分BFの交点をMとすると，▱EBCFは点Mを対称の中心とする点対称な図形だから，▱EBCFの面積を2等分する直線は点Mを通る。点Mは線分ECの中点である。点Eは直線 $y=2ax+8a$ 上にあり $x$ 座標が−1だから，$y=2a\times(-1)+8a=6a$ より，E$(-1,\ 6a)$となる。C$(3,\ 9a)$だから，点Mの $x$ 座標は $\dfrac{-1+3}{2}=1$，$y$ 座標は $\dfrac{6a+9a}{2}=\dfrac{15}{2}a$ となり，M$\left(1,\ \dfrac{15}{2}a\right)$である。G$(0,\ 3a)$であり，直線GIは2点G，Mを通るから，求める直線の傾きは $\left(\dfrac{15}{2}a-3a\right)\div(1-0)=\dfrac{9}{2}a$ となる。

**4**〔データの活用―確率〕

《基本方針の決定》⑶　2点A，Bが2秒後に移動する頂点を考える。　⑷　2点A，Bが同じ頂点にあるか，$AB=\sqrt{2}$ となるかのどちらかであることに気づきたい。

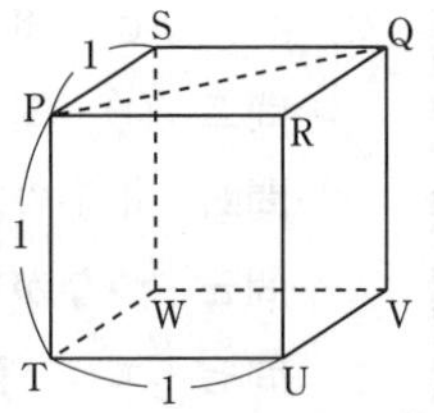


⑴＜確率＞右図のように，立方体の頂点P，Q以外の6個の頂点をR，S，T，U，V，Wとする。どの頂点からも，距離が1である頂点への移動の仕方は3通りあり，ルールより，これらは同様に確からしい。点Aが頂点Pから1秒後に移動する頂点は，頂点R，S，Tの3通りあり，それぞれにおいて，点Bの移動の仕方も同様に3通りあるから，出発してから1秒後の2点A，Bの移動の仕方は，全部で $3\times3=9$(通り)ある。また，2点P，Qを結ぶと，△PRQは直角二等辺三角形なので，$PR=RQ=1$ より，$PQ=\sqrt{2}$ である。よって，1秒後に $AB=\sqrt{2}$ となるとき，線分ABは，立方体の面の対角線となる。9通りの移動の仕方のうち，$AB=\sqrt{2}$ となるのは，線分ABが，線分RS，RT，SR，ST，TR，TSとなる6通りだから，求める確率は $\frac{6}{9}=\frac{2}{3}$ である。

⑵＜確率＞出発してから1秒後の2点A，Bの移動の仕方は，それぞれ3通りあるから，全部で $3\times3=9$(通り)ある。右上図で，点Aは頂点Pから出発するので，移動する頂点は頂点R，S，Tであり，点Bは頂点Qから出発するので，移動する頂点は頂点R，S，Vである。$AB=\sqrt{2}$ となるのは，線分ABが，線分RS，RV，SR，SV，TR，TS，TVとなる7通りだから，求める確率は $\frac{7}{9}$ である。

⑶＜確率＞右上図で，2点A，Bは頂点Pから出発するので，出発してから1秒後に移動する頂点は，頂点R，S，Tであり，2秒後に移動する頂点は，頂点P，Q，W，Uとなる。4点P，Q，W，Uのうちどの2点を結ぶ線分も，立方体の面の対角線となるから，その長さは $\sqrt{2}$ である。よって，出発してから2秒後は，2点A，Bが同じ頂点にあるか，$AB=\sqrt{2}$ となるかのどちらかであるから，$AB=\sqrt{3}$ になることはない。つまり，求める確率は0となる。

⑷＜確率＞出発してから3秒後の2点A，Bの移動の仕方は，それぞれ $3\times3\times3=27$(通り)あるから，全部で $27\times27=729$(通り)ある。右上図で，⑶より，頂点Pから出発して2秒後に移動する頂点は頂点P，Q，W，Uだから，3秒後に移動する頂点は頂点R，S，T，Vである。⑶と同様に考えると，4点R，S，T，Vのうちどの2点を結ぶ線分も長さは $\sqrt{2}$ だから，出発してから3秒後は，2点A，Bが同じ頂点にあるか，$AB=\sqrt{2}$ となるかのどちらかである。そこで，2点A，Bが同じ頂点にある場合を考える。出発してから3秒後に頂点Rまで移動する移動の仕方は，P→R→P→R，P→R→Q→R，P→R→U→R，P→S→P→R，P→S→Q→R，P→T→P→R，P→T→U→Rの7通りだから，出発してから3秒後に2点A，Bがともに頂点Rにある場合は $7\times7=49$(通り)ある。出発してから3秒後に，2点A，Bがともに頂点S，頂点Tにある場合も同様に，それぞれ49通りある。出発してから3秒後に頂点Vまで移動する移動の仕方は，P→R→Q→V，P→R→U→V，P→S→Q→V，P→S→W→V，P→T→W→V，P→T→U→Vの6通りだから，出発してから3秒後に2点A，Bがともに頂点Vにある場合は $6\times6=36$(通り)ある。以上より，出発してから3秒後に2点A，Bが同じ頂点にある場合は $49\times3+36=183$(通り)となる。よって，$AB=\sqrt{2}$ となる場合は $729-183=546$(通り)だから，求める確率は $\frac{546}{729}=\frac{182}{243}$ となる。

# 2024年度／早稲田大学高等学院

## 国語解答

一 問一　a　示唆　b　ふっしょく
　c　遂
問二　①　関　②　矢　　問三　イ
問四　相手の人格や心理状態を想像
問五　つながりの希薄さ　　問六　ア
問七　エ　　問八　イ
問九　自己対話　　問十　エ

二 問一　a　塗　b　こよみ　c　把握
問二　自由な競争　　問三　労働が道徳
問四　資本主義の精神　　問五　ア
問六　エ　　問七　エ
問八　自意識過剰な個人　　問九　イ

三 問一　エ　　問二　ウ
問三　3…ア　4…イ　　問四　イ
問五　ア　　問六　ウ　　問七　エ
問八　ウ

（声の教育社　編集部）

一〔論説文の読解―哲学的分野―哲学〕出典：谷川嘉浩『スマホ時代の哲学　失われた孤独をめぐる冒険』「常時接続で失われた〈孤独〉―スマホ時代の哲学」。

≪本文の概要≫技術が感性のあり方を左右していくのだとすれば，スマホを手にした我々は，どう変わってしまったのだろうか。常時接続の世界で失われたのは，孤立と孤独である。孤立は，他者から切り離されて，何かに集中している状態のことである。しかし，スマホを手にした我々は，注意が分散されてしまい，一つのことに集中することができなくなった。一方，孤独は，自分自身と対話している状態のことだが，孤立抜きには，孤独は得られない。アーレントは，「一人であること」を，孤立，孤独，寂しさの三つの様式に分けた。寂しさは，他の人々と一緒にいるときに最もはっきり現れてくる。スマホは，寂しさからくる「つながりたい」「退屈を埋めたい」などのニーズにうまく応答してくれるが，情報や刺激が多すぎて一つ一つのタスクに没頭することはできないので，我々は，ふと我に返るといっそう寂しさを感じてしまう。我々は，自分の生き方を見つめ直すときなどに，自分と対話し，思考することが必要である。したがって，たまには，孤独を確保する必要があるのだが，現代において，それが困難になっていることは確かである。

問一＜漢字＞a．「示唆」は，それとなく指し示すこと。ほのめかすこと。　b．「払拭」は，きれいにぬぐい去ること。　c．音読みは「完遂」などの「スイ」。

問二＜慣用句＞①「関の山」は，精いっぱいやっても，これ以上はできないという限界を表す。
②「矢継ぎ早」は，続けざまに，すばやく行うさま。

問三＜文章内容＞人々の注意を奪うことに最適化している現代の消費環境が，「注意の分散に貢献して」いるのである(イ…×)。注意が分散しているために，「スマホを触りながらの対面コミュニケーション」では，人は「相手の会話は薄く聞くだけ」になり，「小難しい内容は無視」する(ウ…○)。「スマホを触っていなくても，そこにスマホがあるという事実が，対面の会話に影響を与えている可能性」があり，スマホがあることで「自他の感情や心理状態への注意が削がれてしまい」かねない(オ…○)。注意の分散を防ぎ，「何かに集中して取り組むため」には，「物理的な隔絶状態」が一定程度以上求められる(ア…○)。「人から話しかけられたり，余計な刺激が入ったり」すると，注意が分散して自己との対話が「中断されて」しまうので，「〈孤独〉」は成り立たなくなる(エ…

◯)。

問四＜文章内容＞ここでの「共感」とは，相手の発言に注意を払い，そこから，「相手の人格や心理状態を想像」することである。

問五＜文章内容＞アーレントによれば，「〈寂しさ〉」は，「いろいろな人に囲まれているはずなのに，自分はたった一人だと感じて」しまう状態のことである。そういうときにこそ，人は，他者との「つながりの希薄さ」を痛感するのである。

問六＜表現＞「〈寂しさ〉」とは，「いろいろな人に囲まれているはずなのに，自分はたった一人だと感じて」「不安」や虚しさ，「誰にも理解されない感覚」，「退屈」などを自分で処理することができず，誰かに委ねようとして，他者を求めてしまう状態のことである。

問七＜文章内容＞スマホがあることで，「会話での共感のレベル」が下がり，「反射的なコミュニケーション」から，人は「つながりの希薄さ」を感じるのである(オ…◯)。スマホは，一人で「何かに集中して取り組む」ことを妨げるので，何かを成し遂げたという充実感が得られにくくなっている(ア…◯)。スマホは，「〈孤独〉」にあるときの「心静かに自分自身と対話するように『思考』」することを妨げるので，じっくり考えたことによって得られる満足感が得にくくなっている(イ…◯)。スマホによるマルチタスキングは，「つながりへの欲望も，退屈や不安も覆い隠して」くれるが，それらの問題が解決されたわけではないので，人は，我に返るとよりいっそう寂しくなる(ウ…◯)。さまざまな技術によって「効率化されて」いるが，「浮いた時間を〈孤独〉につながるものとして用いず，別の様々なマルチタスクで埋めてばかりいる」ことが，「〈寂しさ〉」を加速させている(エ…×)。

問八＜文章内容＞常時接続の世界では，我々は，「反射的なコミュニケーションを積み重ねて」いる(エ…◯)。スマホに常時接続していると，「感覚刺激の多様性が，一つのことに没頭するのを妨げ」る(ア…◯)。スマホは，我々のタスクの並行処理を可能にするが，「マルチタスク的に処理しているあらゆることが，同時並行している分だけおろそかになって」いる(ウ…◯)。スマホを特に意識していなくても，「そこにスマホがあるという事実が，対面の会話に影響を与えている可能性」がある(イ…×)。スマホを通じて「注意を分散することに慣れた」我々は，「一つのことに十分注意を向けて，それについてあれこれ考える習慣そのものが衰退して」いるのかもしれない(オ…◯)。

問九＜文章内容＞「〈孤独〉は，自分自身と対話する力に関わって」いる(…前)。「人から話しかけられたり，余計な刺激が入ったりすると，自己との対話(＝思考)は中断されて」しまうので，「SNSや動画に浸りきること」は，自己との対話に必要な「注意を分散してしまいかね」ないのである(…後)。

問十＜要旨＞新たなテクノロジーは，それが普及するにつれ，人の「行動様式，感じ方や捉え方，ものの見方を具体的に変えていく」のであり，スマホによる常時接続でも同じことが起こる(イ…◯)。アテンションエコノミーにおいては，注目度の「数量的な動員こそが問題」になる(オ…◯)。「〈寂しさ〉は旧来的な共同体が崩壊した都市社会に生きる現代人に，宿業のようにのしかかる」ものである(ア…◯)。我々には「自分の生き方を見つめ直すときなどに，自分と対話し，思考することが必要」であり，そのためには，アーレントのいう「〈孤独〉を確保する必要」がある(ウ…◯)。「景色を見たり，ただ周囲の音を聴いていたりするようなダウンタイム」は，「自分と対話し，思考する」時間につながっているのであり，我々は，ダウンタイムの間に何もしていないわけではない(エ…×)。

二〔論説文の読解―社会学的分野―現代社会〕出典：池田賢市『学校で育むアナキズム』。

問一＜漢字＞a．音読みは「塗料」などの「ト」。　b．音読みは「西暦」などの「レキ」。　c．「把握」は，しっかりと理解すること。

問二＜文章内容＞「わたしたち自身がこれ以上分解できない個体だと想定する」と，「バラバラになった個人間の生存をかけた自由な競争」が起こり，「これまでの共同体のあり方の中では得られなかった利益を得る者も登場する」のである。

問三＜文章内容＞「禁欲的に働いて財産を増やしていく」ロビンソン・クルーソーの物語は，「労働と道徳とが見事に結びつけられて」いる。ロビンソンの生き方は，近代化の過程で，「人生の意味が労働にあり，労働の意味(喜び)が人生の生きがい」になった，つまり，「労働が道徳的規範として高い価値を得ていく」状況であることを表している。

問四＜文章内容＞ロビンソンは「資本主義の精神を体現する近代人」として描かれている。ロビンソンは，「人生の意味が労働にあり，労働の意味(喜び)が人生の生きがいになる」という考えを背景にして，生産量を増やし，財産を増やしていくという「近代的労働」を行ったのである。

問五＜文章内容＞「無人島のロビンソンは，近代が要請する『個人』の典型」である。ロビンソンは，船で見つけた小麦の「一部を蒔いて収穫」し，「見つけた山羊を家畜にし，数を増やして」いき，「土器もつくれば，暦と日時計もつくる」のである(オ…◯)。ロビンソンは「一年経つごとに，自分にどういうプラスとマイナスがあったかの損益計算」をして，「余剰が出たことを神に感謝する」のである(ウ・エ…◯)。ロビンソンは，「自分の必要を上回るものを生産」して，財産を増やしていこうとする人間である(ア…×)。ロビンソンは，「常に将来を心配」し，食糧の安定的確保のために，全ての小麦を食べずに「一部を蒔いて収穫」するなど計画を立てて生きている(イ…◯)。

問六＜文章内容＞近代的な「個人」は，「自分自身であることに重きを置く」ので，「自分とは何者なのか」という問いを持つことになる(イ…◯)。そこから，「自意識やプライバシーの問題も出てくる」が，近代的な個人が「自分のプライバシーに対する侵害を過度に恐れる」わけではない(エ…×)。精神的に不安定な個人の典型として描かれている禅智内供は，他者が自分の「鼻のことをどう見ているのか，どんな噂をしているのかを気にして」おり(ウ…◯)，自分を「そのままの姿で受け入れられない」ことに悩んでいる(ア…◯)。近代的な「個人」は，「集団的なつながりから解き放たれ，自由で自足した『自分』そのもの」になったはずなのに，集団の中で「『自分』であることに悩む」ようになり，自分自身であることが「揺らいで」いるのである(オ…◯)。

問七＜文学史＞『鼻』は，大正５(1916)年に発表された芥川龍之介の短編小説。他に，『羅生門』などの小説がある。夏目漱石には『吾輩は猫である』などの，太宰治には『人間失格』などの，志賀直哉には『暗夜行路』などの，森鷗外には『舞姫』などの小説がある。

問八＜文章内容＞禅智内供は，自分の「鼻によって傷つけられる自尊心のために」苦しみ，この自尊心の「毀損を回復しようといろいろと試みる」のである。「自分を尊敬できない，肯定できない，そのままの姿で受け入れられないという，まさに近代的な悩みと闘っている」彼は，近代が生み出した「自意識過剰な個人」の例として挙げられている。

問九＜要旨＞人間は，「最初から関係の中で存在し始めた」のであり，「わざわざ集団からいったん切れた『個人』を想定」するのは，事実に反している(ウ…○)。近代社会における「競争や格差の必然性を，自由の保障として人々が受け入れていく仕掛けとして『個人』が機能している」のである(エ…○)。近代社会では，「自分の存在が責任の所在として理解」されるので，「自分は他者とは明確に異なっているという意識をもたざるを得なく」なる(オ…○)。現代の教育で「自尊感情を高める実践が重視されることが多くなっている」のは，「尊厳の基礎であったはず」の「自分自身であるという『個人』の発想自体」が「揺らいでいる」からである(イ…×)。禅智内供は，「さまざまな集団的なつながりから解き放たれ」たにもかかわらず，「『自分』であることに悩む」近代的個人そのものである(ア…○)。

三〔古文の読解―説話〕出典：『撰集抄』巻五，第六。

≪現代語訳≫待賢門院に，中納言の局という女房がいらっしゃった。女院に先に死なれてから，出家して，小倉山の麓で仏道修行に専念していらっしゃるとうかがいましたので，九月の初め頃，(私，西行は)そのお住まいに道に迷いながら参上した。

そして，その局と対面申し上げた最初の言葉に，「俗世を捨てました始めの頃は，女院のことがいつも心に引っかかって，ああ(女院は)どのような所に，いらっしゃるのだろうかなどと悲しく感じ，あの人この人のことも恋しく思いましたが，今は完全に思うことも忘れて，〈露〉ほども嘆く心がございません。やはり，修行をしたかいがありますのでしょうか，つらさも喜びも心が忘れてしまったようです。愚かな女の心でもそうなのです。長年俗世を捨て，仏道に思い立って，年月をお重ねになったあなたのお心のうちは，どんなに澄んでいるでしょう」とおっしゃった。ありがたい心であることよ。

問一＜現代語訳＞「おくる」は，死に遅れる，先立たれる，という意味。待賢門院は，中納言の局よりも先に死んでしまったので，中納言の局は，死に遅れたのである。

問二＜古典の知識＞旧暦の月の異名は，一月から順に，睦月，如月，弥生，卯月，皐月，水無月，文月，葉月，長月，神無月，霜月，師走となる。

問三＜古語＞3．「あはれ」は，悲しみや哀惜を表す感動詞。　4．「さすが」は，そうはいっても，やはり，という意味を表す副詞。

問四＜古語＞「露ばかりも」は，後に打ち消しを伴って，少しも，全く，という意味を表す。

問五＜古文の内容理解＞中納言の局は，自分でさえも，仏道の修行を行うことによって，悲しみも喜びも忘れてしまったのだから，長年俗世を捨て，仏道に年月を重ねているあなたの心のうちは，どんなに澄んでいるでしょうと言った。

問六＜古語＞「まことの道」は，仏の道のこと。

問七＜古文の内容理解＞「そこ」は，ここでは，あなた，という意味。中納言の局が話しかけている語り手，つまり，西行のことである。

問八＜現代語訳＞「いかに」は，ここでは，どんなに，どれほど，という意味。「すみて」は，澄んで，という意味。全体で，どれほど澄んでいらっしゃるでしょう，という意味。

# *Memo*

*Memo*

*Memo*

# 2023年度 早稲田大学高等学院

**【英　語】**（50分）

（注意）　解答に同じ記号が不自然に続く場合は該当部分を無効とするので注意すること。

**A**　Ⅰ～Ⅲの指示に従って設問に答えなさい。

Ⅰ．空所に入る最も適切なものをア～エから１つ選び，その記号を書きなさい。

(1)　I (　　) such a beautiful sunrise before I went to Mt. Fuji.
　ア．have never seen　　イ．had never seen　　ウ．did never see　　エ．never see

(2)　It rained really heavily yesterday morning. (　　) classmates were late for school.
　ア．Most of my　　イ．Most of　　ウ．Almost my　　エ．Almost

(3)　I was made (　　) the piano by Mr. Sato last night.
　ア．practice　　イ．practicing　　ウ．to practice　　エ．practiced

(4)　Do you have any idea how much (　　) to park here ?
　ア．it will cost　　イ．will it cost　　ウ．cost　　エ．costs

(5)　The doctor advised me (　　) too much sugar, so I'll give up eating cakes.
　ア．don't eat　　イ．not eat　　ウ．eat　　エ．not to eat

Ⅱ．以下の日本語に合うように，空所に入る語を答えなさい。なお，(　)内に示された文字がある場合は，その文字で始まる語を書くこと。

(1)　この国では年々子どもが減っている。
　The number of children in this country (　　) decreasing year by year.

(2)　彼女の表情から判断して，彼女は嘘を言っていると思った。
　(J　　) from her expression, I thought she was telling a lie.

(3)　A：家まで車で送ろうか？
　B：はい，お願いします。
　A：Do you need a (r　　) home ?
　B：Yes, please.

(4)　ただの冗談だよ。真に受けないでね。
　It's only a joke.　Don't (t　　) it seriously.

(5)　A：君のタブレットを来月まで借りてもいい？
　B：何を言っているんだよ。無理な要求だね。
　A：Can I borrow your tablet PC until next month ?
　B：No way!　You're asking too (　　).

Ⅲ．以下のア～エのうち，誤りを含むものをそれぞれ１つずつ選び，例にならって誤りを訂正しなさい。

例　He ア studies イ hard that he ウ will surely pass エ the entrance examination.
　イ → so hard

(1)　Mr. West has two sons.　ア One works イ for a bank in Tokyo, and ウ another studies Japanese エ at a language school.

(2)　My father, ア who studied in Paris イ long ago, is good at ウ speaking French, and so エ does my grandfather.

**B** 次の英文は日本在住の外国人の視点から書かれた文章である。本文を読み，設問に答えなさい。

Entering Japanese junior high and high schools can be a confusing and anxious time, as school takes up more of our children's time and attention. As foreign parents, we may worry that we are "losing" them to Japanese society. Will there still be time for studying their parents' language or for taking trips to our home countries ? One of the biggest reasons for these anxieties is school clubs—*kurabu katsudo* or *bukatsu*.

You could translate *bukatsu* as "after-school activities," but the translation hardly explains the importance of school clubs in young teens' lives. Once the decision is made to join a certain club, it is expected that a child will keep doing it until they "retire" in their final year to prepare for high school or university entrance exams.

School clubs may be seen as an early experience of Japanese company life, with such important Japanese values as working hard and the ability to put the group before yourself. In fact, as Japan got richer in the 1960s and 1970s, educators saw school clubs—particularly sports—as a way (1)to improve student behavior and teach good manners to teenagers.

(2)Clubs offer a chance to make friends with students in other classes and grades, and to develop team spirit and self-control. They seem, however, to take every moment of a child's free time, leaving precious little time for anything else beyond school, homework, and meals.

Nia, a friend of mine, is having trouble with (3)the second situation. Her son is in the soccer team at his junior high. While she isn't against the idea of clubs, (4)Nia questions the value of spending so much time on one activity, as her son has practice both before and after school, and his weekends are filled with matches and practice games. "We all know of people who work so much that they have no time for family," she says. "*Bukatsu* is similar. It's all or nothing. You're in or you're out. [ A ]"

My own kids attended a private school. Although joining a club was seen as a good thing, the school had quite relaxed rules about the issue, and everybody took Sunday off. My son tried to start a club to play "flag (non-tackle) American football" and quickly gathered enough interested students. However, the school didn't want any new clubs. My son soon found a local team and joined that instead. Since he was also a boy scout, I thought boy scout activities and football would be more than enough, but [ B ] He also decided to join the school basketball team, after checking it was OK for him to miss Monday and Saturday practices. Somehow, (5)he managed all these interests for the rest of junior high. Not a lot of studying took place during this time in his school career, but he did develop good multi-tasking skills.

In general, non-sports or "cultural clubs" take less time. My friend Kathryn's daughter is a second-year student and a girl scout. She joined the art club, as it only meets three times a week and never on weekends. (6)This【makes / continue with / it / possible / girl scout activities / to】and family trips to the US in the summer. "The good thing about the art club was that the schedule ( 7 ) for other opportunities, like joining the school student council," says Kathryn.

Not all cultural clubs are as relaxed, ( 8 ). School bands and chorus clubs may take even more time than sports clubs, as we found when my older daughter joined the chorus club after entering junior high. They practiced six days a week, including Saturday mornings. (9)I was also【them / on stage / able / see / to / perform】sometimes.

Some schools have strict rules about clubs, as my friend Tania found. Students at her son's school must join a club because it's a small school and that's the only way they can make teams. "There are few clubs, and students must put in a lot of time and effort," Tania says. Her son finally got out of club activities, but had to pretend to be in a relaxed cultural club so that his classmates wouldn't get angry.

Claire's daughter, a dancer, chose to continue with her busy schedule of dance lessons and performances after starting junior high. Claire says the school was fine with this: "I was a little worried about the social side of not doing *bukatsu*, as teams tend to do everything together, even when not practicing, but it was never a problem." Her daughter will graduate ( 10 ) high school this spring, but Claire is not worried about the university entrance process. "Dance school activities can be used in the same way as *bukatsu* for university entrance," she says. "Doing anything for a long time shows passion, hard work, and effort."

(11)My youngest daughter followed in her sister's footsteps at junior high and joined the chorus club. When she left Japan and went to high school in New Zealand, however, she surprised us by joining the school's tough rugby club. She is also taking part in the school musical, so her schedule is even busier than that of her Japanese friends. Rugby season will end in May, and she'll have time to relax for a bit . . . at least until the season for her other sport of soccer starts in June, anyway.

Ⅰ．本文のタイトルとして最も適切なものをア～エから１つ選び，その記号を書きなさい。

ア．The Complicated Situation of Japanese School Clubs
イ．How to Survive the Busy Schedule of Japanese School Clubs
ウ．The Merits of Japanese School Clubs
エ．Which Japanese School Club to Join

Ⅱ．下線部(1)，(2)，(4)，(5)，(11)とほぼ同じ意味・内容になるように，空所に最も適切な語を書き入れなさい。なお，（　）内に示された文字で始まる語を書くこと。

(1) to improve student behavior
＝to (r　　) cases of students' bad behavior

(2) Clubs offer a chance to make friends with students in other classes and grades
＝Clubs (e　　) students to make friends with those in different classes and grades

(4) Nia questions the value of spending so much time on one activity
＝Nia is not sure whether spending a lot of time on a club is (w　　) it

(5) he managed all these interests
＝he (s　　) in doing everything he was interested in

(11) My youngest daughter followed in her sister's footsteps at junior high
＝My youngest daughter did the (s　　) thing as her sister at junior high

Ⅲ．下線部(3)が指す**１文**を抜き出し，その最初と最後の２語をそれぞれ書きなさい。

Ⅳ．下線部(6)，下線部(9)の【　】内の語句を文意が通るように，並べかえて書きなさい。

Ⅴ．空所（７），（８），(10)に入る最も適切なものをア～エから１つ選び，その記号を書きなさい。

（７）　ア．allow　イ．allowed　ウ．to allow　エ．allowing
（８）　ア．instead　イ．if possible　ウ．however　エ．sooner or later
(10)　ア．on　イ．for　ウ．since　エ．from

Ⅵ．［A］，［B］に入れるのに最も適切なものをア～エから１つ選び，その記号を書きなさい。

［A］　ア．How about doing more of it?　イ．Is it really necessary?
ウ．Isn't it great?　エ．Does it help Japanese workers?

［B］　ア．how wrong I was!　イ．what a good guess I made!

ウ．it was more than enough!　　　エ．it was as I had expected!

Ⅶ．筆者の息子に関する記述となるように，以下の英文の空所に入る1語をそれぞれ書きなさい。

Though the son did not spend a lot of time ( ① ), he came to be able to do more than one thing at ( ② ) time.

Ⅷ．Taniaの息子が通う学校に関する記述となるように，以下の英文の空所に入る1語を書きなさい。

Tania's son's school doesn't have enough students to make teams (u　　) everyone joins a club.

Ⅸ．本文の内容として適切なものをア〜カから2つ選び，その記号を書きなさい。

ア．There are foreign parents who want their children to have some connection with the parents' home countries.

イ．The translation of "*bukatsu*" into "after-school activities" makes its importance clear.

ウ．The author's son was not able to start a new club because he failed to attract other students.

エ．It is generally thought that "cultural clubs" expect students to lead as busy a school life as sports clubs.

オ．Any activity can help with the university entrance process if students do it for a long time.

カ．The author's youngest daughter's school days in New Zealand have been less busy than the author had expected.

**C**　次の英文を読んで，設問に答えなさい。Ⅰ〜Ⅶの解答は最も適切なものを1つ選び，記号で答えること。

There was once a golden-haired dog who lived in a cave in the forest. She had two children. Amazingly, her children were two little human girls. The golden-haired dog loved her two little babies very much, and she worked hard to care for them. Every day, she went to find human food for them. Before she left the cave, she would say, "Dear daughters, stay and play in the safe area of the cave. Do not go outside. There are dangers in the forest."

The two little girls did as their mother said. The mother dog would return from the villages with fish or meat or rice for her children to eat. The mother dog would find whatever the girls needed. Because of their mother's love and protection, the girls lived a safe and happy life in their cave. They grew into beautiful young women.

One day, the mother dog left as usual, saying, "Dear daughters, stay and play in the safe area of the cave. Do not go outside. There are dangers in the forest."

That same day, a prince was hunting deep in the forest. Ahead of him, he saw a cave. At the cave's entrance sat two of the most beautiful girls he had ever seen. He felt he must protect these girls who were living in the forest. So, taking each girl by the hand, he took them from their home. They were too afraid to speak or run, so looking back and crying, they were taken from the forest.

When the golden-haired dog returned with food for her daughters, she found the cave empty. Where could her daughters have gone? She searched everywhere. She went into villages and towns looking for her daughters. She traveled for several months, but could not find them.

At last, hungry and tired, the dog reached the prince's palace. On either side of his palace were two smaller palaces. "These palaces," people told her, "are the homes of two beautiful young women the prince found in the forest." When the mother dog heard this, she knew these must be her daughters. She hurried to the first palace and spoke to the guard: "Please, may I see my daughter? I am her mother." The guard could not believe the sight of this dirty, thin, old dog trying to enter the palace.

But the mother dog cried until he went to tell the girl, "There is an old dog at the door. It says it is your mother."

This daughter had gotten used to the rich life that the prince had given her. What would happen if the prince discovered that her mother was just an old dog? Surely he would send her back into the forest. "Do I look as if I had a DOG for a mother? Go and chase it away," she said.

The guard took a stick and ran after the dog until she left. She hid for several days, watching her second daughter and waiting. At last, she gathered her courage and said to the guard at the second palace, "My daughter lives here. Please tell her that I have come to visit."

Now, though this daughter loved her palace, she had never stopped thinking of her mother. As soon as she heard that a golden-haired dog was at the gate, the daughter ran to meet her. She carried the old, thin dog inside. She made a bed with soft pillows, brought food for her hungry mother, and gave her a bath. "Dear mother, now you will live here with me. I will take care of you," she promised.

Was the prince unhappy when he heard about the girl's mother? In fact, he was so pleased by how she cared for and accepted her dog mother that he chose this daughter to be his wife. And the other daughter? The prince wanted to send her back to the forest for what she had done, but her sister and mother asked the prince to let her stay with them, which he finally did.

Ⅰ. What did the golden-haired dog do each day when the girls were young?
 A. She told her daughters to help her find things to eat.
 B. She brought home things that her daughters needed.
 C. She went to the palace to get food for her daughters.
 D. She told her daughters to always play outside the cave.

Ⅱ. Why did the prince take the daughters from their home?
 A. He was worried about them living in the forest.
 B. He knew that a dog could not protect them.
 C. He wanted to choose one of them to marry.
 D. He was sad that they didn't know how to speak.

Ⅲ. What happened when the golden-haired dog tried to meet the daughter in the first palace?
 A. The daughter chased her away from the palace.
 B. The guard wouldn't tell the daughter about the dirty dog.
 C. The guard told the daughter a lie about the dog at the gate.
 D. The daughter said something untrue about her mother to the guard.

Ⅳ. What is true about the golden-haired dog?
 A. She spent years searching before she found her daughters.
 B. She was able to speak to her daughters, but not to other humans.
 C. She was already old when her daughters were taken from her.
 D. She ran into the second palace to meet her daughter again.

Ⅴ. What is true about the daughter in the first palace?
 A. She wanted to meet her mother, but the guard wouldn't let her come in.
 B. She was sent back to the forest by the prince because he was angry at her.
 C. She didn't let her mother in, as she worried she would have to leave the palace.
 D. She never met her mother again after she had been taken from the forest.

Ⅵ. What is true about the daughter in the second palace ?

A. She preferred living in the cave in the forest to living in a palace.
B. She asked the guard to bring food and pillows for her mother.
C. She had got used to her new life and forgotten about her mother.
D. She asked the prince not to send her sister back to the forest.

Ⅶ. What is NOT true about the prince ?

A. He first saw the two daughters at the entrance of their cave while their mother was away.
B. He built another palace for the two daughters to live in together after he found them.
C. He was so happy with how the second daughter treated her mother that he married her.
D. He agreed to let the first daughter live together with the rest of her family in the palace.

**D** 次の英文を読んで，設問に答えなさい。Ⅰ～Ⅵの解答は最も適切なものを１つ選び，記号で答えること。

It's been an hour, and you haven't received a message as you expected.

You sent off a message, expecting a quick reply, but you're still waiting. With each minute that passes, you get more and more annoyed. "How hard is it to take two seconds and say you'll respond later ?" you think. Then, the longer you wait, the more you worry. Maybe your friend is angry with you or your message wasn't welcome. Perhaps you've misunderstood your relationship with them. Possibly they're hurt.

While some people don't care about how quickly a friend responds, many people ride an emotional roller coaster when a message isn't immediately answered. It's caused by the effect of 24 hour "digital access." People expect that everyone can always be contacted. This is often true. Data from one 2021 survey showed that 30% of Americans say they are "almost constantly" online.

Why do some people get so upset ? People communicate in different ways. Some are constantly using their phones, while others want to take a break for some time. Also, different people have different ideas about digital communication. In addition, digital technology has developed faster than we can create new communication manners, so when a message is sent, we're not all responding using the same "rules."

"Most people have mobile phones with all kinds of SNS apps, and therefore are able to respond right away. Communication rules are also still changing," says Jeff Hancock, a professor of communication.

There are many other reasons message-senders can easily get angry when they don't get a quick reply. Our phones give us a feeling of being close ; a friend on another continent feels only a simple message away. However, senders don't know what's going on with the person at the other end of their message.

So, when a message isn't answered, "some people get really upset because they don't know the situation," says Hancock. "I might send a message and expect the response today, but the person hasn't responded. I don't have a lot of information, so I use my imagination. I might think the person is angry at me or is sick."

These negative feelings can become stronger when we send something light, such as a joke or a funny video. It's easy to expect a quick reply to these fun messages—one simple word or an emoji—since the receiver doesn't need to put much time into the response.

New forms of communication that use written messages instead of talking face-to-face are becoming more popular. We have to use our imagination to understand them, which often leads to misunderstandings. The popularity of smartphones has made this situation worse.

In the end, is there anything you can do? Maybe yes, maybe no. If you're getting angry about a slow reply, it may help to think about why you're beginning to get upset. Don't expect others to have the same feelings, situation, or communication rules as you.

Finally, if you are getting angry next time someone doesn't reply to your message, the best solution may be □—being connected 24 hours a day is stressful enough already.

Ⅰ. What would be the best title for this story?

A. The History of Digital Information
B. The Success of Digital Devices
C. The Relationship with Digital Development
D. The Trouble with Constant Digital Access

Ⅱ. What does the underlined part mean?

A. Many people cannot keep their feelings under control.
B. Many people are too excited to go back to reality.
C. Many people keep speaking ill of their friends.
D. Many people cannot accept their situation or do what is right.

Ⅲ. According to the story, which of the following is true?

A. In a 2021 survey, 40% of people said they are online all the time.
B. We often feel more annoyed if we don't get a quick reply to a joke.
C. We need to use our imagination less when communicating by smartphone than face-to-face.
D. 30% of Americans say they get annoyed if people don't reply to their messages immediately.

Ⅳ. Which of the following is NOT mentioned as a reason why people get annoyed when others do not get back to them soon?

A. Each person has their own different rules about communication manners in each situation.
B. Senders and receivers using their mobile phones feel so close that it makes them expect a quick reply.
C. Various types of apps on our mobile phones make it hard for us to spend time responding right away.
D. With mobile phones, the lighter the message is, the easier it would be to expect a quick reply.

Ⅴ. What does the author suggest you should do if you're getting angry about a slow response?

A. Find out what the other person's communication rules are.
B. Find out what the other person's situation is.
C. Think about the reason for your negative feelings.
D. Think about how the other person is feeling.

Ⅵ. Which of the following best fits in □ in the passage?

A. just to put down the phone for a while
B. just using emoji instead of talking on the phone
C. just to give him a call immediately
D. just chatting with your friends online

Ⅶ. What would you do if your friend didn't reply to your message? Why? Complete the sentence on the answer sheet with your own idea.

## 【数　学】（50分）

（注意）　1．必要な式と計算は，解答用紙の計算欄に書くこと。

　　　　　2．答の $\sqrt{\quad}$ の中はできるだけ簡単にし，分数は，それ以上約分できない形で答えること。

**1**　次の問いに答えよ。

(1)　$n$ を自然数とする。$N=3n^2+72n+260$ とおくとき，次の問いに答えよ。

①　$N=3(n+A)^2-B$ と変形するとき，$A$，$B$ にあてはまる整数をそれぞれ求めよ。

②　$N$ と2023の差が最も小さくなるような自然数 $n$ を求めよ。

(2)　右の図において，四角形ABCDは円に内接している。弧BCの長さは弧CDの長さと等しく，∠DAB＝90°，BD：DA＝2：1である。

点Eは四角形ABCDの辺BC上の点であり，∠ABE＝∠ADEである。また，点P，Q，R，Sはそれぞれ四角形ABEDの辺AB，BE，ED，DA上にあり，PB＝SD，QB＝RD，PS＝QRである。

このとき，四角形PBDSの面積は四角形BQRDの面積の何倍か求めよ。

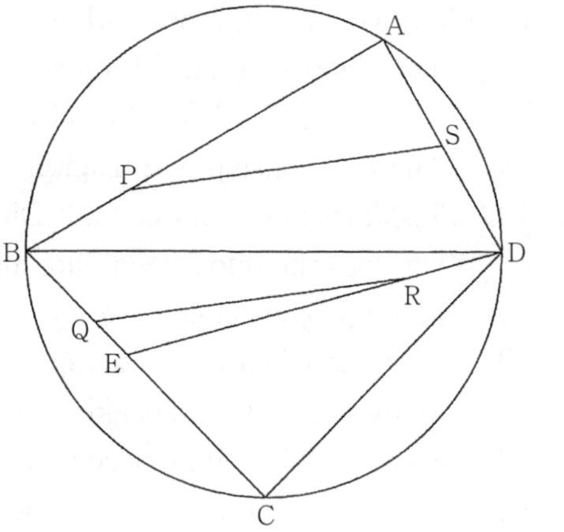


**2**　下の図1，図2のような多面体 $P$ について考える。

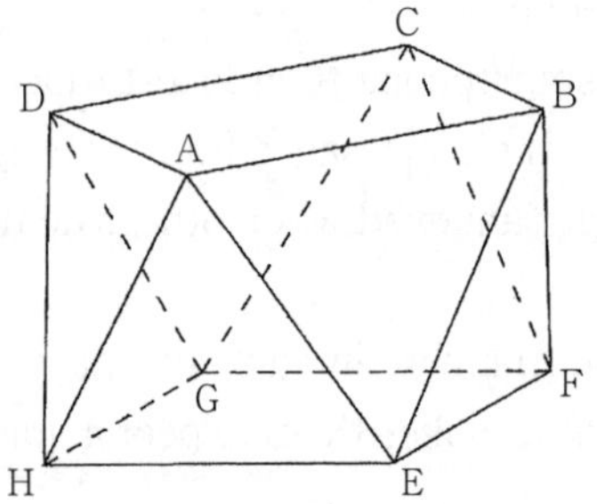


図1：見取り図

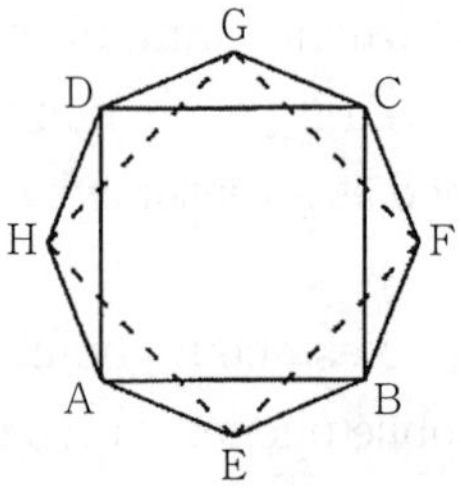


図2：真上から見た図

多面体 $P$ の上面の四角形ABCD，底面の四角形EFGHはいずれも1辺の長さが1の正方形であり，四角形ABCDを含む平面と四角形EFGHを含む平面は平行である。また，側面の三角形はすべて正三角形である。

このとき，次の問いに答えよ。

(1)　多面体 $P$ の表面積を求めよ。

(2)　辺AE，EB，BFの中点をそれぞれL，M，Nとする。3点L，M，Nを通る平面で多面体 $P$ を切ったときにできる断面の図形の面積を求めよ。

(3)　3点D，E，Gを通る平面で多面体 $P$ を切ったときにできる断面の図形の周の長さを求めよ。

(4)　四角形ABCDを含む平面と四角形EFGHを含む平面との距離を $h$ とするとき，$h^2$ の値を求めよ。

**3**　$a$ を正の定数とする。放物線 $y=x^2$ と直線 $y=ax+2a$ との交点をA，Bとし，放物線 $y=x^2$ と直線 $y=(3\sqrt{2}-4)x+6\sqrt{2}-8$ との交点をC，Dとする。ただし，点Aの $x$ 座標は $-1$ であり，点Cの $x$ 座標は点Dの $x$ 座標よりも小さい。また，直線 $y=ax+2a$ と $x$ 軸との交点をEとする。このとき，次の問いに答えよ。

(1)　$a$ の値を求めよ。

(2)　$\dfrac{\mathrm{EA}}{\mathrm{EB}}$ の値を求めよ。

(3)　点Cの $x$ 座標を求めよ。

(4)　4点A，B，C，Dを頂点とする四角形の面積を求めよ。

**4**　正の数 $a$ に対して，$a$ の小数第1位を四捨五入して得られる整数を＜$a$＞で表すこととする。例えば，＜0.2＞$=0$，＜11.75＞$=12$ である。2つの正の数 $x$，$y$ が $y=2x+5$ を満たしているとき，次の問いに答えよ。

(1)　＜$x$＞$=1$ となるようなすべての $x$ に対して，＜$y$＞のとり得る値をすべて求めよ。

(2)　＜$y$＞$-2$＜$x$＞のとり得る値をすべて求めよ。

(3)　＜$y$＞$+2$＜$x$＞$=30$ が成立するとき，次の問いに答えよ。

①　＜$y$＞の値を求めよ。

②　$x$ のとり得る値のうち，最も小さい値を求めよ。

言葉の本来の目的は、人と人をつなげることだ。言葉を介して、互いに理解しあい、心を受けとめあうことだ。どんなに稚拙なものでも、そのとき、その言葉が、その場にいる人々の心に届き、響きあうのであれば、言葉としての役割を充分に果たしていることになる。それこそが、言葉のいちばん重要な使命であり、大切なことなのだ。たとえその言葉に、普遍性のかけらもなかったとしても、少しも構わないのだ。だって、その言葉は、すでにこの地上で人と人をつなぎ、喜びを生みだしているのだから。言葉として、それほど誇らしいことがあるだろうか。

彼らは、たくさんの大切なことを、わたしに教えてくれた。彼らが変わっていくように、わたし自身も変わっていった。

いまのわたしが、こんなわたしなのは、彼らのお陰だ。わたしは、重い罪を犯した受刑者たちに、育ててもらった。ありがとう。固く閉ざされた心の扉が開かれたら、あふれでてきたのはやさしさだった。生まれつきの悪者や(注二)サイコパスなんていないと、信じられるようになった。人間ってきっと、本来「いい生き物」なんだ。そう思わせてくれて、ほんとうにありがとう。

〔出典〕　寮美千子『あふれでたのは　やさしさだった』

なお、作問の都合上、原文の一部を改変した。

(注一)　水が自然にしみこむように、少しずつ養い育てること。

(注二)　異常で冷酷な行動を平気でとる人。

［設問］

筆者は文章の中で「彼らは、たくさんの大切なことを、わたしに教えてくれた。」と述べている。この文章を読んで、あなたが思った「大切なこと」は何ですか。二つ以上取り上げ、そう思った理由とともに述べなさい。また、それらの「大切なこと」を、どのように生かしていくことができるか、あなたの考えを述べなさい。

頭を抱えた。
　すると、受講生たちがさっと手を挙げたのだ。こんな作品に、一体なにを言うことがあるのだろう、と不思議に思いながら当てた。
「ぼくは、Fくんの好きな色を、一つだけじゃなくて、二つ聞けてよかったです」
　息を飲んだ。思いやりに満ちた、こんなやさしい言葉があるだろうか。指導者側は、だれ一人思いつかなかった。もう一人を指すと「ぼくもです」と言う。
「ぼくもって？」
「Fくんの好きな色を、二つも教えてもらって、うれしかったです」
　バージョン・アップしている。熱いものがこみあげてきた。
　この詩を書いたのは、「土の塊くん」。ドサッと、そこに「いる」というより「ある」だけ。目は宙を泳ぎ、だれの言葉も彼の耳に届いているようには思えない。Fくんは、自分だけの透明なカプセルに閉じこもって、妄想の世界に遊んでいるように見えた。
　そんなFくんに対して、受講生たちは、こんなにもやさしい言葉をかけてくれた。指導者側がだれ一人思い浮かばなかったやさしい言葉だ。また一人、手を挙げた。これ以上、一体なにを言うことがあるのだろう、といぶかしく思いながら指すと、彼は、心を込めてこう言ってくれた。
「ぼくは、Fくんは、青と赤が、ほんまに好きなんやなあ、と思いました」
　完敗だ。こんなにまっすぐな言葉、逆立ちしても思いつけない。
　当のFくんは、どうしているだろうかと、ふと目をやると、なんと、笑ったのだ。口の端がゆっくりとあがって、ふうっと微笑《ほほえ》んだ。花がほころびるように微笑む、とはこのことか、と思うような、やわらかな笑顔だった。うれしくて、泣きそうになった。
　教官も同じ思いだった。「おい、Fくん、いい顔してるなあ」と、乾井教官が、目を潤ませながら声をかけた。すると、Fくんは、はにかむような表情を浮かべ、頬をぽっと赤く染めた。かわいかった。たまらなくかわいかった。
　彼はもう「土の塊くん」じゃなかった。自ら透明なカプセルを破って、この世界に飛びだしてきたのだ。この日から、Fくんはみんなと会話ができるようになった。
　えっ、これだけのことなの？　とわたしは思った。たったこれだけのこと？　人はそれで、一瞬にしてこんなにも変われるの？　自分の気持ちを表現すること。それをだれかに受けとめてもらうこと。人はそれだけでここまで癒やされ、人とつながれるのか。
　だとしたら、Fくんは、いままでどんな世界に住んでいたのだろう。一人用のカプセルに閉じこもって外界を遮断しなければならないほど、過酷な世界に住んでいたのだろうか。きっと、たったこれだけの言葉さえかけてもらえない荒涼とした場所にいたのだろう。それを思うと、そのさみしさ、過酷さに、身震いする。外界を遮断する透明なカプセルは、自分を守るための「シェルター＝心の鎧《よろい》」だったに違いない。
　その強固な鎧を、教室の仲間たちのやさしさが融《と》かしてくれた。「剝《む》き出しの心で外に出ても大丈夫だよ。ぼくたち、きみの仲間だよ」とFくんに伝えてくれたのだ。わたしたち指導者が、だれ一人としてできなかったことを、教室のみんながしてくれた。指導者の手柄ではなく、受講生たちによる「場の力・座の力」だと思った。
　このことは、わたしにもう一つ、根本的なことを教えてくれた。それは、だれかが「これは詩だ」と思って書いた言葉があり、それを「これは詩だな」と受けとめる人がいたら、その瞬間、どんな言葉でも「詩になる」ということだ。そして、それは書いた人の人生を変えるほどの力を持つことがあるのだ。
　すぐれた詩作品があり、そんな詩にこそ価値があると思っていたわたしは、愚かな「詩のエリート主義者」だった。もちろん、世の中には、すぐれた詩作品がある。時を超え、国を超えて読み継がれるすばらしい詩もある。でも、それにしか価値がないわけではない。

みんなの声を背に受けながら、Eくんはおいおい泣き続けた。教官たちも、もらい泣きをしていた。
この日を境に、Eくんは劇的に変わった。それまで、自傷行為が絶えなかったのに、それがぴたりと止まったのだ。Eくんは、犯した罪の深さにおののき、自分には生きている価値がないと自殺未遂を繰り返してきた。そのたびに「懲罰」を受けて、独居房に隔離されてきた子だった。それが、おそらくはこの日、生まれてはじめて「母のいないさみしさ」を公の場で告白できたのだろう。それをみんなに受けとめてもらった経験が、彼の心を癒やしたに違いない。
翌月の授業にやってきたEくんは見違えた。背がぐんと高くなっている。丸まっていた背中がピンと伸びてきたからだ。最後の授業では、笑顔さえ浮かべ、みんなと対話ができるようになっていた。
Eくんには、後日談がある。半年間の社会性(注二)涵養《かんよう》プログラムが終了すると、わたしたち外部講師は、もう彼らに会うことはできない。しかし、Eくんとは一度だけ会う機会があった。テレビの取材が入り、Eくんがインタビューをされたのだ。
半年ぶりに見るEくんは、見違えるように明るくなっていた。背筋も伸びて、別人のようだ。彼は、胸を張ってこう語った。
「こんど、実習場で、副班長になったんです!」
みんなのお荷物だったEくんが副班長に! なんという成長ぶりだろう。それに続く彼の言葉に、わたしはびっくりして椅子から転げ落ちそうになった。
「このごろは、休み時間に、みんなの人生相談を聞いてあげているんです」
思わず噴きだしそうになった。もう大丈夫だ、彼は社会復帰できる、と確信した。
深く苦しんだ人ほど、他人の苦しみを理解できる。だから彼は、人生相談のよき聞き手になることができたのだろう。過去は変えられない。けれども、いまをどう生きるかで、人は過去にあったことの意味を変えることができる。つまり「過去は変えられる」のだ。

そのとき、教室がゆっくりと揺れだした。乾井教官が「めまいがする」とつぶやいた。
「先生、めまいじゃありません。揺れてますよ」
窓の外に目をやると、運動場の端に植えられたポプラ並木の梢《こずえ》が揺れていた。大きく大きく、まるで水草のようにゆっくりと。東日本大震災だった。
受刑者たちも、やがて、刑務所内のテレビで地震の被害を知ることになった。繰り返し流される津波の映像を、彼らはどんな気持ちで見たのか。
地震の数週間後、教室で彼らに会うと、みな一様にショックを受けていた。
「刑務所にいて、なにもしてあげられないのがもどかしい」
「被災者はたいへんな暮らしをしているのに、ぼくらは三度三度ご飯を食べさせてもらっていて、申し訳ない」
そんなことを口々に話してくれた。「犯罪者は刑務所でのうのうと過ごしている」と世間には思われがちだが、そんなことはない。彼らなりに、大災害の犠牲者や被災者に思いを馳《は》せ、心を痛めていたのだ。そんな彼らを見ていると「モンスター」なんかじゃないと、つくづく感じるのだった。

**すきな色**

**ぼくのすきな色は**
**青色です**
**つぎにすきな色は**
**赤色です**

「好きな色を」と言ったら、Fくんが書いてきた単刀直入な詩だ。いくらなんでもここまでの剛速球を投げてくるとは、想定外だった。一体、どこを誉めればいいのか、わからない。教官もわたしたちも、に拍手を送った。わたしも教官たちも拍手をした。だれもが、うれしそうだった。おべんちゃらではない、心からの拍手だ。すると、Ｄくんが「せ、先生」と、遠慮がちに手を挙げた。
「あ、あの……ぼく、話したいことがあるんです。話してもいいですか」
　びっくりした。いつもうつむいたまま、ほとんど話さないのに、自分から話したいと言いだしたからだ。心の扉が開いた瞬間だった。
「どうぞ、どうぞ話してください」
　すると、Ｄくんは話しはじめた。最初のひと言は、いまでも耳にはっきり残っている。
「ぼくのおかあさんは、今年で七回忌です」
　胸がひやりとした。どもりながらつっかえながらのＤくんの話の要旨はこうだ。
「おかあさんは、体が弱かった。けれども、おとうさんはいつも、おかあさんを殴っていました。ぼくはまだ小さかったから、おかあさんを守ってあげることができませんでした。おかあさんは亡くなる前に、病院でぼくにこう言ってくれました。『つらくなったら、空を見てね。わたしはきっと、そこにいるから』。ぼくは、おかあさんのことを思って、おかあさんの気持ちになって、この詩を書きました」
　胸がいっぱいになって、涙を堪《こら》えるのがやっとだった。たった一行の詩の向こう側に、こんな物語があったなんて。
　Ｄくんの言葉が、受講生たちの心の扉を開いた。自分から次々に手を挙げたのだ。
「ぼくは、Ｄくんは、この詩を書いただけで、親孝行やったと思います」
　なんてやさしい！　おかあさんをおとうさんの暴力から守ってあげられなかったことに罪の意識を持っているＤくんに、「大丈夫だよ、親孝行できたよ、詩を書いただけで供養できたからね」と話しかけてくれているのだ。その彼が、実は殺人という重い罪で服役している。こんなやさしい気持ちを持っているのに、なぜそんなことをしてしまったのか。別の子が手を挙げた。
「Ｄくんのおかあさんは、きっと雲みたいにまっ白で清らかな人なんだろうと思いました」
　そんなすてきな想像力を持っているのに、なぜきみは犯罪なんかしてしまったの、どうなるか考えなかったの、と喉元までこみあげたが、ぐっと飲み込む。
「ぼくもです！　Ｄくんのおかあさんは、きっと雲みたいにやわらかくてふわふわで、やさしい人なんじゃないかなと思いました」
　もう、どいつもこいつも、なんてやさしいんだろう。一体、なにがあって、きみたちはここにいるのだろうかと、そんな問いが心のなかを駆け巡った。
　すると、また一人、勢いよく手を挙げた。「Ｅくん、どうぞ」と指すが、なかなか声が出ない。背の高い子だった。それなのに、そう見えないのは、いつも背を丸めて縮こまっているからだ。ずっとうつむいたまま、暗い顔をしていた。まるで、そこだけ「闇のスポットライト」が当たっている、と思うほどの暗さだ。
「ぼ……ぼ、ぼくは……」と、声を出そうと必死でもがいている。彼の前に目に見えない大きな壁が立ちはだかっているのがわかる。
　Ｅくんはその壁を必死でのぼっていた。しばらくして、ようやく絞りだすように、こう言った。
「ぼくは、おかあさんを知りませんっ。でも、ぼくもこの詩を読んで、空を見あげたら、おかあさんに会えるような気がしてきましたっ」
　そして、わっと泣き崩れてしまった。教室のみんなが、口々に彼を慰めた。
「そうだったんだ」
「さみしかったんだね」
「がんばってきたんだね」
「ぼくもおかあさん、いないんだよ」

うか。けれども、もしかしたら、それゆえに彼は、この世界では生きにくかったのかもしれない。

「黒」を挙げる子も多かった。「男らしさ」の象徴だからだろう。Cくんの詩。

**黒**

**ぼくは　黒が好きです**
**男っぽくて　カッコイイ色だと思います**
**黒は　ふしぎな色です**
**人に見つからない色**
**目に見えない　闇の色です**
**少し　さみしい色だな　と思いました**
**だけど**
**星空の黒はきれいで　さみしくない色です**

残酷な事件が起きると、人はすぐに「心の闇」と言う。理解不能なモンスターであるとして切り離し、社会から排除しようとする。しかし、その闇も、ただ一色に塗りつぶされた単調な黒ではないのだ。こんなにニュアンスに富んだ、豊穣《ほうじょう》な闇だ。

読んでいて、切なくなった。「人に見つからない」「闇の色」を、Cくんは「さみしい色」と感じている。人生のなかで、きっとそんな思いをしてきたのだろう。物かげに隠れて怯《おび》えているCくんの姿が透けて見えた。

けれどもCくんには、永遠の広がりを持つ星空を求める気持ちがある。「さみしくない色」と語ってくれたところで、救われた気持ちになった。

犯罪者とはいえ、「心の闇」は、こんなにも重層的な響きを抱いているのだ。

たった一行だけの詩から、みんなの心の扉がいっせいに開かれたことがあった。

**くも**

**空が青いから白をえらんだのです**

ひと目見て「なんと詩的な言葉だろうか」と思った。主語は省略され、タイトルがそれを示している。「空が青いから、わたしは白という色を選んで、空に浮かんでいるのです」という雲の一人称だ。

「Dくん、声に出して、読んでみてください」

すると彼は、下を向いたまま、ひどい早口でツラツラっと読んでしまった。不明瞭で、なにを言っているのかさっぱりわからない。

当時、Dくんには薬物中毒の後遺症があった。そのため、ろれつが回らない。頭には、父親から金属バットで殴られたという痛々しい傷跡があった。それも言語不明瞭の原因かもしれない。虐待され、親から否定され続け、自分に自信を持てないから、いつも下を向いている。早口なのは、発言時間を少しでも短くしたいという思いからだろう。

「ごめんね、よく聞こえなかった。悪いけど、もう一度読んでくれないかな」

それでも、まだよく聞きとれない。短い詩なので、何回か読み直してもらった。

「ごめんね、向かいのお友だちに、よーく聞こえるように、顔をあげて、ゆーっくり読んでみてちょうだい」

そう言うと、Dくんはようやく顔をあげ、やっと聞きとれるような言葉を発してくれた。

「空が…青いから…白を…えらんだのですっ」

息を詰めるようにして聞いていた仲間たちが、ほっとして、一斉あるからだろう。そして、なにか美しいことやいいこと、独特の視点を持った気の利いた言葉を書かないといけないという先入観があるからかもしれない。まずはハードルを下げようと思った。

「みなさん、詩を書いてきてください」と言うと「えーっ」という声が起きる。

「大丈夫、むずかしく考えないでくださいね。りっぱなことやいいことを書こうと思わなくても、いいんです。上手に書く必要もありません。なにを書いても構いません。たとえば、『きょうは暑かったな』なんて、たった一行書くだけでもいいんです。小さな頃の思い出、うれしかったことや悲しかったこと、将来の夢や希望、心配や不安を書いてくれても構いません。もちろん、いまの気持ちを書いてもらってもいいです。どんなことでも、刑務所への苦情や教官や刑務官の悪口でも構いません。なにを書いてきても、この教室では絶対に叱りません。懲罰にもなりませんから、安心してください。もし、どうしても書くことが見つからなかったら『好きな色』について書いてきてくださいね」

すると、さまざまな色の詩が提出された。一口に「犯罪者の心の闇」なんていうが、そんなことはない。それを、講師控え室で読んだとき、胸がいっぱいになってしまった。青、赤、黄、緑……うす紫、なんていうかわいらしい色を挙げた子もいる。そこには、さまざまな、それこそ虹の七色よりも多彩で繊細な色があふれていた。

こんな色も。

**金色**

**金色は**
**空にちりばめられた星**
**金色は**
**夜　つばさをひろげ　はばたくツル**
**金色は**
**高くひびく　鈴の音**
**ぼくは金色が　いちばん好きだ**

無口で無骨な感じのするAくんの作品だ。金色といっても、目に見える色だけではなく、空を飛ぶ鶴のイメージや鈴の音色を「金色」と表現している。なんとみずみずしく豊かな感受性だろう。彼が、心のなかにこんなにも美しく静謐《せいひつ》なイメージを抱えているとは、想像もつかなかった。「詩」でなければ、表現できないことだったかもしれない。

次は、おとなしいBくんの作品。

**銀色**

**無限にある色のなかで**
**ぼくは　銀色が気になってしょうがない**
**銀色には　さまざまな姿が写る**
**人の姿や動き**
**物の形や大きさ**
**小さく写ったり**
**大きく写ったり**
**銀色は　見えぬ色でもあるけれど**
**見える色**

子どもの頃、スプーンや魔法瓶に顔を映してみたときのことを思いだした。自分の顔が大きく歪《ゆが》むのが面白くて、近づけたり遠ざけたりして遊んだものだ。森羅万象の色彩を映しているはずなのに、鏡を「銀色」と感じるのも、考えてみれば不思議なことだ。

大人になることで、わたしはそんな思いをどこかに置いてきてしまった。けれど、Bくんは、いまも子どものような驚きを持ち続けている。それが新鮮だった。なんとやわらかな心をしているのだろ

問四　傍線部７「かの獣にあらで狩りに得しとかやいふこと」の解釈として最も適切なものを次の中から選び、その記号を答えよ。

ア　狩りの機会に、獲物として、鳥獣ではなく、有用な人物を獲得したという中国の故事。
イ　狩りの機会に、鳥獣を捕獲したばかりか、有用な人物をも獲得したという中国の故事。
ウ　狩りの機会に、獲物の鳥獣は得られなかったが、優れた教訓を得たという中国の故事。
エ　狩りの機会に、獲物の鳥獣を得たばかりか、優れた教訓までも得たという中国の故事。

問五　本文の内容と合致しないものを次の中から一つ選び、その記号を答えよ。

ア　鷹狩りに出かけた貴人は、中国かぶれの人であった。
イ　山から連れてこられた翁は、実は凡庸な人であった。
ウ　この貴人は、中国の故事のまねごとをして失敗した。
エ　この翁は、耳学問により仏道を極めた人物であった。
オ　貴人の周囲には彼の見識を高く評価しない者もいた。

## 【小論文】（九〇分）

〔注意〕　題名（タイトル）は記入せず、解答用紙の一行目から本文を書き始めること。

次の文章の筆者は、奈良少年刑務所において受刑者を対象に、「物語の教室」の講師を務めた。「物語の教室」は、受講者の社会性を養うことを目的とするいくつかの授業の一環として行われ、この「物語の教室」では絵本と詩が用いられた。この文章は、その授業での筆者の体験を描いたものである。

次の文章を読んで、後の**設問**に答えなさい。なお、九〇一字以上一二〇〇字以内で述べることとし、改行によって生じる空欄は字数に数えるものとする。

というわけで、ようやく詩の授業にたどりつくことができた。ここまでの時間は、彼らにとって詩を書くための心の準備体操であり、わたしにとっては彼らを知るための準備期間だった。わたしは、受刑者たちのことをまるでわかってなかった。彼らの育った世界は、わたしが見てきた世界から、それほどかけ離れていたからだ。童謡の「ぞうさん」や「宿題」という言葉を知らない子が実際にいるなんて、わたしには想像ができなかった。わたしは、分断化された社会の上澄みで、きれいな水だけを飲んで、のうのうと過ごしてきたに違いない。彼らに出会うのは、新聞の記事やテレビのニュースだけ。背後にある悲しい物語を知らず、社会に表出した最悪の結果だけを見てきたのだ。そして、漠然と犯罪者を「恐い人々」だと思いこんでいた。

けれど、実際に出会った彼らは違った。そのことをみんなにも知ってほしくて、二冊の『奈良少年刑務所詩集』を編纂《へんさん》したし、この本を書いている。

さて、いよいよ詩の授業だ。そのためには彼らに詩を書いてきてもらわなくてはならない。「詩」というと、だれだってそれだけでハードルが高くなる。それはきっと「詩」が、神聖な、魂の言葉でように答えるとして、その空欄に入る最も適切な言葉を本文中から十字で抜き出して答えよ。

［　　　　］ことで成り立つ豪華さ。

**問七** 空欄Aに入る漢字一字を答えよ。

**問八** 空欄Bに入る言葉として最も適切なものを次の中から選び、その記号を答えよ。

ア 観念　イ 芸術　ウ 宗教　エ 禁欲　オ 理想

**問九** 傍線部6「ケ」と同じ意味を表している最も適切な言葉を本文中から一語で抜き出して答えよ。

**問十** 次の中で本文の内容と合致しないものを一つ選び、その記号を答えよ。

ア フランス料理では時間の共有が必要不可欠であるため、食事の席に途中から参加することは難しい。

イ 鍋料理は懐石料理と比べてより自由な食べ方が許されている点で、親密さを感じさせるものである。

ウ 日本料理は明確な食事の中心を持っていないという点で、フランス料理よりも洗練度が劣っている。

エ 現代の日本で一般的な同時展開型の食事様式は、その起源を平安時代までさかのぼることができる。

オ フランス料理に見られる時間軸を重視する食事様式は、特権的な時間の演出を目的とはしていない。

## 三

次の文章を読んで、後の問いに答えよ。

ある＊やむごとなき人1のおはしましけり。＊文Aの道このみ給《たま》ふとか聞こえしが、＊もろこしぶりをのみものし給ひてけり。ある日、鷹《たか》狩りに出で給ふが、道ふみたがへて深き山に入り給ひたれば、いと静かなる谷川に、釣り垂れてゐし翁《おきな》Bのありけり。「かならず今にても、2かしこき人、世をさけて隠れ棲《す》む者あるべしと思ひしを、3これなむ4それよ」と、うれしく思ひ給ひて、一こと二こと問ひ給へば、答へしこともいと5をかし。もののことはり言ひ給へば、6くらからぬ答へなり。いといたうよろこび給ひて、「7かの獣にあらで狩りに得しとかやいふこともあれば」と、まづ連れて帰り給ふ。もとより賤《いや》しき者にて、山にのみ年へぬれば、させることも知らねど、この翁、幼き時、＊寺Cのわらはなりければ、ものDはしばしは今に覚えゐてけり。されば、何くれと尋ぬれば、そのうちのことなど出だし引いて答ふ。み山にてはめづらしければ、里の子となりては、常ざまEのいささか愚かなる人なりけり。「用なき翁連れ来給へり」と、たれたれも言ひし。

（『花月草紙』より）

語注

＊やむごとなき人　高貴な人。貴人。

＊文の道　学問。特に、古典の研究。

＊もろこしぶり　中国の古典、あるいは、中国風の古典。

＊寺のわらは　寺院で使われている子どもの召し使い。

**問一** 傍線部1「の」と同じ用法で使われている「の」を、二重傍線部A〜Eの中から一つ選び、その記号を答えよ。

**問二** 傍線部2「かしこき人」、5「をかし」、6「くらからぬ答へ」の意味として最も適切なものを次の中からそれぞれ選び、その記号を答えよ。

2 かしこき人

ア 趣のある人　イ 恐ろしい人

ウ 位の高い人　エ 傑出した人

5 をかし

ア こっけいである　イ 感心すべきである

ウ 浮き世離れしている　エ しみじみとして趣深い

6 くらからぬ答へ

ア 含蓄のある応答　イ 屈託のない応答

ウ 道理を弁《わきま》えた応答　エ はきはきした応答

**問三** 傍線部3「これ」、4「それ」が指し示すものは何か。本文中より六字以上十字以内でそれぞれ抜き出して答えよ。

家階級を中心にこの料理が受け入れられ、広まっていった理由であると思う。ふたたび会えるとはかぎらない状況で、出会いを崇高化し、過度な豪華さを主眼として欲望の展開を誇示する当時の本膳料理に対して、死を予感するがゆえに静かに高揚する生の象徴としての限定された時空間を導入することで、飲食をある種の［ B ］的で儀式的な行為としたのである。

懐石料理は日本料理のひとつの極にはちがいないものの、それは典型ではなく特権的な形態であると考えてさしつかえないように思われる。時間軸に重きをおいた食事様式は、茶道でおこなわれる本式の懐石料理をひとつの頂点にして、たしかに日本でもみられるが、しかしそれはハレの食事様式として残り、定着しているというのが実情である。茶の湯がけっして日本人のお茶の飲み方の日常のかたちではないように、懐石料理も日常のものではありえない。時系列によって組織化された食事は、日本ではあくまで貴重な出会いを演出するさいのものにかぎられている。

同時に多くのものがだされる食事があくまでケの食事であり、そうした食事との対比をとおして、懐石に代表される特権的な時間としての食事がハレのものとして意識されているのである。

これに対して、フランスでは、十九世紀中葉以降になって庶民にまで定着した時間展開型の食事様式がハレにおいても6ケにおいても基本パターンになっている。これはやはり大きな違いであるといわざるをえない。そして、一方にこのような茶懐石の儀式化したコミュニケーションがあるからこそ、作り方や食べ方にうるさくない鍋料理のうちとけた親密さも際立つのである。

（福田育弘『ともに食べるということ』より・一部改）

問一　傍線部a～cのカタカナを漢字に直し、漢字はその読みをひらがなで答えよ。

問二　傍線部1「鍋料理」の説明として適切でないものを次の中から一つ選び、その記号を答えよ。

ア　鍋料理では、食事をする空間の共有が強制されるため時間の共有は行われない。

イ　鍋料理では、時系列にそった展開がなく、各自が適当に食べていくことになる。

ウ　鍋料理では、食事をする場所が狭く限定されていることがとりわけ重視される。

エ　鍋料理では、始まりも終わりもあらかじめ決まっておらず、自在に展開できる。

オ　鍋料理では、鍋という限られた空間が共有されるため、親密さが生み出される。

問三　傍線部2のように言えるのはなぜか。次のように説明するとして、その空欄に入る最も適切な言葉を本文中から十五字で探し、その始めの五字を答えよ。

フランス料理は［　　］であるから。

問四　傍線部3「懐石料理」の説明として適切でないものを次の中から一つ選び、その記号を答えよ。

ア　時間軸に重きをおいた懐石料理の食事様式はあくまでも特別な形態であり、日常のかたちとは言えない。

イ　時間展開型の食事様式である懐石料理は、飯と汁と菜という膳の空間をゆるやかに解体したものである。

ウ　懐石料理は、調理したてのものを最もいい状態で食べるという、きわめて近代的な発想の料理であった。

エ　フランス料理のような時間軸での展開がある懐石料理は、日本料理の一つの頂点であることは確かである。

オ　懐石料理は、本膳料理が重視した膳組を解消し、料理を時間軸にそって一つ一つ順番に供するものである。

問五　傍線部4とあるが、懐石料理が安土桃山時代に発展したのはなぜか。次のように答えるとして、その空欄に入る最も適切な言葉を本文中から十六字で探し、その始めの五字を答えよ。

当時の武家階級には［　　］という考えがあったから。

問六　傍線部5「視覚中心の豪華さ」とはどのようなものか。次のと、おそらく日本料理の洗練のひとつの極と考えられる3懐石料理はそうではないという反論があるかもしれない。

一皿ずつ料理がでてきて、フランス料理のような時間軸での展開があるからだ。いまでも、こうした食事様式の伝統は、多少の変化をこうむりながらも、京懐石をはじめとして、高級な日本料理店ではしっかりと受けつがれている。

ところで、4室町時代にはじまり安土桃山時代に千利休によって完成される茶道にともなって発展した懐石料理は、本膳《ほんぜん》料理を簡素にして、時系列にそってだすようになったものである。

本膳料理とは、平安時代の貴族の宴会料理である大饗《たいきょう》料理の伝統を受けつぎながら室町時代に完成された武家の正式料理である。本膳、二の膳、三の膳がだされ、それぞれの膳に一汁三菜や一汁五菜、二汁七菜といった複数の料理が盛られた豪華な正餐《せいさん》で、これがさらに五の膳以上におよぶこともあった。

このように膳の数があげられると、各膳が順番にだされていたように思われるかもしれないが、実際の給仕では基本としては本膳を中心に左右に二の膳と三の膳が、さらに多いときにはその向こうに与(四の意味)の膳以下が並べられた。つまり、それぞれの膳が時間にそって順番にだされていたわけではなく、同時にだされるか、あるいは順にだされた場合も前の膳はそのまま残されていたのである。

この本膳料理の在り方は意外と重要な意味をもっている。それは日本では食事の豪華さとは基本的に皿の数が多くなるということを示しているとわかるからだ。本膳料理では、豪華になると膳の数が増える。料理の内容ではない。質ではなく量が増えるのである。もちろんときには内容の変化もあろうが、それよりも重要なのは料理の数なのである。これは、いまでもより高価な松定食とそれより安い梅定食の違いが、内容の違いではなく、皿数の違いにあるというかたちで根強く生き残っている。

いずれにしろ、本膳料理とは空間展開型の食事作法であることはまちがいない。いまの日本の同時展開型の食卓と同じで、各人がいくつもの膳のなかに振り分けられた料理を各自の好みにしたがって食べていくのが本膳料理の食べ方だった。

献立においても、膳のなかの複数の料理の組み合わせが、さらに膳同士の組み合わせである膳組《ぜんぐみ》が重要視されたことに、空間の重視という考え方が表れている。

茶の湯の料理は、この5視覚中心の豪華さを追求した本膳料理の膳組という空間を解体し、膳のなかの料理をひとつひとつ時間軸にそって、ゆるやかなかたちで順番に供《きょう》するようにしたものである。それは、調理したてのものをもっともいい状態で食べる、わかりやすくいえば、温かいものは温かいうちに、生魚であれば酸化しない美味しいうちに、適量食べることを目的とした、きわめて近代的な発想の料理だった。日本料理の「ヌーヴェル・キュイジーヌ」(フランス語で「新しい料理」の意)だったといってもいいかもしれない。

ただし、それでも茶の湯の料理の場合、一品一品完全に独立してだされるのではなく、飯に汁と菜という基本の組み合わせは残っている。あくまで膳組のゆるやかな解体であり、飯と汁と菜という膳の空間は維持されていることを忘れてはいけない。

多くの論者が指摘するように、懐石料理という呼称は、江戸時代になってからのものであり、それ以前は「会席」「献立」「仕立」などと呼ばれていた。それらは本膳料理の簡素な形式のものであり、その名称からも、これが本膳料理から発したものであることがわかる。

このような懐石料理が、なぜ室町時代から織豊《しょくほう》時代、とくに戦国期に発展したかについては、慎重な議論が必要ではあるが、もっとも重要な点だけをやや単純化しておさえるなら、茶の湯とそれにともなう料理は、当時の武士たちの置かれたいつ死ぬかわからない状況のなかで、抑制されたコミュニケーションを「一[A]一会」として演出し、飲食そのものを死への準備とみなす思想的基盤をもっており、それが当時京都の文化にふれてインテリ化していた一部の武

**問八**　傍線部5で筆者が読者に伝えたいのはどういうことか。次のように端的に説明するとして、その空欄に入る適切な言葉を本文中から七字で抜き出して答えよ。

日本は［　　　　］してはならないということ。

**問九**　次の中で本文の内容と合致しないものを一つ選び、その記号を答えよ。

ア　現在の日本の食料問題は、目先のコストを惜しむという点で、福島第一原発事故と同じ構図で捉えられる。

イ　今の日本では、一部の強い者の利益さえ伸びればよく、国民の幸せなど知らないという政治が行われている。

ウ　効率を追求していくことは多数の人々の幸せな暮らしと両立せず、日本の社会が行きづまる結果を生み出す。

エ　「今だけ、金だけ、自分だけ」という行動原理に従っている人々が、日本の将来を決める傾向が強まっている。

オ　安全保障の面から日本の食料問題を検討する場合には、食料だけでなく、畜産の飼料も含めて考える必要がある。

## 二

次の文章を読んで、後の問いに答えよ。

多くのものがいちどきに食卓にだされ、各自が思うままに食べていくというのが、現在の日本のごく普通の食事様式である。

すでに平安時代から日本人はめいめいに同時にだされたご飯と汁と（おかずである）菜《さい》を食べており、こうした食べ方をもとに、室町時代ごろにほぼいまのような食事様式が確立されたと考えられている。めいめい膳がすたれ、明治後期から昭和にかけてチャブ台が、さらに戦後になってダイニングテーブルが登場し、また場合によっては個人用のめいめい皿ではなく大皿で料理が供されても、ご飯や味噌汁とともにいくつかのおかずが同時に食卓にだされ、個人が思うままに食べていくという日本の食事様式は、おおもとのところではあまり変わってはいない。

いちどきにいろいろな料理がだされて、各自が適当に食べていくというのが、日本の通常の食事様式だとすると、鍋というひとつの容器にすべてを入れて調理していく1鍋料理は、まさに日本的な食べ方を集約した料理だといえそうだ。

あくまで時系列にそって、食前酒にはじまり、前菜、主菜、デザートとつづき、さらにコーヒー、食後酒と展開されるフランス料理に代表される西洋風の食事の対極にあるのが、鍋料理なのだ。

フランス料理では、比較的軽いものからより濃厚なものへと進む不可逆的な流れがあり、そこにはメインディッシュという食事の中心が明確に刻まれているが、鍋料理には後戻りできない時間の流れも、明確な中心も存在しない。ある材料がなくなればそれを継ぎ足せばいいし、かならずあるものをあるときに食べるべきだという規則もない。いつはじめてもいいし、いつ終わってもいい。お腹が空いていればつづけることもできるし、満たされればいつでもやめられる。この自在さが鍋料理の特徴であり、わたしたち日本人にとっての大きなaミリョクでもある。

しかし、フランス料理ではそうはいかない。2はじまりと終わりが決まっているうえに、料理の順番の入れ替えも難しい。甘い濃厚なデザートのあとに肉料理を食べることはできないし、ソースのかかった重いメインのあとに、比較的軽い前菜を食べることはかなりのbクギョウだろう。少なくともフランス人にとっては。

日本の宴会では「適当にはじめておいて」といって遅れて行っても、なんとかなるが、フランス料理ではそれはできない。日本風の食べ方では食事がおこなわれる空間が重要であるが、フランス風の食事では空間よりもそこで流れる時間の共有が必要不可欠なのだ。フランス式の食卓が時間を共有するための場であるとすれば、日本式の食事では、空間のなかでこそ時間の共有がおこなわれる。

鍋というかぎられた空間の共有を強制する鍋料理ほど、場所の限定性が重視される料理はほかにはみられない。鍋料理のc醸しだす親密さは、こうした場所の限定性から生まれるのである。

日本料理を鍋料理に象徴される〈中心のない食事〉とみなすとする

合って暮らしていける地域社会を目指してきた。いまこそ、踏みとどまって、大震災においても見直された「絆」を大事にする日本人の本来の生き方を取り戻さないと、取り返しのつかないことになる。

徹底的な規制緩和を断行し、市場に委ねれば、世界の経済的利益は最大化されるという論理は、単純明快だが、極めて原始的で幼稚である。突き詰めれば、政策はいらないのであるから、市場原理の徹底を主張する政治経済学者は、自分もいらないと言っているようなものである。それを徹底すれば、ルールなき競争の結果、一部の人々が巨額の富を得て、大多数が食料も医療も十分に受けられないような生活に陥る格差社会が生まれる。

もう一度問いたい。日本では、自己や組織の目先の利益、保身、責任逃れが「行動原理」のキーワードにみえることが多いが、それは日本全体が泥船に乗って沈んでいくことなのだということを、いま一度肝に d メイじるときである。農産物を安く買いたたいて儲かっていると思っている企業や［　B　］がいたら、これも間違いである。それによって、国民の食料を生産してくれる産業が疲弊し、縮小してしまったら、結局、みんなが成り立たなくなる。

5 アメリカの攻撃的な食戦略は、「食」がいかに国民にとっての命綱であり、国家戦略の中枢を占める問題なのかということの重みを教えてくれる。人々の生に直結する命綱をどう確保すべきなのか、世界各国の戦略をにらみながら、今こそ e 真摯に考えなければならないだろう。

（鈴木宣弘『食の戦争』より・一部改）

**問一**　傍線部a〜eのカタカナを漢字に直し、漢字はその読みをひらがなで答えよ。

**問二**　傍線部1「今だけ」とはどういうことか。次のように説明するとして、その空欄に入る最も適切な言葉を本文中から七字で抜き出して答えよ。

［　　　　］を考慮しないということ。

**問三**　傍線部2のように言えるのはなぜか。その説明として適切でないものを次の中から一つ選び、その記号を答えよ。

ア　民主的に決められる国家の政策は不要だという主張であるから。
イ　企業によるルールのない利益追求が認められることになるから。
ウ　市場原理について研究する経済学者が存在価値を失ってしまうから。
エ　食の安全性や国家の安全保障の問題を議論に含めようとしないから。
オ　一部の人々に富が集中することで生じる格差社会が是認されるから。

**問四**　傍線部3に関して、スイスが日本の「良いモデル」になると言えるのはなぜか。その理由として本文の内容と合致しないものを次の中から一つ選び、その記号を答えよ。

ア　スイスでは、食料生産や食ビジネスにおいて「三方よし」の理念が実践されているとみなせるから。
イ　スイスでは、本物の食のために正当なコストを負担するのは当然だという考えが定着しているから。
ウ　スイスでは、社会の相互扶助のルールが小学生の子どもにいたるまで国民の中に根づいているから。
エ　スイスでは、助け合い、支え合う安全で安心な社会を大切にする古来の伝統が受け継がれているから。
オ　スイスでは、人間だけでなく動物や自然環境も含めて共存していくべきだという価値観が確立されているから。

**問五**　傍線部4「彼らの重大な悪徳」が意味するものは何か。本文中の筆者の主張を踏まえて、最も適切な二字の言葉を本文中から抜き出して答えよ。

**問六**　二箇所ある空欄Aに入る最も適切な一語を本文中から抜き出して答えよ。

**問七**　空欄Bに入る最も適切な一語を本文中から抜き出して答えよ。

さがすべてではないという認識が消費者にも共有されている国として、3日本にとっても良いモデルとなる国にスイスがある。

筆者が二〇〇八年九月にスイス国民経済省農業局を訪問した際、スイス国民経済省農業局からは、スイスの消費者は「スイスの農産物は決して高いわけではない。安全安心、環境に優しい農業は当たり前であって、我々は多少高いお金を払っても、こういう農産物を支えるのだ」と納得しているとの説明があった。環境にも、人にも、動物にも、その他の生き物にも、景観にも優しく作られた農畜産物は、自然で安全で品質がよく、本物であるという感覚だ。

それは、こんなエピソードにも表れている。スイスで小学生ぐらいの女の子が一個八〇円もする国産の卵を買っていたので、なぜ輸入品よりはるかに高い卵を買うのかと聞いた人がいた。すると、その子は「これを買うことで、農家の皆さんの生活が支えられる。そのおかげで私たちの生活が成り立つのだから当たり前でしょ」と、いとも簡単に答えたという(元NHKの倉石久壽氏談)。

食料に安さだけを追求することは命をcケズることと同じである。また、次の世代に負担を強いることにもなる。そのような覚悟があるのかどうか、ぜひ考えてほしい。

人々が安全な食料を安定的に得られることは人間の生存に不可欠であり、国家として守るべき義務があるはずだが、むしろ、社会の相互扶助のルールを壊し、競争を徹底することで、それが崩されつつある。いま進んでいる事態は、安さを求める激しい競争の中で、安全性への配慮や安全基準がおろそかにされ、食料生産そのものや食ビジネスの利益が一部の国や企業に偏って、世界の人々への安全な食料の安定的な供給の確保が脅かされているという事態だ。

食だけではない。これ以上、一部の強い者の利益さえ伸びれば、あとは知らないという政治が強化されたら、日本が伝統的に大切にしてきた助け合い、支え合う安全・安心な社会は、さらに崩壊していく。競争は大事だが、あまりにも競争に明け暮れる日々は人身も蝕み、人々は心身共に疲れ果てる。多数の人々が幸せに暮らせることなくして、本当の意味での効率を追求したことにはならない。買い手もいなくなってしまったら、残った人々も結局は長期的には持続できないだろう。

ビジネスの基本は「売り手よし、買い手よし、世間よし」の「三《さん》方《ぼう》よし」でなくては持続できないことが忘れられている。「今だけ、金だけ、自分だけ」はその対極だ。大企業の経営陣も、「今だけ、金だけ、自分だけ」で、自らの目先の利益だけを追求していて、そんな生き方は本当に楽しいのだろうか。多くの人々の生活が苦しくなったら、自分たちも結局立ちゆかなくなることが、なぜわからないのだろうか。

大学の研究室の秘書さんから『逝《ゆ》きし世の面影』(渡辺京二著)という本の興味深い内容を紹介された。以下に引用させていただく。

> ヒュースケン(一八三二~六一)は有能な通訳として、ハリスに形影のごとくつき従った人であるが、江戸で幕府と通商条約をめぐって交渉が続く一八五七(安政四)年十二月七日の日記に、次のように記した。「いまや私がいとしさを覚えはじめている国よ。この進歩はほんとうにお前のための文明なのか。この国の人々の質樸《しつぼく》な習俗とともに、その飾りけのなさを私は賛美する。この国土のゆたかさを見、いたるところに満ちている子供たちの愉《たの》しい笑い声を聞き、そしてどこにも悲惨なものを見いだすことができなかった私は、おお、神よ、この幸福な情景がいまや終わりを迎えようとしており、西洋の人々が4彼らの重大な悪徳をもちこもうとしているように思われてならない。」

江戸時代を必要以上に称えるつもりはないが、ここで踏みとどまって［A］を問い直すときが来ていることは間違いない。幕末に日本に来た西洋人が、質素ながらも地域の人々が支え合いながら暮らす日本社会に［A］を感じたように、もともと我々は、貧富を問わず、またハンディのある人も、分け隔てなく共存して助け

# 二〇二三年度 早稲田大学高等学院

## 【国語】（五〇分）

〔注意〕字数指定のある問いに答える場合は、句読点などの記号も字数に含めるものとする。

**一** 次の文章を読んで、後の問いに答えよ。

「1今だけ、金だけ、自分だけ」は、最近の世相をよく反映している。目先の自分の利益と保身しか目に入らない人々が多すぎる。しかも、国民の幸せではなく、目先の自分の利益しか見えない政治家や、人の命よりも儲《もう》けを優先する企業の経営陣が国の方向性を決める傾向が強まっている。

食料をめぐる問題にも、生産者、生産者組織、メーカー、流通業、小売店、消費者、経済界、政治、行政、研究者など様々な立場があるが、それぞれのaキンシガン的な利害を超えて、将来の社会全体の長期的繁栄を総合的に考えた議論が行われているとは、とても思えない。

貿易自由化を含め、国の内外を問わず叫ばれる2「規制緩和を徹底すれば全てうまくいく」という主張も、経済学の初歩的な論理を「今だけ、金だけ、自分だけ」の人々とそれに付随した人々の利益のために「悪用」しているように思われる。

とりわけ、こうした動向の中で、いま食の安全に関わる様々な不安がある。TPP（環太平洋経済連携協定）をはじめとする貿易自由化や規制緩和の徹底は、食の価格競争を激化させる。食を極端な価格競争に巻き込むのは危険だろう。食の安全が脅かされることは避けなければならない。食材に農薬や窒素がどれだけ入っていようが、安ければよいということになったら、これは販売戦略以前の問題である。端的に言えば、人の命、子供たち、我々の子孫の健康を蝕《むしば》んでまでして儲けて何になるか、ということになろう。

また、食料問題には、食料の質の安全性の問題と同時に、量の確保の観点からの食料の国家安全保障上の重要性がある。この点に関して、アメリカがいかに戦略的かということを物語るエピソードがある。アメリカの食料戦略の一番の標的は、日本だとも言われてきた。アメリカのウィスコンシン大学の教授が農業経済学の授業で、「食料は軍事的武器と同じ『武器』であり、直接食べる食料だけでなく、畜産物のエサが重要である。まず、日本に対して、日本で畜産が行われているように見えても、エサをすべてアメリカから供給すれば、完全にコントロールできる。これを世界に広げていくのがアメリカの食料戦略だ。そのために、諸君も頑張れ」という趣旨の話をしていたことが、留学していた日本の方の著書に紹介されている。これがアメリカにとっての食料政策の立ち位置なのだということを我々は認識しなくてはならない。

我々は原発事故でも思い知らされたはずだ。目先のコストを惜しんで、いざというときに備えて準備しなかったら、あとでとんでもない取り返しのつかないコストを払うことになる。食料についても、まさに同じ構造で捉えられるのではないか。

確かに国内で農作物を作るとなれば、アメリカやオーストラリアに比べてコストは高くつく。しかし、高いからといって、全てを安い輸入品に任せておけばいいとなったら、いざというときにどうなるか。

結局、自由貿易の利益について議論する際には、長期的なコスト意識が含められていないのである。食料自給を放棄して他国に委ねれば、食料の確保が危うくなりかねない。食料は人々の命に直結するbヒツジュ財なのである。だからこそ、少々コストが高くつくように見えても、国産をしっかり支えてこそ、実は長期的なコストは安くなるという認識を持たなければならない。

また、消費者にも、食の本物の価値をしっかりと認識して、それに正当な対価を支払うことが当然だという価値観を持ってもらうことが大事だということは繰り返し述べておきたい。生産コストの安

# 2023年度／早稲田大学高等学院

## 英語解答

**A**　Ⅰ　(1)…イ　(2)…ア　(3)…ウ　(4)…ア
(5)…エ
Ⅱ　(1)　is　(2)　Judging　(3)　ride
(4)　take　(5)　much
Ⅲ　(1)　(ウ)→the other　(2)　(エ)→is

**B**　Ⅰ　ア
Ⅱ　(1)　reduce　(2)　enable
(4)　worth　(5)　succeeded
(11)　same
Ⅲ　最初…They seem
最後…and meals
Ⅳ　(6)　makes it possible to continue with girl scout activities
(9)　able to see them perform on stage

Ⅴ　(7)…イ　(8)…ウ　(10)…エ
Ⅵ　A…イ　B…ア
Ⅶ　①　studying　②　a〔one〕
Ⅷ　unless　　Ⅸ　ア，オ

**C**　Ⅰ　B　Ⅱ　A　Ⅲ　D　Ⅳ　C
Ⅴ　C　Ⅵ　D　Ⅶ　B

**D**　Ⅰ　D　Ⅱ　A　Ⅲ　B　Ⅳ　C
Ⅴ　C　Ⅵ　A
Ⅶ　(例)(I would) send him another message and ask him if he got my message, (because) I wouldn't be able to relax until I found out why he hadn't replied.

(声の教育社　編集部)

**A**〔文法・語彙総合〕

Ⅰ＜適語(句)選択・語形変化＞

(1)‘過去の一時点’までに「～したことがなかった」は過去完了(‘had＋過去分詞’)で表せる(‘経験’用法)。　「私は富士山に行くまでこんなに美しい日の出を見たことがなかった」

(2)「～のほとんど」は most of ～。このとき‘～’には the や代名詞の所有格などで限定された名詞，あるいは代名詞がくる。　「昨日の朝は本当にひどい雨が降った。私のクラスメートのほとんどは学校に遅刻した」

(3)‘make＋目的語＋動詞の原形’「…に～させる」の受け身形「～させられる」は‘be動詞＋made to ～’と to不定詞を用いる形になる。　「昨夜私はサトウ先生にピアノを練習させられた」

(4) how much 以下は‘疑問詞＋主語＋動詞’の語順となる間接疑問。　Do you have any idea ～?「～か知っていますか」　「ここに駐車するといくらかかるか知っていますか」

(5)‘advise＋人＋to ～’で「〈人〉に～するよう忠告する」。to不定詞の否定形は to ～の前に not を置くので，not to ～で「～しないように」となる。　「医師は私に糖分をとりすぎないようにすすめた，だからケーキを食べるのをやめよう」

Ⅱ＜和文英訳―適語補充＞

(1)現在進行形の be動詞を補う。主語が the number なので be動詞は 3 人称単数現在の is。

(2)「～から判断して」は，分詞構文の慣用表現である judging from ～で表せる。

(3) ride には「(車に)乗せること」という名詞の意味がある。　*cf.* ‘give＋人＋a ride to ～’「〈人〉を～まで車で送る」(＝‘drive＋人＋to ～’)。

(4) take ～ seriously で「～を真に受ける，真面目に受け取る」という意味を表す。この take は「～を受けとめる」という意味。

(5) ask too much で「(頼みすぎる→)要求が多すぎる，無理な頼みをする」という意味を表す。

Ⅲ＜誤文訂正＞

⑴２人〔２つ〕のうち１人〔１つ〕を取った残りは the other で表す。　「ウエストさんには息子が２人いる。１人は東京の銀行で働き，もう１人は語学学校で日本語を学んでいる」

⑵前の肯定文を受けて「～もそうである」という場合，‘so＋(助)動詞＋主語’の形で表せる。このとき‘(助)動詞’は前文に合わせて，be動詞，do〔does, did〕などを用いる。本問では My father is good at ... の後なので，so is my grandfather とするのが正しい。　「私の父はずっと昔にパリに留学していてフランス語を話すのが得意だが，私の祖父もそう〔フランス語を話すのが得意〕だ」

**B**〔長文読解総合―説明文〕

≪全訳≫❶日本の中学校や高校に入学すると，子どもたちの時間や関心の多くが学校にとられるので，戸惑ったり不安になったりすることがある。外国人の親として，私たちは子どもたちを日本社会の中に「失っていく」のではないかと心配になるかもしれない。彼らの親が話す言葉を勉強する時間や私たちの母国へ旅行する時間はあるのだろうか。そんな不安の最大の原因の１つが，学校のクラブ，「クラブ活動」つまり「部活」である。❷「部活」を「放課後の活動」と訳してもよいが，その訳では，10代の若者の生活にとっての部活の重要性がほとんど伝わらない。いったん子どもがある部に入ると決めたら，高校入試や大学受験の準備のために最終学年で「引退」するまで，そのクラブを続けることが期待されているのだ。❸学校の部活は，「一生懸命やる」「自分より集団を優先する」といった日本の重要な価値観を伴うことで，日本の会社生活の先取り体験と言えるかもしれない。実際，1960年代から1970年代にかけて日本が豊かになるにつれ，教育者は学校のクラブ，特にスポーツを，生徒の行動を改善し10代の子どもたちに良いマナーを教える方法と見なした。❹クラブは，他のクラスや学年の生徒と友達になり，チーム精神や自制心を養う機会を提供する。しかし，クラブは子どもの自由時間をことごとく奪い，学校，宿題，食事を除けば，クラブ以外のための貴重な時間をほとんど残してくれないようだ。❺私の友人のニアは，２つ目の状況に悩んでいる。彼女の息子は，中学校のサッカー部に入っている。彼女はクラブという考えに反対しているわけではないが，息子は授業の前後両方に練習があって週末は試合や練習試合で埋まっており，ニアは１つの活動にそれほど多くの時間を費やす価値に疑問を抱いている。「私たちは皆，仕事ばかりで家族との時間を持てない人のことを知ってる」とニアは言う。「部活も似たようなものよ。全部かゼロか。やるかやらないか。Aそれって本当に必要なの？」❻私自身の子どもたちは私立に通っていた。部活に参加するのは良いことだとされていたが，それに関する規則はかなり緩く，みんな日曜日は休んでいた。息子は「フラッグ(ノンタックル)アメリカンフットボール」をするクラブをつくろうとして，すぐに十分な入部希望者を集めた。しかし，学校は新しいクラブをつくりたがらなかった。まもなく息子は地域のチームを見つけ，そこに入った。息子はボーイスカウトにも入っており，ボーイスカウトの活動とアメフトで十分すぎると私は思ったが，Bそれは大間違いだった。月曜日と土曜日の練習を休んでもいいことを確認したうえで，彼は学校のバスケットボール部にも入ることにしたのだ。なんとかして，残りの中学生活の間，彼はこれらの趣味を全部成し遂げた。学歴のうちのこの時期，彼はあまり勉強しなかったが，マルチタスクの技術を身につけたのは確かだ。❼一般的に，スポーツ以外のクラブ，つまり「文化部」はそれほど時間を取らない。友人のキャサリンの娘は２年生で，ガールスカウトだ。彼女は美術部に入ったが，それは活動が週３回で週末にはないからだ。(6)これなら，ガールスカウト活動や夏休みのアメリカへの家族旅行も続けられる。「美術部のいいところは，生徒会活動など他の機会も想定したスケジュールだったことよ」とキャサリンは言う。❽しかし，文化部がみんなこれほどのんびりしているわけではない。吹奏楽部やコーラス部は運動部よりもさらに時間が長いことを，上の娘が中学入学後にコーラス部に入ったときに私たちは知った。彼女たちは，土曜の午前も含めて週６日練習していた。(9)ときどきステージで発表するのも見ることができた。❾友人のタニアが知ったように，一部の学校では部活に関する規則が厳しい。彼女の息子が通う学校では部活は必須だが，それは，学校が小さいのでそうしないとチームがつくれないからだ。「クラブの数が少なく，生徒は多くの時間と努力を注ぎ込まなければならないの」とタニアは言う。彼女の息子は結局部活をやめたが，クラスメートが怒らないように，楽な文化系のクラブに入っているふりをしなければならなかった。❿クレアの娘はダンサーで，中学に入学してからも，ダンスのレッスンと公演の多忙なスケジュールを続けることを選択した。クレアは，学校もそれを了承したと言う。「練習がないときもチームで一緒に行動することが多いから，部活をやらないことの社会的な面を少し心配したけど，全然問題なかったわ」彼女の娘はこの春に高校を卒業するが，クレアは大学進学について心配していない。「ダンススクールの活動も，部活と同じように大学進学に使えるの」と彼女は言う。「何事も長く続けるということは，情熱やがんばりや努力のあかしだから」⓫私の一番下の娘は中学で姉と同じ道をたどってコーラス部に入部した。しかし，日本を離れてニュージーランドの高校に進学したとき，彼女は学校のきついラグビー部に入部し，私たちを驚かせた。彼女は学校のミュージカルにも参加しているので，日本の友人以上に毎日が忙しいぐらいだ。ラグビーのシーズンは５月で終わり，そうしたら彼女は少しのんびりする時間ができるだろう…ともかく，少なくとも彼女がしているもう１つのスポーツのサッカーのシーズンが６月に始まるまでは。

Ⅰ＜表題選択＞日本の中学，高校におけるさまざまな部活事情を外国人の親の立場から述べた文章。スポーツ系と文化系の違い(同じ文化系でも活動による違い)，学校による考え方の違いなど，さまざまな側面が描かれていることから，この内容のタイトルとして適切なのは，ア.「日本の部活の複雑な状況」。必ずしも日本の部活動の忙しい側面のみを伝えているわけではないので，イ.「日本の学校のクラブの多忙なスケジュールをどうやって乗りきるか」は不適切。

Ⅱ＜書き換え―適語補充＞(1)「生徒の行動を改善する」＝「生徒の悪い行動の事例を減らす」 reduce「～を減らす」　(2)「クラブは，他のクラスや学年の生徒と友達になる機会を提供する」＝「クラブは，生徒たちが他のクラスや学年の生徒と友達になることを可能にする」 'enable＋人＋to ～'「〈人〉が～するのを可能にする」　(4)「ニアは１つの活動にそれほど多くの時間を費やす価値に疑問を抱いている」＝「ニアは１つの活動にそれほど多くの時間を費やすことに価値があるか自信が持てない」 worth it「それだけの価値がある」　(5)「彼はこれらの趣味を全部成し遂げた」＝「彼は興味のあること全てを行うことに成功した」 succeed in ～ing「～することに成功する」　(11)「私の一番下の娘は中学で姉と同じ道をたどった」＝「私の一番下の娘は中学校で姉と同じことをした」 follow in ～'s footsteps「(～の足跡をたどる→)～の先例にならう」

Ⅲ＜語句解釈＞下線部に続く部分で，ニアの息子が部活に時間を全部取られているという状況が述べられている。ここから，the second situation「２つ目の状況」とは，直前の第４段落第２文の「子どもの時間が全て部活にとられてしまう」という内容を指していると考えられる。なお，１つ目の状況は，その前の文で述べられている「友達をつくり，チーム精神や自制心を養う機会を提供する」という内容を指す。

Ⅳ＜整序結合＞(6)主語 This に続く動詞に makes を置き，'make it＋形容詞＋to ～'「～することを…にする」の形式目的語構文をつくる。make it possible to ～で「～することを可能にする」となる。　(9) I was に続くのは形容詞 able。be able to ～の後に'see＋目的語＋動詞の原形'「～が…するのを見る」の知覚動詞の構文を続ける。

Ⅴ＜語形変化・適語選択＞⑺空所を含む文の骨組みは，The good thing was that ～「良い点は～ということだ」。このthatは名詞節を導く接続詞なので‘～’の部分は‘主語＋動詞...’の形になる。空所はこの‘動詞’に当たる部分。主節のwasと同じ過去形を選ぶ。　allow for ～「～を想定しておく，～を考慮に入れる」　⑻空所直前の文の内容が，１つ前の文(第７段落最終文)と相反する内容になっている。however「しかしながら」は，文頭だけでなく，文中または文末にも置くことができる。　⑽graduate from ～で「～を卒業する」。

Ⅵ＜適文選択＞Ａ．同じ段落で，部活に全ての時間を費やすことを疑問に思っている人物として紹介されているニアの言葉である。部活の必要性に懐疑的な内容となるイが適切。itは*Bukatsu*を指す。

Ｂ．ボーイスカウトとアメフトで十分だと思った筆者の意に反して，息子はバスケットボール部にも入ったのだから，筆者の考えは間違っていたのである。

Ⅶ＜内容一致―適語補充＞「息子は多くの時間を①勉強に費やさなかったが，彼は②一度に２つ以上のことができるようになった」　筆者の息子に関する記述は第６段落にある。与えられた文はこの最終文を言い換えた内容になる。multi-tasking skills「マルチタスクのスキル」とは同時に複数のことを行うスキルのこと。　‘spend＋時間・お金など＋(on)＋～ing’「～に〈時間・お金など〉を費やす」　at a〔one〕time「同時に，一度に」

Ⅷ＜内容一致―適語補充＞「タニアの息子の学校は，全員がクラブに入らないかぎり，チームをつくれるだけの生徒がいない」　タニアの息子が通う学校の記述は第９段落。この第２文を言い換えた内容。「～しないかぎり，もし～しなければ」の意味の接続詞unlessが入る。

Ⅸ＜内容真偽＞ア．「子どもたちに親の故郷の国とつながりを持っていてほしいと思う外国人の親がいる」…○　第１段落第３文の内容に一致する。　イ．「部活を放課後の活動と訳すことでその重要性が明らかになる」…×　第２段落第１文参照。hardlyは「ほとんど～ない」という意味の否定語。　ウ．「筆者の息子は他の生徒を引きつけられなかったので，新しい部をつくれなかった」…×　第６段落第３，４文参照。入部希望者は集まったが，学校の意向でつくれなかった。

エ．「一般的に，『文化部』は生徒たちに運動部と同じくらい忙しい学校生活を送ることを期待していると考えられている」…×　第７段落第１文参照。... as busy a school life as sports clubsは，‘as＋形容詞〔副詞〕(＋a/an)＋名詞＋as ～’「～と同じくらい…な―」の形。　オ．「もし生徒が長く続けていれば，どんな活動でも大学入試に役立つ」…○　第10段落終わりの２文の内容に一致する。　カ．「筆者の一番下の娘の，ニュージーランドでの学校生活は筆者が予想していたほど忙しくない」…×　最終段落参照。日本人の生徒より忙しい。

**C**〔長文読解総合(英問英答形式)―物語〕

≪全訳≫❶かつて，森の中の洞穴に金色の毛をした犬が住んでいた。彼女には２人の子どもがいた。驚くことに，彼女の子どもたちは幼い人間の少女だった。金色の毛の犬は２人の赤ちゃんをたいそうかわいがり，一生懸命世話をした。毎日，子どもたちのために人間の食べ物を探しに行った。洞穴を出る前に，彼女はこう言うのだった。「かわいい娘たち，洞穴の中の安全な場所で遊んでいなさいね。外に行ってはいけません。森は危険だからね」❷２人の少女は母の言うとおりにした。母犬は子どもたちが食べるための魚や肉，あるいは米を持って村から帰ってきた。母犬は娘たちが必要な物は何でも見つけた。母の愛情と保護のおかげで，少女たちは安全に楽しく洞穴の生活を送っていた。彼女たちは成長して美しい若い女性になった。❸ある日，母犬はいつものようにこう言って出かけた。「かわいい娘たち，洞穴の安全な場所で遊んでいなさいね。外に行ってはいけません。森は危険だからね」❹その同じ日，森の奥で王子が狩りをしていた。彼の前方に洞穴が見えた。洞穴の入り口に，王子がそれまで会った最も美しい娘が２人座っていた。彼は，森に住んでいるこの少女たちを自分が守らなくてはならないと感じた。そこで，それぞれの手を取って，彼は彼女たちを家から連れ出した。彼女たちはとても怖くて話すことも逃げることもできず，振り返りつつ泣きながら，森から連れ出された。❺金色の毛の犬が娘たちのための食べ物を持って帰ってきたとき，洞穴は空っぽだった。娘たちはどこへ行ってしまったの？ 彼女はあらゆる場所を探した。娘たちを探して村や町に行った。数か月旅を続けたが，娘たちは見つからなかった。❻ついに，おなかをすかせ疲れ果てていたが，犬は王子の宮殿にたどり着いた。宮殿の両側に２つの小さい宮殿があった。「これらの宮殿は」と，人々は彼女に話した，「王子が森で見つけた２人の美しい女性の家です」。母犬はこれを聞いて，それは自分の娘たちに違いないと知った。彼女は１つ目の宮殿に急ぎ，守衛に話しかけた。「どうか，娘に会わせてもらえますか？　私は彼女の母です」守衛は，この汚れて痩せて年老いた犬が宮殿に入ろうとしている光景が信じられなかった。しかし母犬は叫び続け，とうとう守衛は娘に伝えに行った。「玄関に年寄りの犬がいます。犬はあなたのお母さんだと言っています」❼この娘は王子が彼女に与えてきた裕福な生活に慣れてしまっていた。自分の母がただの年寄りの犬だと王子が知ったらどうなるだろう？　きっと，彼は彼女を森に送り返すだろう。「私が，犬を母に持つように見える？　行って追い払ってちょうだい」と彼女は言った。❽守衛は棒を持って彼女が出ていくまで追いかけた。彼女は２人目の娘の様子をうかがいながら，数日の間隠れていた。ついに，彼女は勇気を振り絞って，２つ目の宮殿の守衛に言った。「私の娘がここに住んでいます。私が会いに来たと彼女に伝えてください」❾今度は，この娘は宮殿を大いに気に入っていたものの，母を思うことをやめていなかった。金色の毛の犬が門にいると聞いてすぐ，娘は走って彼女に会いに行った。彼女はその年老いて痩せた犬を抱いて中に入れた。柔らかい枕で寝床をつくり，おなかをすかせた母のために食べ物を運び，お風呂に入れた。「愛するお母さん，これから私と一緒にここで暮らすのよ。私がお世話をするわ」　彼女はそう約束した。❿娘の母親の話を聞いて，王子は不機嫌だっただろうか？　いやそれどころか，彼女が母である犬を大切に思って引き取ったことをとても喜び，この娘を妻に選んだ。では，もう１人の娘は？　王子は彼女がひどいことをしたので森に返したいと言ったが，彼女の妹〔姉〕と母が彼女を自分たちと一緒にいさせてほしいと王子に頼み，結局王子はそうしたのだった。

Ⅰ＜要旨把握＞「娘たちが幼いとき，金色の毛の犬は毎日何をしたか」―B.「娘たちが必要とする物を家に持ってきた」　第１段落第５文および第２段落第２，３文参照。

Ⅱ＜文脈把握＞「なぜ王子は２人の娘を家から連れ出したか」―A.「彼は森に住んでいる彼女たちのことが心配だった」　第４段落第４文参照。

Ⅲ＜要旨把握＞「１つ目の宮殿で娘に会おうとしたとき，金色の毛の犬に何が起こったか」―D.「娘は自分の母親について真実でないことを守衛に言った」　第７段落の最後で，娘は自分の母が犬だなんてとんでもないという意味のことを言っている。

Ⅳ＜内容真偽＞「金色の毛の犬について，何が正しいか」　A.「娘たちを見つけるまでに数年を費やした」…×　第５段落最終文～第６段落第１文参照。several months とある。　B.「娘たちとは話せたが，他の人間とは話せなかった」…×　守衛に話しかけている。　C.「娘たちが自分から奪われたとき，彼女はすでに年取っていた」…○　第６段落終わりから３文目参照。ここにある母犬を描写した記述に old とある。その場面は娘たちがいなくなってから数か月後のことなので，その前から年を取っていたと考えられる。　D.「娘と再会するために２つ目の宮殿に走って入った」…×　第９段落第３文参照。娘が抱いて入った。

Ⅴ＜内容真偽＞「１つ目の宮殿の娘について，何が正しいか」　A.「彼女は母に会いたかったが，守衛が母を入れなかった」…×　第７段落最終文参照。　B.「王子が彼女に腹を立てたので，森に送り返された」…×　最終段落最終文参照。　C.「自分が宮殿を出ていかなければならなくなることを心配して，母親を中に入れなかった」…○　第７段落の内容に一致する。　D.「森から連れ出された後，二度と母に会わなかった」…×　最終的に一緒に暮らすことになった。

Ⅵ＜内容真偽＞「２つ目の宮殿の娘について，何が正しいか」　A.「宮殿の生活より森の洞穴の生活を好んだ」…×　第９段落第１文参照。　B.「母のために枕と食べ物を持ってきてくれるように守衛に頼んだ」…×　第９段落第３，４文参照。　C.「新しい生活に慣れて，母のことを忘れてしまっていた」…×　第９段落第１文参照。　D.「姉〔妹〕を森に送り返さないように王子に頼んだ」…○　最終段落最終文の内容に一致する。

Ⅶ＜内容真偽＞「王子について，何が正しくないか」　A.「娘たちの母親の留守中に，洞穴の入り口で２人の娘に初めて会った」…○　第３段落および第４段落第３文の内容に一致する。　B.「２人の娘を見つけた後，彼女たちが一緒に暮らすためにもう１つ宮殿を建てた」…×　第６段落第２，３文参照。宮殿は娘たちそれぞれに１つずつあった。　C.「２人目の娘の母への対応にとても満足して，彼は彼女と結婚した」…○　最終段落第２文に一致する。　D.「１人目の娘が他の家族と一緒に宮殿で暮らすことを認めた」…○　最終段落最終文に一致する。

**D**〔長文読解総合（英問英答形式）―説明文〕

≪全訳≫❶もう１時間になる，そして期待したようにはメッセージが届かない。❷あなたはすぐに返信がくることを期待してメッセージを送ったのだが，あなたはまだ待っている。１分過ぎるごとにあなたのいらいらは募る。「２秒使って後で返事するよと言うのがそんなに大変か？」とあなたは思う。それから，待てば待つほどますます心配になる。もしかしてあなたの友達はあなたに腹を立てているのではないか，あるいはあなたのメッセージが歓迎されないものだったのか。もしかして友達との関係を誤解していたかもしれない。ひょっとすると彼らは気分を害したのではないか。❸友達からの返信の早さを気にしない人もいるが，多くの人はメッセージにすぐに返信がこないと感情のジェットコースターに乗ってしまう。それは24時間の「デジタルアクセス」の影響によって引き起こされるものだ。人々は，誰もがいつでも連絡がとれることを期待している。これはしばしば正しい。2021年のある調査のデータから，アメリカ人の30%が「ほとんどいつも」ネットにつながっていると答えていることがわかる。❹どうして一部の人々はそんなに動揺するのだろうか。人々はいろいろなやり方でコミュニケーションする。いつも電話を使っている人もいれば，しばらく休憩をとりたい人もいる。それに，人によってデジタルコミュニケーションについての考え方も違う。さらに，デジタル技術は私たちが新しいコミュニケーションの作法を築くよりも速く進んだので，メッセージが送られたとき，私たちみんなが同じ「ルール」を使って返信しているわけではない。❺「ほとんどの人があらゆる種類のSNSアプリの入った携帯電話を持っていて，だから即座に返事できます。コミュニケーションのルールもまだ変化し続けています」と，コミュニケーション学の教授ジェフ・ハンコックは言う。❻メッセージの送信者が早く返信をもらえないとすぐ腹を立てる理由は他にもたくさんある。電話のおかげで私たちにすぐ近くにいるという感覚を覚える，別の大陸にいる友達が簡単なメッセージ１本のすぐ先にいるように感じられるのだ。しかし，メッセージの反対の端にいる人物に何が起こっているかは，送信者にはわからない。❼だから，メッセージに返事がないと「すごく動揺する人がいますが，それは状況がわからないからです」と，ハンコックは言う。「私がメッセージを送って今日返事がくることを期待しているとしましょう，でも相手から返信がない。情報が少ないので，私は想像力を使います。相手が自分に怒っているのではないか，あるいは病気なのだろうか，と」❽これらのネガティブな感情は，ジョークやおもしろい動画のような軽いものを送った場合により強くなることがある。これらの楽しいメッセージにはすぐに返事――１語だけあるいは絵文字――がくるだろうと期待しやすい，なぜなら受け手は返信に時間を使う必要がないからだ。❾対面で話す代わりに文字のメッセージを使う新しいコミュニケーションの形はますます一般的になりつつある。私たちはそれらのメッセージを理解するのに想像力を使わなければならないが，そのことがしばしば誤解につながる。スマートフォンの普及はこの状況をさらに悪化させている。❿結局，あなたにできることはあるだろうか。あるかもしれないし，ないかもしれない。返信が遅いことに腹が立っているなら，自分がどうして動揺しかけているのかを考えるといいだろう。他人の感情や状況，コミュニケーションのルールが自分と同じだと期待してはいけない。⓫最後に，次に，相手があなたのメッセージに返信をくれなくて腹が立ったら，最良の解決法は電話をしばらく切っておくことかもしれない――1日24時間つながっていることがすでに十分なストレスなのだから。

Ⅰ＜表題選択＞「この記事に最もふさわしいタイトルはどれか」―D.「常時デジタル接続に伴う問題」　24時間ネットにつながっていることによるコミュニケーションの変化と，それによって生じる心理的な問題について述べた文章である。

Ⅱ＜英文解釈＞「下線部はどういう意味か」―A.「多くの人が感情を制御できない」　文頭にあるWhileは，ここでは「～なのに，～であるが」の意味。返信がすぐにこないことを，一部の人は気にしないが，多くの人は気持ちが揺れる，という文意である。　keep ～ under control「～を抑えている，制御する」

Ⅲ＜内容真偽＞「この記事によると，次のどれが正しいか」　A.「2021年のある調査では，40%の人々が常時ネットに接続していると言った」…×　第3段落最終文参照。　B.「冗談にすぐ返信がないといっそう腹が立つことが多い」…○　第8段落の内容に一致する。　C.「スマートフォンでコミュニケーションをとるときは，対面のときより想像力をはたらかせる必要が少ない」…×　第9段落参照。反対である。　D.「アメリカ人の30%が，もしメッセージにすぐ返信がないと腹が立つと言っている」…×　このような記述はない。

Ⅳ＜内容真偽＞「すぐに返信がこないといらいらする理由として挙げられていないのは次のどれか」　A.「それぞれの状況におけるコミュニケーションの作法について人は各自違うルールを持っている」…○　第4段落の内容に一致する。　B.「携帯電話を使う送り手と受け手はとても近くにいるように感じられるので，すぐ返事がくることを期待してしまう」…○　第6段落第1，2文の内容に一致する。　C.「携帯電話に入っているさまざまな種類のアプリのせいで，私たちはすぐ返信するのに時間を割くのが難しい」…×　第5段落第1文参照。反対である。　D.「携帯電話では，メッセージが軽いほどすばやい返信を期待されがちだ」…○　第8段落の内容に一致する。　‘the＋比較級～, the＋比較級…’「～すればするほど…」

Ⅴ＜要旨把握＞「返事が遅くて腹が立つならどうするべきだと筆者は言っているか」―C.「ネガティブな感情の理由について考える」　第10段落第3文参照。it may help to ... のitは，to以下を受ける形式主語。

Ⅵ＜適語句選択＞「本文中の□に入れるのに最もふさわしいのは次のどれか」―A.「電話をしばらく切っておくこと」　空所に続いて，筆者がそれを勧める理由が述べられている。四六時中ネットに接続していること自体がストレスなので，それをやめればよいということ。

Ⅶ＜テーマ作文＞「もしあなたの友人がメッセージに返事をくれなかったらどうしますか？　それはどうしてですか？　自分の考えで解答用紙の英文を完成させなさい」　仮定法の文。I wouldに続く形で自分ならどうするかを考えて書けばよい。　(別解例) (I would) wait for his/her reply for a few days (because) he/she might be busy with something else.

# 2023年度／早稲田大学高等学院

## 数学解答

**1** (1) ① $A=12$, $B=172$ ② 15
(2) $\sqrt{3}$ 倍

**2** (1) $2+2\sqrt{3}$ (2) $\dfrac{1+\sqrt{2}}{2}$
(3) $3+\sqrt{2}$ (4) $\dfrac{\sqrt{2}}{2}$

**3** (1) 1 (2) $\dfrac{1}{4}$ (3) $\sqrt{2}-2$
(4) $\dfrac{35\sqrt{2}-42}{2}$

**4** (1) 6, 7, 8 (2) 4, 5, 6
(3) ① 18 ② 6.25

(声の教育社 編集部)

**1** 〔独立小問集合題〕

(1)＜数の計算＞① $N=3(n+A)^2-B=3(n^2+2An+A^2)-B=3n^2+6An+3A^2-B$ となる。$N=3n^2+72n+260$ だから，$6A=72$……㋐，$3A^2-B=260$……㋑である。㋐より，$A=12$ となり，これを㋑に代入して，$3\times12^2-B=260$，$432-B=260$，$B=172$ となる。 ②①より，$N=3(n+12)^2-172$ である。$n$ が自然数で，$N$ と 2023 の差が最も小さくなるので，$N$ が 2023 に近い値になるときを考える。$N=2023$ とすると，$3(n+12)^2-172=2023$，$3(n+12)^2=2195$，$(n+12)^2=731.6\cdots$ となる。$27^2=729$，$28^2=784$ だから，$N$ と 2023 の差が最も小さくなるときの $(n+12)^2$ の値は 729，784 のどちらかである。$(n+12)^2=729$ のとき，$N=3(n+12)^2-172=3\times729-172=2015$ であり，$(n+12)^2=784$ のとき，$N=3\times784-172=2180$ だから，2023 との差は，それぞれ，$2023-2015=8$，$2180-2023=157$ である。よって，$(n+12)^2=729$ のときの方が小さい。これより，$n+12=\pm27$，$n=-12\pm27$ となり，$n=-12+27=15$，$n=-12-27=-39$ である。$n$ は自然数なので，$n=15$ となる。
≪①の別解≫ $N=3n^2+72n+260=3(n^2+24n)+260=3(n^2+24n+144-144)+260=3\{(n+12)^2-144\}+260=3(n+12)^2-432+260=3(n+12)^2-172$ と変形できるので，$A=12$，$B=172$ である。

(2)＜平面図形—面積比＞右図で，PB＝SD，QB＝RD，∠ABE＝∠ADE より，△PBQ≡△SDR だから，PQ＝SR である。PS＝QR なので，四角形 PQRS は平行四辺形となり，PQ∥SR となる。また，∠BPQ＝∠DSR となる。点 A を通り辺 PQ に平行な直線と円の周との交点を F とすると，PQ∥AF∥SR となるから，∠BAF＝∠BPQ，∠DAF＝∠DSR となり，∠BAF＝∠DAF＝$\dfrac{1}{2}$∠DAB＝$\dfrac{1}{2}\times90^\circ=45^\circ$ である。$\overset{\frown}{BC}=\overset{\frown}{CD}$ より，∠BAC＝∠DAC＝$\dfrac{1}{2}$∠DAB＝$\dfrac{1}{2}\times90^\circ=45^\circ$ となるので，点 C と点 F は

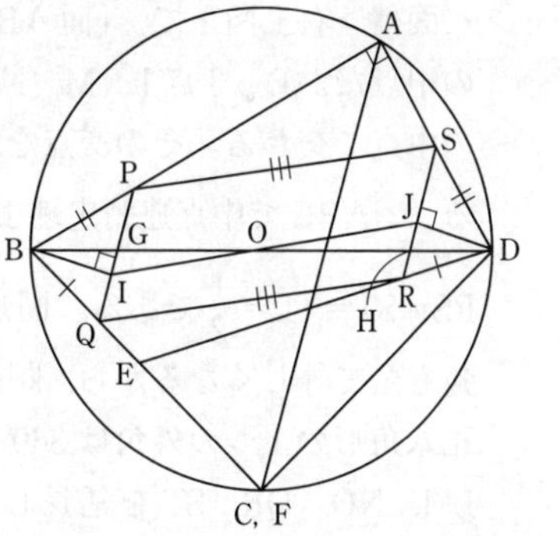


一致する。よって，∠BPQ＝∠BAC＝45°，∠DSR＝∠DAC＝45° となる。さらに，∠DAB＝90°，BD：DA＝2：1 より，△ABD は 3 辺の比が 1：2：$\sqrt{3}$ の直角三角形だから，∠ABD＝30°，∠ADB＝60° である。$\overset{\frown}{CD}$ に対する円周角より，∠DBC＝∠DAC＝45° だから，∠PBQ＝∠ABD＋∠DBC＝30°＋45°＝75° となり，∠SDR＝∠PBQ＝75° である。次に，線分 BD と線分 PQ，SR の交点をそれぞれ G，H とし，点 B から辺 PQ に垂線 BI，点 D から辺 SR に垂線 DJ を引き，線分 IJ と線分 BD の交点を O とする。△PBI，△SDJ は直角二等辺三角形となるから，∠PBI＝∠SDJ＝45° より，∠IBG＝∠PBI－∠ABD＝45°－30°＝15°，∠JDH＝∠ADB－∠SDJ＝60°－45°＝15° となり，∠IBG＝∠JDH である。また，△PBI≡△SDJ となるから，BI＝DJ である。よって，△BIG≡△DJH となる。これより，GI＝HJ となり，∠IGO＝∠JHO，∠GIO＝∠HJO より，△GIO≡△HJO となる。し

たがって，$\triangle$BIG＋$\triangle$GIO＝$\triangle$DJH＋$\triangle$HJOとなるから，〔四角形PBDS〕＝〔図形PBIJDS〕，〔四角形BQRD〕＝〔図形BQRDJI〕である。$\triangle$PBIが直角二等辺三角形より，PI＝BIである。$\angle$QBI＝$\angle$PBQ－$\angle$PBI＝75°－45°＝30°より，$\triangle$QBIは3辺の比が$1:2:\sqrt{3}$の直角三角形だから，BI：QI＝$\sqrt{3}:1$であり，PI：QI＝$\sqrt{3}:1$となる。これより，$\triangle$PBI：$\triangle$QBI＝$\sqrt{3}:1$となる。同様に，SJ：RJ＝$\sqrt{3}:1$となるから，$\triangle$SDJ：$\triangle$RDJ＝$\sqrt{3}:1$となる。さらに，四角形PQRSは平行四辺形で，PI：QI＝SJ：RJ＝$\sqrt{3}:1$だから，四角形PIJS，四角形IQRJはともに平行四辺形となり，▱PIJS：▱IQRJ＝PI：QI＝$\sqrt{3}:1$である。以上より，$\triangle$PBI＝$\sqrt{3}\triangle$QBI，$\triangle$SDJ＝$\sqrt{3}\triangle$RDJ，▱PIJS＝$\sqrt{3}$▱IQRJだから，〔四角形PBDS〕＝〔図形PBIJDS〕＝$\triangle$PBI＋▱PIJS＋$\triangle$SDJ＝$\sqrt{3}\triangle$QBI＋$\sqrt{3}$▱IQRJ＋$\sqrt{3}\triangle$RDJ＝$\sqrt{3}$（$\triangle$QBI＋▱IQRJ＋$\triangle$RDJ）＝$\sqrt{3}$〔図形BQRDJI〕＝$\sqrt{3}$〔四角形BQRD〕となる。よって，四角形PBDSの面積は四角形BQRDの面積の$\sqrt{3}$倍である。

**2**〔空間図形―十面体〕

≪基本方針の決定≫(2)　断面は正八角形である。　(3)　AD∥EGであることに気づきたい。

(4)　$h$は，点Bから四角形EFGHを含む平面に引いた垂線の長さである。

(1)＜面積＞右図1で，四角形ABCD，四角形EFGHは1辺が1の正方形だから，〔正方形ABCD〕＝〔正方形EFGH〕＝$1^2$＝1である。側面の8個の三角形は全て正三角形で，AB＝BC＝CD＝DA＝EF＝FG＝GH＝HE＝1だから，全て合同である。点Eから辺ABに垂線EIを引くと，$\triangle$AEIは3辺の比が$1:2:\sqrt{3}$の直角三角形になるから，EI＝$\frac{\sqrt{3}}{2}$AE＝$\frac{\sqrt{3}}{2}\times1=\frac{\sqrt{3}}{2}$となり，$\triangle$ABE＝$\frac{1}{2}\times$AB$\times$EI＝$\frac{1}{2}\times1\times\frac{\sqrt{3}}{2}=\frac{\sqrt{3}}{4}$である。よって，多面体Pの表面積は，2〔正方形ABCD〕＋8$\triangle$ABE＝$2\times1+8\times\frac{\sqrt{3}}{4}=2+2\sqrt{3}$となる。

図1

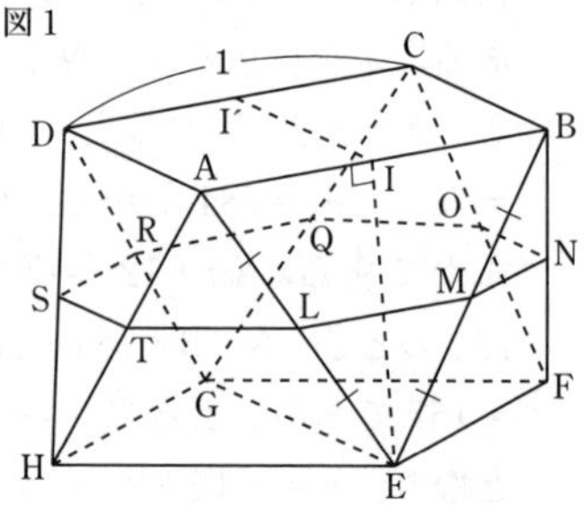


(2)＜面積＞右上図1で，〔面ABCD〕∥〔面EFGH〕であり，3点L，M，Nはそれぞれ3辺AE，EB，BFの中点だから，3点L，M，Nを通る平面は面ABCDに平行となり，各辺FC，CG，GD，DH，HAの中点で交わる。その交点をそれぞれO，Q，R，S，Tとすると，断面は八角形LMNOQRSTである。$\triangle$ABEで中点連結定理より，LM＝$\frac{1}{2}$AB＝$\frac{1}{2}\times1=\frac{1}{2}$となり，同様に，MN＝NO＝OQ＝QR＝RS＝ST＝TL＝$\frac{1}{2}$である。図形の対称性から，八角形LMNOQRSTの内角も全て等しくなるから，断面の八角形LMNOQRSTは正八角形となる。正八角形の1つの外角は360°÷8＝45°だから，右図2のように，各線分LM，NO，QR，STを延長し交点をそれぞれU，V，W，Xとすると，$\triangle$UMN，$\triangle$VOQ，$\triangle$WRS，$\triangle$XTLは合同な直角二等辺三角形となり，四角形UVWXは正方形である。XL＝MU＝$\frac{1}{\sqrt{2}}$MN＝$\frac{1}{\sqrt{2}}\times\frac{1}{2}=\frac{\sqrt{2}}{4}$より，正方形UVWXの1辺の長さはXU＝XL＋LM＋MU＝$\frac{\sqrt{2}}{4}+\frac{1}{2}+\frac{\sqrt{2}}{4}=\frac{1+\sqrt{2}}{2}$である。よって，断面の正八角形LMNOQRSTの面積は，〔正方形UVWX〕－4$\triangle$UMN＝$\left(\frac{1+\sqrt{2}}{2}\right)^2-4\times\frac{1}{2}\times\frac{\sqrt{2}}{4}\times\frac{\sqrt{2}}{4}=\frac{3+2\sqrt{2}}{4}-\frac{1}{4}=\frac{1+\sqrt{2}}{2}$となる。

図2

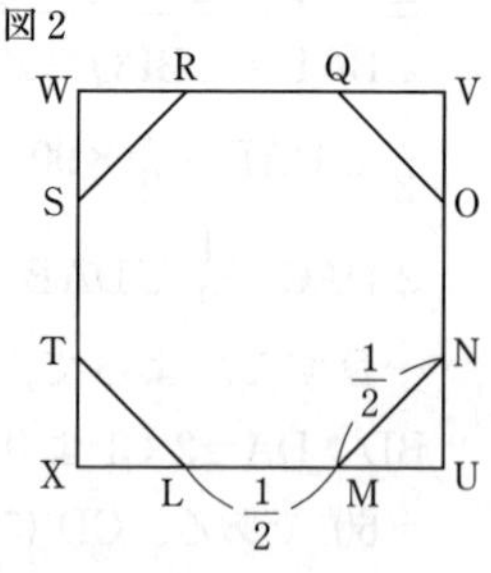


(3)＜長さ＞右上図1で，辺CDの中点をI'とする。$\triangle$ABEが正三角形で，EI⊥ABだから，点Iも辺ABの中点であり，AD∥II'となる。II'∥EGとなるから，AD∥EGであり，3点D，E，Gを通る平面は点Aを通る。よって，断面の図形は，四角形AEGDである。AE＝DG＝AD＝1であり，

△EGH が直角二等辺三角形より，$EG=\sqrt{2}HE=\sqrt{2}\times1=\sqrt{2}$ だから，断面の図形の周の長さは，$AE+EG+DG+AD=1+\sqrt{2}+1+1=3+\sqrt{2}$ となる。

(4)＜$h^2$ の値＞右図３で，点Ｂから四角形EFGHを含む平面に垂線BJを引くと，線分BJの長さが四角形ABCDを含む平面と四角形EFGHを含む平面との距離となるから，$BJ=h$ である。３点B，D，Jを通る平面と辺EF，辺HGの交点をそれぞれE′，H′とすると，この平面は面EFGHに垂直で，辺HEに平行だから，２点E′，H′は，それぞれ，辺EF，辺HGの中点となる。正方形ABCDの対角線AC，BDの交点をＹとし，点Ｙから面EFGHに垂線YZを引くと，点Ｙは線分BDの中点，点Ｚは線分H′E′の中点となる。$BD=\sqrt{2}AB=\sqrt{2}\times1=\sqrt{2}$ より，$BY=\frac{1}{2}BD=\frac{1}{2}\times\sqrt{2}=\frac{\sqrt{2}}{2}$ であり，四角形YZJBは長方形となるから，$ZJ=BY=\frac{\sqrt{2}}{2}$ となる。$ZE'=\frac{1}{2}H'E'=\frac{1}{2}HE=\frac{1}{2}\times1=\frac{1}{2}$ だから，$E'J=ZJ-ZE'=\frac{\sqrt{2}}{2}-\frac{1}{2}$ となる。また，$BE'=EI=\frac{\sqrt{3}}{2}$ である。よって，△BE′Jで三平方の定理より，$h^2=BJ^2=BE'^2-E'J^2=\left(\frac{\sqrt{3}}{2}\right)^2-\left(\frac{\sqrt{2}}{2}-\frac{1}{2}\right)^2=\frac{\sqrt{2}}{2}$ となる。

図３

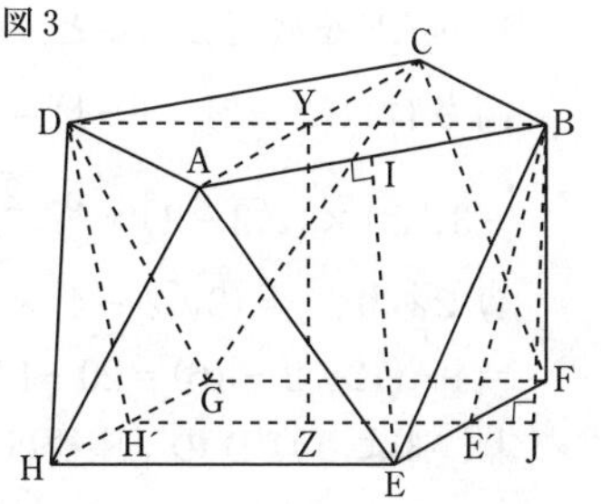


**3**〔関数—関数 $y=ax^2$ と一次関数のグラフ〕

≪基本方針の決定≫(4)　直線 $y=(3\sqrt{2}-4)x+6\sqrt{2}-8$ が点Ｅを通ることに気づきたい。

(1)＜$a$ の値＞右図で，点Ａは放物線 $y=x^2$ 上にあり，$x$ 座標が $-1$ だから，$y=(-1)^2=1$ より，A$(-1,\ 1)$ である。直線 $y=ax+2a$ は点Ａを通るので，$1=a\times(-1)+2a$ より，$a=1$ である。

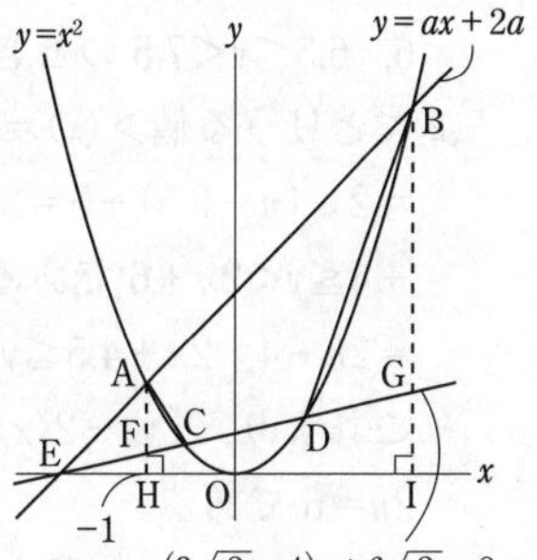


(2)＜長さの比＞右図で，２点Ａ，Ｂから $x$ 軸に垂線AH，BIを引くと，AH∥BIより，EA：EB＝EH：EIである。(1)より，直線ABの式は $y=x+2$ である。点Ｅは直線 $y=x+2$ と $x$ 軸の交点だから，$0=x+2$，$x=-2$ より，点Ｅの $x$ 座標は $-2$ である。また，点Ｂは放物線 $y=x^2$ と直線 $y=x+2$ の交点なので，２式から $y$ を消去して，$x^2=x+2$ より，$x^2-x-2=0$，$(x+1)(x-2)=0$　∴$x=-1,\ 2$　よって，点Ｂの $x$ 座標は２である。点Ａの $x$ 座標は $-1$ なので，$EH=-1-(-2)=1$，$EI=2-(-2)=4$ より，EA：EB＝EH：EI＝1：4となり，$\frac{EA}{EB}=\frac{1}{4}$ である。

(3)＜$x$ 座標＞右上図で，点Ｃは放物線 $y=x^2$ と直線 $y=(3\sqrt{2}-4)x+6\sqrt{2}-8$ の交点だから，２式から $y$ を消去して，$x^2=(3\sqrt{2}-4)x+6\sqrt{2}-8$，$x^2+(4-3\sqrt{2})x+8-6\sqrt{2}=0$ となり，解の公式を用いると，$x=\frac{-(4-3\sqrt{2})\pm\sqrt{(4-3\sqrt{2})^2-4\times1\times(8-6\sqrt{2})}}{2\times1}=\frac{-4+3\sqrt{2}\pm\sqrt{2}}{2}$ となる。よって，$x=\frac{-4+3\sqrt{2}+\sqrt{2}}{2}=2\sqrt{2}-2$，$x=\frac{-4+3\sqrt{2}-\sqrt{2}}{2}=\sqrt{2}-2$ となり，点Ｃの $x$ 座標は点Ｄの $x$ 座標より小さいので，点Ｃの $x$ 座標は $\sqrt{2}-2$ である。

(4)＜面積＞右上図で，４点Ａ，Ｂ，Ｃ，Ｄを頂点とする四角形は，四角形ABDCである。２直線 $y=x+2$，$y=(3\sqrt{2}-4)x+6\sqrt{2}-8$ の交点の座標は，$x+2=(3\sqrt{2}-4)x+6\sqrt{2}-8$ より，$x-(3\sqrt{2}-4)x=6\sqrt{2}-10$，$(5-3\sqrt{2})x=-2(5-3\sqrt{2})$，$x=-2$ となり，$y=-2+2$，$y=0$ となるから，点$(-2,\ 0)$ である。(2)より，E$(-2,\ 0)$ だから，この２直線の交点は点Ｅである。よって，〔四角形ABDC〕＝△BED－△AECで求められる。点Ａ，点Ｂを通り $y$ 軸に平行な直線と直線 $y=(3\sqrt{2}-4)x+6\sqrt{2}-$

8の交点をそれぞれF，Gとする。点Fの$x$座標は$-1$なので，$y=(3\sqrt{2}-4)\times(-1)+6\sqrt{2}-8=3\sqrt{2}-4$より，F$(-1,\ 3\sqrt{2}-4)$である。A$(-1,\ 1)$なので，AF$=1-(3\sqrt{2}-4)=5-3\sqrt{2}$となる。線分AFを底辺と見ると，△AEFの高さはEH$=1$であり，点Cの$x$座標が$\sqrt{2}-2$より，△ACFの高さは$(\sqrt{2}-2)-(-1)=\sqrt{2}-1$だから，△AEC＝△AEF＋△ACF$=\frac{1}{2}\times(5-3\sqrt{2})\times1+\frac{1}{2}\times(5-3\sqrt{2})\times(\sqrt{2}-1)=\frac{5\sqrt{2}-6}{2}$となる。また，2点B，Gの$x$座標は2だから，$y=2^2=4$より，B$(2,\ 4)$であり，$y=(3\sqrt{2}-4)\times2+6\sqrt{2}-8=12\sqrt{2}-16$より，G$(2,\ 12\sqrt{2}-16)$である。これより，BG$=4-(12\sqrt{2}-16)=20-12\sqrt{2}$である。線分BGを底辺と見ると，△BEGの高さはEI$=4$であり，(3)より点Dの$x$座標は$2\sqrt{2}-2$だから，△BDGの高さは$2-(2\sqrt{2}-2)=4-2\sqrt{2}$となる。これより，△BED＝△BEG－△BDG$=\frac{1}{2}\times(20-12\sqrt{2})\times4-\frac{1}{2}\times(20-12\sqrt{2})\times(4-2\sqrt{2})=20\sqrt{2}-24$となる。以上より，四角形ABDCの面積は，△BED－△AEC$=(20\sqrt{2}-24)-\frac{5\sqrt{2}-6}{2}=\frac{35\sqrt{2}-42}{2}$となる。

**4**〔特殊・新傾向問題―約束記号〕

≪基本方針の決定≫(2)　$\langle x\rangle$を文字で表し，$x$の値の範囲をその文字を使って表してみよう。

(1)＜とりうる値＞$\langle x\rangle=1$となる$x$は，小数第1位を四捨五入すると1になる数だから，$1-0.5\leqq x<1+0.5$より，$0.5\leqq x<1.5$である。$y=2x+5$なので，$x=0.5$のとき，$y=2\times0.5+5=6$となり，$x=1.5$とすると，$y=2\times1.5+5=8$となる。これより，$6\leqq y<8$だから，$\langle y\rangle$の値は，$6\leqq y<6.5$のとき$\langle y\rangle=6$，$6.5\leqq y<7.5$のとき$\langle y\rangle=7$，$7.5\leqq y<8$のとき$\langle y\rangle=8$となり，$\langle y\rangle$のとりうる値は6，7，8である。

(2)＜とりうる値＞$\langle x\rangle=n$とおくと，$x$の値の範囲は，$n-0.5\leqq x<n+0.5$となる。$x=n-0.5$のとき，$y=2\times(n-0.5)+5=2n+4$となり，$x=n+0.5$とすると，$y=2\times(n+0.5)+5=2n+6$となるから，$2n+4\leqq y<2n+6$である。$n$は整数より，$2n$は整数だから，$\langle y\rangle$の値は，$2n+4\leqq y<2n+4.5$のとき$\langle y\rangle=2n+4$，$2n+4.5\leqq y<2n+5.5$のとき$\langle y\rangle=2n+5$，$2n+5.5\leqq y<2n+6$のとき$\langle y\rangle=2n+6$である。これより，$\langle y\rangle-2\langle x\rangle$のとりうる値は，$\langle y\rangle-2\langle x\rangle=(2n+4)-2n=4$，$(2n+5)-2n=5$，$(2n+6)-2n=6$である。

(3)＜$\langle y\rangle$の値，$x$の最小値＞①(2)と同様に考えて，$\langle x\rangle=n$とすると，$\langle y\rangle=2n+4$，$2n+5$，$2n+6$となるので，$\langle y\rangle+2\langle x\rangle=30$のとき，$(2n+4)+2n=30$……㋐，$(2n+5)+2n=30$……㋑，$(2n+6)+2n=30$……㋒が成り立つ。㋐より，$4n=26$，$n=\frac{13}{2}$となり，整数にならないので適さない。㋑より，$4n=25$，$n=\frac{25}{4}$となり，適さない。㋒より，$4n=24$，$n=6$となり，整数になるので適する。よって，$\langle y\rangle=2n+6$であり，$n=6$だから，$\langle y\rangle=2\times6+6=18$である。　②①より，$\langle y\rangle=18$だから，$17.5\leqq y<18.5$より，$17.5\leqq 2x+5<18.5$である。$2x+5=17.5$のとき，$2x=12.5$，$x=6.25$となり，$2x+5=18.5$とすると，$2x=13.5$，$x=6.75$となる。よって，$x$の値の範囲は，$6.25\leqq x<6.75$である。また，$n=6$だから，$\langle x\rangle=6$である。これより，$x$の値の範囲は，$5.5\leqq x<6.5$である。以上より，$\langle y\rangle+2\langle x\rangle=30$を満たす$x$の値の範囲は，$6.25\leqq x<6.5$だから，$x$の最も小さい値は$x=6.25$である。

## ═読者へのメッセージ═

「＋」の記号は，ラテン語のet(英語のand)から，すばやく書くうちに崩れて変化してできたといわれています。「－」の記号は，マイナス(minus)の頭文字mが崩れて変化したものといわれています。他にも説はあるようですが，数学で使われている記号がどのようにしてできたのか調べてみると，新しい数学の世界が広がるかもしれませんね。

## 2023年度／早稲田大学高等学院

### 国語解答

一　問一　a　近視眼　b　必需　c　削
　　　　d　銘　e　しんし
　　問二　長期的なコスト　　問三　ウ
　　問四　エ　　問五　進歩
　　問六　ゆたかさ　　問七　消費者
　　問八　食料自給を放棄　　問九　ウ

二　問一　a　魅力　b　苦行　c　かも
　　問二　ア　　問三　時系列によ
　　問四　イ　　問五　飲食そのも
　　問六　質ではなく量が増える
　　問七　期　　問八　エ　　問九　日常
　　問十　ウ

三　問一　B
　　問二　2…エ　5…エ　6…ウ
　　問三　3　釣り垂れてゐし翁
　　　　　4　世をさけて隠れ棲む者
　　問四　ア　　問五　エ

（声の教育社　編集部）

一〔論説文の読解―社会学的分野―現代社会〕出典；鈴木宣弘『食の戦争　米国の罠に落ちる日本』。

≪本文の概要≫「今だけ，金だけ，自分だけ」という言葉は，最近の世相をよく反映している。食料を巡る問題でも，そのような姿勢が見受けられる。貿易自由化や規制緩和の徹底は，食の安全を脅かす恐れがある。また，食料問題は，国家安全保障上でも重要である。食料をコントロールされれば，国家もコントロールされるのである。だからこそ，少々コストが高くても，国産の食料をしっかり支える必要がある。また，消費者にも，食に正当な対価を支払うことが当然だという価値観を持ってもらいたい。今，食の安全性はおろそかにされ，食料生産が一部の国や企業に偏って，世界の人々への安全な食料の安定的な供給が脅かされている。食だけではなく，これ以上，一部の強者の利益だけを重視するという政治が強化されたら，日本の社会は，さらに崩壊していく。食は，国民にとっての命綱であり，国家戦略の中枢を占める問題である。その命綱をどう確保すべきなのかを，世界各国の戦略をにらみながら，今こそ真摯に考えなければならない。

問一＜漢字＞a.「近視眼的」は，将来や大局を見通せず，目先のことだけにとらわれているさま。　b.「必需」は，どうしても必要な，なくてはならないこと。　c. 音読みは「削減」などの「サク」。　d.「肝に銘じる」は，心に強く刻みつけて，忘れない，という意味。　e.「真摯」は，真面目で，ひたむきなこと。

問二＜文章内容＞「今だけ，金だけ，自分だけ」という言葉は，「目先の自分の利益と保身しか目に入らない」姿勢を表している。「今だけ」とは，「近視眼的」で，「長期的なコスト」を考えない姿勢のことである。

問三＜文章内容＞「『規制緩和を徹底すれば全てうまくいく』という主張」は，企業の利益ばかりを重んじており(イ…○)，そのような主張を通してしまえば，少数の人々に富が集中するという結果を招きかねない(オ…○)。規制緩和が徹底され，「食を極端な価格競争に巻き込む」と，食の安全性が失われ，国家の安全保障も危うくなることが考えられる(エ…○)。「市場に委ねれば，世界の経済的利益は最大化されるという論理」は，突き詰めれば，民主的に決められるべき国の「政策はいらない」ということである(ア…○)。したがって，このような主張は，「経済学の初歩的な論理」を，一部の「人々の利益のために『悪用』しているように思われる」のである。「市場原理の徹底を主張する」ことによって，経済学者が存在価値を否定してしまうことは，「経済学の初歩的な倫理」を「悪用」しているとはいえない(ウ…×)。

問四＜文章内容＞スイスの消費者は「『スイスの農産物は決して高いわけではない。安全安心，環境に優しい農業は当たり前であって，我々は多少高いお金を払っても，こういう農産物を支えるのだ』と納得している」のである(イ…○)。スイスでは，小学生の女の子でも，国産の高い卵を買うことで，農家の生活が支えられ，そのおかげで自分たちの生活が成り立つということを理解している(ウ…○)。スイスでは，農畜産物は，「環境にも，人にも，動物にも，その他の生き物にも，景観にも優しく」つくられるべきだと考えられている(オ…○)。つまり，スイスでは，食料生産に関して，「売り手よし，買い手よし，世間よし」の「三方よし」が行われているので，「日本にとっても良いモデルとなる」のである(ア…○)。スイスでは，「助け合い，支え合う安全・安心な社会」が大切にされているが，それが「古来の伝統」であるとは書かれていない(エ…×)。

問五＜文章内容＞ヒュースケンは，「この進歩はほんとうにお前のための文明なのか」と日記に書いている。「彼らの重大な悪徳」とは，西洋の人々が，日本に持ち込もうとしていた「進歩」のことである。西洋人がもたらす「進歩」が，日本人にとっての「文明」の発達につながるかどうかを，ヒュースケンは疑問に思っていたのである。

問六＜文章内容＞ヒュースケンは，幕末の日本を訪れて，そこに「国土のゆたかさ」を感じた(…後)。筆者は，ヒュースケンの日記を引用することで，「江戸時代を必要以上に称えるつもりはない」が，ここで，「ゆたかさ」とは何かについて「問い直すときが来ていることは間違いない」と主張しているのである(…前)。

問七＜文章内容＞「消費者にも，食の本物の価値をしっかりと認識して，それに正当な対価を支払うことが当然だという価値観を持ってもらうことが大事」なのである。「農産物を安く買いたたいて儲かっていると思っている」消費者がいたら，それは「間違い」なのである。

問八＜文章内容＞「アメリカの攻撃的な食戦略」から，「食」は「国民にとっての命綱であり，国家戦略の中枢を占める問題」であることがわかる。食料をコントロールされれば，国家もコントロールされるのであり，だからこそ，日本は，「食料自給を放棄」してはならないのである。

問九＜要旨＞「今だけ，金だけ，自分だけ」という原理に基づいて行動している人々が，「国の方向性を決める傾向が強まっている」のである(エ…○)。我々は，「目先のコストを惜しんで，いざというときに備えて準備しなかったら，あとでとんでもない取り返しのつかないコストを払うことになる」ということを「原発事故でも思い知らされたはず」だが，「食料についても，まさに同じ構造で捉えられる」のである(ア…○)。アメリカのウィスコンシン大学の教授が，「日本で畜産が行われているように見えても，エサをすべてアメリカから供給すれば，完全にコントロールできる」と言っている。国家の安全保障という観点から，食料問題をとらえる際には，家畜のエサについても考慮に入れる必要がある(オ…○)。現在の日本では，「一部の強い者の利益さえ伸びれば，あとは知らないという政治」が行われているが，この政治が，これ以上強化されれば，日本の社会は「崩壊」するだろう(イ…○)。効率だけを追求して，その他を切り捨てることが問題なのであって，「効率を追求していくこと」自体は，「多数の人々の幸せな暮らし」と両立しうる(ウ…×)。

二〔論説文の読解―文化人類学的分野―日本文化〕出典；福田育弘『ともに食べるということ――共食にみる日本人の感性』「鍋をかこむということ」。

《本文の概要》いくつかのおかずが同時に出され，個人が思うままに食べていくという日本の食事様式は，昔からあまり変わっていない。一方，フランス料理は，あくまでも時系列に沿って展開される。日本風の食べ方では空間が，フランス風の食事では時間が重要である。日本にも，懐石料理のような，時間軸での展開がある料理もある。懐石料理は，本膳料理を簡潔にして，時系列に沿って出すようになったものである。本膳料理では，それぞれの膳が同時に出されるか，順に出された場合も，前の膳はそのまま残されていた。つまり，本膳料理とは，空間展開型の食事作法といえる。茶の湯の料理は，この本膳料理の空間を解体し，膳の料理を一つひとつ時間軸に沿って提供するようにしたものである。懐石料理は，戦国時代の武士たちの，いつ死ぬかわからないという状況を受けて発達したものである。懐石料理は，日本料理の典型ではなく，特権的な形態であると考えていいだろう。懐石料理は，ハレの食事様式であり，同時に多くのものが出されるのが，日本のケの食事なのである。

問一＜漢字＞ａ．「魅力」は，人の心をひきつけて，夢中にさせる力のこと。　ｂ．「苦行」は，苦しい行いのこと。本来は，悟りを得るために，身体を痛めつける修行を意味する仏教用語。　ｃ．音読みは「醸成」などの「ジョウ」。

問二＜文章内容＞「いちどきにいろいろな料理がだされて，各自が適当に食べていくというのが，日本の通常の食事様式」であり，「鍋料理は，まさに日本的な食べ方を集約した料理」で，「鍋料理には後戻りできない時間の流れ」はなく，「いつはじめてもいいし，いつ終わってもいい」のである(イ，エ…◯)。「日本式の食事では，空間のなかでこそ時間の共有がおこなわれる」のであって，鍋料理を食べる場合でも，「時間の共有は行われない」わけではない(ア…×)。「鍋というかぎられた空間の共有を強制する鍋料理ほど，場所の限定性が重視される料理はほかにはみられない」のであり(ウ…◯)，「鍋料理の醸しだす親密さは，こうした場所の限定性から生まれる」のである(オ…◯)。

問三＜文章内容＞フランス料理では「比較的軽いものからより濃厚なものへと進む不可逆的な流れがあり，そこにはメインディッシュという食事の中心が明確に刻まれている」といえる。つまり，フランス料理は「時系列によって組織化された食事」なので，「はじまりと終わりが決まっているうえに，料理の順番の入れ替えも難しい」のである。

問四＜文章内容＞「一冊ずつ料理がでてきて，フランス料理のような時間軸での展開」がある懐石料理は，「日本料理の洗練のひとつの極」である(エ…◯)。懐石料理は，「本膳料理の膳組という空間を解体し，膳のなかの料理をひとつひとつ時間軸にそって，ゆるやかなかたちで順番に供するようにしたもの」である(オ…◯)。懐石料理は，「調理したてのものをもっともいい状態で食べる」という，「きわめて近代的な発想の料理」である(ウ…◯)。ただし，懐石料理にも，「飯に汁と菜という基本の組み合わせは残っている」のである(イ…×)。懐石料理は，「貴重な出会いを演出」する，日本料理の「特権的な形態」であり，日常のものではない(ア…◯)。

問五＜文章内容＞安土桃山時代の武士たちは，「いつ死ぬかわからない状況」に置かれていたので，「飲食そのものを死への準備とみなす」という考えを持っていた。そのため，懐石料理は，「インテリ化していた一部の武家階級を中心」として，「受け入れられ，広まっていった」のである。

問六＜文章内容＞「日本では食事の豪華さとは基本的に皿の数が多くなる」ことを意味するので，「本膳料理では，豪華になると膳の数が増える」のである。本膳料理の「視覚中心の豪華さ」とは，「質ではなく量が増える」ことによって成り立つ豪華さのことである。

問七＜四字熟語＞「一期一会」は，一生に一度の出会い。または，一生に一度しか出会うことがないような，不思議な縁のこと。

問八＜表現＞本膳料理が「過度な豪華さを主眼として欲望の展開を誇示する」ものであったのに対して，懐石料理は，飲食を，「過度な豪華さ」を退けて，欲望を抑制するような，「儀式的な行為」としたのである。

問九＜語句＞「ケ」は，正式・公式ではない，日常的なこと。対義語は，「ハレ」。「時間軸に重きをおいた食事様式」は，正式・公式な「ハレの食事様式」であり，「同時に多くのものがだされる食事」

が「ケの食事」，つまり日常的な食事なのである。

問十＜要旨＞「すでに平安時代から日本人はめいめいに同時にだされたご飯と汁と(おかずである)菜を食べており，こうした食べ方をもとに，室町時代ごろにはほぼいまのような食事様式が確立された」と考えられている(エ…○)。フランス料理には，「メインディッシュという食事の中心が明確に刻まれて」おり，日本の鍋料理には「明確な中心」は存在しないが，だからといって，日本料理がフランス料理より洗練度が劣っているわけではない(ウ…×)。「フランス風の食事では空間よりもそこで流れる時間の共有が必要不可欠」なので，途中から食事の席に参加することは難しい(ア…○)。「鍋というかぎられた空間」さえ共有すれば，後はそれぞれが好き好きに食事を楽しめるというこの「自在さが鍋料理の特徴」であり，「日本人にとっての大きな魅力」でもあり，「鍋料理の醸しだす親密さは，こうした場所の限定性から生まれる」のである(イ…○)。日本の懐石料理は，ともに食事をする時間を「静かに高揚する生の象徴としての限定された時空間」とする「特権的な形態」であるが，時間軸に沿って展開されるフランス料理の時間は，別に特権化されてはいない(オ…○)。

三〔古文の読解—随筆〕出典；松平定信『花月草紙』。

≪現代語訳≫ある高貴な人がいらっしゃった。古典の研究をお好みになったという評判だったが，中国の古典ばかりを研究なさっていた。ある日，鷹狩りにお出かけになったが，道を間違えて深い山にお入りになったところ，とても静かな谷川に，釣り糸を垂れていた老人がいた。「きっと今でも，傑出した人で，世間を避けて隠れ住んでいる人がいるに違いないと思っていたが，この老人こそがそれだ」と，(高貴な人は)うれしくお思いになって，一言二言お問いかけになると，(老人が)答えたこともとてもしみじみとして趣深い。物事の道理をお尋ねになると，道理を弁えた応答をする。(高貴な人は)とてもとてもお喜びになって，「例の鳥獣ではなく狩りで(優れた人物を)得たとかいう(中国の)故事もあるので」ということで，とりあえず連れてお帰りになった。元来身分の低い者で，山の中だけで歳月を過ごしてきたので，さほどのことも知らなかったが，この老人は，幼いときに，寺の召し使いだったので，知識の断片は今でも覚えていたのだった。だから，(高貴な人が)あれやこれやと尋ねれば，(老人は)その中のことなどを引用して答えたのである。奥深い山では珍しいが，(山を降りて)里の人間となると，普通の少し愚かな人だった。「無用な老人をお連れ帰りになったものだ」と，誰もが言った。

問一＜古典文法＞「やむごとなき人の」と「翁の」の「の」は，～が，と訳す主格を表す格助詞。「文の」「寺の」「ものの」「常ざまの」の「の」は，～の，と訳す連体修飾格を表す格助詞。

問二＜古語＞2．「かしこし」は，立派だ，すばらしい，という意味。　5．「をかし」は，趣がある，風情がある，という意味。　6．「くらし」は，物事に精通していない，愚かである，という意味。「くらからぬ答へ」は，事情をよくわかっている答え，賢明な答え，という意味。

問三＜古文の内容理解＞ある高貴な人は，山奥で釣りをしていた老人が(…3)，傑出した人で，世間を避けて隠れ住んでいる者だと思い込んだのである(…4)。

問四＜現代語訳＞「かの」は，例の，という意味。「あらで」の「で」は，打ち消しを表す接続助詞で，「獣にあらで狩りに得し」は，獣ではなく，狩りで優れた人物を得た，という意味。高貴な人は，中国にそのような故事があったことを思い出していたのである。

問五＜古文の内容理解＞この老人は，子どもの頃，寺で召し使いをしていて，そこで聞きかじったことを少し覚えていて，高貴な人と会話をする際に，その知識を用いただけであった(エ…×)。

*Memo*

## *Memo*

# 2022年度 早稲田大学高等学院

【英　語】（50分）

（注意）解答に同じ記号が不自然に続く場合は該当部分を無効とするので注意すること。

A　Ⅰ～Ⅲの指示に従って設問に答えなさい。

Ⅰ．空所に入る最も適切なものをア～エから１つ選び，その記号を書きなさい。

(1) What was your trip to Hawaii (　　　)?

ア．do　　イ．go　　ウ．see　　エ．like

(2) I don't agree (　　　) a new car.

ア．of his buying　　イ．with his buying

ウ．that his buying　　エ．at him to buy

(3) A shop assistant came to me and asked whether I was being (　　　).

ア．taking care of　　イ．took care

ウ．taken care of　　エ．taken care

(4) This is a picture of the place (　　　) I visited last year.

ア．which　　イ．where　　ウ．to which　　エ．it

(5) I thought the beach would be crowded today, but there was (　　　) there.

ア．almost nobody　　イ．not very busy

ウ．very few people　　エ．only a little crowded

Ⅱ．以下の日本語に合うように，空所に入る語を答えなさい。なお，(　)内に示された文字がある場合は，その文字で始まる語を書くこと。

(1) 昨日，体育の授業で足を痛めたけど，痛みはもうない。

I hurt my foot in gym class yesterday, but the pain is (g　　　) now.

(2) 子供のころ，恥ずかしがり屋だった。

I (　　　) to be shy when I was a kid.

(3) 朝ごはん食べなかったの？－うん，食べなかったよ。

Didn't you eat breakfast？－(　　　), I didn't.

(4) これは海外旅行で最も役立つアプリだ。

This is the most useful (　　　) for travelling abroad.

(5) その映画を早く見たくてうずうずするよ。

I can't (w　　　) to see the movie.

Ⅲ．以下の(ア)～(エ)のうち，誤りを含むものをそれぞれ１つずつ選び，例にならって誤りを訂正しなさい。

例　He (ア)studies (イ)such hard that he (ウ)will surely pass (エ)the entrance examination.

(イ) → so hard

(1) (ア)To make a better world, (イ)what we need is (ウ)education for every (エ)children.

(2) This department store has (ア)shops as many as that one (イ)does.　You (ウ)don't need to visit both (エ)of them.

B　次の英文を読んで，設問に答えなさい。

Art and science may seem totally different. One needs creative ideas, and ( 1 ) hard data—or some people believe so. However, the two have a lot of things in【 2 】. Both take a lot of creativity. People also use both to better understand the world around us. Now, a study finds that art can also help students better remember what they learned in science class.

Mariale Hardiman is an education specialist at Johns Hopkins University in the USA. Back when she was a school principal, she had noticed that students who used art in the classroom were more interested. They might listen more carefully. They might ask more questions. (3)They might volunteer more ideas. What's more, students seemed to remember more of what they had been taught when their lessons had included art. But Hardiman knew the only way to test whether and how well art might really improve learning was to test it with an experiment. So she worked with other researchers and six local schools.

The researchers worked with teachers in 16 fifth-grade classrooms. They chose traditional science lessons and created art-focused versions of them. In a traditional science classroom, for instance, students might read aloud from a book. In the art-focused class, they might sing or rap the information instead. Another example : traditional science classes often use charts and graphs. The art classrooms instead had students draw pictures and create other types of art. Everyone would get the same information—just learn it in different ways.

The team then randomly put each of the 350 students in either (4)a traditional science classroom or an art-focused one. Students then learned science using that approach for the whole unit, which is about three weeks. When they started a new topic, they also changed to the other type of class. This way, each student had both an art-focused class and a standard one. Every unit was taught both ways, to different groups of students. (5)This let the researchers【both / students / how / did / see / in】types of classes.

Before and after each unit, students took tests. They took a third one about two months later. This one checked how well they still remembered what they had learned in the unit. The research team also looked at how well each student performed on a reading test. This let them compare how well students with different types of learning abilities did in art and non-art classrooms.

Students who read at or above their age level did just as well in both types of classes. Those ( 6 ) had lower reading scores improved ; students reading below their age level gained 10% more of the science if it had been taught in an art-focused class. In some cases, Hardiman says, kids actually performed better in the third test, months later, than in those taken earlier. And classroom teachers reported that many students (7)continued to sing the songs or raps that they learned after finishing the unit. "(8)The more we hear something, the more we remember it," Hardiman says.

Students who started off in regular classes performed better after they moved into an art-focused class. But those who started in an art-focused class did well even when they went back to a regular science class. Hardiman says that these students appeared to use some of the art techniques after going back to a traditional class. "Some continued to sketch or sing to help them remember information," she adds. "This shows that the arts may help (9)students use creative ways of learning by themselves."

Her team shared its results in a research magazine. "The study takes art as a way of teaching science very seriously," says Jaime Martinez. He's a science, technology, (10)engineering, arts and math specialist in New York City. He was not part of the study. "It's understandable that the authors might see their new results as a useful way to help low level readers," he says. But he also thinks there are more ( 11 ) results from using arts in the classroom. Researchers and teachers find that students in art-focused classes develop creativity and learn to work together better.

The arts can be【 12 】for everyone, Hardiman agrees. "All educators should learn how to use the arts as a teaching tool to improve learning."

Ⅰ．本文のタイトルとして最もふさわしいものをア～エから１つ選び，その記号を書きなさい。

ア．Science Helps Low Level Readers Get Better Scores

イ．American Research Has Changed Art Education

ウ．Art Can Make Learning Science Easier

エ．Partnership in Research Is Important

Ⅱ．空所（１），（６），(11)に入る最も適切なものをア～エから１つ選び，その記号を書きなさい。

| | | | | |
|---|---|---|---|---|
| （１） | ア．another | イ．others | ウ．the others | エ．the other |
| （６） | ア．students | イ．people | ウ．who | エ．which |
| (11) | ア．quick | イ．positive | ウ．several | エ．straight |

Ⅲ．空所【２】に入る "c" で始まる１語，空所【12】に入る "h" で始まる１語をそれぞれ答えなさい。

Ⅳ．下線部(3)，(8)，(9)とほぼ同じ意味になるように，空所にそれぞれ最も適切な語を書き入れなさい。なお，（ ）内に示された文字がある場合は，その文字で始まる語を書くこと。

(3) They might volunteer more ideas.

＝They might suggest more ideas (w ) being asked.

(8) The more we hear something, the more we remember it

＝How well we remember something (d ) on how many times we hear it

(9) students use creative ways of learning by themselves

＝students use art-focused methods on their (o )

Ⅴ．下線部(4)の授業例として最もふさわしいものをア～エから１つ選び，その記号を書きなさい。

ア．Students read the textbook aloud to learn new information.

イ．Students draw pictures to learn something new from a graph.

ウ．Students start a new topic to avoid getting bored.

エ．Students use music to memorize new scientific words.

Ⅵ．下線部(5)の【 】内の語を文意が通るように並べかえて書きなさい。

Ⅶ．下線部(7)，(10)の語の最も強く読まれる部分を１つ選び，その記号を書きなさい。

(7) con-tin-ued (ア イ ウ)　　(10) en-gi-neer-ing (ア イ ウ エ)

Ⅷ．Hardimanとその研究に関する記述として最もふさわしいものをア～エから１つ選び，その記号を書きなさい。

ア．Hardiman, after becoming a researcher, first noticed the reaction of students differed if art was introduced to classes.

イ．Hardiman realized singing songs in class was more effective than drawing pictures for remembering scientific words.

ウ．Hardiman found that students were as motivated in art-focused class as in usual science class.

エ．Hardiman wanted to test not only if art influences learning but also the amount of influence.

Ⅸ．Hardimanの実験結果が下記の表があらわす通りであると仮定した場合，（１）～（４）に当てはまる語または数字をア～クから１つずつ選び，その記号を書きなさい。

Average test scores in ( 1 ) after taking each type of class

| Types of classes / Students' ( 2 ) level | Traditional science class | Art-focused science class |
|---|---|---|
| Above age | ( 3 ) | 89 |
| At age | 78 | 78 |
| Below age | 65 | ( 4 ) |

ア．reading　イ．science　ウ．art　エ．99
オ．89　カ．80　キ．72　ク．65

X．本文の内容と合致しているものをア～エから１つ選び，その記号を書きなさい。

ア．Students in six public schools and 350 more from other schools were all put together and divided into 16 classes.

イ．Certain groups of students had to study the same unit twice using two different ways of learning.

ウ．Students who took traditional classes first performed better after they changed classes, but the other students got worse.

エ．Some students who took classes involving art got even higher scores in a test given months after they studied the unit.

C　次の英文を読んで，設問に答えなさい。Ⅰ～Ⅷの解答は最も適切なものを１つ選び，記号で答えること。

Coffee.　That's my favorite cup of kindness.

There are times when nothing can get me out of bed and out the door faster than thinking about the warm, sweet taste of my favorite drink.　It's one of the many little things helping me survive college—especially 8:00 a.m. classes !

As I pull up a chair at the Starbucks counter and wait for my order, I think that other simple forms of kindness can be offered, even by someone who hasn't had their coffee yet—like holding the door open. Believe it or not, that smallest of gestures can help someone start their day better.

In fact, earlier this morning, a sleepy-looking stranger had stopped to hold the door open for me. We had a quick exchange of "Thank you so much" and "You're welcome," and that was all it took to put a pre-coffee smile on my face.

So once I get my coffee, because I'm earlier than usual, instead of hurrying to class, I decide to sit there at the counter and enjoy my coffee.　**The decision is a lucky one**, because I wouldn't have wanted to miss what happens next.

When I first notice the woman walking past me join the line to order, I can see that she is really nervous.　Although it has nothing to do with me, I can't avoid hearing her nervously tapping her heels against the floor.　And when I hear a man in line speaking to her, I can't help listening in.

The man is just making small talk—something about how the weather is nicer than it normally is in February—and soon, as they chat, the tapping of her shoes stops.　One of the things she has told him is that she is on her way to a job interview and is very nervous.　"I've been fighting my anxiety since I woke up this morning, but I can't let it stop me."

When it's her turn to order, the man who has been talking to her for the last five minutes offers to pay for her tea. Before she can say no to his thoughtfulness, he adds, "Good luck with the interview !"

As I watch her order, then take the tea and walk to the exit, I'm surprised to see that she is no longer the same nervous woman who'd walked past me just fifteen minutes earlier. Instead, I see someone confident and excited to enjoy the day ahead.

That man who bought her tea was probably just getting himself a coffee before work, but luckily he appeared at just the right time to be there for this woman—at a moment when she didn't even know she needed his kindness. The free drink was nice, but what was truly kind was how he helped her forget her nervous thoughts, letting her know, "You're going to do great !"

What if we all followed his example ? If, instead of just watching others, we all offer simple, small gestures in everyday difficult situations, we can make a difference.

So if you ever see someone who seems to be a little nervous, **be the guy at Starbucks** and start a conversation. Anxiety is real, and it's not just in our heads. But also, don't be angry if the person you'd like to help says no. Remember that fighting anxiety can be difficult. Experts say that anxiety is the most common mental illness.

Sometimes we feel powerless to help others. However, as I'm sitting, putting my books away and drinking the last of my coffee, I realize how powerful it can be to simply listen to someone else's problems and, most of all, to let them know they've been heard and seen.

Ⅰ. What would be the best title for this story ?

A. The Importance of Making Small Talk at Cafes
B. The Importance of Anxiety for All Kinds of People
C. The Importance of Making People Feel Seen and Heard
D. The Importance of Getting Yourself Out of Difficult Situations

Ⅱ. What had put a smile on the author's face before her coffee this morning ?

A. getting up earlier than she usually does
B. a stranger saying, "Thank you so much"
C. getting a chair at the Starbucks counter
D. having someone hold the door open for her

Ⅲ. Which of the following is NOT true about the author ?

A. She is a student at college.
B. She finds early morning classes difficult.
C. She is a little late for class today.
D. She often takes her coffee to go.

Ⅳ. Why does the author write, "**The decision is a lucky one**" ?

A. Because she was able to find a seat at the counter.
B. Because she saw a woman receive some kindness.
C. Because she was helped by a kind stranger at Starbucks.
D. Because she received a free drink that morning.

Ⅴ. What does the author think is the kindest part of the man's gesture ?

A. appearing at just the right moment
B. buying a cup of tea for the woman
C. walking to the exit with the woman

D．helping the woman forget her anxiety

Ⅵ．Which of the following is true about the woman the author sees ?

A．She has a job interview the next day.

B．She spends about 15 minutes in the Starbucks.

C．She is tapping her heels because she is late.

D．She says no at first to the man's offer to pay for her.

Ⅶ．Which of the following is NOT true about the woman the author sees ?

A．She was too nervous to sleep the night before.

B．She is less anxious when she leaves the Starbucks.

C．She does not drink her tea inside the Starbucks.

D．She stops her nervous gesture after the man speaks to her.

Ⅷ．What does the author say about anxiety ?

A．It's a problem that many people have.

B．It's something that is only in our heads.

C．It's easy to fight, even without help.

D．It's important not to let it stop you.

Ⅸ．The author writes, "**be the guy at Starbucks.**" How can you "be the guy at Starbucks" in your school life ? Complete the sentence on the answer sheet.

D　次の英文を読んで，設問に答えなさい。Ⅰ～Ⅵの解答は最も適切なものを１つ選び，記号で答えること。

"Sorry . . . I didn't mean to, honest," said Nick. "I just wasn't watching . . . Here . . ." Nick picked up the pen and held it out to her. "Here's your . . ." And that's when it happened. Nick didn't say "pen." Instead, he said, "Here's your . . . frindle." "Frindle ?" Janet took her pen and looked at him like he was strange. She said, "What's a *frindle* ?" Nick smiled and said, "You'll find out. See you later." That's when Nick got the big idea. And by the time he had run upstairs to his room, it wasn't just a big idea. It was a plan, a whole plan, just waiting for Nick to put it into action. And "**action**" was Nick's middle name.

The next day after school the plan began. Nick walked into the Penny Store and asked the lady behind the counter for a frindle. She looked at him. "A what ?" "A frindle, please. A black one," and Nick smiled at her. "You want *what* ?" "A frindle," and this time Nick pointed at the pens behind her on the shelf. "A black one, please." The lady gave Nick the pen. He gave her some money, said, "Thank you," and left the store.

Six days later Janet stood at the counter of the Penny Store. Same store, same lady. John had come in the day before, and Pete the day before that, and Chris the day before that, and Dave the day before that. Janet was the fifth kid that Nick had sent there to ask that woman for a frindle. And when she asked, the lady pointed to the pens and said, "Blue or black ?" Nick was standing one meter away, and he was smiling. *Frindle* was a real word. It meant *pen*. Half an hour later, a group of fifth graders had a meeting in Nick's room. It was John, Pete, Dave, Chris, and Janet. Add Nick, and that's six kids—six secret agents. They held up their right hands and read the promise Nick had written out :

*From this day on and forever, I will never use the word PEN again.*
*Instead, I will use the word FRINDLE, and I will do everything possible so others will, too.*

And all six of them signed the paper—with Nick's frindle. The plan would work.

School was the perfect place to start a new word, and since this was a major historical event, Nick wanted it to begin in exactly the right class—Tuesday's English class. Nick raised his hand first thing after the bell rang and said, "Mrs. Granger, I forgot my frindle." Sitting three rows away, John said, "I have an extra one you can borrow, Nick." Then John made a big show of looking for something in his backpack. "I think I have an extra frindle, I mean, I told my mom to get me three or four. I'm sure I had an extra frindle in here yesterday, but I must have taken it . . . wait . . . oh yeah, here it is." And then John made a big show of throwing it over to Nick, and Nick missed it on purpose. Then he made a big show of finding it. Mrs. Granger and every kid in the class got the message loud and clear. That black plastic thing that Nick borrowed from John had a funny name . . . a different name—*frindle*. There was a lot of laughing, but Mrs. Granger turned up the power in her eyes and made the class silent. And the rest of the lesson went by according to plan—her plan.

As everyone was leaving after class, Mrs. Granger said, "Nick ? I'd like to have . . . a '*word*' with you." Nick's mouth felt dry, but his mind stayed clear. He walked up to her desk. "Yes, Mrs. Granger ?" "It's a funny idea, Nick, but I will not have my class stopped again. Is that clear ?" "Idea ? What idea ?" asked Nick, and he tried to look as normal as possible. "You know what I mean, Nick. I am talking about the **performance** that you and John gave at the start of class. I am talking about—this," and she held up her pen. "But I really didn't have a frindle with me," said Nick, amazed at how brave he was. And hiding behind his glasses, Nick kept his eyes wide. Mrs. Granger's eyes flashed, and then narrowed, and her lips formed a thin, hard line. She was quiet for a few seconds, and then she said, "I see. Very well. Then I guess we have nothing more to discuss today, Nick. You may go." "Thanks, Mrs. Granger," said Nick, and he picked up his backpack and walked to the door. And when he was just stepping into the hallway, he said, "And I promise I won't ever forget my ( 1 ) again. Bye."

Ⅰ. Why was "**action**" Nick's middle name ?

A. Because his parents gave him that name.
B. Because he is good at making his ideas a reality.
C. Because he likes to act on stage with his friends.
D. Because his body moves without thinking.

Ⅱ. Why did Nick's friends go to the Penny Store ?

A. Because they had a secret meeting at the store.
B. Because they needed to buy a pen for school.
C. Because they wanted to talk to the lady at the store.
D. Because they were asked to help complete Nick's plan.

Ⅲ. When Janet was buying a pen at the store, Nick was smiling. Why ?

A. Because he thought that the lady was very funny.
B. Because Janet was the fifth kid to buy a pen that day.
C. Because the lady wasn't surprised by Janet's request.
D. Because the pen that Janet bought was a different color.

Ⅳ. Which of the following is true about Mrs. Granger?

A. She always closes her eyes when she is angry.
B. She doesn't want anyone to cause trouble in her class.
C. She was smiling when she talked to Nick.
D. She makes all the students laugh in class.

Ⅴ. Which of the following is true about the "**performance**" in English class?

A. Nick's mother didn't get him the pens he had asked for.
B. Nick threw a pen to John because he had forgotten one.
C. Nick quietly picked up the pen that was on the floor.
D. Nick was able to catch the pen, but he chose not to.

Ⅵ. Why was Nick amazed at his brave action after English class?

A. Because he continued his plan with Mrs. Granger.
B. Because he pretended to have lost his pen.
C. Because he didn't give his pen to Mrs. Granger.
D. Because he didn't answer Mrs. Granger's question.

Ⅶ. Based on the story, what word best fits in ( 1 )?  Write a word from the passage.

Ⅷ. The following is Nick's idea.  Write a word to fill in each blank.

"I think a word becomes a real word when ( a ) uses it naturally.  My final goal is to have my new word printed in a ( b )."

## 【数　学】（50分）

（注意）　1．必要な式と計算は，解答用紙の計算欄に書くこと。

2．答えの$\sqrt{\phantom{x}}$の中はできるだけ簡単にし，分数は，それ以上約分できない形で答えること。

**1**　次の問いに答えよ。

(1)　$2022=x\sqrt{y}\,(x^y+y^y)$ を満たす自然数 $x$，$y$ の値をそれぞれ求めよ。

(2)　$a$，$b$，$c$ を定数とする。$x$，$y$ に関する連立方程式

$$\begin{cases} ax+2y=-7 \\ 3x+by=c \end{cases}$$

について，次の問いに答えよ。

①　$a=5$，$b=-3$，$c=1$ のとき，この連立方程式の解を求めよ。

②　$a=-9$ とする。この連立方程式が解を2組以上もつとき，$b$ と $c$ の値をそれぞれ求めよ。

③　$b=c$ とする。この連立方程式が解をもたないとき，$b$ を $a$ の式で表せ。

**2**　次の問いに答えよ。

(1)　AB＝AC，BC＝1，∠ABC＝72°の二等辺三角形ABCについて，次の問いに答えよ。

①　∠ABCの二等分線と辺ACとの交点をDとするとき，線分CDの長さを求めよ。

②　頂点Bから辺ACへ垂線をひき，辺ACとの交点をEとするとき，$\mathrm{BE}^2$ の値を求めよ。

(2)　$\mathrm{PQ}=1+\sqrt{5}$，∠PRQ＝90°，∠QPR＝54°の直角三角形PQRを辺QRのまわりに1回転してできる立体の体積を求めよ。

**3**　原点をOとする座標平面上の放物線 $y=x^2$ 上に，$x$ 座標が2である点Aと，∠AOB＝90°であるような点Bがある。このとき，次の問いに答えよ。

(1)　直線ABの方程式を求めよ。

(2)　放物線 $y=x^2$ 上のOとは異なる点Cのうち，三角形ABCの面積が三角形OABの面積と等しくなるような点Cの $x$ 座標をすべて求めよ。

(3)　(2)で求めた $x$ 座標のうち，最も小さいものを $p$，最も大きいものを $q$ とし，放物線 $y=x^2$ 上の点で $x$ 座標が $p$ である点をP，$x$ 座標が $q$ である点をQとする。

①　点Pから直線ABへ垂線をひき，直線ABとの交点をHとするとき，線分PHの長さを求めよ。

②　4点A，B，P，Qを頂点とする四角形の面積を求めよ。

**4**　自然数 $n$ に対して，$3^n$ を7で割った余りを $a_n$ で表すこととし，$a_n$ を $n$ の小さい順に1段目には1つ，2段目には2つ，3段目には3つ，…と，右のような三角形状に並べる。

このとき，次の問いに答えよ。

1段目　$a_1$
2段目　$a_2$　$a_3$
3段目　$a_4$　$a_5$　$a_6$
4段目　$a_7$　$a_8$　$a_9$　$a_{10}$
⋮　⋮　⋮　⋮　⋮　⋱

(1)　4段目に並ぶ $a_7$，$a_8$，$a_9$，$a_{10}$ の値をそれぞれ求めよ。

(2)　2022段目に並ぶ数のうち，左端の数を求めよ。

(3)　$a_1$ から $a_m$ までの $m$ 個の数の和 $a_1+a_2+a_3+\cdots+a_m$ を考える。この和が初めて2022より大きくなるとき，$m$ を求めよ。

(4)　$a_{2022}$ を含む段に並ぶすべての数の和を求めよ。

いう方もいた。「村田さんはどう思っていらっしゃいますか？」という、心のこもった、丁寧な質問に、私はまだ返事を書くことができていない。

笑われて、キャラクター化されて、ラベリングされること。奇妙な人を奇妙なまま愛し、多様性を認めること。この二つは、ものすごく相反することのはずなのに、馬鹿な私には区別がつかないときがあった。

「村田さん、今は普通だけれど、テレビに出たらちゃんとクレージーにできますか？」

深夜の番組の打ち合わせでプロデューサーさんにそう言われたとき、あ、やっぱり、これは安全な場所から異物をキャラクター化して安心するという形の、受容に見せかけたラベリングであり、排除なのだ、と気が付いた。そして、自分がそれを多様性と勘違いをして広めたことにも。

私は、そのことをずっと恥じている。この罪を、自分は一生背負っていくことになるのだと思う。私は子供の頃、「個性」という言葉の薄気味悪さに傷ついていた。それなのに、「多様性」という言葉の気持ちよさに負けて、自分と同じ苦しみを抱える人を傷つけた。

私には「一生背負っていこう」と思う罪がいくつもあるが、これは、本当に重く、そしてどう償っていいのかわからない一つだ。

どうか、もっと私がついていけないくらい、私があまりの気持ち悪さに吐き気を催すくらい、世界の多様化が進んでいきますように。今、私はそう願っている。何度も嘔吐《おうと》を繰り返し、考え続け、自分を裁き続けることができますように。「多様性」とは、私にとって、そんな祈りを含んだ言葉になっている。

〔出典〕　村田沙耶香「多様性って何だ？　気持ちよさという罪」
『朝日新聞』二〇二〇年一月十一日朝刊

（注一）　多数。多数派。
（注二）　少数。少数派。
（注三）　すでにあるものをなぞること。

［設問］

「多様性」という言葉について、筆者の考える問題点をまとめなさい。また、あなたの考える多様性とはどのようなものか示したうえで、それを実現するために社会（国、地域、学校など）はどうあるべきか、あなた自身はどう取り組んでいくべきか、具体的な例を挙げて自分の考えを述べなさい。ただし、全体で九〇一字以上一二〇〇字以内で述べること。また、改行によって生じる空欄は字数に数えるものとする。

から、私は決してぼろを出さなかったのだ。

大人になってだいぶ経って、たくさんの友人に出会い、私を取り巻く世界の価値観は急に変わった。相手の奇妙さを愛する、という意味で、「狂ってる」という言葉が飛び交うようになった。

それは、迫害ではなく受容の言葉だった。その言葉は、いつも愛情と一緒に渡された。〇〇ちゃんのこんなところが変で、大好き。△△さんのこんな不思議な行動が、愛《いと》おしい。みんな狂ってる、だからみんな愛おしい、大好き。そんな言葉が交わされるようになった。

私はそこで、初めて、異物のまま、お互い異物として、誰かと言葉を交わしたり、愛情を伝え合ったりするようになった。それがどれだけうれしいことだったか、原稿用紙が何枚あっても説明することができない。今まで殺していた自分の一部分を、「狂っていて、本当に愛おしい、大好き」と言ってくれる人が、自分の人生に突如、何人も現れたことが、どれほどの救いだったか。夜寝る前に、幸福感で泣くことすらあった。平凡にならなくてはと、自分の変わった精神世界をナイフで切り落とそうとしながら生きてきた私は、本当はその不思議で奇妙な部分を嫌いではなく大切に思っていたのだとやっと理解できたのだった。同じように、誰かの奇妙な部分を好きだと、素直に伝えられるようになった。

そういうあたたかい、愛情深い世界は、わかりやすく見えないだけで本当はずっと遠くまで存在しているのではないかと、驕《おご》った気持ちを持つようになった。

そうした日々の中で、私は、「多様性」という言葉で自分を騙《だま》し、私と同じように、「奇妙さ」を殺しながら生きている人を、深く傷つけてしまったのだった。

■　■

誤解なく伝えられるよう願っているが、あるときから、メディアの中で、私に「クレージーさやか」というあだ名がつくようになった。それは、最初は友人のラジオの中で、愛情あるお喋《しゃべ》りの延長線上で出てきた言葉だった。だから、最初、私はうれしかった。

けれど、だんだんとそれが、単なる私のキャッチフレーズとして独り歩きするようになった。ある日、テレビに出たとき、そのフレーズをキャッチコピーのように使うことを、私はいいことだと思って許諾してしまった。多様性があって、いろいろな人が受容されるのは、とても素敵なことなのではないかと思ったのだ。

そのとき、私という人間は、人間ではなくキャラクターになった。瓶に入れられ、わかりやすいラベルが貼られた。テレビに出ると、そのフレーズがテロップになり流れるようになった。私は馬鹿なので、最初はそのことが誰かを傷つけていることに気が付かなかった。

「村田さんがお友達に『クレージー』と言われているのは、村田さんが愛されてるのを感じて、私までうれしいのですが、テレビやインターネットでそう呼ばれているのを見ると、とてもつらく、苦しい気持ちになります」

文面や詳細は違うが、私の元に、何通か、このような手紙が届いた。理由は様々で、「村田さんと自分は似ていると感じるからかもしれませんが、自分が言われているような気持ちになります」という方もいれば、「村田さんのことを知らない人に村田さんが笑われているのを見るのが、残酷な構造を見ているようでつらいです」とょうどいい)個性」という言葉のなんだか恐ろしい、薄気味の悪い印象は、大人になった今も残っている。

■　■

大人になってしばらくして、「多様性」という言葉があちこちから、少しずつ、聞こえてくるようになった。

最初にその言葉を聞いたとき、感じたのは、心地よさと理想的な光景だった。例えば、オフィスで、様々な人種の人や、ハンデがある人、病気を抱えている人などが、お互いのことを理解しあって一緒に働いている光景。または、仲間同士の集まりで、それぞれいろいろな意味での(注一)マジョリティー、(注二)マイノリティーの人たちが、互いの考え方を理解しあって、そこにいるすべての人の価値観がすべてナチュラルに受け入れられている空間。発想が貧困な私が思い浮かべるのは、それくらいだった。

それが叶《かな》えばいいという気持ちはずっとある。けれど、私は、「多様性」という言葉をまだ口にしたことがほとんどない。たぶん、その言葉の本当の意味を自分はわかっていないと感じているからだと思う。その言葉を使って、気持ちよくなるのが怖いのだと思う。私はとても愚かなので、そういう、なんとなく良さそうで気持ちがいいものに、すぐに呑《の》み込まれてしまう。だから、「自分にとって気持ちがいい多様性」が怖い。「自分にとって気持ちが悪い多様性」が何なのか、ちゃんと自分の中で克明に言語化されて辿《たど》り着くまで、その言葉を使って快楽に浸るのが怖い。そして、自分にとって都合が悪く、絶望的に気持ちが悪い「多様性」のこともきちんと考えられるようになるまで、その言葉を使う権利は自分にはない、とどこかで思っている。

こんなふうに慎重になるのは、私自身が、「気持ちのいい多様性」というものに関連して、一つ、罪を背負っているからだ。

■　■

私は子供の頃から、異常といっていいほど内気な子供だった。とても神経質で気が弱く、幼稚園で他の子供に怒鳴られただけですぐに泣き、幼稚園の先生も両親も、この子はきちんと小学校に通えるのだろうか、と不安がっていたのをよく覚えている。学校に行くと、担任の先生が言った。

「あなたが泣き虫の村田さんね。話は幼稚園の先生から聞いてるわよ。あなたの席はここ。先生のそばのここの椅子に座ってね」

そのとき、自分が異物であるということを、初対面の先生がもう知っているということがとても怖かった。よく考えればそれは、過敏な私に対して学校が柔軟に対応してくれていたのだと思うが、当時の私は、これ以上異物であることが周りの子供たちにばれたら、自分は迫害されると思った。私は、周りのしゃべり方、行動、リアクションを、自分の心の中に違和感がない範囲で、(注三)トレースするようになった。みんなが笑っているところでは笑った。みんなが怒っているとき、あまり賛同できない場合には、曖昧《あいまい》な困った顔をした。トレースすることで、いかに自分が平凡な人間かということを、発信し続けた。枠をはみ出したら、この世界を追われて、いつか殺される。大袈裟《おおげさ》に聞こえるだろうが、当時の私は、それくらい真剣に思い詰めていた。

大人になってもその癖は続いた。だから、私の古くからの友人や、学生時代の仲間などは、私を「おとなしい無害な人」だと思っている。その枠をはみ出すことは、私にとってとてつもない恐怖だった

ウ　水を使って鴛鴦の焼絵を描くにはどのようにしたらよいのだろう。

エ　水に浮かぶ鴛鴦という難しい焼絵はどのように描けばよいのだろう。

**問五**　傍線部7「一首」の形にしたときの始めの五字と終わりの五字を本文中から抜き出して答えよ。

**問六**　傍線部8「ひを」は掛詞《かけことば》（一語に二つ以上の意味を持たせる技法）になっている。一方では「氷魚《ひを》」（アユの稚魚）を表すが、他方では何を表すか。「ひを」の「ひ」を漢字に直して答えよ。

## 【小論文】（九〇分）

（注意）題名（タイトル）は記入せず、解答用紙の一行目から本文を書き始めること。

次の文章は、二〇二〇年に朝日新聞に掲載された村田沙耶香氏の多様性をテーマにした寄稿文である。この文章を読んで後の設問に答えなさい。

子供の頃、大人が「個性」という言葉を安易に使うのが大嫌いだった。

確か中学生くらいのころ、急に学校の先生が一斉に「個性」という言葉を使い始めたという記憶がある。今まで私たちを扱いやすいように、平均化しようとしていた人たちが、急になぜ？　という気持ちと、その言葉を使っているときの、気持ちのよさそうな様子がとても薄気味悪かった。全校集会では「個性を大事にしよう」と若い男の先生が大きな声で演説した。「ちょうどいい、大人が喜ぶくらいの」個性的な絵や作文が褒められたり、評価されたりするようになった。「さあ、怖がらないで、みんなももっと個性を出しなさい！」と言わんばかりだった。そして、本当に異質なもの、異常性を感じさせるものは、今まで通り静かに排除されていた。

当時の私は、「個性」とは、「大人たちにとって気持ちがいい、想像がつく範囲の、ちょうどいい、素敵な特徴を見せてください！」という意味の言葉なのだな、と思った。私は（多くの思春期の子供がそうであるように）容易《たやす》くその言葉を使い、一方で本当の異物はあっさりと排除する大人に対して、「大人の会議で決まった変な思い付きは迷惑だなあ。また大人たちが厄介なことを言い出したなあ」と思っていた。平凡さを求められたほうが、それを演じればいいのだから、私にとってはずっとましだったのだ。「（大人が喜ぶ、きちんと上手に『人間』ができる人のプラスアルファとしての、ち

うに答えるとして、その空欄a・bに入る言葉を本文中からそれぞれ指定された字数で抜き出して答えよ。

人間を【 a 】(五字)とみなす【 b 】(六字)から生じた。

**問九** 空欄Cに入る言葉として最も適切なものを次の中から選び、記号で答えよ。

ア 内面　イ 相対　ウ 物神
エ 可視　オ 無効

**問十** 次の中で本文の内容と合致しないものを一つ選び、記号で答えよ。

ア 近代社会はカミを他者として排除することによって人格の尊厳の理念を共有し、社会的な進化を達成してきた。

イ 不可視の存在を持たない民族や共同体はなく、それは幻想であったとしても大多数の人には必要なものである。

ウ 中世や近世の人々は、人間以外の超越的な存在とも同じ空間を共有し、それを同じ社会の構成員と考えていた。

エ かつての人々は、子孫を見守り、折々もとのわが家に帰ってくる能動性が死者には備わっていると感じていた。

オ 前近代の人々の一般的感覚では、生者の世界と死者の世界が重なり合う中間領域が存在すると信じられていた。

**三** 次の文章を読んで、後の問いに答えよ。

1やむごとなき人のもとに、今参りの侍《さぶらひ》、出で来にけり。焼絵《やきゑ》を2めでたくするよし、聞こえければ、前に呼びて、檀紙《だんし》に焼絵をせさせけるに、「何をか焼き侍《はべ》るべき」と3言ひければ、「4水に鴛《を》鴦《し》を焼け」と5言はれけるに、うちうなづきて、

6水には鴛鴦をいかが焼くべき

と口ずさみけるを、あるじ、聞きとがめて、「同じくは7一首になせ」と言はれければ、かいかしこまりて、

浪《なみ》の打つ岩より8ひをば出だすとも

と言へりければ、人々、皆、ほめにけり。

(『今物語』より)

語注
＊今参りの侍　新しく仕え始めた従者。
＊焼絵　小さいこてなどで絵や模様などを紙や板などに焼き付けたもの。
＊檀紙　厚手の上質紙。
＊鴛鴦　おしどり。
＊かいかしこまりて　恐縮してひれ伏して。

**問一** 傍線部1「やむごとなき人」、2「めでたく」の意味として最も適切なものを後の中からそれぞれ選び、記号で答えよ。

1 やむごとなき人
ア 品性のない人　イ 意地の悪い人
ウ お金持ちの人　エ 風流を愛する人
オ 高貴な身分の人

2 めでたく
ア 非常に珍しく　イ とても自慢げに
ウ すばらしく見事に　エ 晴れがましい様子で
オ たいそうにぎやかに

**問二** 傍線部3「言ひければ」・5「言はれけるに」の主語は何か。本文中から三字以上五字以内の言葉をそれぞれ抜き出して答えよ。

**問三** 傍線部4「水に鴛鴦を焼け」の解釈として最も適切なものを次の中から選び、記号で答えよ。

ア 水の中で鴛鴦を焼き殺してみせよ。
イ 水の上に鴛鴦を焼絵で描いてみせよ。
ウ 水を使って鴛鴦の焼絵を描いてみせよ。
エ 水に浮かぶ鴛鴦の様子を焼絵で描いてみせよ。

**問四** 傍線部6「水には鴛鴦をいかが焼くべき」の解釈として最も適切なものを次の中から選び、記号で答えよ。

ア 水の中で鴛鴦を焼き殺すにはどのようにしたらよいのだろう。
イ 水の上に焼絵で鴛鴦を描くにはどのようにしたらよいのだろう。

がいまの日本社会で注目したい現象は、列島のあらゆる場所で増殖を続けるゆるキャラである。もちろんディズニーのミッキーマウスをはじめ、動植物を擬人化したキャラクターは世界中にみられる。しかし、4その数と活動量において、日本のキャラクターは群を抜いている。これほど密度の濃いキャラクター、ゆるキャラの群生地は、地球上の他の地域には存在しない。

大量のゆるキャラが誕生しているということは、それを求める社会的需要があるからにほかならない。それはなにか。わたしは現代社会の息の詰まるような人間関係の［B］であり、ストレスの重圧に折れそうになる心の癒《い》やしだと考えている。

現代社会におけるゆるキャラは、小さなカミを創生しようとする試みである。5この社会からカミを締め出した現代人は、みずからを取り巻く無機質な光景におののいて、その隙間を埋める新たなカミを求めた。その先に生まれてきたものが、無数のキャラクターたちだった。群生する大量のゆるキャラは、精神の負荷に堪えかねている現代人の悲鳴なのである。

二一世紀に生きるわたしたちは、近代の草創期に思想家たちが思い描いたような、直線的な進化の果てに生み出された理想社会にいるのではない。近代化は人類にかつてない物質的な繁栄をもたらす一方で、人間の心に、昔の人が想像もしえなかったような無機質な領域を創り出した。

この問題の深刻さは、すでに述べた通り、それが文明の進化に伴って浮上したものだということにある。いまそこにある危機が近代化の深まりのなかで顕在化したものであれば、人間中心の近代ヒューマニズムを［C］化できる長いスパンのなかで、文化や文明のあり方を再考していくことが必要である。

（佐藤弘夫『日本人と神』より・一部改）

語注

＊チャプレン　教会外の施設で働く聖職者。

**問一**　傍線部a～cのカタカナを漢字に直し、漢字はその読みをひらがなで答えよ。

**問二**　傍線部1に関して、近代社会におけるその具体的事例が書かれている部分を本文中から三十一字で探し、その始めと終わりの五字を答えよ。

**問三**　空欄Aに入る言葉として最も適切なものを次の中から選び、記号で答えよ。

ア　転生　イ　回帰　ウ　滅却

エ　共有　オ　往還

**問四**　傍線部2の「死生観」によって意識されるようになったものは何か。それが端的に述べられている部分を本文中から四字で抜き出して答えよ。

**問五**　傍線部3はどのようなことの具体的事例と言えるか。次のように答えるとして、その空欄に入る言葉を本文中から九字で抜き出して答えよ。

現代の日本では［　　　　］ていることの具体的事例。

**問六**　傍線部4から考えられることとして適切でないものを次の中から一つ選び、記号で答えよ。

ア　日本人は、他国の人よりも精神の負荷を耐えがたく感じている。

イ　日本人は、他国の人よりも無機的な社会関係の下で生きている。

ウ　日本人は、他国の人よりも日々の生活に安心感を持てていない。

エ　日本人は、他国の人よりも信仰の薄い文化の中で暮らしている。

オ　日本人は、他国の人よりもストレスが多い環境に置かれている。

**問七**　空欄Bに入る言葉として適切なものを本文中から三字で抜き出して答えよ。

**問八**　傍線部5の状況はどのような考え方から生じたのか。次のよでしまえば、二度とわが家に帰ることはできない。親しい人、愛する人にも、もはや会うことは叶《かな》わないのである。
　近代人にとって、死は現世と切断された孤独と暗黒の世界だった。死がまったく道標のない未知の道行《みちゆき》であるゆえに、人は生死の一線を越えることを極度に恐れるようになった。どのような状態であっても、患者を一分一秒でも長くこちら側の世界に留めることが近代医学の使命となった。いま多くの日本人が生の質を問うことなく、延命を至上視する背景には、2生と死を峻別《しゅんべつ》する現代固有の死生観があるのである。
　近代社会の特色は、この世界から人間以外の神・仏・死者などの超越的存在＝カミを、他者として放逐してしまったところに求めることができる。中世でも近世でも、人と死者は親密な関係をたもっていた。神仏もはるかに身近な存在だった。近現代人は「世界」といった時に、あるいは「社会」といった時に、その構成員として人間しか頭に思い浮かばない。しかし、中世や近世の人々の場合は違った。そこでは人間だけではなく、神・仏・死者・先祖など、不可視のカミをも含めた形でこの世界が成り立っていると考えられていた。
　ヨーロッパ世界から始まる近代化の波動は、公共圏から神や仏や死者を追放するとともに、特権的存在としての人間をクローズアップしようとする動きだった。これは人権の観念を人々に植え付け、人格の尊厳の理念を共有する上できわめて重要な変革だった。近代に確立する人間中心主義としてのヒューマニズムが、社会の水平化と生活者の地位向上に果たした偉大な役割は疑問の余地がない。
　しかし、他方でこの変動は深刻な問題を惹《ひ》き起こすことになった。カミが公共空間を生み出す機能を停止したことに伴う人間間、集団間の緩衝材の消失であり、死後世界との断絶だった。かつてのように親族が重篤者を取り囲んで見守り、その穏やかな臨終と死後の安息を祈る光景は姿を消し、生命維持装置につながれた患者が、本人の意思にかかわりなく生かされ続けるような姿が常態化することになったのである。
　およそこれまで存在した古今東西のあらゆる民族と共同体において、カミをもたないものはなかった。信仰の有無にかかわらず、大方の人にとってカミはなくてはならない存在なのである。
　わたしたちが大切にする愛情や信頼も実際に目にすることはできない。人生のストーリーは可視の世界、生の世界だけでは完結しない。たとえそれが幻想であっても、大多数の人間は不可視の存在を取り込んだ、生死の双方の世界を貫くストーリーを必要としている。
　いま日本列島においても世界の各地でも、現実社会のなかに再度カミを引き戻し、実際に機能させようとする試みが始まっているようにみえる。二〇一三年秋、わたしは「介護と看取《みと》り」をテーマとするシンポジウムに参加するため北京を訪れた。終了後に、中国のホスピスの現状をみせていただくために万明医院という病院を訪問し、スタッフとcコンダンする機会をもつことができた。
　万明医院では病院の内部に、「往生堂」という名称の一室が設けられ、重篤な病状に陥った患者がそこに運ばれて、親族の介護を受けながら念仏の声に送られてあの世に旅立つシステムが作り上げられていた。敷地内の別の一室では、故人の遺体を前に、僧侶を導師としてたくさんの人々が念仏を唱えていた。その儀式は数日間続けられるという。3霊安室と死者の退出口を人目のつかない所に設けることによって、生と死の空間を截然《せつぜん》と区別する日本の病院を見慣れていたわたしにとって、病院内に生の世界と死の世界が混在するこの光景は、たいへん衝撃的だった。
　終末期医療や心のケアに宗教を介在させようとする動きは日本でも起きている。その代表的な運動が、東北大学をはじめ多くの大学で進められている臨床宗教師の育成である。「臨床宗教師」は、キリスト教文化圏におけるチャプレンに相当する存在で、「被災地や医療機関、福祉施設などの公共空間で心のケアを提供する宗教者」をいう。
　新たに小さなカミを生み出そうとする動きも盛んである。わたし

イ　アクティブ・ラーニングの流行をもたらしている抽象的な論理展開は、日本の大学の主体的な資質や能力を低下させている。
ウ　日本の大学が信頼されないのは、大学のカリキュラムを余裕のある構造にすることなく、改革だけを付け加えるからである。
エ　現在の教育改革でアクティブ・ラーニングが提唱されている背景にあるものは、一方通行の知識伝達型教育への不評である。
オ　従来は、企業内で行われる技術的訓練のための基礎的知識や能力を身につけさせることが、大学教育の主たる役割とされていた。

二　次の文章を読んで、後の問いに答えよ。

わたしたち現代人は、生と死のあいだに明確な一線を引くことができると考えている。ある一瞬を境にして、生者が死者の世界に移行するというイメージをもっている。だがわたしたちにとって常識となっているこうした死生観は、人類の長い歴史のなかでみれば、近現代にだけみられる特殊な感覚だった。

前近代の社会では、生と死のあいだに、時間的にも空間的にもある幅をもった中間領域が存在すると信じられていた。呼吸が停止しても、その人は亡くなったわけではない。生と死の境界をさまよっていると考えられたのである。

前近代の社会では、生と死が交わる領域は呼吸が停止してからの限られた期間だけではなかった。生前から、1死後の世界へ向かう助走ともいうべきさまざまな儀礼が営まれた。死が確定して以降も、長期にわたって追善a供養が続けられた。生と死のあいだに一定の幅があるだけではない。その前後に生者の世界と死者の世界が重なり合う長い期間があるという認識が、前近代の人々の一般的な感覚だった。

生者と死者は、交流を続けながら同じ空間を共有していた。生と死そのものが、決して本質的に異なる状態とは考えられていなかったのである。

こうした前近代の死生観と対比したとき、近代が生と死のあいだに［A］不可能な一線を引くことによって、生者の世界から死を完全に排除しようとした時代であることが理解できるであろう。いまの日本では死は周到に隠蔽《いんぺい》され、人間でも人以外の動物でも、生々しい死体を直接目にする機会はほとんどなくなってしまった。普段の食事で、牛や鳥や魚の死体を口に運んでいるという感覚を持つことはまずありえない。だれもが死ぬという当たり前の事実すら、公然と口にすることを憚《はばか》る風潮がある。

いったん人が死の世界に足を踏み入れてしまえば、慌ただしい形式的な葬儀を終えて、親族はただちに日常生活に戻ってしまう。別世界の住人であるがゆえに、死者はもはや対等の会話の相手とはなりえなかった。死者の側の能動性は失われ、生者による一方的な追憶と供養の対象と化してしまうのである。

かつて人々は死後も縁者と長い交流を継続した。それは、やがて冥界で先に逝《い》った親しい人々と再会できるという期待に裏打ちされた行為だった。それはまた、自分自身もいつかは墓のなかから子孫の行く末を見守り、折々に懐かしい家に帰ってくつろぐことができるという感覚の共有にほかならなかった。「供養絵額《えがく》」や「ムカサリ絵馬《えま》」のように、死者の世界を可視的に表現した記憶装置も数多く作られた。

死後も親族縁者と交歓できるという安心感が社会のすみずみまで行き渡ることによって、人は死の恐怖を乗り越えることが可能となった。そこでは死はすべての終焉《しゅうえん》ではなく、再生に向けての休息であり、生者と死者との新しい関係の始まりだった。死はだれもが経験しなければならない自然のbセツリであることを、日々の生活のなかで長い時間をかけて死者と付き合うことによって、人々は当たり前のこととして受け入れていったのである。

しかし、死者との日常的な交流を失った現代社会では、人間の生はこの世だけで完結するものとなった。死後世界はだれも足を踏み入れたことのない闇の風景と化した。ひとたび死の世界に踏み込んれているからだろう。これも一種の大学性悪説の一部であるが、そこからの安易な脱却が、カリキュラムの構造に大きな変更を加えないまま導入されたアクティブ・ラーニングの弊である。

　大学とは基本的に知を生産・再生産する場である。大学の教師の多くは研究者として新しい知を生産し続ける。その過程で、多様な知識をどのように使いこなすか、それをいかに表現するかを研究という名のもと、生業としている。同時に、教育者としては、そうした知の生産に習熟した立場から、学生に知の生産の基礎を教えている。たんに知識を伝えるだけではなく、知識のつくり方も教えるから、大学は知の生産・再生産の場になる。

　知識の生産・伝達・受容は日々行われる。そのために、オックスフォード大学のチュートリアルのように、知識のインプットもアウトプットも大量にこなすことで、思考力が育つという経験を積み上げてきた。それは、理想論からの演繹ではない。実際にそのような教授・学習方法が学生の思考力を鍛え上げるうえで効果を持ってきたことを、7経験を通して知っているから、繰り返されるのである。大学への信頼はそのような実績から生まれる。大学性悪説を前提に改革を繰り返す日本の大学が、上滑りの改革に終始するのは、そのような信頼を勝ち得るための余裕を大学に与えないまま、次々と改革が付け加えられていくからだ。

（苅谷剛彦『コロナ後の教育へ』より・一部改）

語注

*キャッチアップ　追いつくこと。

*所以　理由。

*オックスフォード大学　英国の大学。ここで筆者は教鞭を執っている。

*チュートリアル　少数の生徒に教師が集中的に教えること。

**問一**　傍線部a～cのカタカナを漢字に直し、漢字はその読みをひらがなで答えよ。

**問二**　傍線部1はどのような認識に変わったということか。「という認識に変わった」に続く形で、本文中から十二字で抜き出して答えよ。

**問三**　傍線部2のような考え方を筆者は批判を込めて端的に何と表現しているか。本文中から三字で抜き出して答えよ。

**問四**　傍線部3のように言えるのはなぜか。次のように答えるとして、その空欄に入る言葉を本文中から十字で抜き出して答えよ。

そのような学びには［　　］が欠けているから。

**問五**　傍線部4と同じ意味を表す四字熟語を次のように答えるとして、その空欄に入る漢字二字を答えよ。

有名［　　］

**問六**　傍線部5のような「政策言説」や「提唱」は何を目的としてなされたものか。本文中から四字で抜き出して答えよ。

**問七**　傍線部6「エセ演繹型の思考様式」と関連するものを次の中から一つ選び、記号で答えよ。

ア　自分の進路を拓いていく能力を持った人材の育成までも大学の教育に要求すること。

イ　様々な問題点を具体的に検討することなく、政府が新たな学習法を押しつけること。

ウ　海外で流行している学生参加型の教育思潮をそのまま日本の現実に当てはめること。

エ　具体的な評価方法の必要性を認識せずに、アクティブ・ラーニングを導入すること。

オ　主体的能力が不要とされている日本の大学に主体性のある学生の養成を求めること。

**問八**　空欄Aに入る言葉を本文中から一語で抜き出して答えよ。

**問九**　傍線部7「経験を通して」と同じ内容を表す言葉を本文中から四字で抜き出して答えよ。

**問十**　次の中で本文の内容と合致しないものを一つ選び、記号で答えよ。

ア　大学は知識の生産が日々行われる場であるが、日本の大学教員がその具体的な方法に熟達しているとは必ずしも言えない。

何が行われているかを言語化することは非常に難しいからだ。そうした学習の成果を評価することにも非常な困難が伴う。

　ポイントは、教員側の能力である。「主体性」の育成につながる学習が実際に行われているかどうか。失敗例があげられてもそれに具体的な実践が当てはまっていると適切に判断できるか。それらを的確に判断できる力が教員側になければ、いくら参加型の授業を採用しても、4それは形だけのものに終わる。それでは、そのような教員の判断力をいかに育成できるかというと、そこにも具体的な手立てがあるわけではない。そのようなことをほとんど不問に付したまま、教員にそうした能力が備わっているはずだ(あるいは育成可能だ)ということを前提に、小学校から大学まで、「主体的な学び」が求められたのである。

　予測不能な未知の変化への対応に必要な能力や資質とは何か。そもそも答えのない問題を自ら発見し、その原因や仕組みを考え、よりましな解を導くには、具体的に何をしたらよいのか。そこにはいかなる能力や知識が求められるのか。それはどのようにすれば育成できるのか。誰がそれを評価できるのか。さらには、そうした評価ができる教員はどうすれば養成できるのか――これらの問題を具体的なレベルで考えていくと、容易ではないことがすぐにわかる。そもそも、こうした知の生産について熟知し、それを使いこなせる能力を備えた人たちが大学の教員になっているのか、といった疑問さえ浮かぶ。二〇二〇年に始まった新型コロナウイルスの感染拡大に教育現場がどのように対応してきたかを実態把握し、帰納的に考えてみるだけでもよい。c未曽有の変化に対し、大学を含めてそもそも主体的に考え、主体的に対応できる資質や能力を日本の教育界は備えてきたのか。

　過去や現状を一度否定したうえで、しかし大学はこうあってほしいという期待を、政策言説は描き出してきた。そして、八〇年代末から九〇年代以降、より顕著になっていたのが、5変化への対応を大学に求める政策言説、より具体的には変化に対応できる能力や資質の育成をめざす大学教育の提唱であった。政策の力点が未来に照準されることで、不可知の変化に対応できる能力や資質の育成は、「主体性」の育成と見なされるようになる。この抽象的な論理の展開が、アクティブ・ラーニングの流行をもたらすこととなる。一方通行の講義形式の授業に替わって、学生参加型の教育が求められる所以《ゆえん》である。だが、6エセ演繹《えんえき》型の思考様式で導入される新たな教授・学習法は、その成果が政策の目的を実現しているかどうかの具体的な評価方法を持たない。個々の教室レベルでも、はたしてそのような評価が可能かどうか不明なままである。

　それでもこうした改革が求められるのは、大学が社会の要請に十分応えられていないという、日本に長年定着してきた大学性悪《せいあく》説というイメージが根強く定着しているからだ。社会の要請の中身は、A志向へと大きく変わってきた。それだけにますます、具体的な目標・手段の設定が難しくなっている。にもかかわらず、こうした改革が続けられるのは、大学に自分で進むべき進路を拓《ひら》いていく能力と資質を持った人材の育成が求められるからだ。

　それが奇妙な形で「日本再生」という名の経済復興に結び付けられることで、大学性悪説をもとにした大学改革が力を得るようになった。だが、アクティブ・ラーニングについて論じたように、ときどきの流行の教育思潮を海外から取り入れ、それを日本の現実に当てはめるのでは、実を得ない。そもそも学生に多くを読ませるような多大なインプットを要求しないまま、話し合いや発表の機会を持たせても、深い学びにはならない。多くを書かせる課題なしに、口頭による発表を求めるだけでは、思考力は育たない。読んで書くという行為が思考力を鍛えるうえで有効であることを、私たちは帰納的に知り得ている。多くの種類の授業をとらせ、講義形式の授業を中心にしてきた日本の大学のカリキュラムの構造(薄く広く学ぶための仕組み)は、そもそもそうしたぶ厚いインプットとアウトプットとを求める学習とははるかにかけ離れている。それでもこのような流行が起こるのは、一方通行の知識伝達型教育への不評が共有さ

# 二〇二二年度
# 早稲田大学高等学院

【国　語】（五〇分）

〔注意〕　字数指定のある問いに答える場合は、句読点などの記号も字数に含めるものとする。

一　次の文章を読んで、後の問いに答えよ。

長い間、日本は西欧先進国に追いつけ追い越せで「近代化」を進めてきた。それが終わったという認識が広がっていくのが一九八〇年代である。従前は外部に、「欧米」という明確な先進モデルがあり、フォローすべき目標が明確であった。それまでは、いわば「キャッチアップ型近代化」を日本が進めてきた。そうした近代化の過程（六〇～七〇年代まで）では、はっきりしたゴールが存在した、あるいはaモホウすべきモデルが明確にあったと日本の政策立案者が認識していたということである。

1八〇年代に時代認識が変わり、モデルは外にはない、自分たちで答えを見付けなければならないという気運になる。そのためには大学は自らを変えていかなければならない。自ら教育を変えることによって、不透明な時代にあってもわが国が進むべき道を自らが切り開く教育や人材の育成を行うことが要請されるようになったのである。ここには大きな論理転換があった。

従来は外にモデルがあり、そこに向かって近代化を進めた。その際の大学とは、外から知識を導入し、それを日本語に直して教えることが中心であると見なされた。あるいは科学技術を海外から学んできて、それを自分たちの中で再開発し、付加価値を付ける。そのための技術的訓練は企業内の現場での訓練を通して行われたが、それを可能にする基礎的な知識や訓練能力を備えた人材は大学までの教育が提供してきた。

経済がうまくいっていた時代にも、社会の変化に対応できていない大学という批判が政策文書に数多く登場した。だが、そうした批判に基づいて大学を抜本的に変えようという政策は提出されなかった。

ところが、キャッチアップを完了したという意識を持ち、しかもバブル経済のb破綻によって、経済の停滞が長期化することとなった。経済の停滞が長期化すると、財界や政府は大学を経済復興の要として位置づける政策を立て続けた。かつては言葉の問題にとどまっていたものが、実際に大学を変えなければ、という動きにつながった。

未来の不可知の社会変化に対応するためには、自分で考えることができる主体性のある人材を育成しなければならない。「主体性」が前面にクローズアップされた結果、小学校から大学まで、現在の教育改革では、アクティブ・ラーニングが主要な教授原理となって提唱されている。2受け身の学びから、学生が自ら参加する主体的＝アクティブな学びに変える。そのことで主体的な個人の育成ができるはずだというペタゴジー（教授学）を前提としている。

だが、「主体性」とは何か。実はよくわからない曖昧《あいまい》な言葉である。どのような学びをすればどのような主体性が育つかという関係も確定的ではない。見た目で学生の参加や発言を促す授業をすれば、それが「主体的な学び」＝アクティブ・ラーニングだという認定が行われる程度である。ほとんど言葉遊びのレベルとなっていると言わざるをえない。

大学で行われるアクティブ・ラーニングの一般的なスタイルは、学生を何人かのグループに分け、課題を与え、話し合いの議論を行わせる。それが終わった時点でそれぞれのグループに発表の機会を与えるといった方法をとる。だが、3そのような話し合いと発表という形だけ取り入れても、「深い学び」に結び付く保証はない。

このような「アクティブ」な授業によってどのような「主体性」が育成されるのかは不明のままである。それというのも、授業の形態は記述し文章化し、解説できても、実際に生徒や学生の頭の中で

# 2022年度／早稲田大学高等学院

## 英語解答

**A**
Ⅰ (1)…エ (2)…イ (3)…ウ (4)…ア
(5)…ア
Ⅱ (1) gone (2) used (3) No
(4) app〔application〕 (5) wait
Ⅲ (1) (エ)→child
(2) (ア)→as many shops

**B**
Ⅰ ウ
Ⅱ (1)…エ (6)…ウ (11)…イ
Ⅲ 2 common 12 helpful
Ⅳ (3) without (8) depends
(9) own
Ⅴ ア
Ⅵ see how students did in both
Ⅶ (7)…イ (10)…ウ Ⅷ エ
Ⅸ 1…イ 2…ア 3…オ 4…キ
Ⅹ エ

**C**
Ⅰ C Ⅱ D Ⅲ C Ⅳ B
Ⅴ D Ⅵ B Ⅶ A Ⅷ A
Ⅸ (例)(I can “be the guy at Starbucks”) when I welcome new members to my soccer club. I'll help them get along with other members so that they can play comfortably.

**D**
Ⅰ B Ⅱ D Ⅲ C Ⅳ B
Ⅴ D Ⅵ A Ⅶ frindle
Ⅷ (a) everyone〔everybody〕
(b) dictionary

(声の教育社 編集部)

**A**〔文法総合〕

Ⅰ＜適語(句)選択＞(1) What is ～ like？で「～はどんなもの〔人〕か」という意味を表す。物事に対する感想や人の特徴などを尋ねるときに用いる。 「ハワイ旅行はどうだった？」 (2) agree with ～で「～に賛成する」という意味。with に続く his は動名詞 buying の意味上の主語。動名詞の意味上の主語は所有格または目的格で表される。 「彼が新車を買うことに賛成できない」 (3)受け身の進行形‘be動詞＋being＋過去分詞’の形にする。take care of「～を世話する」のような動詞句はひとかたまりで動詞のはたらきをするので，受け身にする場合も過去分詞の後ろにその動詞句を構成する語(句)をそのままの順で置く。 「店員がやってきて，用件を承っているかと私に尋ねた」 (4)空所の前後は I visited the place という文が成り立つ。先行詞が the place だからといって無条件に関係副詞 where がくると判断しないこと。関係副詞の後には完全な文，関係代名詞の後には不完全な文が続く。ここでは visited の後に目的語が欠けている。 「これは昨年私が訪れた場所の写真だ」 (5) there 構文で be動詞が was であることから，単数扱いの(代)名詞が入る。「今日は海岸が混んでいると思っていたが，ほとんど誰もいなかった」

Ⅱ＜和文英訳―適語補充＞(1) be gone で「存在しなくなる，いなくなる」という意味を表す。 (2)「(以前は)～だった」という‘過去の状態’は used to ～を用いて表せる。 (3)英語では，否定文への同意は否定で表す。日本語の「うん」に惑わされないように注意。 (4)「アプリ」は app〔application〕で表せる。 (5)「～したくてうずうずする」は「～するのが待ちきれない」ということ。これは，can't wait to ～で表せる。

Ⅲ＜誤文訂正＞(1) every は単数名詞を修飾する。children は child の複数形。 「より良い世界をつくるのに必要なのは，全ての子どもが教育を受けることだ」 (2)‘as＋原級＋as ～’「～と同じくらい…」の表現で‘数’について述べる場合は‘as many＋名詞の複数形＋as …’という形になる。なお，(イ)の does は，has の代わりとなる代動詞である。 「このデパートはあのデパートと同じくらい店舗数がある。その両方に行く必要はない」

**B**〔長文読解総合―説明文〕

≪全訳≫❶アートと理科は全く違うように思われるかもしれない。一方は創造的なアイデアを必要とし，もう一方は確かなデータを必要とする――あるいはそう考える人もいる。しかしこの２つには多くの共通点があるのだ。どちらも多くの創造性を要する。人々はまた，私たちを取り巻く世界をよりよく理解するためにこの両方を使う。そして現在，ある研究により，アートは生徒が理科の授業で学んだことをよりよく記憶するのに役立つこともわかっている。❷マリアーレ・ハーディマンは，アメリカのジョンズ・ホプキンス大学の教育専門家である。彼女はある学校で校長をしていたとき，教室でアートを活用する生徒は関心が高いことに気づいていた。そうした子たちはより注意深く話を聞くかもしれない。多くの質問をするかもしれない。自発的に多くのアイデアを出すかもしれない。さらに，授業にアートを取り入れると，生徒たちは教えられたことをよりたくさん記憶するように思われた。しかしハーディマンは，アートが本当に学習効果を上げるのか，それはどの程度効果があるのかを検証するには，実験で確認するしかないということをわかっていた。そこで彼女は他の研究者たちと地元の６つの学校と一緒に調査を行った。❸研究者グループは，小学５年生の16学級の教師と協力して調査を行った。彼らは従来型の理科の授業を選び出し，それらについてアート型の授業をつくった。例えば，従来型の理科の授業では，生徒は本を音読するだろう。アート型の授業では，そうではなく，その情報で歌ったりラップをしたりするのだ。もう１つの例として，従来型の理科の授業では図やグラフを使うことが多い。アート型の授業では，その代わりに生徒に絵を描かせたり，さまざまなタイプのアートを制作させたりした。全員が同じ情報を得るのだが，その学び方がさまざまに違うというわけだ。❹研究チームは，350人の生徒を従来型の理科のクラスとアート型のクラスのいずれかに無作為に振り分けた。そして生徒は科学の単元全体をこの約３週間にわたる取り組みを通して学んだ。新しいテーマが始まると，もう一方のタイプの授業に切りかえた。このようにして生徒はアート型の授業と標準的な授業の両方を受けた。各単元をこの２つの方法で，別のグループの生徒たちに教えたのだ。(5)これにより研究者チームは，生徒が２つのタイプの授業でどんな成果を上げたかを確かめることができた。❺各単元の前後で生徒たちはテストを受けた。３回目のテストは約２か月後に受けた。このテストはその単元で学んだことをどれだけ覚えているかを確認するものだ。また，研究チームは読解力テストの成績にも注目した。これにより異なるタイプの学習能力を持つ生徒が，アート型の授業とそうでない授業において，どんな成績を収めたかを比較することができた。❻年齢相応かそれ以上の読解力がある生徒は，どちらのタイプの授業でも同じような成績だった。読解力がそれより低い生徒は成績が上がった。年齢相応の読解力がない生徒は，アート型の授業で学ぶと理科の成績が10％上がったのだ。ハーディマンによれば，数か月後の３回目のテストの方が，それ以前に受けたテストよりも出来がよかったケースもあったという。また，クラスの教師からは，多くの生徒がその単元を終えた後も，習った歌やラップを歌い続けていることが報告された。「耳にすればするほど記憶に残るものなんです」とハーディマンは述べている。❼標準的な授業から始めた生徒は，アート型の授業に移行した後に成績が上がった。しかし，アート型の授業から始めた生徒は標準的な理科の授業に戻った後でも成績は良かった。ハーディマンによれば，これらの生徒は通常の授業に戻った後もアートの手法を用いていたようである。「情報を覚えるためにスケッチをしたり，歌ったりするのを続けた生徒もいました」と彼女はつけ加えている。「これは生徒が自ら創造的な方法で学習するのにアートが役立つ可能性があることを示しています」❽彼女のチームはその結果を研究誌に発表した。「この研究では，アートを理科の教授法の１つとして本気で考えています」とハイメ・マルティネスは言う。彼はニューヨーク市の科学，テクノロジー，工学，芸術，数学における専門家である。彼はこの調査には参加していなかった。「論文を書いた研究者らが，この新たな調査結果を読解力の低い人に役立つ可能性のある方法だと考えるのは当然でしょう」と彼は言う。しかし，彼はまた，教室でアートを用いることで，さらに多くの好ましい結果が得られるとも考えている。研究者や教師らは，アート型の授業で学んだ生徒たちは創造性を発展させ，協調性を身につけていることを見出している。❾アートは全ての人に役立つ可能性があるということに，ハーディマンは同意する。「全ての教育関係者は，学習効果を高めるためにアートを用いた教授法を学ぶべきです」

Ⅰ＜表題選択＞本文では，アートを取り入れた教授法により理科の成績が上がったことを実験結果とともに述べている。この内容を表すのは，ウ．「アートが科学の学習を楽にしうる」。

Ⅱ＜適語(句)選択＞(1)前文でアートと理科という２つのものが提示されている。２つあるもののうち，「残りのもう１つ」はthe otherで表す。‘one ～, the other …’で「１つは～，もう１つは…」となる。　(6)Those (　) had lower reading scoresまでが文の主語となるので(動詞がimproved)，空所からscoresまでは主語を修飾する関係代名詞節である。those who ～で「～する人々」という意味を表す。　(11)直後の文で，アート型の授業が生徒の創造性や協調性に寄与するという「プラスの」効果が紹介されている。　positive「好ましい，有益な」

Ⅲ＜適語補充＞2．文頭にHowever「しかしながら」があるので，前文とは対照的な内容となることがわかる。直後に「どちらも創造性が必要」という具体例が挙げられているように，両者には多くの共通点があるのである。　have ～ in common「～を共通に持つ」　12．ここまでで述べられてきたのは，アートの有用性である。アートは誰に対しても役立つと考えられる。　helpful「役立つ，有用な」

Ⅳ＜書き換え―適語補充＞(3)このvolunteerは「～を自発的に提供する」という意味。これを「頼まれなくても提案する」と読み換える。　(8)下線部(8)は‘the＋比較級，the＋比較級’「～すればするほどますます…」の形。書き換える文では「何かをいかによく覚えるかは，それを何回聞くか次第である」という文にする。名詞節が主語なので３人称単数扱いになる点に注意。　depend on ～「～次第である」　(9)「１人で，独力で」を表すby ～selfは，on ～'s ownで言い換えられる。

Ⅴ＜語句解釈＞第３段落第３文参照。ア．「生徒は教科書を音読して新しい情報を学ぶ」は，この内容に一致する。

Ⅵ＜整序結合＞まず，‘let＋人＋動詞の原形’「〈人〉に～させる」の形でThis let the researchers seeとする。この後は，語群に疑問詞howがあるので，seeの目的語はhowを使った間接疑問(‘疑問詞＋主語＋動詞...’)にすると考える。　This let the researchers see how students did in both types of classes.

Ⅶ＜単語のアクセント＞(7)　con-tín-ued　(10)　en-gi-néer-ing

Ⅷ＜内容真偽＞ア．「ハーディマンは研究者になった後，アートが授業に取り入れられていると生徒の反応が異なることに初めて気づいた」…×　第２段落第２文参照。ある学校の校長時代に気づいた。　イ．「ハーディマンは授業で歌を歌うことが絵を描くよりも科学的な言葉を覚えるうえで効果的だとわかった」…×　ウ．「ハーディマンは，アート型の授業では従来型の授業と同様に生徒の意欲が高いことを発見した」…×　エ．「ハーディマンはアートが学習に影響を与えるかどうかだけでなく，その影響力の大きさも検証したいと思った」…○　第２段落終わりの２文に一致する。　‘not only ～ but also …’「～だけでなく…も」

Ⅸ＜要旨把握＞1．実験は理科の授業におけるアートの効果の検証である。よって表のタイトルは「それぞれのタイプの授業を受けた後の理科のテストの平均点」となる。　2．第５段落第４文参照。この調査では生徒の読解力にも注目し，そのレベルの違いでアートの効果がどう変わるかを調べている。　3・4．第６段落前半参照。年齢相応以上の読解力がある生徒は，どちらのタイプの授業でも成績は同じだったが，年齢相応の読解力がない生徒の場合，アート型の授業で学ぶと

10％得点が高かった。

X＜内容真偽＞ア.「公立学校６校の生徒と，それ以外の学校からさらに350人の生徒が集まり，16のクラスに分けられた」…×　第２段落最終文および第４段落第１文参照。参加校は地元の６校で，生徒数は全部で350人である。　　イ.「特定のグループの生徒たちは，同じ単元を２種類の学習方法で２度勉強しなければならなかった」…×　第４段落参照。テーマごとに２つの学習方法を切りかえて学んだ。　　ウ.「最初に従来型の授業を受けた生徒は，クラスが変わると成績が良くなったが，他の生徒たちは悪くなった」…×　第７段落第２文参照。アート型の授業から始めて従来型に移行しても，良い成績は保たれた。　エ.「アートを取り入れた授業を受けた生徒の中には，その単元を学んだ数か月後のテストでさらに高い点を取った生徒もいた」…○　第６段落中盤の内容に一致する。

**C**〔長文読解総合(英問英答形式)―エッセー〕

≪全訳≫❶コーヒー。それは私が最も好きな１杯の優しさである。❷その温かくて甘い，大好きな飲み物を思い浮かべることが，ときに私をベッドから起こして部屋を出る気にさせる最も速い方法だ。これは私が大学――特に午前８時の授業――を乗り切るのに一役買った，小さなさまざまなことのうちの１つである。❸私はスターバックスのカウンターの椅子に座って注文を待つ間，まだコーヒーを飲んでいない人からでも，ドアを開けて待ってあげるといったささやかな親切が施されることがあるということに思いをはせる。信じられないかもしれないが，そのほんのわずかな心遣いが誰かの１日の始まりをより良いものにすることもあるのだ。❹実は今朝，眠そうな顔をした見知らぬ人が，私のために立ち止まってドアを押さえて開けておいてくれた。私たちは「ありがとうございます」「どういたしまして」という軽い挨拶を交わしただけだが，それだけでコーヒーを飲む前の私は笑顔になった。❺いつもより早いので，私はコーヒーを受け取ると授業に急ぐのではなく，カウンターに座ってコーヒーを楽しむことにする。この決断が幸運をもたらす。というのは，私は次に起こることを見逃したくなかったからだ。❻私は後ろから歩いてきた女性が注文の列に加わったのに初めて気づくと，彼女がとても不安そうなのが見てとれる。私には関係ないことだが，彼女が落ち着きなく靴のヒールで床を鳴らすのに気づかずにはいられない。そして，列に並んでいる男性がその女性と話しているのが聞こえると，私は耳を傾けずにはいられない。❼その男性は，いつもの２月に比べて天気がいいといった世間話をしているだけだが，彼らがおしゃべりをするとすぐに彼女の足を鳴らす音が止まる。彼女が彼に話したことの１つは，彼女がこれから仕事の面接に行くところで，とても緊張しているということだ。「今朝目覚めたときからずっと不安と闘っているけど，そんなことでくじけないわ」❽彼女の注文の番になると，この５分間彼女と話していた男性がお茶をおごると申し出る。彼女がその心遣いを断る間もなく，彼は「面接，がんばって！」と言い添える。❾私は彼女が注文し，お茶を受け取って出口に向かうのを見ながら，もはや彼女がわずか15分前に私の前を通り過ぎた，あの神経質な女性ではないことに驚く。代わりに私が目にしているのは，自信にあふれ，これから始まる１日を楽しもうとわくわくしている人だ。❿お茶をおごった男性は，おそらく仕事前にコーヒーを買いに来ただけなのだろうが，幸運なことに，彼はこの女性にとってちょうどいいタイミング――この女性が彼の優しさを必要としていることにさえ気づいていなかったその瞬間――に現れたのだ。飲み物をおごるのも親切だったが，本当に優しかったのは，「きっとうまくいくよ！」と伝えることで，彼女の緊張を忘れさせてあげたことだ。⓫私たちも皆，彼の例にならったらどうだろうか。ただ他人を眺めるのではなく，日常のやっかいな状況の中で，私たちの誰もがささやかで簡単にできる心遣いをしてあげたら，違いを生むことができる。⓬ちょっと緊張気味の人を見かけたら，スターバックスのあの人になったつもりで話しかけてみよう。不安は実際に存在するもので，単なる思い込みではない。とはいえ，助けてあげたいと思った人がそれを断っても腹を立てないように。覚えておいてほしいのは，不安との闘いは対処が難しいこともあるということだ。専門家によると，不安は最も一般的な精神疾患らしい。**13**私たちはときに，人を助けることができない無力さを感じる。しかし，私はこうして座りながら，本をしまい，コーヒーの最後の一口をすすっていると，誰かの悩みにただ耳を傾け，そして何より，あなたのことを気にかけているよと知らせてあげることが，どれほど心強いかがわかるのだ。

Ⅰ＜表題選択＞「この物語に最適なタイトルは何か」―C.「誰かに対してあなたを気にかけていると感じてもらうことの大切さ」　最終段落参照。ここに筆者の主張がまとめられている。人の悩みに耳を傾け，相手を気にかけてあげることの重要性を述べている。

Ⅱ＜要旨把握＞「今朝，コーヒーを飲む前に筆者に笑顔をもたらしたものは何か」―D.「彼女のためにドアを開けておいてくれる人がいること」　第4段落参照。holding the door open は，‘hold＋目的語＋形容詞’「～を…(の状態)にしておく」の形。

Ⅲ＜要旨把握＞「筆者について正しくないものは次のうちどれか」―C.「今日，彼女は授業に少し遅れている」　第5段落第1文参照。いつもより早い。

Ⅳ＜文脈把握＞「筆者はなぜ『この決断は幸運をもたらす』と述べているのか」―B.「ある女性が親切にしてもらうのを目にしたから」　直後の because I wouldn't have wanted to miss what happens next がその理由になっている。what happens next とは，この後で描写される，面接前の不安そうな女性に対する男性客の優しい心遣いである。wouldn't have wanted to miss は‘過去の事実と反対の仮定’を表す仮定法過去完了で，実際には見逃さなかったということ。すぐに授業に向かわずカウンター席でコーヒーを飲むことにしたことで，心温まる場面を目撃できて幸運だったと感じているのである。

Ⅴ＜要旨把握＞「この男性の心遣いのうち，筆者が最も親切だと思っている点はどこか」―D.「女性が不安を忘れるように手助けしたこと」　第10段落最終文参照。what was truly kind の what は関係代名詞。　‘help＋人＋動詞の原形’「〈人〉が～するのを助ける」　‘let＋人＋動詞の原形’「〈人〉に～させる」

Ⅵ＜要旨把握＞「筆者が見かけた女性について正しいものは次のうちどれか」―B.「彼女はスターバックスに15分ほどいる」　第9段落第1文参照。筆者は女性が出口に向かっている姿を見て，15分前に店に入ってきたときと全く様子が違うと述べている。

Ⅶ＜要旨把握＞「筆者が見かけた女性について正しくないものは次のうちどれか」―A.「彼女は前日の夜，緊張のあまり眠れなかった」　第7段落最終文参照。不安になったのは起きてからである。

Ⅷ＜要旨把握＞「筆者は不安について何と言っているか」―A.「多くの人が抱えている問題である」　第12段落最終文参照。不安は最も一般的な精神疾患だという専門家の言葉を紹介している。

Ⅸ＜条件作文＞「筆者は『スターバックスのあの人になりなさい』と述べている。学校生活において，どのように『スターバックスのあの人になる』ことができるか。答案用紙の文を完成させなさい」「スターバックスのあの人になる」とは，本文の内容から，不安を抱えているような人に対してささやかな心遣いをすることである。in your school life という条件があるので，学校生活の具体的な場面を想定した内容にするとよいだろう。解答例は「私は自分が所属するサッカー部に新入生を迎えるとき『スターバックスのあの人になる』ことができる。彼らが気分良くプレーできるように，他の部員と仲良くなるのをサポートする」。

**D**〔長文読解総合(英問英答形式)―物語〕

≪全訳≫**1**「ごめん…正直なところ，そんなつもりじゃなかったんだ」とニックは言った。「ただ見てなかったんだ…はい…」　ニックはペンを手に取り，彼女に差し出した。「これは君の…」　そして，それはこのとき起こった。ニックは「ペン」とは言わなかった。代わりに彼はこう言ったのだ。「はい，これは君の…フリンドルだよ」と。「フリンドル？」　ジャネットはペンを受け取り，変な人を見るように彼を見た。彼女は言った。「フリンドルって何？」　ニックはほほ笑みながら，「そのうちわかるよ。じゃあまたね」と言った。ニックがすばらしい思いつきをしたのはこのときだった。そして彼が2階の自分の部屋に駆け上がる頃には，それは単なるすばらしい思いつきではなくなっていた。それは1つの完全な計画であり，ニックが実行するのを待っているだけであった。そして「実行」はニックが得意とすることだった。❷次の日の放課後にその計画は始まった。ニックはペニーストアに入り，カウンターの後ろにいる店の女性にフリンドルをくれるよう頼んだ。彼女は彼を見た。「何？」「フリンドルをください。黒いのです」とニックはほほ笑んだ。「何が欲しいって？」「フリンドルです」とニックは言って，今度は彼女の後ろの棚にあるペンを指さした。「黒をお願いします」　女性店員はニックにペンを渡した。彼は店員にお金を渡し，「ありがとう」と言って店を出た。❸6日後，ジャネットはペニーストアのカウンターの前に立っていた。同じ店，同じ女性店員だ。前日にはジョンが，その前日にはピートが，その前日にはクリスが，さらにその前日にはデイブが来ていた。ジャネットは，その女性店員にフリンドルをくださいと頼むためにニックがその店に送り込んだ5人目だった。そしてジャネットが頼むと，女性店員はペンを指さして，「青？　それとも黒？」と尋ねた。ニックは1メートル離れた所に立ってほほ笑んでいた。「フリンドル」は本物の言葉だった。それは「ペン」を意味していた。30分後，5年生のグループがニックの部屋でミーティングをした。ジョン，ピート，デイブ，クリス，ジャネット。ニックを加えると6人，つまり6人の秘密工作員である。彼らは右手を挙げて，ニックが書いた誓約書を読み上げた。／今日から，そして永遠に，私は「ペン」という言葉を2度と使わない。代わりに「フリンドル」という言葉を使い，他の人たちもそうするように，あらゆる手を尽くす。／そして，6人全員がニックのフリンドルで書面にサインをした。この計画はうまくいくだろう。❹学校は新しい言葉を使い始めるのにふさわしい場所であり，これは歴史的な出来事なので，ニックはまさにうってつけの授業である火曜日の国語の授業で始めたいと思っていた。鐘が鳴った後，真っ先にニックは手を挙げて言った。「グレンジャー先生，フリンドルを忘れました」　3列離れた席に座っていたジョンが言った。「僕は予備を持っているから，貸してあげるよ，ニック」　それからジョンはわざと目立つようにリュックサックの中を捜した。「予備のフリンドルがあると思うんだけど。母さんに3つか4つ買っておいてと頼んでおいたから。昨日は確かにここに予備のフリンドルが入っていたんだけど，きっと取り出したんだな…待てよ…あった，ここにあった」　そしてジョンはそれを大げさにニックに投げてみせると，ニックはわざとそれを捕りそこねた。そして，大げさにそれを捜し出した。グレンジャー先生とクラスの全員に，彼らが伝えたかったことははっきりと伝わった。ニックがジョンから借りたその黒いプラスチック製の物が一風変わった…普通とは違うフリンドルという名前なのだと。笑いが起こったが，グレンジャー先生は目に力を込めてクラスを黙らせた。その後の授業は計画――といっても先生の計画だが――のとおりに進んだ。❺授業が終わってみんなが帰ろうとすると，グレンジャー先生が言った。「ニック，あなたにちょっと…『話』があるんだけど」　ニックの口の中は渇いていたが，頭ははっきりしていた。ニックは先生の机に歩み寄った。「はい，グレンジャー先生，何でしょうか？」「ニック，おもしろい思いつきだけど，私は二度と授業を中断させませんからね。わかった？」「思いつき？　どんな思いつきですか？」とニックは尋ね，できるだけ何事もないふうを装った。「私が言っている意味はわかっているでしょう，ニック。授業の始めにあなたとジョンがやったお芝居のことよ。私はこれのことを言っているの」と言って，彼女はペンを持ち上げた。「でも僕は本当にフリンドルを持っていなかったんです」とニックは言い，自分の勇気に驚いた。眼鏡の奥で，ニックの目は大きく見開いていた。グレンジャー先生の目がぎらぎらと光った後，目を細め，唇を薄くきゅっと結んだ。数秒の沈黙の後，彼女はこう言った。「なるほど。わかったわ。それなら，もう今日はこれ以上話すことはないわ，ニック。行っていいわよ」「ありがとうございます，グレンジャー先生」　ニックはそう言うと，リュックサックを手に取り，ドアに向かって歩いていった。そして廊下に出るなり，彼はこう言った。「もう二度とフリンドルを忘れないようにします。さようなら」

Ⅰ＜文脈把握＞「なぜ『実行』がニックのmiddle nameだったのか」―B.「彼は思いつきを実行するのが得意だから」　本文では，ニックがペンのことをフリンドルと呼ぶ計画を大胆に実行している様子が描かれている。このmiddle nameは「よく知られている特徴」という意味で，‘*A* is ～'s middle name’で「*A*は～の際立った特徴だ」という形で使われる。

Ⅱ＜文脈把握＞「ニックの友達はなぜペニーストアに行ったのか」―D.「ニックの計画を達成する手助けを頼まれたから」　第2，3段落参照。‘help＋動詞の原形’「～するのに役立つ，～するのを手助けする」　complete「～を完成する，～を仕上げる」

Ⅲ＜文脈把握＞「ジャネットが店でペンを買っているとき，ニックがほほ笑んでいたのはなぜか」―C.「店員はジャネットの頼みごとに驚かなかったから」　第3段落中盤参照。店員はジャネットの言った「フリンドル」が「ペン」であることを理解した。ニックは自分の計画が成功してうれしかったのである。

Ⅳ＜要旨把握＞「グレンジャー先生について正しいものは次のうちどれか」―B.「彼女は自分の授業で誰にも問題を起こさせたくない」　第4段落終わりから2文目～第5段落前半参照。ニックとジョンのやりとりにクラスのみんなが笑ったが，グレンジャー先生は怖い目でにらみつけて生徒を黙らせている。また，授業後にニックを呼び出し，二度と授業を中断させるようなことはしないようにと注意している。

Ⅴ＜要旨把握＞「国語の授業での『お芝居』について正しいものは次のうちどれか」―D.「ニックはペンを捕ることができたが，捕らない選択をした」　「お芝居」とは第4段落で描写されている授業中のニックとジョンのやりとりのこと。同段落中盤に，... Nick missed it(＝the extra frindle) on purpose.とある。on purposeは「わざと，故意に」という意味。

Ⅵ＜文脈把握＞「国語の授業の後，ニックが自分の勇気ある行動に驚いたのはなぜか」―A.「グレンジャー先生に対して自分の計画を続行したから」　最終段落中盤参照。自分の計画について注意するグレンジャー先生に対しても，ひるむことなくペンをフリンドルと呼ぶ自分の計画を続行した自分の勇気にニック自身も驚いたのである。

Ⅶ＜適語補充＞「物語の内容に基づいて，(1)に入る最もふさわしい語は何か。本文から1語を書き抜きなさい」　ニックはこの日「フリンドル」を忘れ(たふりをし)ている。グレンジャー先生に注意されても最後の最後まで，「ペン」のことを「フリンドル」と呼ぶ計画を実行し続けたのである。

Ⅷ＜内容一致＞「以下はニックの思いつきである。それぞれの空所を埋める語を書きなさい」―「ある言葉を(a)みんなが自然に使えば，それは本物の言葉になると思う。僕の最終目標は自分の新しい単語を(b)辞書に載せることだ」　(a)ニックはペンをフリンドルという新しい名前で呼んでもらうために，クラスメートなど「みんな」にはたらきかけている。直後の動詞がusesとなっていることに注意。3人称単数扱いのeveryone／everybodyが適切。　(b)ニックの目標はfrindleという新しい言葉を本物の言葉にすることだと考えられる。何に印刷されれば本物の言葉として認識されるかを考える。

# 2022年度／早稲田大学高等学院

## 数学解答

**1** (1) $x=3,\ y=4$

(2) ① $x=-\dfrac{19}{21},\ y=-\dfrac{26}{21}$

② $b=-\dfrac{2}{3},\ c=\dfrac{7}{3}$ ③ $b=\dfrac{6}{a}$

**2** (1) ① $\dfrac{-1+\sqrt{5}}{2}$ ② $\dfrac{5+\sqrt{5}}{8}$

(2) $\dfrac{5+2\sqrt{5}}{3}\pi$

**3** (1) $y=\dfrac{3}{2}x+1$ (2) $\dfrac{3}{2},\ \dfrac{3\pm\sqrt{41}}{4}$

(3) ① $\dfrac{2\sqrt{13}}{13}$ ② $\dfrac{5+\sqrt{41}}{4}$

**4** (1) $a_7=3,\ a_8=2,\ a_9=6,\ a_{10}=4$

(2) 4 (3) 579 (4) 225

(声の教育社　編集部)

**1**〔独立小問集合題〕

(1)＜数の性質＞$2022=x\sqrt{y}(x^y+y^y)$であり，$x$，$y$が自然数より，$x^y+y^y$も自然数だから，$\sqrt{y}$も自然数となる。これより，$y$は自然数を2乗した数である。$y=1$のとき，$x\sqrt{y}(x^y+y^y)=x\times\sqrt{1}\times(x^1+1^1)=x\times1\times(x+1)=x(x+1)$となる。$x$，$x+1$は連続する自然数であり，$2022=2\times3\times337$より，2022は連続する2つの自然数の積で表せないから，$2022=x(x+1)$となる自然数$x$はない。$y=4$のとき，$x\sqrt{y}(x^y+y^y)=x\times\sqrt{4}\times(x^4+4^4)=x\times2\times(x^4+256)=2x(x^4+256)$となる。$2\times3\times337=2x(x^4+256)$だから，$x=3$，$x^4+256=337$，または，$x=1$，$x^4+256=3\times337$が考えられる。$x=3$とすると，$x^4+256=3^4+256=81+256=337$となり，適する。$x=1$とすると，$x^4+256=1^4+256=257$となり，適さない。また，$y\geqq9$のとき，$y^y=9^9$より，$x\sqrt{y}(x^y+y^y)$の値は2022よりも大きくなる。よって，求める自然数$x$，$y$の値は，$x=3$，$y=4$である。

(2)＜連立方程式―解の利用＞① $a=5$，$b=-3$，$c=1$より，連立方程式は，$5x+2y=-7$……㋐，$3x-3y=1$……㋑となる。㋐×3＋㋑×2より，$15x+6x=-21+2$，$21x=-19$　$\therefore x=-\dfrac{19}{21}$　これを㋐に代入して，$5\times\left(-\dfrac{19}{21}\right)+2y=-7$，$-\dfrac{95}{21}+2y=-7$，$2y=-\dfrac{52}{21}$　$\therefore y=-\dfrac{26}{21}$　② $a=-9$より，連立方程式は，$-9x+2y=-7$……㋒，$3x+by=c$……㋓となる。㋒，㋓の連立方程式が解を2組以上持つとき，㋒，㋓のグラフの共有する点が2個以上となる。㋒，㋓のグラフはともに直線であるから，共有する点が2個以上となるとき，その2つのグラフは同じグラフとなる。つまり，㋒と㋓は同じ方程式となる。㋓×$(-3)$で$x$の係数を㋒とそろえると，$-9x-3by=-3c$……㋓′となる。㋒と㋓′が同じ方程式であればよいので，$2=-3b$，$-7=-3c$が成り立つ。これより，$b=-\dfrac{2}{3}$，$c=\dfrac{7}{3}$となる。　③ $b=c$より，連立方程式は，$ax+2y=-7$……㋔，$3x+by=b$……㋕となる。㋔，㋕の連立方程式が解を持たないとき，㋔，㋕のグラフは共有する点を持たないから，異なる平行な直線となる。㋔は$y=-\dfrac{a}{2}x-\dfrac{7}{2}$となり，㋕は，$b$が0でないとき，$y=-\dfrac{3}{b}x+1$となる。異なる平行な2直線は，傾きが等しく切片が異なるから，$-\dfrac{a}{2}=-\dfrac{3}{b}$が成り立ち，$b=\dfrac{6}{a}$となる。切片は異なっているので，適する。$b=0$のとき，㋕は，$3x+0=0$，$x=0$となり，グラフは$y$軸と重なる直線となる。㋔のグラフは$y$軸に平行な直線にはならないので，㋔と㋕のグラフは共有する点を持ち適さない。以上より，求める式は，$b=\dfrac{6}{a}$である。

**2**〔平面図形―二等辺三角形〕

《基本方針の決定》(1)① △ABCと△BCDに着目する。

(1)＜長さ，長さの2乗の値＞①次ページの図1で，△ABCはAB＝ACの二等辺三角形だから，

図1

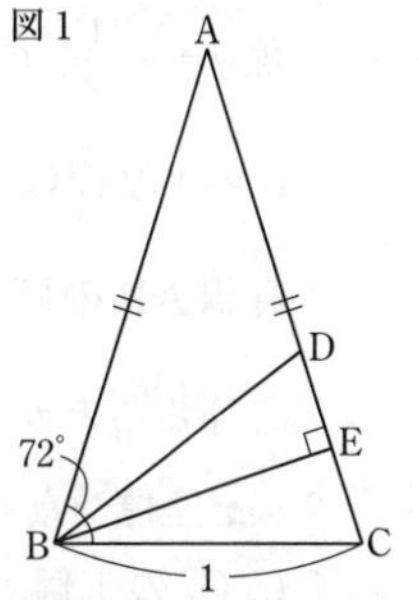


$\angle BCD=\angle ABC=72^\circ$であり，$\angle BAD=180^\circ-\angle ABC-\angle BCD=180^\circ-72^\circ-72^\circ=36^\circ$となる。また，BDは$\angle ABC$の二等分線なので，$\angle ABD=\angle CBD=\frac{1}{2}\angle ABC=\frac{1}{2}\times72^\circ=36^\circ$となり，$\angle BAD=\angle ABD$となるから，$AD=BD$である。さらに，$\triangle ABD$で内角と外角の関係より，$\angle BDC=\angle BAD+\angle ABD=36^\circ+36^\circ=72^\circ$となり，$\angle BCD=\angle BDC$となるから，$BC=BD$である。よって，$AD=BD=BC=1$である。$\triangle ABC$，$\triangle BCD$はともに二等辺三角形で，$\angle ABC=\angle BCD$だから，$\triangle ABC\backsim\triangle BCD$であり，$BC:CD=AB:BC$となる。$CD=x$とすると，$AB=AC=AD+CD=1+x$だから，$1:x=(1+x):1$が成り立ち，$x\times(1+x)=1\times1$，$x^2+x-1=0$より，$x=\frac{-1\pm\sqrt{1^2-4\times1\times(-1)}}{2\times1}=\frac{-1\pm\sqrt{5}}{2}$となる。$x>0$より，$x=\frac{-1+\sqrt{5}}{2}$なので，$CD=\frac{-1+\sqrt{5}}{2}$である。　②図1で，①より，$\triangle BCD$は$BC=BD$の二等辺三角形だから，$BE\perp CD$より，点Eは線分CDの中点である。よって，$CE=DE=\frac{1}{2}CD=\frac{1}{2}\times\frac{-1+\sqrt{5}}{2}=\frac{-1+\sqrt{5}}{4}$となる。$\triangle BCE$で三平方の定理より，$BE^2=BC^2-CE^2=1^2-\left(\frac{-1+\sqrt{5}}{4}\right)^2=1-\frac{6-2\sqrt{5}}{16}=\frac{5+\sqrt{5}}{8}$である。

図2

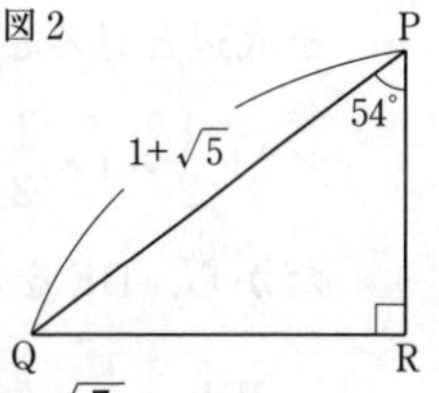


(2)＜体積—回転体＞右図2で，$\angle PRQ=90^\circ$だから，$\triangle PQR$を辺QRの周りに1回転してできる立体は，底面の半径PR，高さをQRとする円錐である。$\triangle PQR$で，$\angle PQR=180^\circ-\angle PRQ-\angle QPR=180^\circ-90^\circ-54^\circ=36^\circ$だから，右上図1の$\triangle BAE$と図2の$\triangle PQR$で，$\angle BAE=\angle PQR$である。また，$\angle BEA=\angle PRQ=90^\circ$だから，$\triangle BAE\backsim\triangle PQR$である。図1で，①より，$AB=1+x=1+\frac{-1+\sqrt{5}}{2}=\frac{1+\sqrt{5}}{2}$だから，$\triangle BAE$と$\triangle PQR$の相似比は$AB:QP=\frac{1+\sqrt{5}}{2}:(1+\sqrt{5})=1:2$である。これより，$AE:QR=1:2$であり，$AE=AD+DE=1+\frac{-1+\sqrt{5}}{4}=\frac{3+\sqrt{5}}{4}$だから，$QR=2AE=2\times\frac{3+\sqrt{5}}{4}=\frac{3+\sqrt{5}}{2}$となる。さらに，$BE:PR=1:2$だから，$BE^2:PR^2=1^2:2^2=1:4$となり，$PR^2=4BE^2=4\times\frac{5+\sqrt{5}}{8}=\frac{5+\sqrt{5}}{2}$である。よって，求める立体の体積は，$\frac{1}{3}\times\pi\times PR^2\times QR=\frac{1}{3}\times\pi\times\frac{5+\sqrt{5}}{2}\times\frac{3+\sqrt{5}}{2}=\frac{1}{3}\pi\times(5+2\sqrt{5})=\frac{5+2\sqrt{5}}{3}\pi$となる。

**3**〔関数—関数$\boldsymbol{y=ax^2}$と一次関数のグラフ〕

≪基本方針の決定≫(2)　点Cは，直線ABより下側に1個，上側に2個ある。　(3)①　$\triangle ABP$の面積を利用する。

図1

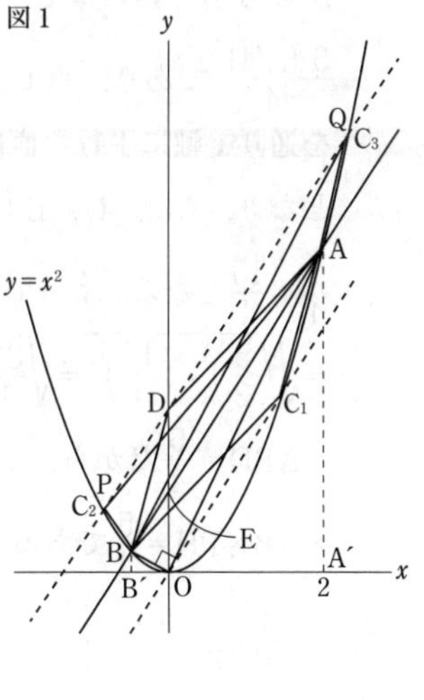


(1)＜直線の式＞右図1で，2点A，Bから$x$軸に垂線AA′，BB′を引くと，$\angle AA'O=\angle OB'B=90^\circ$である。また，$\triangle OAA'$で，$\angle OAA'=180^\circ-\angle AA'O-\angle AOA'=180^\circ-90^\circ-\angle AOA'=90^\circ-\angle AOA'$であり，$\angle AOB=90^\circ$より，$\angle BOB'=180^\circ-\angle AOB-\angle AOA'=180^\circ-90^\circ-\angle AOA'=90^\circ-\angle AOA'$だから，$\angle OAA'=\angle BOB'$である。よって，$\triangle OAA'\backsim\triangle BOB'$である。ここで，点Aは放物線$y=x^2$上にあり$x$座標が2だから，$y=2^2=4$より，A(2，4)である。これより，$OA':AA'=2:4=1:2$だから，$BB':OB'=1:2$となり，直線OBの傾きは$-\frac{BB'}{OB'}=-\frac{1}{2}$である。直線OBの式は$y=-\frac{1}{2}x$となるので，点Bは放物線$y=x^2$と直

線$y=-\frac{1}{2}x$の交点となる。$x^2=-\frac{1}{2}x$，$2x^2+x=0$，$x(2x+1)=0$より，$x=0$，$-\frac{1}{2}$となるから，点Bの$x$座標は$-\frac{1}{2}$であり，$y$座標は$y=\left(-\frac{1}{2}\right)^2=\frac{1}{4}$となるので，B$\left(-\frac{1}{2},\ \frac{1}{4}\right)$である。したがって，直線ABの傾きは$\left(4-\frac{1}{4}\right)\div\left\{2-\left(-\frac{1}{2}\right)\right\}=\frac{15}{4}\div\frac{5}{2}=\frac{3}{2}$となり，その式は$y=\frac{3}{2}x+b$とおける。点Aを通ることから，$4=\frac{3}{2}\times2+b$，$b=1$となるので，直線ABの式は，$y=\frac{3}{2}x+1$である。

(2)＜**$x$**座標＞前ページの図1で，△OAB＝△ABCとなる放物線$y=x^2$上の点Cは，直線ABより下側に$C_1$の1個，上側に$C_2$，$C_3$の2個ある。△OAB＝△$ABC_1$より，BA∥$OC_1$である。(1)より直線ABの傾きは$\frac{3}{2}$だから，直線$OC_1$の傾きも$\frac{3}{2}$であり，直線$OC_1$の式は$y=\frac{3}{2}x$である。点$C_1$は放物線$y=x^2$と直線$y=\frac{3}{2}x$の交点であるから，$x^2=\frac{3}{2}x$，$2x^2-3x=0$，$x(2x-3)=0$より，$x=0$，$\frac{3}{2}$となり，点$C_1$の$x$座標は$\frac{3}{2}$である。次に，△$ABC_2$＝△$ABC_3$だから，BA∥$C_2C_3$であり，直線$C_2C_3$の傾きも$\frac{3}{2}$である。直線$C_2C_3$と$y$軸の交点をD，直線ABと$y$軸の交点をEとし，点Dと2点A，Bを結ぶ。BA∥$C_2C_3$より，△ABD＝△$ABC_2$＝△$ABC_3$となり，△OAB＝△$ABC_2$＝△$ABC_3$より，△OAB＝△ABDとなる。ここで，直線ABの切片が1より，E(0, 1)だから，OE＝1であり，OEを底辺と見ると，△OAEの高さは2，△OBEの高さは$\frac{1}{2}$より，△OAB＝△OAE＋△OBE＝$\frac{1}{2}\times1\times2+\frac{1}{2}\times1\times\frac{1}{2}=\frac{5}{4}$である。よって，△ABD＝△OAB＝$\frac{5}{4}$である。D(0, $d$)とすると，DE＝$d-1$だから，DEを底辺と見ると，△ADEの高さは2，△BDEの高さは$\frac{1}{2}$より，△ABD＝△ADE＋△BDE＝$\frac{1}{2}\times(d-1)\times2+\frac{1}{2}\times(d-1)\times\frac{1}{2}=\frac{5d-5}{4}$と表せる。したがって，$\frac{5d-5}{4}=\frac{5}{4}$が成り立ち，$d=2$となるので，D(0, 2)であり，直線$C_2C_3$の式は$y=\frac{3}{2}x+2$である。2点$C_2$，$C_3$は放物線$y=x^2$と直線$y=\frac{3}{2}x+2$の交点だから，2式から$y$を消去して，$x^2=\frac{3}{2}x+2$，$2x^2-3x-4=0$より，$x=\frac{-(-3)\pm\sqrt{(-3)^2-4\times2\times(-4)}}{2\times2}=\frac{3\pm\sqrt{41}}{4}$となり，2点$C_2$，$C_3$の$x$座標は$\frac{3\pm\sqrt{41}}{4}$である。以上より，求める点Cの$x$座標は，$\frac{3}{2}$，$\frac{3\pm\sqrt{41}}{4}$である。

(3)＜長さ，面積＞①前ページの図1で，3点$C_1$，$C_2$，$C_3$のうち，$x$座標が最も小さいのは$C_2$，最も大きいのは$C_3$だから，$p=\frac{3-\sqrt{41}}{4}$，$q=\frac{3+\sqrt{41}}{4}$であり，点$C_2$が点P，点$C_3$が点Qとなる。右図2で，点Bを通り$x$軸に平行な直線と線分AA′の交点をIとすると，∠AIB＝90°となり，A(2, 4)，B$\left(-\frac{1}{2},\ \frac{1}{4}\right)$より，BI＝$2-\left(-\frac{1}{2}\right)=\frac{5}{2}$，AI＝$4-\frac{1}{4}=\frac{15}{4}$となる。よって，△ABIで三平方の定理より，AB＝$\sqrt{\mathrm{BI}^2+\mathrm{AI}^2}=\sqrt{\left(\frac{5}{2}\right)^2+\left(\frac{15}{4}\right)^2}=\sqrt{\frac{325}{16}}=\frac{5\sqrt{13}}{4}$である。また，(2)より，△$ABC_2$＝△ABD＝$\frac{5}{4}$だから，△ABP＝$\frac{5}{4}$であり，△ABPの面積について，$\frac{1}{2}\times\mathrm{AB}\times\mathrm{PH}=\frac{5}{4}$である。したがって，$\frac{1}{2}\times\frac{5\sqrt{13}}{4}\times\mathrm{PH}=\frac{5}{4}$が成り立ち，

図2

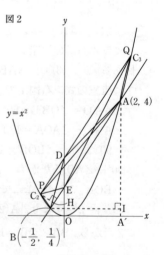

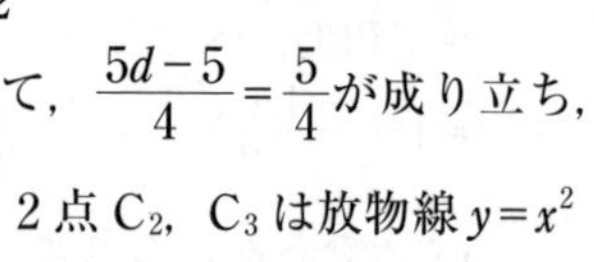

$\mathrm{PH}=\frac{2\sqrt{13}}{13}$となる。　②図2で，①より，$\triangle\mathrm{ABP}=\frac{5}{4}$である。点Eと2点P，Qを結ぶと，BA∥PQだから，△APQ=△EPQとなる。DE=2−1=1であり，DEを底辺と見ると，△EPDの高さは$-p$，△EQDの高さは$q$だから，$\triangle\mathrm{EPQ}=\triangle\mathrm{EPD}+\triangle\mathrm{EQD}=\frac{1}{2}\times1\times(-p)+\frac{1}{2}\times1\times q=\frac{1}{2}(q-p)=\frac{1}{2}\times\left(\frac{3+\sqrt{41}}{4}-\frac{3-\sqrt{41}}{4}\right)=\frac{\sqrt{41}}{4}$となる。よって，$\triangle\mathrm{APQ}=\triangle\mathrm{EPQ}=\frac{\sqrt{41}}{4}$だから，四角形ABPQの面積は，$\triangle\mathrm{ABP}+\triangle\mathrm{APQ}=\frac{5}{4}+\frac{\sqrt{41}}{4}=\frac{5+\sqrt{41}}{4}$である。

## 4 〔特殊・新傾向問題―規則性〕

(1)＜$\boldsymbol{a_7}$，$\boldsymbol{a_8}$，$\boldsymbol{a_9}$，$\boldsymbol{a_{10}}$の値＞$3^1\div7=0$あまり3より，$a_1=3$である。$3^2\div7=9\div7=1$あまり2より，$a_2=2$である。$3^3\div7=27\div7=3$あまり6より，$a_3=6$である。$3^4\div7=81\div7=11$あまり4より，$a_4=4$である。ここで，$3^p$を7でわった余りを$r$とすると，$q$を自然数として，$3^p=7q+r$と表せる。これより，$3^{p+1}=3^p\times3=(7q+r)\times3=7q\times3+3r$となり，$3^{p+1}$を7でわった余りは，$3r$を7でわった余りと等しくなる。つまり，$a_{n+1}$は，$a_n\times3$を7でわった余りとなる。よって，$a_4=4$より，$4\times3=12$，$12\div7=1$あまり5より，$a_5=5$となり，$5\times3=15$，$15\div7=2$あまり1より，$a_6=1$となる。以下同様にして，$1\times3=3$，$3\div7=0$あまり3より，$a_7=3$となり，$3\times3=9$，$9\div7=1$あまり2より，$a_8=2$となり，$2\times3=6$，$6\div7=0$あまり6より，$a_9=6$となり，$6\times3=18$，$18\div7=2$あまり4より，$a_{10}=4$となる。

(2)＜左端の数＞(1)より，$a_n$で表される数は，$n=1$から順に，3，2，6，4，5，1，3，2，6，4，……となるので，3，2，6，4，5，1の6個の数の繰り返しとなる。また，$a_n$で表される数は，1段目から2021段目まで，順に，1個，2個，3個，……，2019個，2020個，2021個並ぶ。よって，1段目から2021段目までに並ぶ$a_n$で表される数は，$1+2+3+\cdots\cdots+2019+2020+2021$個となる。$1+2+3+\cdots\cdots+2019+2020+2021$と，項の順番を逆にした$2021+2020+2019+\cdots\cdots+3+2+1$の，同じ順番にある項どうしをたすと，$1+2021=2022$より，全て2022となり，2022が2021個現れるので，この2式の総和は$2022\times2021$となる。これより，$1+2+3+\cdots\cdots+2019+2020+2021=(2022\times2021)\div2=2043231$となるので，2021段目の右端の数は$a_{2043231}$となり，2022段目の左端の数は$a_{2043232}$となる。$2043232\div6=340538$あまり4より，2022段目の左端の数は，繰り返される6個の数の4番目の数であるから，4となる。

(3)＜$\boldsymbol{m}$の値＞繰り返される6個の数は，3，2，6，4，5，1だから，その和は$3+2+6+4+5+1=21$である。$2022\div21=96$あまり6だから，6個の数がちょうど96回繰り返されたとき，$6\times96=576$より，$a_1$から$a_{576}$までであり，その和は$21\times96=2016$となる。よって，$a_{577}=3$より，$a_{577}$までの和は$2016+3=2019$となり，$a_{578}=2$より，$a_{578}$までの和は$2019+2=2021$となり，$a_{579}=6$より，$a_{579}$までの和は$2021+6=2027$となる。したがって，$a_1$から$a_m$までの$m$個の数の和$a_1+a_2+a_3+\cdots\cdots+a_m$が初めて2022より大きくなる$m$は，$m=579$である。

(4)＜数の和＞$a_{2022}$を含む段を$k$段目とする。1段目から$k$段目までに，$a_n$で表される数は，$1+2+3+\cdots\cdots+(k-2)+(k-1)+k$個並ぶ。(2)と同様にして，$1+2+3+\cdots\cdots+(k-2)+(k-1)+k$と，$k+(k-1)+(k-2)+\cdots\cdots+3+2+1$の同じ順番にある項どうしをたすと，全て$k+1$となり，$k+1$が$k$個現れるから，1段目から$k$段目までに並ぶ数は，$1+2+3+\cdots\cdots+(k-2)+(k-1)+k=(k+1)\times k\div2=\frac{k(k+1)}{2}$(個)と表される。これが2022以上となる最小の$k$を求める。$k=63$のとき$\frac{k(k+1)}{2}=\frac{63\times64}{2}=2016$，$k=64$のとき$\frac{k(k+1)}{2}=\frac{64\times65}{2}=2080$だから，最小の$k$は64であり，$a_{2022}$が含まれる段は64段目である。これより，64段目には，$a_{2017}$から$a_{2080}$までの64個の数が並ぶ。2017÷6

$=336$ あまり 1 より，$a_{2017}$ は，繰り返される 6 個の数の 1 番目で，$a_{2017}=3$ となる。$64\div 6=10$ あまり 4 より，64 段目に並ぶ 64 個の数は，3，2，6，4，5，1 の 6 個の数が 10 回繰り返され，その後に，3，2，6，4 の 4 個の数が並ぶ。繰り返される 6 個の数の和は 21 だから，求める数の和は，$21\times 10+3+2+6+4=225$ となる。

## ═読者へのメッセージ═

2の △ABC は，頂角が 36° の二等辺三角形です。この三角形の辺の比は，$BC:AB=1:\frac{1+\sqrt{5}}{2}$ で，およそ $1:1.6$ となります。この比を黄金比といい，最も美しい比とされています。

# 2022年度／早稲田大学高等学院

## 国語解答

一 問一　a　模倣　b　はたん
c　みぞう
問二　キャッチアップを完了した［という認識に変わった］
問三　理想論
問四　読んで書くという行為
問五　無実　問六　経済復興
問七　ウ　問八　未来
問九　帰納的に　問十　イ

二 問一　a　くよう　b　摂理　c　懇談
問二　親族の介護～つシステム
問三　オ　問四　死の恐怖
問五　死は現世と切断され
問六　エ　問七　緩衝材
問八　a　特権的存在
b　人間中心主義
問九　イ　問十　ア

三 問一　1…オ　2…ウ
問二　3　今参りの侍　5　あるじ
問三　エ　問四　イ
問五　浪の打つ岩～が焼くべき
問六　火［を］

（声の教育社　編集部）

一〔論説文の読解─教育・心理学的分野─教育〕出典；苅谷剛彦『コロナ後の教育へ』。

≪本文の概要≫長い間，日本は西欧先進国に追いつけ追い越せで「近代化」を進めてきた。しかし，八〇年代になると，模倣すべきモデルは外にはない，自分たちで答えを見つけなければならないという気運が生まれた。それを受けて，大学には，主体性のある人材の育成が求められた。だが，「主体性」とは何か。アクティブ・ラーニングを取り入れても，主体性が育つ保証は，どこにもない。ポイントは，教員側の能力である。現在の大学の教員が「主体性」の育成につながる教育を行う能力を備えているかは，はなはだ疑わしい。八〇年代末から九〇年代以降，変化に対応できる能力や資質の育成を目指す大学教育を求める声は，より顕著になっていった。それが経済復興に結びつけられることで，大学改革が力を得るようになった。しかし，流行の教育思潮を海外から取り入れ，それを日本の現実に当てはめても，効果はない。大学は，学生の思考力を鍛え上げるための方法を，経験を通して蓄積していくものである。それを無視して，改革を押しつけても，大学の改革は上滑りに終わるだけだろう。

問一＜漢字＞a．まねをすること。　b．物事が，もう立て直せないという状態になること。
c．今まで一度も起こったことがないような，珍しいこと。

問二＜文章内容＞「長い間，日本は西欧先進国に追いつけ追い越せ」という「キャッチアップ型近代化」を進めてきたが，八〇年代に，「それが終わったという認識」，つまり，「キャッチアップを完了した」という認識に変わったのである。

問三＜文章内容＞「受け身の学びから，学生が自ら参加する主体的＝アクティブな学びに変える」ことで「主体的な個人の育成ができるはずだ」とするアクティブ・ラーニングは，「エセ演繹型の思考様式」によるものであり，経験に基づいて行われるオックスフォード大学のチュートリアルとは異なる。日本のアクティブ・ラーニングは，経験の裏づけがない「理想論」に基づくものといえる。

問四＜文章内容＞「そもそも学生に多くを読ませるような多大なインプットを要求しないまま，話し合いや発表の機会を持たせても，深い学びにはならない」し，「多くを書かせる課題なしに，口頭による発表を求めるだけでは，思考力は育たない」のである。「話し合いと発表という形だけ」取り入れても，そのような学びには，「読んで書くという行為」が欠けているから，「『深い学び』に結び付く保証はない」のである。

問五＜四字熟語＞「有名無実」は，名ばかりで，実質が伴わないこと。

問六＜文章内容＞かつては「大学を抜本的に変えようという政策は提出されなかった」が，「バブル経済の破綻によって，経済の停滞が長期化する」と，「財界や政府は大学を経済復興の要として位置づける政策を立て続けた」のである。

問七＜文章内容＞「演繹」は，経験に頼らず，論理的な思考によって，一般的な原理・原則から，必然的な結論を導き出すこと。「エセ(似非)」は，見かけだけの，本物ではないさま。「アクティブ・ラーニング」という「流行の教育思潮を海外から取り入れ，それを日本の現実に」当てはめて，「不可知の変化に対応できる能力や資質の育成は，『主体性』の育成と見なされるように」なった。しかし，この考え方は，厳密な論理性を欠いており，一見「演繹型」に見えるが，実はそうではない，「エセ演繹型の思考様式」なのである。

問八＜文章内容＞「政策の力点が未来に照準」されるようになり，「社会の要請の中身」は，未来志向へと大きく変わったのである。

問九＜表現＞オックスフォード大学は，「知識のインプットもアウトプットも大量にこなすことで，思考力が育つという経験を積み上げて」きた。経験を積み上げることは，「理想論からの演繹」ではなく，「実際にそのような教授・学習方法が学生の思考力を鍛え上げるうえで効果を持ってきたことを，経験を通して知っているから，繰り返される」のである。「演繹」に対して，個々の具体的な例から一般的な命題や法則を導き出すことを，「帰納」という。

問十＜要旨＞「大学を含めてそもそも主体的に考え，主体的に対応できる資質や能力を日本の教育界は備えて」いないので，「アクティブ・ラーニングの流行をもたらす」ことになった「抽象的な論理の展開」が，「日本の大学の主体的な資質や能力を低下」させたわけではない(イ…×)。

二〔論説文の読解―社会学的分野―現代社会〕出典；佐藤弘夫『日本人と神』。

問一＜漢字＞ａ．死者の霊に供え物をして，冥福を祈ること。　ｂ．全てを支配する，道理にかなった法則のこと。　ｃ．親しく話し合うこと。

問二＜文章内容＞前近代の社会では，「生者の世界と死者の世界が重なり合う」ような「死後の世界へ向かう助走ともいうべきさまざまな儀礼」が営まれた。現代でも，中国の万明医院では，「親族の介護を受けながら念仏の声に送られてあの世に旅立つシステム」がつくり上げられている。

問三＜文章内容＞現代社会では，「死後世界はだれも足を踏み入れたことのない闇の風景」であり，「ひとたび死の世界に踏み込んでしまえば，二度とわが家に帰ることはできない」し，「親しい人，愛する人にも，もはや会うことは叶わない」のである。このように，近代は，生と死の間に，行き来することができない一線を引いてしまったのである。「往還」は，行ったり来たりすること。

問四＜文章内容＞前近代では，「死後も親族縁者と交歓できるという安心感が社会のすみずみまで」行きわたっていたことで，「人は死の恐怖を乗り越えることが可能」であった。しかし現代では，「生と死を峻別する」死生観によって，人は，「死の恐怖」を意識するようになり，「生死の一線を越えることを極度に恐れるように」なったのである。

問五＜文章内容＞「いまの日本では死は周到に隠蔽され，人間でも人以外の動物でも，生々しい死体を直接目にする機会はほとんどなくなって」しまっている。「生と死の空間を截然と区別する日本の病院」は，そのように，「死は現世と切断され」ていることの具体的事例なのである。

問六＜文章内容＞「現代社会におけるゆるキャラは，小さなカミを創生しようとする試み」であり，大量のゆるキャラを必要とする日本人が，「他国の人よりも信仰の薄い文化の中で暮らしている」わけではない(エ…×)。

問七＜文章内容＞カミは，かつて，「人間間，集団間の緩衝材」の役割を果たしていた。現代の「小さなカミ」であるゆるキャラもまた，「現代社会の息の詰まるような人間関係」を緩和するものとして求められていると考えられるのである。

問八＜文章内容＞現代人は「この社会からカミを締め出した」が，この状況は，近代化がもたらした，人間を「特権的存在」と見なす「人間中心主義としてのヒューマニズム」から生じたのである。

問九＜表現＞現代人が抱えている「いまそこにある危機」は，「近代化の深まりのなかで顕在化したもの」である。そのため，近代化をもたらした「人間中心の近代ヒューマニズム」を絶対的なものと見なさず，他の考え方と比べて判断できるだけの「長いスパンのなかで，文化や文明のあり方を再考していくことが必要」なのである。

問十＜要旨＞「前近代の社会では，生と死のあいだに，時間的にも空間的にもある幅をもった中間領域が存在すると信じられていた」のである(オ…◯)。前近代の人々は，死後も，「子孫の行く末を見守り，折々に懐かしい家に帰ってくつろぐことができるという感覚」を共有していた(エ…◯)。中世や近世の人々は，「人間だけではなく，神・仏・死者・先祖など，不可視のカミをも含めた形でこの世界が成り立っている」と考えていた(ウ…◯)。「近代化の波動は，公共圏から神や仏や死者を追放するとともに，特権的存在としての人間をクローズアップしようとする動き」だったが，人格の尊厳の理念を広め，社会を進歩させたのは，カミを他者として放逐したことよりも，むしろ「人間中心主義としてのヒューマニズム」である(ア…×)。「これまで存在した古今東西のあらゆる民族と共同体において，カミをもたないもの」はなく，「信仰の有無にかかわらず，大方の人にとってカミはなくてはならない存在」なのである(イ…◯)。

三〔古文の読解―説話〕出典；『今物語』第二十話。

≪現代語訳≫高貴な身分の人のところに，新しく仕え始めた従者が，やってきた。(この従者は)焼絵をすばらしく見事にするということが，(主人の)耳に入ったので，自分の前に呼び出して，檀紙に焼絵をさせようとしたところ，(従者が)「何をお焼きいたしましょうか」と言うと，(主人が)「水に浮かぶオシドリの様子を焼絵で描いてみせよ」とおっしゃったので，(従者は)うなずいて，／水の上に焼絵でオシドリを描くにはどのようにしたらよいのだろう／と口ずさんだのを，主人が，聞きとがめて，「いっそ一首(の和歌)にせよ」とおっしゃったので，(従者は)かしこまって，／波が打ちつける岩から氷魚が出るように火を出すことはできるかもしれないが／と言ったので，人々は，皆，(従者を)褒めたのだった。

問一＜古語＞1．「やむごとなし」は，身分が高い，高貴であるさま。　2．「めでたし」は，非常に上手であるさま。

問二＜古文の内容理解＞3．主人の前で焼絵を披露することになり，従者は，「何をか焼き侍るべき」と言った。　5．主人は，「水に鴛鴦を焼け」と命じた。

問三＜古文の内容理解＞主人は，ただ，水面に浮かぶオシドリの姿を焼絵で描いてみよと，従者に命じたのである。

問四＜古文の内容理解＞主人は，水面に浮かぶオシドリを描けと命じたのだが，「水に鴛鴦を焼け」という指示は，水面にオシドリの焼絵を描けとも受け取れる。従者は，主人の指示を正しく理解したうえで，水面にオシドリの絵をどうやって焼きつければいいのだろうと言ったのである。

問五＜古文の内容理解＞従者の言葉が，たまたま和歌の下の句の形になっていたので，主人は，どうせなら上の句もよんで，和歌の形にせよと命じた。従者は，後から上の句をよんで，「浪の打つ岩よりひをば出だすとも水には鴛鴦をいかが焼くべき」という和歌にしたのである。

問六＜和歌の技法＞「ひを」に，「氷魚」と「火を」という意味が掛けられている。波が打ちつける岩から氷魚が出るように，火を出すことはできたとしても，その火を使って，水の上に焼絵でオシドリを描くにはどのようにしたらよいのだろう(水の上に描くことはできない)，という意味。

# Memo

*Memo*

# *Memo*

# 2021年度 早稲田大学高等学院

## 【英 語】（50分）

（注意） 解答に同じ記号が不自然に続く場合は該当部分を無効とするので注意すること。

**A** Ⅰ～Ⅲの指示に従って設問に答えなさい。

Ⅰ．空所に入る最も適切なものをア～エから１つ選び，その記号を書きなさい。

(1) I remember (　　) that man somewhere.
ア．seeing　イ．to see　ウ．see　エ．seen

(2) Tokyo's population is very (　　).
ア．a lot　イ．large　ウ．much　エ．many

(3) Give me a hand, (　　)?
ア．do you　イ．don't you　ウ．will you　エ．shall we

(4) We went to Karuizawa (　　) my friend's car.
ア．in　イ．by　ウ．for　エ．at

(5) Do you understand (　　) I mean?
ア．that　イ．it　ウ．why　エ．what

Ⅱ．以下の日本語に合うように，空所に入る語を答えなさい。ただし，語頭の文字が与えられている場合は，それに従うこと。

(1) 差しつかえなければ，ご一緒します。
If you don't (m　　), I'll go with you.

(2) 母　：トム，２階にいるの？　夕食ができたよ。
トム：今行くよ。
Mother : Are you upstairs, Tom? Dinner is ready.
Tom　: I'm (　　).

(3) 彼は親切にも私に東京駅までの行き方を教えてくれた。
He was kind (　　) to show me the way to Tokyo Station.

(4) オンラインレッスンを受けることにはすぐに慣れるよ。
You will get used to (t　　) online lessons soon.

(5) ロサンゼルスはアメリカで最も大きな都市の一つです。
Los Angeles is one of the largest (　　) in the United States.

Ⅲ．各文の下線部で誤っているものをア～エから１つ選び，その記号を書きなさい。

(1) I was ア having dinner イ with my family ウ at home when the earthquake エ was happened.

(2) I ア visited to England イ in order to meet an English friend ウ of mine エ last summer.

(3) ア My friend's brother イ married with his friend ウ who he spent school days エ with.

(4) Dark clouds ア are gathering overhead. Stay indoors, イ and you ウ will be caught エ in a shower.

(5) There were ア thousands of books in the library, イ but I found the book ウ easy with the help エ of the librarian.

**B** 次の英文を読んで，設問に答えなさい。

With the 26 letters of the alphabet, we can make pretty much any sound in the majority of languages. But Japanese just doesn't have certain sounds in English, like "th" or "v", and their "r" is somewhere right between our "r" and "l", making them sound almost exactly the ( 1 ) to Japanese ears.

Since most Japanese people grow up only speaking Japanese, it means that when they start learning English at school, they either have to learn entirely new sounds ( 2 ) try to speak English in Japanese sounds (which isn't accurate). As a result, many Japanese English learners worry a lot about the accuracy of their pronunciation. But should that really be the reason for their lower motivation to speak English ?

Japanese sounds generally have the vowels a, i, u, e, o, and consonant-vowel combinations such as ka, shi, tsu, etc. Therefore, putting English into Japanese pronunciation results in extra sounds. Take, for example, the anime buzzword "waifu" from the English word "wife". In Japanese, this can only be put into three sounds : WA, I, and FU. The extra "u" at the end sounds strange to native English-speaking ears, but is perfectly natural in Japanese. In fact, our cut-off consonants probably sound quite funny to them, (3)like we're only pronouncing half of the letter.

Rather than learning English the way a native-speaking child would, through memorizing *phonics, many Japanese students depend on pronunciation guides which provide English words in a Japanese pronunciation. Known as "Katakana English", (4)【into / putting / this Japanese / English】 script actually prevents learning, and is an almost impossible habit to break. Sometimes, however, it's just too difficult for an ear untrained to English to understand a word (5)without a "crutch" of the Japanese pronunciation. Just the other day, I was talking to a Japanese friend about RocketNews24, and (6)I lazily pronounced it "Rocket News". After a confused silence, I tried "Roketto Nyuusu" and (7)I was finally met with a smile of understanding.

Much of the English education in Japanese schools focuses on test-taking and memorizing written grammar over learning pronunciation. So it's probably not much of a surprise that Japanese people who learn English as a second language tend to speak English with a Japanese accent. But [ A ] ? Personally, I've known many people from a variety of countries who speak excellent English as their second language, yet still keep an accent from their ( 8 ) language. It doesn't mean that their English is any less accurate.

So [ B ] ? Interestingly, Japanese English learners can sometimes feel more comfortable speaking English with native English speakers rather than in front of other Japanese. The other day I went to a nail salon in Tokyo, and had a nail (9)technician who had recently returned from a work-stay in the U.S. She was ( 10 ) nervous about speaking English to me in front of her Japanese co-workers that she was almost shaking, but as time passed and the others stopped caring about how she spoke, she relaxed. "I don't mind speaking English with English-speaking people," she explained, (11)"But I can't do it in front of other Japanese people."

Recently, a TV interview in English with New York Yankees' pitcher Masahiro Tanaka caught the attention of Japanese people because they didn't feel his English was accurate enough. "He said 'My name is'," complained one Japanese commenter, "nobody actually says that in English ; it sounds out of date !" Others, thankfully, were quick to respond with comments such as "[ C ] ? It's still English !" and another commenter stated : "Now I know why Japanese people (12)【speaking / so scared / to / are / seen / be】 English in front of other Japanese people. It seems that native English speakers are (13)more understanding! What's that about?"

It may be too late now for many Japanese English speakers to go back and restudy years of tests and "Katakana English" lessons, but it seems more important for now to overcome that pronunciation anxiety and just relax. Of course, there's nothing wrong with being a perfectionist, but it's necessary not to pay too much attention to (14)the small thing. And among language learning problems, having a bit of an accent when you speak really isn't such a big deal after all, is it?

(注) phonics 英語母語話者の子どもを対象に使われる，文字(や文字の組み合わせ)と発音の関係を教えることを目的とした指導法

Ⅰ．本文のタイトルとして最もふさわしいものをア～エから１つ選び，その記号を書きなさい。

ア．The History of English Teaching in Japan

イ．Confidence of Japanese People in Speaking English

ウ．Pronunciation Worries of Japanese English Learners

エ．The Best Way for Japanese People to Study English

Ⅱ．空所(１)に入る"s"で始まる語，空所(８)に入る"f"で始まる語をそれぞれ答えなさい。

Ⅲ．空所(２)，(10)に入る語をそれぞれ答えなさい。

Ⅳ．下線部(3)，(6)，(7)とほぼ同じ意味になるように，空所にそれぞれ与えられた文字で始まる最も適切な語を書き入れなさい。

(3) like we're only pronouncing half of the letter
＝like we don't say the vowel sound at the (e　　)

(6) I lazily pronounced it "Rocket News"
＝I pronounced it "Rocket News" in an English (w　　)

(7) I was finally met with a smile of understanding
＝I finally (s　　) her understand it and smile

Ⅴ．下線部(4)，(12)の【　】内の語句を文意が通るように，それぞれ並べかえて書きなさい。

Ⅵ．下線部(5)，(13)の意味として最もふさわしいものをア～エから１つ選び，その記号を書きなさい。

(5) ア．without a problem　イ．without help　ウ．without study　エ．without a fear

(13) ア．smarter　イ．stricter　ウ．more known　エ．kinder

Ⅶ．下線部(9)の語の最も強く読まれる部分を１つ選び，その記号を書きなさい。 tech-ni-cian
ア イ ウ

Ⅷ．下線部(11)について，以下の問いに答えなさい。

(i) 下線部における話者の心情として最もふさわしいものをア～エから１つ選び，その記号を書きなさい。

ア．nervous　イ．angry　ウ．sad　エ．excited

(ii) 下線部を音読する際，最も強調して発音されるものをア～エから１つ選び，その記号を書きなさい。ただし，下線部を音読する際は，区切りを入れずに一息で読むこととする。

ア．can't　イ．front　ウ．Japanese　エ．people

Ⅸ．下線部(14)とは何のことを指すか。本文に用いられている単語１語で答えなさい。

Ⅹ．[A]，[B]，[C]に入るものをそれぞれ１つずつ選び，記号で答えなさい。ただし，文頭の語も小文字で始めている。同じ記号は２度以上用いないこと。

ア．who cares

イ．is this really a Japan-only thing

ウ．why are Japanese people so worried about their accent

エ．is it really necessary to learn Japanese pronunciation

Ⅺ．本文の内容から判断して正しいと思われるものをア～カから２つ選び，その記号を書きなさい。

ア．Katakana English of Japanese people sometimes sounds attractive to English native speakers.

イ．English pronunciation is not seen as important as tests or written grammar in Japanese schools.

ウ．None of the Japanese commenters supported Masahiro Tanaka about his use of 'My name is' in an interview.

エ．Japanese English learners can feel more stress when they speak English with native speakers of the language.

オ．The writer thinks that Japanese learners of English must be perfect in their English pronunciation.

カ．The writer's opinion is that it is not a big problem to speak English with a foreign accent if it is not too heavy.

**C**　次の英文を読んで，設問に答えなさい。解答は最も適切なものを１つ選び，記号で答えること。

Recently, as the British doctor Robert Winston took a train from London to Manchester, he found himself becoming more and more angry. A woman had picked up her phone and begun a loud conversation, which would last an unbelievable hour. Very angry, Winston began to tweet about the woman. He took her picture and sent it to his more than 40,000 followers.

When the train arrived at Manchester, Winston ran out. He'd had enough of the woman's rudeness. But the press were now waiting for her on the platform. And when they excitedly showed her Winston's messages, she used just one word to describe Winston's actions : rude.

Winston's story is something of an example of our age of increasing rudeness, spread by social media (and, often, politics). What can we do to fix this ?

Studies have shown that rudeness spreads quickly, almost like (1)the common cold. (2)Just seeing acts of rudeness makes it far more likely that we, in turn, will be rude later on. Once caught, we are more aggressive, less creative and worse at our jobs. The only way to end such a feeling is to make a clear decision to do so. We must call it out, face to face. We must say, "Just stop." For Winston, that would have meant approaching the woman, telling her that her conversation was stressful to other passengers and politely asking her to speak more quietly or make the call at another time.

The anger and unfairness we feel at the rude behavior of a stranger can make us crazy. In my own research of 2,000 adults, I discovered that the acts of revenge which people had taken included (　3　). Winston did shine a spotlight on the woman's behavior in a way that shamed her.

We must instead fight rudeness face-to-face. When we see it happen in a store, we must step up and say something. If it happens to a co-worker, we must point it out. We must defend strangers in the same way we'd defend our best friends. But we can do it gently and nicely. Once rude people can see their actions through the eyes of others, they are far more likely to end such behavior. This will lead to a more well-mannered society.

Ⅰ．Why did Robert Winston get angry on the train ? Choose one from A to D.

A．Because there was a woman tweeting negative things about him.

B．Because a woman kept talking to him all the way to the terminal.

C．Because he found a woman taking his picture to post on SNS.

D．Because a woman noisily talking on the phone was so annoying.

Ⅱ．What happened at Manchester Station ? Choose one from A to D.

A. The police came and asked the woman what was going on in the train.

B. Winston's friends were waiting for him as they were worried about him.

C. Interviewers who had read Winston's messages crowded around the woman.

D. A number of reporters called by Winston were waiting for him and the woman.

Ⅲ. Why did the woman describe Winston's action as rude? Choose one from A to D.

A. Because she realized that she should have paid careful attention to others on the train.

B. Because she felt terrible about what he had posted on SNS without letting her know it.

C. Because she got angry that Winston had those reporters come to make her uncomfortable.

D. Because she thought Winston shouldn't have been talking loudly on the phone in the train.

Ⅳ. Why does the author think rudeness is similar to the underlined part (1)? Choose one from A to D.

A. Because rudeness causes a lower temperature.

B. Because the common cold makes people angry.

C. Because the common cold is found on social media.

D. Because rudeness goes around easily and fast.

Ⅴ. What does the underlined part (2) mean? Choose one from A to D.

A. You might be rude and want to take revenge after someone has been rude to you.

B. Getting back at someone who did something rude to you is not as common these days.

C. You shouldn't show your angry feeling clearly because your enemy will attack you later.

D. You don't have to see someone's rude action in a situation from beginning to end.

Ⅵ. Which one of the following sentences does NOT fit in ( 3 )? Choose one from A to D.

A. "I threw an egg at their front door."

B. "I blocked their way with my bag."

C. "I borrowed their brand new bicycle."

D. "I scratched the body of their car."

Ⅶ. What is the author's main idea?

A. If you ask someone to stop doing something nicely, they would surely listen to you right away.

B. When you feel bad about someone's annoying action, just ask the person directly to stop doing it.

C. Without an unpleasant action, using SNS to show your anger is not enough to hurt a rude person.

D. A rude person is sometimes dangerous, so you should keep distance from the person to avoid trouble.

Ⅷ. What would you do if you saw a rude person like the woman in the story, and why? Fill in the underlined parts on the answer sheet with your idea.

D　次のツアー広告を読んで，設問に答えなさい。解答は最も適切なものを１つ選び，記号で答えること。

A

An old Parisian saying goes: "If you survive one week in Paris, you can survive anywhere on earth." Stressed by your arrival in Paris? You have the impression of being a bit lost in the big city with a thousand dangers. You do not want to make a huge error or hurt some French people's feelings by how you act. Then this visit and fast training is for you!

During the tour, learn:

✓How to survive the Métro and how not to get lost
✓How not to be the target of pickpockets on the Métro
✓How to avoid your camera and smart phone from being stolen at cafés and in the street or the Métro
✓Where to avoid unhealthy eating
✓How to choose a safe ATM
✓How to tip in a restaurant
✓Where to buy your French souvenirs and what kind of shops to avoid
✓How to avoid street dangers like pickpockets and aggressive people requesting money
✓How to avoid looking like a tourist
✓What to wear (and what NOT to wear)
✓How to find good spots for taking photos
✓What to say and not to say in front of French people

And many more things while we walk around the center of Paris.
The tour is one hour long so it doesn't waste the rest of your day in Paris, and it's only 25 euros per person. One hour to be relaxed for a week; that's a great deal! You are welcome to join any weekday.

Ⅰ. Which is the best title that fits in [A]?

A. FAMOUS FOOD SPOTS IN PARIS　　B. LEARN FRENCH MANNERS
C. TRANSPORTATION IN PARIS　　D. HOW TO SURVIVE IN PARIS

Ⅱ. What can you expect from reading the details of this tour? Choose TWO from A to F.

A. Parisians are open-minded and do not mind what others say to them.
B. Any cafés and restaurants in Paris are highly recommended.
C. In Paris, the Métro system and stations are complicated.
D. You can feel free to dress up because Parisians are fashionable.
E. You had better not draw money from an ATM in Paris.
F. Some local souvenir shops are likely to be overpriced.

Ⅲ. According to this tour, what might most likely happen when you use the Métro? Choose one

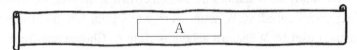

from A to D.

A. You might get your wallet stolen without noticing it.

B. You might be asked for money on the platform.

C. You might be requested by other tourists to take a photo.

D. You might say something wrong to local people.

Ⅳ. What is NOT mentioned as one of the good points of taking this tour? Choose one from A to D.

A. It doesn't take long, so tourists don't have to waste their time.

B. Tourists can pay the fee for the tour by cash on the day they join.

C. This tour offers tourists things other than the twelve listed items.

D. The walking tour takes place in the central areas of the city.

Ⅴ. For which family does this tour match best? Choose one from A to D.

| Family | Number of Members | Total Cost Limit (Euros) | Additional Information |
|---|---|---|---|
| A | 2 | 25 | They visit Paris four times a year. |
| B | 3 | 80 | They have plans Monday through Friday. |
| C | 4 | 100 | They want to eat healthy meals. |
| D | 5 | 120 | They will visit Paris for the first time. |

**【数　学】**（50分）

（注意）　1．必要な式と計算は，解答用紙の計算欄に書くこと。

2．答の$\sqrt{\quad}$の中はできるだけ簡単にし，分数は，それ以上約分できない形で答えること。

## 1　次の問いに答えよ。

(1)　各学年A組からI組までの9クラスある高校について考える。この高校の各クラスには40人の生徒がいる。全校生徒1080人に対して，ノートPCの所持率を推測するために，120人を選び標本調査を行うことにした。次の問いに答えよ。

①　標本となる120人の選び方として，適切なものを次の(ア)から(エ)のうちからすべて選べ。ただし，適切なものが1つもない場合には，解答欄に×と記入せよ。

(ア)　全校生徒に協力を呼びかけ，先着順で120人を選ぶ。

(イ)　全校生徒に通し番号をつけ，乱数表を使って120人を選ぶ。

(ウ)　1年A，B組と3年H，I組の生徒160人に対し，通し番号をつけて乱数表を使い，120人を選ぶ。

(エ)　1年生全員に通し番号をつけ，乱数表を使って120人を選ぶ。

②　標本調査の結果，63人がノートPCを所持していた。全校生徒のうち，ノートPCを所持している人数を推測し，その人数を答えよ。ただし，必要であれば小数第1位を四捨五入し，整数で答えること。

(2)　$a$，$b$を0以上の整数とする。このとき，$x$についての2次方程式に関する次の問いに答えよ。

①　$x^2-6x+a=0$が異なる2つの解をもつとき，$a$のとりうる値の個数を求めよ。

②　$x^2-bx+10=0$が異なる2つの解をもち，それらがともに有理数であるとき，$b$の値をすべて求めよ。

## 2　放物線$y=ax^2\ (a>0)$上に$x$座標が$-2$である点Aと$x$座標が4である点Bをとる。線分ABを直径とする円とこの放物線は，点A，Bの他に2つの交点をもつ。これら2点のうち，$x$座標の値が大きい方を点Cとし，もう一方を点Dとする。

(1)　直線ABの式を$y=mx+n$とするとき，$m$，$n$をそれぞれ$a$を用いて表せ。

(2)　線分ABを直径とする円の中心の座標を$a$を用いて表せ。

(3)　線分ABを直径とする円の半径を$r$とするとき，$r^2$を$a$を用いて表せ。

(4)　線分ABを直径とする円の中心の$x$座標の値と点Cの$x$座標の値が等しいとき，次の問いに答えよ。

①　$a$の値を求めよ。

②　点Dの$x$座標の値を求めよ。

**3** 与えられた平面図形を，直線 $l$ を回転の軸とし270° 回転してできる立体を考える。例えば，与えられた平面図形が図1のような長方形ABCDの場合，できる立体は図2のようになる。ただし，点C，Dは直線 $l$ 上にある。

与えられた平面図形が下のようなとき，できる立体の体積を求めよ。

(1) 図3の直角三角形EFG(ただし，点E，Fは直線 $l$ 上にある)

(2) 図4の五角形HIJKL(ただし，点H，Iは直線 $l$ 上にあり，点Kは直線HJと直線ILとの交点である)

(3) 図5の平行四辺形MNOP(ただし，点M，Oは直線 $l$ 上にある)

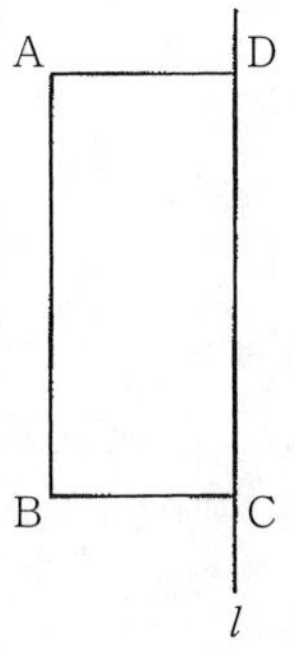

図1

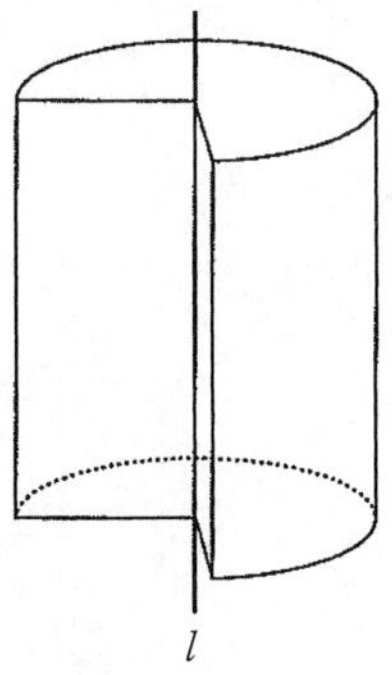

図2

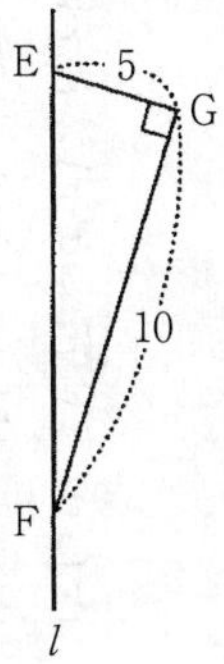

図3

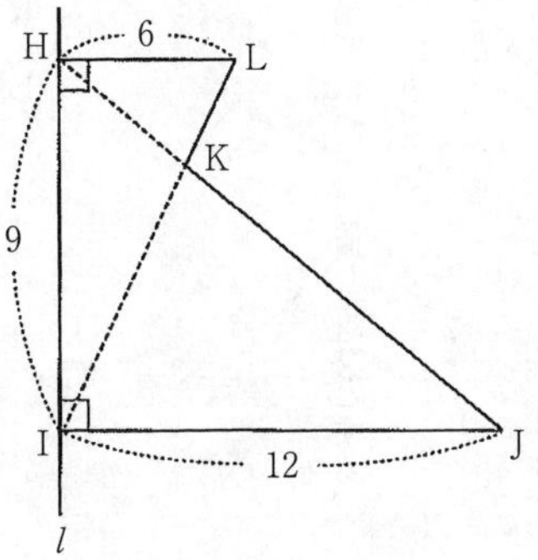

図4

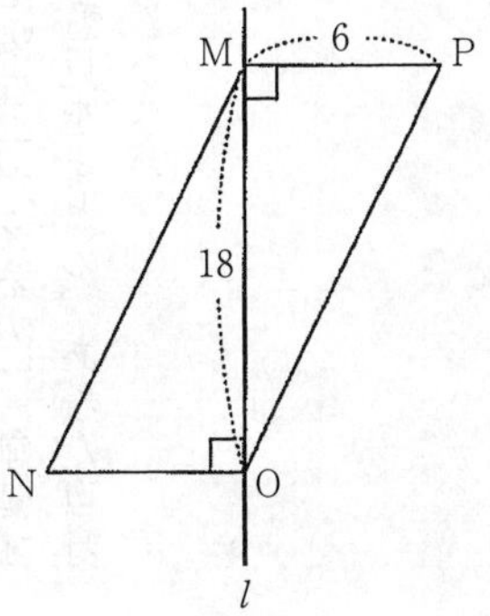

図5

**4** 円と直線が1点だけを共有する(接する)，または，2点を共有するとき，これらの共有する点のことをこの円と直線の**共有点**という。

いま，座標平面上に，中心の $x$ 座標，$y$ 座標が1から39までの奇数のいずれかである半径1の円が，合計 $20 \times 20 = 400$ 個ある。これらの円のうち，直線 $y = ax + b$ $(a,\ b \geqq 0)$ と共有点をもつものの個数を $N(a,\ b)$ とする。

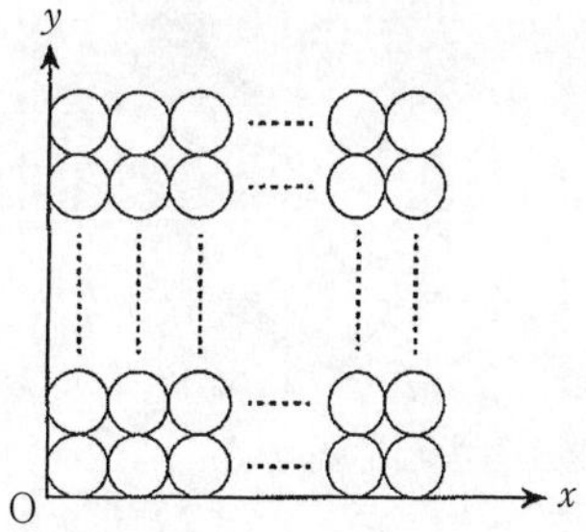


例えば，直線 $y = x$ と共有点をもつ円は全部で20個なので，$N(1,\ 0) = 20$ である。

また，直線 $y = 2$ と共有点をもつ円は全部で40個なので，$N(0,\ 2) = 40$ である。

このとき，次の問いに答えよ。

(1) $N(1,\ 2)$ を求めよ。

(2) $N\left(\dfrac{1}{2},\ 4\right)$ を求めよ。

(3) $N(3,\ b) = 17$ となる自然数 $b$ をすべて求めよ。

(4) $N(a,\ b) = 21$ となる $a$ のうち，最大のものを求めよ。

のです。私のこれまでの教育経験から、「考える力」と「創造する力」は、意識的な訓練をすることによってだれでも身につけることができると断言できます。

(後略)

〔出典〕上田正仁『東大物理学者が教える「考える力」の鍛え方』

なお、作問の都合上、原文の一部を改変した。

(注一) 十分に承知すること。納得すること。

(注二) 革新的。刷新的。

(注三) 創造的。独創的。

(注四) 状態。状況。

(注五) すべてのことを一つの標準や規則に当てはめて処置しようとする、融通のきかないやり方や態度。また、そのさま。

(注六) こだわること。必要以上に気にすること。

〔設問〕

「マニュアル力」はなぜ現在の社会に必要な「考える力」「創造する力」を妨げることがあるのか、著者の意見をまとめ、あなた自身は著者の意見についてどう考えるかを論じなさい。

夢に立ち向かうことで、マニュアルにこだわらない斬新な発想や世間の常識にとらわれないアイデアが生まれ、新しいモノを創り出すきっかけになるというメッセージです。

顧客が求めているものに応えるにはマニュアル力で足りるかもしれませんが、大きなマーケットを開拓するには顧客がまだ意識すらしていないニーズを創造する必要があるのです。

ビジネスだけではありません。学問の世界も同じです。新しい発見をするためには、明確な「答え」や「正解にたどり着くマニュアル」のない未知の荒野に勇気と好奇心を持って踏み出さなくてはならないのです。

マニュアル力はたしかに社会においても有効ではありますが、それだけで優位に立てる場面は限られています。マニュアル力に優れた人が高く評価されるのは、ルールや枠組みがはっきりしている「想定内」の世界です。しかし、この能力だけではイノベーションを生み出すことはできません。それどころか、「すぐに答えが出ない問題にとりかかるのは非効率だ」として、イノベーションにつながる方向への努力を避けてしまうことも多いのです。一生懸命受験勉強をした結果、無意識にそのような姿勢が身についてしまうケースは決して少なくありません。

私は、たとえ非効率に見えても「考える」ことでしか生み出せない価値、発見は無限にあると考えています。もしマニュアル力にだけ頼っていたら、自分自身が潜在的に持っている可能性を眠らせてしまうことにもなりかねないのです。

（中略）

今、日本は「創造性の時代」に入った、と私は感じています。

高度経済成長を経て、この国では日常生活や社会活動を営むためのシステムが整備されてきました。その結果、たいていのことは定められたマニュアルに従うか、前例を参考にすれば解決できる、いわば「マニュアルの時代」に突入しました。このような社会では、前例を重んじ、マニュアルとルールをきちんと学ぶことで、効率良く生き抜くことができます。マニュアルを逸脱することは非効率なことだったのです。

しかし、現在の日本では、経済・政治・医療・産業などあらゆる分野で、これまでのマニュアルでは解決できない問題が山積しています。マニュアルが古くなってしまったのです。こうした時代に、従来のシステムやルールに（注六）拘泥《こうでい》するのはむしろ非効率です。

マニュアルだけでは乗り切れない新しい社会の状況に対応するためには、本当の意味での「考える力」を鍛え、「創造する力」を身につけることが必要です。

ここでいう「考える力」とは、単に与えられた問題を解く能力ではありません。他の人が疑問に感じないところ、常識と考えているところに問題点を見出し、根本にまでさかのぼって問題の本質を突き止める能力です。諦めずに考え続けることができる能力と言ってもいいかもしれません。このような能力は、30分考えても分からなければ次の問題に移れという訓練をしていると身につかないことが分かりますね。それとは逆に、納得がいくまでとことん考え続ける粘り強さが必要なのです。

さて、そのようにして根本にまでさかのぼった問題には、あらかじめ用意された一通りに決まった答えなどありません。この時点では、答えは存在しないのです。この答えのないところにあなた独自の答えを編み出すことができる能力こそが、ここでいう「創造する力」なのです。「創造する力」を持った2人の人が同じ問題に取り組むと、二通りの「正解」が生まれるという点がポイントです。ファッションデザイナーを想像すると分かりやすいかもしれません。

つまり、「考える力」とは問題の本質を見極める力であり、「創造する力」とはそれをあなた独自の方法で解決に至るまでやり遂げることができる能力です。アインシュタインに備わっていたのは、これら2つの力なのです。

そんな芸当は、アインシュタインのような生まれつきの天才だけができることだと思われるかもしれません。しかし、そうではない皆さんは驚かれるかもしれませんが、自然を対象にする物理学の最も本質的な問題も、実はそのような性格を持っているのです。つまり、正解はおろか、誰も問題にすらしなかったところに問題を発見し、その問題に対して以前には存在すらしなかった答えを創造する学問なのです。アインシュタインは、すべての人にとって時計は同じペースで進むという常識を疑い、そこから相対性理論を創造したのです。

　試験問題には必ず出題者がいます。出題者が用意する問題には必ず意図があり、それに対応したたった1つの答えしかありません。これは知識の正確さ、必要とされるスキルが身についているか、正しい手順で答えにたどり着けたかを判定するためです。ほとんどすべての試験問題は、こうした意図に沿ってつくられています。

　しかし、自然現象を対象とする物理学では、複雑な自然現象の中からまず問題を見つけなければなりません。その問題は、同じ条件下で実験をすると毎回同じ結果が現れるという再現性として我々の前に現れます。

　ある特定の現象がある条件下でなぜ再現されるのかを解明するためには、まずその現象の背後にある法則を発見しなければなりません。もし、自然の意図というものがあるとすれば、それはここで発見されるべき法則なのです。

　試験問題の場合は、出題者が意図を解説してくれますが、自然は黙して語らずです。問題を発見するだけでなく、答えも自分で創造しなければならないのです。

　ところが、試験で好成績を収めようとする受験生は、自然に「知識」と「マニュアル通りに正解にたどり着く能力」ばかりを鍛えることになってしまいます。予備校や塾が過去問を類型化して「傾向と対策」を立てることができるのも、明確な意図と一通りに決まった解答が常に用意されている入試問題特有の性質のおかげなのです。

　また、試験には制限時間があります。受験生が良い成績を収めるためには、決められた時間内にできるだけ多くの問題を解答することが求められます。入学試験において長時間考えこむのは致命的です。

　ある塾や予備校では、1問あたりにかける時間を、最大でも3分（中学受験）、10分（高校受験）、30分（大学受験）にすることを推奨しているそうです。それでダメならその問題は捨てて、次へいけというわけですね。これは実際の受験では必要なノウハウですが、普段からそのような勉強をしていると、問題にじっくり取り組む習慣が身につかず、長時間集中的に考える脳の訓練ができません。

　つまり、入試に合格するための必須のテクニックが、考える力をつけるうえでマイナスになってしまうのです。

（中略）

　マニュアル力は、「答えがある」「正しい手順が決まっている」という場面では素晴らしい威力を発揮します。こうした条件が満たされている（注四）シチュエーションでは、マニュアル力の高い人は、誰よりも効率よく成果をあげることができるでしょう。ところが、学問の世界や実社会に出ると、こうした場面は限られてしまいます。

　たとえば、営業活動。お得意さん回りならば、先輩や上司から引き継いだ知識や慣習で対応できます。このような局面では、マニュアル力の優れた人が顧客に安心感と信頼を与え、優秀だと見なされます。

　ところが、新たな顧客開拓、新規プロジェクトへの賛同を得るといった局面ではどうでしょうか。ここでは、マニュアルでは済まない企画力や創造性、相手を説得するコミュニケーション力が必要になってきます。さらに不測の事態が起きたときには、（注五）杓子《しゃくし》定規なルールはむしろ邪魔になってしまうことさえあります。

　商品開発ならば、他の人が気づかないことを思いつく創造力が重要で、これなしでは多くの人々に支持されるサービス・製品は生み出せません。こうした製品を次々に世に送り出したアップルの創業者、スティーブ・ジョブズがスタンフォード大学卒業式で学生たちに送った言葉は、“Stay hungry, stay foolish.”でした。貪欲で愚直に

ワードが「考える力」、そして、「諦めない人間力」なのです。
　アインシュタインは、学業では必ずしもよい成績を修めることができませんでした。しかし、彼には本当の意味での「考える力」があったのです。また、普通の人なら諦めてしまうような困難な状況に直面しても、決して諦めませんでした。
「学業成績」と「考える力」――。この二つは似て非なるものなのです。そして、大きな仕事を成し遂げるためには、諦めずに最後までやり遂げようと思う人間力が必要なのです。

（中略）

　世間一般では、学歴を「頭の良さ」の目安にすることがやはり多いでしょう。学歴は、教育機関での成績、そして入試などの試験の結果といえます。現在の学校教育や受験勉強では特に、「試験」が大きな意味を持っています。学歴社会を勝ち抜くためには、試験でよい点数をとることが求められるのです。
　試験でよい点数を獲得するために必要な能力とは何でしょうか。それは「限られた試験時間内で、できる限り多くの正解にたどり着く能力」だと言えます。テレビのクイズ番組で試される能力と非常によく似ている力だと言えるでしょう。
　このような能力に秀でていると、学歴は高くなります。私が籍を置く大学には学力の点で「頭の良い」学生が全国からたくさん集まってきています。彼らはみな受験勉強で優秀な成績を挙げた精鋭たちです。
　ところが、彼らのすべてが学問の世界で新たな発見を遂《と》げたり、社会に出て（注二）イノベーティブな仕事をしたり、リーダーシップを発揮するかというと、そういうわけではありません。それどころか、社会に飛び出した途端、試験以外で優劣が決まる新しい世界に放り出され、途方に暮れてしまうケースが少なくないのです。
　もちろん、なかには教員も舌を巻くような創造性豊かな学生もいます。しかし、そんな彼らも、受験勉強のおかげで創造性が高められたとは思えません。むしろ受験勉強を経験したにもかかわらず、創造性を失わなかったといったほうが真実に近いでしょう。創造性の豊かな学生に共通している点は、受験勉強を無視したわけではなかったけれど、特に重視する必要性もなかったという心理的余裕を持っていることです。

（中略）

　とはいえ、私は受験勉強を意味のないものだと言っているわけではありません。受験勉強で養われるマニュアル的能力は実社会においてもしばしば必要とされます。
　ただし、その能力だけでは、創造性を発揮し、新しい何かを生み出すことができないのも事実なのです。
　受験勉強で鍛えることができるのは、課題として与えられた知識やスキルを効率よく身につける「マニュアル力」です。この能力を鍛えることは、たしかに意味のあることです。私のいう「考える力」を身につけるための基礎力になりますし、創造力を発揮するための土台にもなります。
　しかし、その一方で過度な受験勉強が、創造力を奪ってしまうケースも少なくありません。その理由は、心理的な負担だけではなく、創造性を妨げる先入観、とりわけ思考をパターン化し、一通りに決まった「正解」が存在するという固定観念を植えつけてしまうことにあります。
　そのような先入観を植え付けてしまう本質的な原因は、学生たちが解いている試験問題の性質にあります。彼らが取り組む問題には、最初から一種類だけの「答え」が用意されています。このことが「問題には必ず一通りに決まった正解がある」という固定観念を植えつけてしまい、正解のない問題に取り組む勇気と想像力を奪ってしまうのです。
　ところが、人生の悩みのほとんどは、正解などは存在せず、それに対して自分なりの答えを見出さなくてはなりません。（注三）クリエイティブな能力が要求される実社会の問題も、そのような性質のものがほとんどです。

## 【小論文】（九〇分）

〔注意〕 題名（タイトル）は記入せず、解答用紙の一行目から本文を書き始めること。

次の文章を読んで後の設問に答えなさい。なお、九〇一字以上一二〇〇字以内で述べること。また、改行によって生じる空欄は字数に数えるものとする。

「考える」ということについて、考えてみたことはありますか。

私たちは一般的に、学校の成績が優秀であったり、試験で高得点を挙げる人を「頭が良い」と言います。こうした能力はたしかに「頭の良さ」の1つの側面ではありますが、それは実社会で求められる能力のごく一部に過ぎません。

たとえば、今まで誰も解けなかった問題を解決する。市場にこれまで存在しなかった画期的な商品を思いつく。想定外の出来事が起こったときに、的確な対応策を考え出す……。このような新しいアイデアを思いつくためには、「考える力」が不可欠です。しかし、この能力は試験問題を解かせるだけでは測ることができません。別種の力だからです。

（中略）

歴史上、最も偉大な天才と呼ばれる物理学者アインシュタイン博士は、こんな発言をしています。

"It's not that I'm so smart; it's just that I stay with problems longer."（私はすごく頭が良いわけではなく、ただ、人よりも長い時間、問題と向き合っているだけだ）

"I have no special talent. I am only passionately curious."（私に特別な才能などない。ただ、情熱的と言えるほどに好奇心が旺盛なのだ）

アインシュタインは自ら「頭が良いわけではない」と言っているのです。信じられますか？ この言葉は決して謙遜ではなく、彼の本心だと（注一）得心することから深い教訓が得られます。

若いころのアインシュタインは、いわゆる万能型の秀才ではありませんでした。大学受験に一度失敗し、物理学者を志していたにもかかわらず、「才能がない」と教授から烙印を押され、助手として大学に残ることもできなかったのです。就活でも苦労し、友人のコネで特許庁に勤めるまでは、家庭教師などさまざまなアルバイトをして生計を立てていました。

普通だったら、この時点で大学教授になることは諦めていたと思います。しかし、アインシュタインは諦めずに研究を続けたのです。

彼が世間に認められたのは、大学ではなく特許庁に勤めていたときです。1905年、彼は5つの論文を発表します。これらの論文で提唱された「光量子仮説」「ブラウン運動理論」「特殊相対性理論」といったアイデアは、いずれもノーベル賞に値する画期的な発見でした。今では、この1905年は物理学史上の「奇跡の年」と呼ばれていますが、特殊相対性理論の論文を書いたときのアインシュタインは、まだ物理学博士ですらなかったのです。

受験に失敗し、大学にも残れず、就活でも苦労し、教授から「才能がない」とまで言われた若者が、どうして世紀の大発見をすることができたのでしょうか。

その一方で、こんなケースがあります。

学校では成績優秀で、受験戦争にも勝ち抜き、偏差値の高い大学に進んだ。そんな優秀な学生が社会に出た途端、とりたてて特徴のない凡庸な社会人になってしまう。あるいは、学生のころまでは周りから天才とみなされていた人が、独自の研究成果を出せずに終わってしまう。このような例は、残念ながら珍しくはありません。

他方、学生のころまでは成績も凡庸で特に目立った特長のなかった学生が社会で大活躍したり、研究で大きな業績をあげることもよくあることなのです。

この両者の違いを生み出すものは何か、このことを理解するキー号で答えよ。

ア　上品な人については一層である
イ　優秀な人に関してはまだ白紙だ
ウ　高貴な人についてはいうまでもない
エ　人格の優れた人なら入念にするはずだ

**問五**　傍線部3の「親なれば」と「ぞかし」の間に入るべき内容として最も適切なものを次の中から選び、記号で答えよ。

ア　いたはしうおぼゆ　イ　見るかひある
ウ　ことなる事なき　エ　かなしと思ふ

**問六**　本文の内容と合致しないものを次の中から一つ選び、記号で答えよ。

ア　人から憎まれるのは辛いことである。
イ　変人というのはどこでも嫌われてしまうものだ。
ウ　肉親の中にも好きな人とそうでない人がいるものだ。
エ　どんな人からであっても、好意を持たれるのはいいものだ。
オ　親というものは、それほど優れていない子でもかわいいものだ。

問六　空欄Cに入る漢字一字を答えよ。

問七　傍線部4のような考え方は筆者によれば誤りである。では、公教育は何のために必要だと言えるか。解答欄に合う形で、本文中から五字で抜き出して答えよ。

問八　傍線部5「パイ」は具体的には何を指すか。次の中からその例として適切でないものを一つ選び、記号で答えよ。

ア　公教育を受けられる機会
イ　大気や海洋などの自然資源
ウ　救急医療を受けられる権利
エ　科学技術上のイノベーション
オ　道路や電気などの社会的インフラ

問九　本文の内容と合致しないものを次の中から一つ選び、記号で答えよ。

ア　社会における公的資源の管理運営には競争原理が関与してはならず、また、私念や私欲が介在してはならない。
イ　社会には私物化が認められない社会的共通資本が必要であるという常識は、現代において成り立たなくなりつつある。
ウ　社会的共通資本の領域と私有が認められる領域との線引きは、政治や経済に連動して決められてはならないものである。
エ　リバタリアンやティーパーティーの特異な思想を徹底していくと、社会に医療保険、年金、生活保護は存在しなくなる。
オ　過去においてイギリスやフランスの思想家たちが説いた近代市民社会の基礎的理念は、いまだに人々に共有されていない。

## 三

次の文章を読んで、後の問いに答えよ。

世の中になほいと心憂きものは、人に憎まれむ事こそあるべけれ。誰てふ物狂ひか、我1人にさ思はれむとは思はむ。されど自然に宮仕へ所にも、親、はらからの中にても、A思はるる思はれぬがあるぞいとわびしきや。

2よき人の御ことはさらなり、下衆《げす》などのほどにも、親などのかなしうする子は、目立て耳立てられて、いたはしうこそおぼゆれ。見るかひあるはaことわり、いかが思はざらむとおぼゆ。Bことなる事なきはまた、これをbかなしと思ふらむは、3親なればぞかしとあはれなり。

親にも、君にも、すべてうち語らふ人にも、人に思はれむばかりめでたき事はあらじ。

（『枕草子』より）

語注
＊物狂ひ　ここでは「変人」のこと。
＊はらから　兄弟姉妹。
＊下衆　身分の低い者。
＊君　ここでは「主君」のこと。

問一　二重傍線部a・bの意味として最も適切なものをそれぞれ下の中から選び、記号で答えよ。

a　ア　まっぴらだ　イ　もっともだ　ウ　注意が必要だ　エ　仕方ない
b　ア　いとしい　イ　かなしい　ウ　たよりない　エ　せつない

問二　波線部A・Bの後にはそれぞれ省略が想定できる。省略された言葉として最も適切なものをそれぞれ下の中から選び、記号で答えよ。

A　ア　人　イ　親　ウ　はらから　エ　事
B　ア　よき人　イ　下衆　ウ　親　エ　子

問三　傍線部1の解釈として最も適切なものを次の中から選び、記号で答えよ。

ア　人に憎まれるはずはない
イ　人に憎まれると思っている
ウ　人に憎まれようとは思っていない
エ　人に憎まれないようにしようと思っているのか

問四　傍線部2の解釈として最も適切なものを次の中から選び、記

保険もない。年金もない。むろん生活保護もありません。国有林というようなものもありません。市民なら誰でも入れる土地も海岸もありません。すべては「私有地」で、あらゆるところにNo Trespassing(立ち入り禁止)の看板が立っている。

僕たちが採用できるのは、せいぜい「競争の勝者であっても、その取り分の一部を競争の敗者(あるいは競争に参加しなかったものたち)のために割く義務がある。なぜなら、世の中には私有化になじまない共通の資源があるからである」という「常識的」なルールだけです。

どこまでが社会的共通資本で、どこからが私有にc委ねてよいのか、その線引きについては計量的な議論がありうるでしょうけれど、「勝者の総取り」は認めないという原則については、社会的合意がないと困ります。

でも、こんな「当たり前のこと」を、今さらこうやって言葉を尽くして説かなければいけないというのは、ほんとうに恥ずかしいことなのです。ロックやホッブズやルソーが近代市民社会を基礎づけるために語ったことを、三〇〇年後にまた繰り返さなければいけないのですから。それは、人類は三〇〇年をかけてほとんど進歩しなかったということです。

もう一度言いますけれど、完全な格差社会というものは、一部地域で一定期間だけなら存立することができるでしょうし、そのような社会で「私はたいへん愉快に暮らしていける」という人もそれなりの頭数はいるでしょうけれど、地球全域にわたって、長期に存立することはできません。

なぜなら、この資源分配競争には、その時代に生きている人しか参加できないからです。五輪の一〇〇メートル競走で金メダルが欲しければ、試合時間に試合会場にいなければいけません。その場にたどりつけなかった人間は、競争に参加できない。それが競争原理です。未来の世代はこの競争には参加できません。しかし、彼らがいない間に、競争のプレイヤーたちは使える資源を洗いざらい引き出すことができるのです。

この共同体の未来の世代がどうなるのかについて何も考えない人たち、それが今の日本では「リアリスト」だと名乗っています。でも、未来を勘定に入れる習慣を持たない人たちを「リアリスト」と呼ぶことに、僕はどうしても同意することができないのです。

(内田　樹『街場の共同体論』より・一部改)

語注

＊ピットフォール(pitfall)　落とし穴。

**問一**　傍線部a～cのカタカナを漢字に直し、漢字はその読みをひらがなで答えよ。

**問二**　傍線部1のような人たちはどのようなことをしない人たちだと言えるか。解答欄に合う形で、本文中から九字で抜き出して答えよ。

**問三**　傍線部2のような考え方が誤りであると言えるのはなぜか。次のように答えるとして、その空欄に入る言葉を本文中から十五字以上二十字以内で探し、その始めと終わりの五字を答えよ。

そのような考え方をすると、長期的には□の権利を奪ってしまうことになるから。

**問四**　空欄A・Bに入る漢字を次の中からそれぞれ選び、記号で答えよ。

ア　国　イ　再　ウ　強　エ　等
オ　実　カ　差　キ　公　ク　総

**問五**　傍線部3「アメリカの開拓時代のある種の通念」とはどのような考え方と言えるか。次の中から適切でないものを一つ選び、記号で答えよ。

ア　自分の個人的利益以外の価値を認めない考え方である。
イ　原理的に格差社会を招来することになる考え方である。
ウ　短いタイムスパンで見る場合に成り立つ考え方である。
エ　必然的に公共的価値を無視することになる考え方である。
オ　寿命に限りがある個人だけが正当化できる考え方である。

源を貧者に[B]分配することを、リバタリアンは認めません。それは私権の制限であり、私有財産の奪取であるとみなします。才能もなく、努力もしなかった人々にも「社会的共通資本」が分配されることは、アンフェアである。分配を受ける人間は「他者の努力の成果のフリーライダー」であり、恥ずべき存在だと考える。

　これは、アメリカの共和党の支持母体であるティーパーティの考え方です。このような特異な思想がアメリカにbハッショウしたことには、歴史的必然があります。これは3アメリカの開拓時代のある種の通念を映し出しているからです。

　アメリカではじめて公教育が導入されたとき、税金を投じて公立学校を作ることに多くの市民が反対しました。なぜ自分たちが刻[C]勉励して稼いで納めた税金で、自分たちほど努力してこなかった人間の子弟に教育機会を与えなければいけないのか。もし、教育を受けることで子供たちが知識や技術を身につけ、社会的上昇のチャンスを増すのだとすれば、4教育の受益者は教育を受けた子供たち自身である。だとすれば、その代価は自分で払うべきだ。価値あるものを無償で手に入れることはできない。教育を受けたければ、まず働いて、金を稼いで、それから学校に通えばいい。それがフェアネスというものだ、と。

　そういうロジックで、十九世紀のアメリカの有産階級の人々は、公教育の導入に反対したのです。この理路は、現在のアメリカのリバタリアンの言い分とほとんど一言一句変わりません。

　たしかにこの主張は、一見すると合理的です。でも、もしこのときに彼らの言い分に理ありとして、「学校教育の受益者は本人なのだから、公教育には税金を投じず、教育を受けたい人間は受益者負担すべきだ」というロジックが通って、公立学校が作られなかったら、アメリカはそのあと政治活動を指導し、中産階級を形成して経済成長を支え、科学技術上のイノベーションを果たすことになった人材の多くを失い、二十一世紀の今もまだ、開拓時代とあまり変わらない後進国レベルにとどまっていたでしょう。

「フェアな競争」という言葉に、あまり簡単に頷《うなず》くべきではありません。たしかに、それは短期的に見ると整合的なものに思えます。けれども、長期的なタイムスパンの中で見ると、集団の存続を土台から脅かすリスクを含んでいます。

　でも、そのリスクについては誰もアナウンスしない。成員みんなが「勝つものが総取りし、敗者には何もやらない」というルールで「フェアな競争」を続けていれば、そのような社会では、自己利益以外の価値、つまり公共的な価値、例えば「自然環境の保全」や「社会的インフラの整備」や、最終的には「国を護る」義務さえ人々は感じなくなるということに、想像が及ばない。

　よく考えてください。勝者というのはあくまでも個人です。そして、個人の可動域は狭く、寿命もたかが知れています。「自分さえよければそれでいい」ということを原理に据えれば、自分以外の人間がどうなっても構わない、自分が知らない土地がどうであっても知らない、自分が死んだ「あとは野となれ山となれ」ということになる。論理的にはそうなります。

「フェアな競争」のピットフォールはそこにあります。同時代の競争相手からだけでなく、そもそも競争に参加していない人、できない人たちからも5パイを奪ってしまう。たとえ海洋を汚染し、大気を汚染し、森林を切り拓き、湖沼を枯渇させても、未来の世代がそれでどれほど苦しむことが予想されていても、「今、ここで競争に勝ちたい」と思っている人間には、誰も「やめろ」と言えません。「やめろ」という制止が効くためには、「勝者以外の人間にも地球上の資源の正当な分配に与《あずか》る権利がある」ということについての社会的合意が必要です。

　格差社会は「フェアな競争」という原理の上に成り立っています。でも、この原理を徹底させれば、人間社会はたぶん二、三世代後には壊滅的な状態になるでしょう。

　先ほどアメリカにおける公教育の例を挙げましたけれど、「フェアな競争」原理が徹底された社会には公教育がありません。医療

オ　聖地が特別な場所である理由は特定の物語によって定められている点で異なっている。

問十　本文の内容と合致しないものを次の中から一つ選び、記号で答えよ。

ア　近代社会において、社会全体が私事化し、世界観が多様化するにつれて、公的地位を失った宗教の世俗化が進行していった。

イ　現代社会において、個々人は自らの趣味や好みに合わせて、新しい宗教的イメージや聖地巡礼の形を作り出そうとしている。

ウ　日本の前近代社会において、仏教寺院は宗教的な役割だけでなく、民衆を管理し監督するという社会的機能も果たしていた。

エ　宗教が社会全体を覆っていた時代には、宗教儀礼に参加することはコミュニティの一員であることを確認する意味を持っていた。

オ　近代社会では、個々人の倫理観や価値観によって、何が犯罪に当たり、何が犯罪に当たらないかという判断が異なるようになった。

## 二

次の文章を読んで、後の問いに答えよ。

それがなくては共同体が立ちゆかない公的資源のことを、経済学の用語では「社会的共通資本」と言います。社会的共通資本には三種類のものがあります。

一つは自然資源です。大気、海洋、河川、湖沼、森林、aドジョウ。そういうものは「それなしでは人間が生きていけないもの」です。こういうものは誰も私物化すべきではありません。

第二は社会的インフラです。道路、上下水道、通信網、電気、ガスといったライフライン。これもまた、それなしでは人間が暮らしてゆけない資産であり、かつ私有することが許されないものです。

第三が制度資本です。行政、司法、医療、教育。そういった社会制度もまた、共同体の存立に不可欠であり、かつ個人が私有してはならないものです。

この三種類の社会的共通資本は、専門家によってクールかつリアルな専門的知見に基づいて管理運営されなければならない。私念や私欲が介在してはならない。当たり前のことです。ですから、社会的共通資本の管理運営には、政治イデオロギーと市場経済は関与してはならないとされます。

蛇口をひねると水が出る、スイッチを押すと電気が点く、時刻表通りに電車が来る、一一〇番をまわすとおまわりさんが駆けつける、学校に行くと先生が教壇に立って教科を教える、病院に担ぎ込まれるとすぐ救急医療が受けられる。そういう仕組みは、政権交代や株価変動に連動して変化するものであってはならない。だから、社会的共通資本の管理運営に政治と市場はかかわってはならない。これが制度論の常識だと僕は思います。

でも、この「常識」がもう通らない。それは1これらの社会的共通資本は「誰のものでもない」という前提を受け付けない人たちが増えてきたからです。増えてきたどころか、もう過半を制したかもしれません。

「それがないと共同体が保たない資源」は、「みんなのもの」「誰の私物でもない」のだから、その資源については、共同体成員の全員が「自分の割り前」を保証されている。この発想そのものが「受け付けられない」という人が増えてきた。リバタリアンというのは、そういう考え方をする人たちです。

2彼らによると、この世にあるすべての有用な資源は「フェアな競争」によって争奪されるべきものです。教育や医療はもちろん、ライフラインも森や湖も、「力のある個人が私有して当然だ」と考える人たちがいる。そのような価値の高いものについて、「それは、僕の取り分です」と手を出すだけで無償で手に入ると思っているのは、よほど「虫のいい」人間だ、というのがリバタリアンの考え方です。

自分たちの現在の地位や名声や資産は、自分の個人的努力の成果である。その「上前」を［A］権力がはねて、自己努力の成果たる資現代の訪問者は、テレビや雑誌を通じて雑多な宗教的情報を獲得し、その中から自分の好みのものを選んで組み合わせる。こうした傾向は、伝統的な信仰心を持つ人々からみれば奇異なものに感じられる。だが、メディアの拡充によって、意識的であれ無意識的であれ、私的な信仰は広まりつつある。従来、そうした人々は不真面目な巡礼者や観光客として重視されてこなかった。さらに言えば、7聖地の空気を乱すノイズのように考えられてきたのである。

しかし、世俗化と私事化を経た現代の聖地巡礼を考えるためには、彼らの新しい実践も包み込めるような視座を作らなければならない。新しい訪問者たちの増加によって聖地のあり方は変化しているからである。さらに、伝統的な信仰を持つ人々と新しい聖地訪問者が互いに影響を与えあうような状況も見られるのである。

多くの教団や宗教制度が8伝統的な信仰の形を守り続けようとする一方で、個々人は従来の宗教のあり方だけでは満足せず、自らの趣味嗜好《しこう》に合わせて新しい宗教的イメージや実践を作り出そうとする。その結果、聖地巡礼の世界では、聖なるものが観光のコンテンツとして取り込まれたり、宗教が観光の制度やシステムを利用して新たな形に生まれ変わっているのである。

（岡本亮輔『聖地巡礼』より・一部改）

**問一** 傍線部a～cのカタカナを漢字に直し、漢字はその読みをひらがなで答えよ。

**問二** 傍線部1「現代社会」は、前近代社会と対比して、どのような社会であるとされているか。それが端的に述べられている部分を本文中から十五字で探し、その始めの五字を答えよ。

**問三** 傍線部2「世俗化が進んだ社会」の特徴を次のように説明するとして、その空欄に入る言葉を本文中から三字で抜き出して答えよ。

生活のあらゆる場面で［　　］が重視されるようになった社会。

**問四** 傍線部3「文化的・倫理的にも同じコミュニティに所属している感覚」がより端的に表現されている部分を本文中から十字で探し、その始めの五字を答えよ。

**問五** 傍線部4「宗教の私事化」の説明として適切でないものを次の中から二つ選び、記号で答えよ。

ア　宗教の教義の一部分だけが切り取られる。
イ　宗教の教義が体系的に信者に伝えられる。
ウ　自己流にカスタマイズされた信仰が増える。
エ　宗教が個人的な行動を決める上で参照される。
オ　個人が宗教団体への帰属感を持つようになる。

**問六** 傍線部5のような現象が現代において広まっている、その社会的背景として挙げられているものは何か。本文中から七字で抜き出して答えよ。

**問七** 傍線部6「社会全体が共有する倫理や規範」とあるが、現代社会においてその代替となっているものは何か。本文中から一語で抜き出して答えよ。

**問八** 傍線部7のように考えられてきたのはなぜか。次のように答えるとして、その空欄に入る言葉を本文中から十五字以上二十字以内で探し、その始めの五字を答えよ。

そうした人々は、［　　］。

**問九** 傍線部8「伝統的な信仰の形」は現代の新しい信仰の形とどのような点で異なっているか。その説明として適切でないものを次の中から一つ選び、記号で答えよ。

ア　聖地が公認された神話や伝承によって聖化されているという点で異なっている。
イ　聖地のあり方が宗教制度や教団によって長く保守されている点で異なっている。
ウ　宗教の教義と儀礼が一体のものとしてパッケージ化されている点で異なっている。
エ　聖地に付随する聖地巡礼という実践が巡礼者によって行われている点で異なっている。

き方、社会的慣習などについて、「だいたいの人が自分と同じ基準や価値観を持っている」という[a]バクゼンとした安心感が存在していたはずである。もちろん、その時代の誰もがカトリックの教義を詳細に学んでいたわけではない。だが、成長の過程で、カトリック的な価値観や慣習をほとんどの人が身につけてはいたのである。

これに対して、宗教を前提としていない世俗化社会は、支配的な価値観や文化がない社会である。最低限のルールを定める法律を除けば、ある人がどのような倫理や規範に基づいてふるまうのかが不明瞭な社会である。殺人のような行為の善悪についての議論はそれほど必要ないかもしれない。だが、たとえば尊厳死・人工妊娠中絶・同性婚・臓器移植・麻薬使用など、倫理や価値観が関わる問題について、誰がどのようなスタンスをとるのかは自明ではない。

さらに言えば、殺人が法的に罰せられることは明らかでも、倫理的にどの程度悪であるかについて、他者がどのように感じているかは不明なのである。世俗化社会では、他者が自分と同じような世界観を共有していることを確信できなくなり、共同体意識や仲間意識といった共同性が掘り崩されるのである。

世俗化によって特定の宗教が公的な地位を失い、それによって価値観や世界観は多様化する。その結果、人々の間には物理的という以外に同じコミュニティに所属する感覚を作り出すことが難しくなる。そうした社会では、宗教が社会全体の方向性を決めることはない。むしろ政治や教育といった公的な領域から徐々に排除される。それでは、宗教は社会の中でどのように位置づけられるかというと、個々人がプライベートに関わる対象になる。これが[4]宗教の私事化と呼ばれる状況である。

宗教の私事化は、大きく分けて二つの状況を指している。一つは、宗教が公的な世界の中心に位置づけられ、社会全体の世界観・価値観を支配していた前近代的な状況から、私的な領域に囲い込まれていくことを意味している。世俗化の結果、宗教が社会的に占める位置が社会から個人へとシフトするのである。

もう一つは、私的な領域に囲い込まれた[5]宗教が、元々の歴史や教義とは無関係に、個々人が特定の要素だけを選びとったり、他の宗教と組み合わせるための材料になることを指している。つまり、自己流にカスタマイズされた私的な信仰が増えていくのである。

前近代においては、その社会で支配的な宗教が主張する価値観や世界観をほとんどの人が共有していた。[6]社会全体が共有する倫理や規範が存在し、人々の考え方は、おおむねそれにしたがっていた。それに対して、特定宗教の共有がなくなった世俗化社会では、宗教は人々が個人的にふるまう上で参考にするために、その時々に任意に選んで購入する商品のようになる。

宗教教団は、自分たちの教義を体系的に信者に伝えようとする。教義の一部だけを信じたり、さらにはそれを他宗教の一部と[b]ユウゴウすることは基本的に認めない。宗教の教義や儀礼は一つの「詰合せ」としてワンセットで提示されていた。それをバラして一部だけを購入するようなことは想定されていなかった。だが、現代では、個々人の需要に応じて宗教の一部が切り売りされることは珍しくなくなっている。

現代の聖地巡礼は私事化の影響を大きく受ける領域である。伝統的に、聖地は宗教制度や教団によって管理されてきた。聖地には、そこがなぜ特別なのかを語る物語が付随している。宗教制度や教団は、どのような物語を付随させるのかを決めることで、聖地のあり方をコントロールしてきたのである。神社や寺にはそれぞれ[c]由緒があり、どのような経緯でその場所に神仏が祀《まつ》られるようになったのかが示されている。

聖地は、その場を管理する宗教集団の神話や伝承と結びつくがゆえに、特別な場所であった。聖地の意味や位置づけは、宗教集団が公認した物語によって決まってきたのである。しかし、私事化が進む社会では、宗教集団が掲げる物語は、その場所にまつわる数ある物語の一つになってしまう。宗教集団に属さず、伝統的な信仰を持たない個々人が、さまざまな物語を聖地に持ち込むからである。

# 二〇二一年度 早稲田大学高等学院

【国 語】（五〇分）

〔注意〕 字数指定のある問いに答える場合は、句読点などの記号も字数に含めるものとする。

一 次の文章を読んで、後の問いに答えよ。

私たちが生きる現代社会は近代化を経て成立した。この近代化の歩みは、社会が宗教から解放される過程でもあった。簡単に言えば、このプロセスこそが世俗化である。「社会の大多数が超越的存在を信じていた状況」から「社会の大多数が超越的存在を信じなくなる状況」への移行が生じたのだ。

ここで、1現代社会とかつての社会（前近代社会）のあり方を比較してみよう。前近代社会においては、宗教ははるかに大きな存在感と影響力を持っていたことが分かる。

たとえば、ヨーロッパの多くの国はキリスト教を国教としていた。そこでは、王の権力や権威も教会の承認を得ることで成立する。教育や医療も、教会学校や教会立の福祉施設が担っていた。現在でもヨーロッパの町を旅すれば、たいていその中心に教会が建てられていることが分かるだろう。一日のリズムは、教会の鐘によって管理された。毎週日曜の礼拝は単なる宗教儀礼ではなく、その参加者が教会を中心とするコミュニティの一員であることを確認する機能も持っていたのである。

日本では、江戸時代初期に、主にキリスト教の禁止を目的として寺請《てらうけ》制度が敷かれた。これは現代の檀家《だんか》制度に続く日本独特の仏教制度である。事実上、仏教を国の宗教と定め、寺にコミュニティの管理を委嘱する施策であった。その下では、寺が民衆の管理監視を行い、役所や警察の機能も果たしていたのである。

宗教が支配的な社会を生きる人々は、宗教の枠組みを通じて世界を体験していた。キリスト教世界では、生誕時に受ける洗礼は人間として承認を得ることであり、教会を中心とするコミュニティへの参加儀礼でもある。死ぬ間際には、聖職者による儀式が行われなければ、天国には行けないと信じられていた。

前近代社会において、教会は文字通り社会の中心に位置し、すみずみまで影響力を及ぼしていた。もちろん、何から何まで宗教一辺倒の世界だったわけではないだろう。だが、法律は宗教的な倫理や規範の影響下にあり、宗教にとって代わる強力な世界観や価値観が他にあるわけではなかった。宗教が天蓋のように社会全体を覆っていたのである。

こうした宗教の支配や存在感が掘り崩されるのが世俗化である。私たちが暮らす社会を思い浮かべれば分かるように、2世俗化が進んだ社会では生活のさまざまな局面で、合理的に考え、ふるまうことが求められる。結婚や葬式のような個人的に重大な出来事も、宗教的な儀礼や手続きだけでは済まされない。近代的なシステムの代表である役所で所定の手続きを行わなければ、それらが社会的に承認されることはないのである。

さらに細かい局面においても同様である。二台の車が交差点にさしかかった場合、青信号の方の車が、他者への思いやりから赤信号の車に道を譲るのは単なる危険行為であり、法的な処罰の対象になる。宗教が説く美徳や倫理ではなく、合理的な法律にしたがうことが求められるわけである。そして、生活の隅々まで浸透した合理性に身を委ねているうちに、生活全体が宗教と切り離されてきたのである。

宗教の存在が自明視された前近代社会では、人々は物理的にだけでなく、3文化的・倫理的にも同じコミュニティに所属している感覚を持っていた。かつてのフランスのように、カトリックが国教とされ、国民のほとんどがカトリック教徒であった社会を想定してみよう。

そこでは、倫理的な葛藤や問題が生じた時の判断、人間関係の築

# 2021年度／早稲田大学高等学院

## 英語解答

**A** Ⅰ (1)…ア (2)…イ (3)…ウ (4)…ア
(5)…エ

Ⅱ (1) mind (2) coming
(3) enough (4) taking
(5) cities

Ⅲ (1)…エ (2)…ア (3)…イ (4)…イ
(5)…ウ

Ⅸ accent〔pronunciation〕

Ⅹ A…イ B…ウ C…ア

Ⅺ イ，カ

**B** Ⅰ ウ Ⅱ (1) same (8) first

Ⅲ (2) or (10) so

Ⅳ (3) end (6) way (7) saw

Ⅴ (4) putting English into this Japanese
(12) are so scared to be seen speaking

Ⅵ (5)…イ (13)…エ Ⅶ イ

Ⅷ (i)…ア (ii)…ウ

**C** Ⅰ D Ⅱ C Ⅲ B Ⅳ D
Ⅴ A Ⅵ C Ⅶ B

Ⅷ (例)(If I saw such a rude person,) I would step up and tell them that their behavior is annoying (because) they may not have no idea what effect they are having on people around them.

**D** Ⅰ D Ⅱ C，F Ⅲ A
Ⅳ B Ⅴ C

(声の教育社 編集部)

**A**〔文法総合〕

Ⅰ＜適語(句)選択＞(1) remember ～ingで「～したことを覚えている」。remember to ～「これから～することを覚えている」との違いに注意。 「私はあの男をどこかで見た覚えがある」 (2) population「人口」やaudience「聴衆」，number「数字」などの「多い」「少ない」は，large，smallで表す。 「東京の人口はとても多い」 (3)命令文の付加疑問はwill you？またはwon't you？。なお，Let's ～で始まる文の付加疑問はshall we？。「手伝ってくれませんか」 (4)漠然と「車で」というときはby carで表せる(carは無冠詞)が，具体的に「～の車で」というときはin ～'s carとなる。 「私の友人の車で，私たちは軽井沢に行った」 (5)先行詞を含み，「～こと，もの」という意味を表す関係代名詞whatが適切。what I meanで「私の意味していること」。 「私の言いたいことがわかりますか」

Ⅱ＜和文英訳―適語補充＞(1)「差しつかえなければ」は，If you don't mindで表せる。このmindは「気にする，嫌だと思う」という意味。 (2)相手がいる場所に行く場合は，goではなくcomeを使う。また，「行く」という動作はすでに始まっていると考えられるので進行形で表す。 (3)「親切にも～してくれた」を「～してくれるほど親切だ」と読み換えて，'形容詞＋enough to ～'「～するほど〔できるほど〕…」の形で表す。 (4)「～するのに慣れる」はget used to ～ingで表せる。このtoは前置詞なので後ろに動詞が続く場合は動名詞(～ing)になる。 *cf.* 'used＋to不定詞'「(過去に)～したものだった」 (5) 'one of the＋最上級＋名詞の複数形'「最も～なうちの1つ」

Ⅲ＜誤文訂正＞(1) happen「起こる，発生する」は自動詞なので受け身形にはならない。 「地震が起きたとき，私は自宅で家族と夕食を食べていた」 (2) visit「～を訪れる」は他動詞なので，前置詞は不要。 「去年の夏，イギリス人の友人に会うために，イギリスを訪れた」 (3) marry

「～と結婚する」は他動詞なので，前置詞は不要。また，「～と結婚する」は get married to ～ でも表せる。　*cf.* be married to ～「～と結婚している」　「友人の兄〔弟〕は，学生時代をともに過ごした友人と結婚した」　(4)‘命令文, and …’「～しなさい，そうすれば…」と‘命令文, or …’「～しなさい，さもないと…」の区別が問われている。　be caught in ～「(雨など)に遭う」「暗雲が頭上に集まってきたよ。屋内にいなさい，さもないと，にわか雨に降られるよ」

(5) found the book easy は‘find＋目的語＋形容詞’「～が…だとわかる」の形なので「その本を(読んでみた結果)簡単だとわかった」となって文意が通らない。easy を easily「簡単に」にすれば正しい文になる。　「図書館には数千冊の本があったが，司書が手伝ってくれたので，その本を簡単に見つけられた」

**B**〔長文読解総合―エッセー〕

≪全訳≫❶アルファベット26文字あれば，大多数の言語のほとんどどんな音でも出すことができる。しかし日本語には，英語の「th」や「v」などの特定の音がなく，日本語の「r」は英語の「r」と「l」の中間なので，どちらも日本人の耳にはほとんど全く同じに聞こえる。❷ほとんどの日本人は日本語だけを話して育つので，それは，学校で英語を習い始めるときには，完全に新しい音を習得しなければならないか，または(正しくはないが)日本語の音で英語を話そうとするかのどちらかになるということだ。その結果，日本人の英語学習者の多くは，自分の発音の正確さを非常に心配する。しかしこのことが，英語を話す動機の低さの理由にはたしてなるのだろうか。❸一般的に言って，日本語の音には「あ」「い」「う」「え」「お」の母音と，「か」「し」「つ」などの子音と母音の組み合わせがある。したがって，英語を日本語の発音にすると，結果的に余分な音が生じる。例えば，アニメの流行語である「ワイフ」は英単語の「wife」からきている。日本語では，この単語は「WA(ワ)」「I(イ)」「FU(フ)」という3つの音にしか置き換えられない。最後の余分な「u」は英語のネイティブの耳には奇妙に聞こえるが，日本語では全くもって自然である。それどころか，英語の切断された子音は，まるで我々が文字の半分しか発音していないかのように，日本人にとってはかなりおかしく聞こえているのだろう。❹ネイティブの子どもがするようにフォニックスの暗記を通じて英語を学ぶのではなく，日本人の生徒の多くは，英単語を日本語発音で載せている発音ガイドに頼っている。「カタカナ英語」として知られているように，(4)英語をこの日本語の文字に直すことは実際には習得の妨げになっているが，ほとんど脱し難い習慣である。しかし，英語の訓練を受けていない耳が，日本語の発音という「支え」なしに単語を理解することは難しすぎることもある。つい先日，私は日本の友人とロケットニュース24について話していて，怠けて「Rocket News」と発音してしまった。戸惑ったような沈黙の後，私は「ロケットニュース」と言ってみて，理解のあるほほ笑みにようやく迎えられた。❺日本の学校における英語教育の多くは，発音の習得よりも，受験や書き言葉の文法の暗記に力点がある。したがって，第2言語として英語を学習している日本人が，日本語なまりで英語を話す傾向にあることは，大して驚くことではないだろう。しかし，A これは本当に日本だけのことだろうか。私は個人的に，第2言語としてすばらしい英語を話しているが，自分の母国語のなまりを依然として持つさまざまな国の人々を数多く知っている。それは，彼らの英語が正確ではないということではない。❻では，B なぜ日本人は自分のなまりをそんなに心配しているのだろうか。興味深いことに，日本人の英語学習者は，他の日本人の前でよりも，英語のネイティブと英語を話しているときの方が快適に感じられる場合がある。先日，都内のネイルサロンに行ったところ，アメリカのワークステイから最近戻ってきたネイルテクニシャンが担当だった。彼女は日本人の同僚たちの前で私に英語で話しかけるのにとても緊張しており，ほとんど震えていたが，時間がたち，他の人たちが彼女の話し方を気にしなくなると，緊張がほぐれていた。「英語を話す人たちと英語を話すのは嫌ではないんです」と彼女は説明した。「でも，他の日本人の前ではできないんです」❼最近，ニューヨークヤンキースの投手である田中将大に英語で行われたテレビインタビューが，日本人の注目を集めた。その理由は，彼の英語が十分正しくはないと日本人が感じたからだ。「彼は『My name is』と言っていました」とある日本人コメンテーターは言った。「そんなこと実際には誰も英語では言いません。時代遅れに聞こえますね！」　ありがたいことに，他のコメンテーターはすぐに「C誰が気にするんですか？　それでも英語ではないですか！」といったコメントで反応し，さらに別のコメンテーターはこんなふうに言った。「日本人が他の日本人の前で英語(12)を話しているのを見られるのをとても怖がっている理由が，今わかりました。英語のネイティブの方が理解があるみたいですね！　それって何なのでしょうか？」❽英語を話す日本人の多くが，昔に戻って長年のテストと「カタカナ英語」の授業の時間を勉強し直すのは今では遅すぎるかもしれないが，とりあえずは，発音恐怖症を克服して，ただリラックスすることの方が重要に思える。もちろん完璧主義者であることに何も悪いことはないが，小さなことにあまり注意を払いすぎない必要がある。そして，言語学習の数多くの問題の中で，話すときにちょっとなまりがあることは，結局のところ，そんなに大した問題ではない。そうじゃありませんか？

Ⅰ＜表題選択＞本文の中心的な話題は，日本人が英語を話すときに日本語なまり(＝発音)を気にしすぎているということである。この内容に一致するのは，ウ．「日本人の英語学習者の発音に関する心配」。

Ⅱ＜適語補充＞(1)‘make＋目的語＋動詞’「～を…させる」の形。‘目的語’の them が our “r” and “l”を受けているとわかれば，日本人にとってそれらがどう聞こえるかわかる。same「同じ」は通例，前に the を伴い，exactly などで強調されることが多い。　(8)第２言語として英語を話す外国人が持つのは「母語のなまり」である。「母語，第１言語」は first language。

Ⅲ＜適語補充＞(2)‘either *A* or *B*’で「*A* と *B* のどちらか」。ここでは‘*A*’＝have to ～，‘*B*’＝try to ～，でいずれも動詞句になっている。　(10) so と that がかなり離れているが，‘so ～ that …’「とても～なので…」の構文である。

Ⅳ＜書き換え―適語補充＞(3)「文字の半分しか発音していない」は，「母音の最後を発音しない」と言い換えられる。　(6) lazily「怠けて」とはどういうことか考える。日本人の友人との会話であり，この後「Roketto Nyuusu」と日本語の発音で言い直していることから，「怠けて」とは，相手にわかるように日本語ふうに発音せずに，普通に「英語ふうに」発音したということだとわかる。in a/an ～ way「～な方法〔やり方〕で」　(7)下線部(7)は「理解のほほ笑みにようやく迎えられた」という意味。書き換える文では空所の後が‘目的語＋動詞の原形’の形になっているので，‘知覚動詞＋目的語＋動詞の原形’「～が…するのを見る〔聞く，感じる〕」の形で「彼女がそれを理解してほほ笑むのをようやく見た」という文に書き換える。

Ⅴ＜整序結合＞(4)‘put *A* into *B*’で「*A* を *B* で表現する，*A* を *B* に翻訳する」。第３段落第２文に putting English into Japanese pronunciation という同じ形がある。　prevent「～を妨げる」
(12)別のコメンテーターがわかったのは，日本人が「恐れている」理由だと考え，Japanese people の後に are so scared を続ける。何を恐れているのかは，文章の内容と語群から「英語を話すのを見られること」と考え，残りを to be seen speaking English とまとめる。be scared to ～で「～するのを怖がる」(この to不定詞は‘感情の原因’を表す副詞的用法)。be seen speaking は‘see＋人など＋～ing’「〈人など〉が～しているのを見る」の受け身形。この形の受け身形は‘〈人など〉＋be seen ～ing’の形になる。

Ⅵ＜語句解釈＞(5)空所を含む文は‘It is ～ for — to …’「—が〔にとって〕…するのは～だ」と‘too

~ to …'「～すぎて…できない，…するには～すぎる」が組み合わさった形。「日本語の発音という～なしに理解するのは難しすぎる」という文脈から推測する。crutch はもともとは「松葉づえ」という意味で，そこから派生して「支え，頼りとなるもの」という意味もある。 ⒀この understanding は「理解がある，思いやりがある」という意味の形容詞。

Ⅶ＜単語のアクセント＞tech-ní-cian -tion, -sion, -cian で終わる語は，その直前にアクセントがくる。 (例)mu-sí-cian「音楽家」 va-cá-tion「休暇」

Ⅷ＜文脈把握・文の強勢＞(i)この前に，She was (so) nervous about speaking English to me in front of her Japanese co-workers という同じ内容がある。 (ii)前の with English-speaking people と in front of other Japanese people で対比になっている。

Ⅸ＜語句解釈＞直後の文で，a bit of an accent ... isn't such a big deal「ちょっとのなまりがあっても大した問題ではない」と言っている。この a bit of an accent が，the small thing の言い換えになっている。また，この前の文では，to overcome that pronunciation anxiety とあるので，pronunciation としてもよい。

Ⅹ＜適文選択＞A．この後で，many people from a variety of countries ... と「さまざまな国の人々」について述べているのは，イの is this really a Japan-only thing?「これは本当に日本だけのことだろうか」という問題を提起したからだと考えられる。 B．この前で，他の外国人について述べた後，この後では英語を話すときに周りの目を気にする日本人の例を挙げているので，「なぜ日本人はなまりをそんなに心配するのか」と，なまりを気にする日本人の話題に戻すウが適切。 C．直前の one Japanese commenter「ある日本人コメンテーター」に反論する内容が入る。who cares? は，「誰が気にするか」という意味だが，これは Nobody cares.「誰も気にしない」という意味を表す反語表現である。

Ⅺ＜内容真偽＞ア．「日本人のカタカナ英語は，英語のネイティブにはときとして魅力的に聞こえる」…× 第3段落第5文参照。 イ．「日本の学校では，英語の発音は，テストや書き言葉の文法ほど重要視されていない」…○ 第5段落第1文に一致する。 ウ．「インタビューで『My name is』を使ったことに関して田中将大を支持した日本人コメンテーターはいなかった」…× 第7段落後半参照。 エ．「日本人の英語学習者は，英語のネイティブと英語を話すときの方がストレスを感じやすい」…× 第6段落第2文参照。more ではなく less である。 オ．「日本人の英語学習者は英語の発音が完璧でなくてはならないと筆者は考えている」…× 第8段落第2文参照。カ．「筆者の意見では，外国語なまりで英語を話すことは，なまりが強すぎなければ大きな問題ではない」…○ 第5段落後半および第8段落最終文に一致する。 a big deal「大問題」

**C** 〔長文読解総合〔英問英答形式〕―説明文〕

≪全訳≫❶最近，イギリスの医師ロバート・ウィンストンは，ロンドンからマンチェスターまで電車に乗っているとき，だんだん腹が立ってきていることに気づいた。ある女性が携帯電話を取り出し，大声で会話を始め，それが信じられないことに1時間続いたのだ。ウィンストンはとても腹が立ったので，この女性に関してツイートし始めた。彼女の写真を撮って，自分の4万人以上のフォロワーたちに送信した。❷電車がマンチェスターに到着すると，ウィンストンは駆け降りた。この女性の無礼さにうんざりだったのだ。しかし，ホームでは記者たちが彼女を待ち構えていた。そして，彼らがウィンストンのメッセージを興奮気味に彼女に見せると，彼女はたった一言でウィンストンの行動を評した。無礼ね，と。❸このウィンストンにまつわる逸話は，ソーシャルメディア(そして往々にして政治)によって拡散される，無礼さが高まる現代のちょっとした一例である。これを直すために，我々には何ができるだろうか。❹無礼さはほとんど普通の風邪のように急速に拡散することを，さまざまな研究が示している。無礼な行動を見るだけで，我々が今度は後に無礼になる可能性がはるかに高くなるのだ。ひとたび無礼さにとらわれると，我々は攻撃性が増し，創造性が減り，仕事の能率が下がる。こうした感情を終わらせる唯一の方法は，そうしようとはっきり決めることである。相手に面と向かってはっきり言わなくてはならない。「やめなさい」と言わなくてはならない。ウィンストンの場合は，その女性に近づき，彼女の会話が他の乗客のストレスになっていると本人に伝え，もっと静かに話すか，別のときに電話してもらうようにていねいに頼むべきだったのだ。❺他人の無礼な行動に対して我々が感じる怒りと不正の感覚は，我々を狂わせることがある。私自身が成人2000人に調査して発見したところでは，人々がとった報復行動には，3「家の玄関に生卵を投げつけた」／「通り道をバッグで塞いだ」／「車のボディーに引っかき傷をつけた」などがあった。ウィンストンは，その女性を辱めるようなやり方で，彼女の行動に注目を集めさせたのだ。❻そうではなく，我々は面と向かって無礼さと闘わなくてはならない。無礼なことが店の中で起きているのを見たら，進み出て何か言わなくてはならない。同僚に対して起きたのならば，それを指摘しなくてはならない。親友を守るのと全く同じように，他人も守らなくてはならない。しかし，それは穏やかに心地よく行うことができる。無礼な人は自分の行動を他人の目を通じて見ることができれば，そういった行動を終わらせる可能性がはるかに高い。これが，もっとマナーのよい社会への道である。

Ⅰ＜英問英答＞「ロバート・ウィンストンが電車で腹を立てたのはなぜか。A～Dから１つ選べ」―D.「携帯電話でうるさく話している女性がとても迷惑だったから」　第１段落第１，２文参照。annoying「迷惑な」

Ⅱ＜英問英答＞「マンチェスター駅で何が起きたか。A～Dから１つ選べ」―C.「ウィンストンのメッセージを読んだインタビュアーたちが，この女性に群がった」　第２段落第３，４文参照。the press「報道陣，群衆」

Ⅲ＜英問英答＞「この女性はなぜウィンストンの行動を無礼と評したのか。A～Dから１つ選べ」―B.「彼が自分に知らせることなくSNSに上げたものを不快に思ったから」　第５段落最終文参照。in a way that shamed her「彼女を辱めるようなやり方で」とある。

Ⅳ＜英問英答＞「なぜ筆者は無礼さは下線部⑴と似ていると考えているのか」―D.「無礼さは簡単かつ迅速に広まるから」　直前のlikeは「～のように」の前置詞。　common cold「(普通の)風邪」

Ⅴ＜英文解釈＞「下線部⑵はどういう意味か。A～Dから１つ選べ」―A.「誰かに無礼な振る舞いをされた後では，自分も無礼になって，報復したくなるかもしれない」　seeing acts of rudeness「無礼な行動を見ること」が主語。makes it far more likelyは'make＋目的語＋形容詞'「～を…(の状態)にする」の形で，このitは後ろのthat以下を受ける形式目的語。farは比較級を強調する副詞で「ずっと」の意味。　likely「可能性が高い」　in turn「(順番が変わって)今度は」

Ⅵ＜不適文選択＞「次の英文のうち，空所⑶に入らないのはどれか。A～Dから１つ選べ」―C.「新品の自転車を借りた」　空所３に入るのは，調査の結果わかった，the acts of revenge「報復行為」なので，報復行為に相当しないものを選ぶ。

Ⅶ＜主題＞「筆者の主旨は何か」―B.「誰かの迷惑な行動に不快に感じたら，直接その人に対して，それをやめるように求めなさい」　第４段落後半および第６段落前半参照。

Ⅷ＜条件作文＞「もしこの話の中の女性のような無礼な人を見たら，あなたはどうしますか，そして，それはなぜですか。解答用紙の下線部にあなたの意見を書きなさい」　書き出しがIf I saw ～, なので，同様に仮定法で答えること。解答例の訳は「もしそんな無礼な人を見たら，進み出てその人の振る舞いが迷惑であると伝えるだろう。なぜなら，その人は，自分が周りの人にどんな影響を与えているかわかっていないかもしれないからだ」　(別解例)(If I saw such a rude person,) I would not have the courage to directly speak to him or her (because) he or she might get mad at me and even become violent.「もしそんな無礼な人を見たら，その人に直接話しかける勇気はないだろう。なぜなら，その人は私に対して腹を立てるかもしれないし，暴力的になることさえあるかもしれないからだ」　have the courage to ～「～する勇気がある」

**D**〔長文読解―英問英答―広告〕

《全訳》A パリの乗りきり方❶パリの古いことわざに「パリで１週間乗りきれたら，地球のどこでも乗りきれます」というのがあります。パリに到着してストレスが溜《た》まっていませんか？　数多くの危険のある大都市の中で，少し迷子になった感じがしていませんか？　大きな間違いをしでかしたり，自分の行動によってフランス人の感情を傷つけたりしたくはないはずです。この訪問型短期トレーニングはそんなあなたのためのものです！❷ツアーの間に学べること／✓メトロを乗りきる方法と迷子にならない方法／✓メトロでスリのターゲットにならない方法／✓カフェ，路上，メトロでカメラやスマートフォンを盗まれない方法／✓不健康な食事を避けられる場所／✓安全なATMの選び方／✓レストランでのチップのあげ方／✓フランス土産を買う場所と避けるべき種類の店／✓スリや強引にお金をせびってくる人などの，路上における危険を避ける方法／✓観光客っぽく見えない方法／✓着るべき服(および着るべきでない服)／✓写真を撮るのに適した場所の見つけ方／✓フランス人の前で言うべきことと言うべきでないこと❸さらに，パリ中心を歩きながら，この他にもたくさん学べます。ツアーは１時間なので，パリでの１日の残りが無駄になりませんし，お１人様たった25ユーロです。１時間で１週間をリラックスして過ごせるので，大変お得です！　平日のいつでもご参加いただけます。

＜解説＞Ⅰ.「[ A ]に入る最適の表題はどれか」―D.「パリの乗りきり方」　広告に書かれている内容から判断する。survive「生き残る」は，ここでは比喩的に「乗りきる」といった意味。　Ⅱ.「このツアーの詳細を読んで，予測できることは何か。A～Fから２つ選べ」―C.「パリでは，メトロの仕組みや駅が複雑である」，F.「地元の土産物屋の中には，ぼったくりをしそうなところもある」　Cは✓の１つ目，Fは✓の７つ目の内容から想定できる。　complicated「複雑な」　overprice「～に法外な値をつける」　A.「パリの人たちは心が広く，他人に言われることを気にしない」　B.「パリのどのカフェもレストランもとてもお勧めである」　D.「パリの人たちはおしゃれなので，自由に着飾ってよい」　E.「パリのATMからはお金を引き出さない方がよい」　Ⅲ.「このツアーによれば，メトロを使っているときに最も起こりやすいのはどれか。A～Dから１つ選べ」―A.「気づかないうちに財布を盗まれているかもしれない」　✓の２つ目参照。pickpocket「スリ」　'get〔have〕+目的語+過去分詞'「～を…される」　Ⅳ.「このツアーに参加するメリットの１つとして挙げられていないのはどれか」―B.「観光客はツアー代金を参加当日に現金払いできる」　A.「長くかからないので，観光客は時間を無駄にしなくてよい」は，最終段落第２文に，C.「このツアーは観光客に対して，掲載された12項目以外のことも提供している」およびD.「このウォーキングツアーは市の中心部で行われる」は，最終段落第１文に，それぞれ記載がある。　Ⅴ.「どの家族にこのツアーは最適か。A～Dから１つ選べ」―C　最終段落第２文に「１人25ユーロ」とあるので，Number of Members「人数」が２人でTotal Cost Limit「予算の上限」が25ユーロのAと，「人数」が５人で「予算の上限」が120ユーロのDは予算オーバー。最終段落最終文にweekday「平日」とあるので，Additional Information「追加情報」にThey have plans Monday through Friday.「月曜から金曜まで予定がある」とあるBも不適である。

# 2021年度／早稲田大学高等学院

## 数学解答

**1** (1) ① (イ) ② 567人
(2) ① 9個 ② 7，11

**2** (1) $m=2a$，$n=8a$ (2) $(1,\ 10a)$
(3) $r^2=36a^2+9$
(4) ① $\dfrac{\sqrt{5}}{5}$ ② $-3$

**3** (1) $25\sqrt{5}\pi$ (2) $369\pi$ (3) $297\pi$

**4** (1) 19 (2) 20 (3) 6，15
(4) $\dfrac{117+\sqrt{1529}}{8}$

（声の教育社　編集部）

**1**〔独立小問集合題〕

(1)＜資料の活用—標本調査＞①全校生徒1080人のノートPCの所持率を推測するために標本調査を行うので，標本は，全校生徒1080人から偏りなく選ぶ必要がある。(ア)は，偏りなく選んでいるとはいえない。(ウ)，(エ)は，特定のクラス，学年に偏っている。よって，適切なのは(イ)である。　②標本となった120人のうち63人がノートPCを所持しているので，ノートPCを所持している割合は$\dfrac{63}{120}=\dfrac{21}{40}$である。よって，全校生徒のうちの$\dfrac{21}{40}$がノートPCを所持していると考えられるので，その人数は，$1080\times\dfrac{21}{40}=567$より，およそ567人となる。

(2)＜二次方程式の応用＞①まず，解の公式を用いて解くと，二次方程式$x^2-6x+a=0$の解は，$x=\dfrac{-(-6)\pm\sqrt{(-6)^2-4\times1\times a}}{2\times1}=\dfrac{6\pm\sqrt{36-4a}}{2}=\dfrac{6\pm\sqrt{4(9-a)}}{2}=\dfrac{6\pm2\sqrt{9-a}}{2}=3\pm\sqrt{9-a}$となる。よって，二次方程式$x^2-6x+a=0$が異なる2つの解を持つのは，$9-a>0$のときだから，0以上の整数$a$は，$a=0$，1，2，……，8の9個ある。　②解の公式より，二次方程式$x^2-bx+10=0$の解は，$x=\dfrac{-(-b)\pm\sqrt{(-b)^2-4\times1\times10}}{2\times1}=\dfrac{b\pm\sqrt{b^2-40}}{2}$となるから，二次方程式$x^2-bx+10=0$が異なる2つの有理数の解を持つのは，$\sqrt{b^2-40}$が0以外の有理数のときである。$b$は0以上の整数だから，$b^2-40$は自然数の2乗となる。その自然数を$n$とすると，$b^2-40=n^2$より，$b^2-n^2=40$，$(b+n)(b-n)=40$となる。$b+n$は自然数で，$b+n>b-n$だから，$(b+n,\ b-n)=(40,\ 1)$，$(20,\ 2)$，$(10,\ 4)$，$(8,\ 5)$が考えられる。$b+n=40$，$b-n=1$を連立方程式として解くと，$b=\dfrac{41}{2}$，$n=\dfrac{39}{2}$となり，適さない。$b+n=20$，$b-n=2$を連立方程式として解くと，$b=11$，$n=9$となり，適する。同様にして，$b+n=10$，$b-n=4$より，$b=7$，$n=3$となり，適する。$b+n=8$，$b-n=5$より，$b=\dfrac{13}{2}$，$n=\dfrac{3}{2}$となり，適さない。以上より，求める$b$の値は$b=7$，11である。

**2**〔関数—関数$y=ax^2$と直線〕

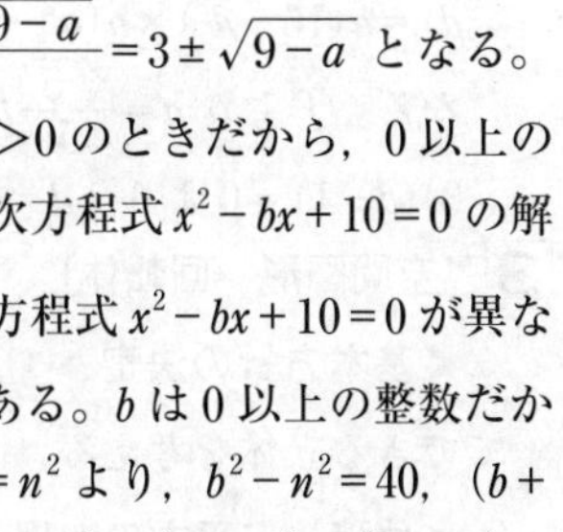

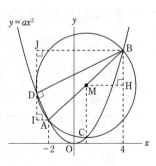


(1)＜傾き，切片＞右図で，2点A，Bは放物線$y=ax^2$上にあり，$x$座標はそれぞれ$-2$，4なので，$y=a\times(-2)^2=4a$，$y=a\times4^2=16a$より，$A(-2,\ 4a)$，$B(4,\ 16a)$と表せる。よって，直線ABの傾きは$\dfrac{16a-4a}{4-(-2)}=2a$となるから，$m=2a$である。これより，直線ABの式は$y=2ax+n$となる。これが$B(4,\ 16a)$を通るから，$16a=2a\times4+n$より，$n=8a$となる。

(2)＜座標＞右図で，線分ABを直径とする円の中心をMとすると，点Mは線分ABの中点である。$A(-2,\ 4a)$，$B(4,\ 16a)$より，点Mの$x$

座標は$\frac{(-2)+4}{2}=1$，$y$座標は$\frac{4a+16a}{2}=10a$となるから，M(1，$10a$)と表せる。

(3)＜長さの２乗―三平方の定理＞前ページの図で，$r=\mathrm{BM}$より，$r^2=\mathrm{BM}^2$である。点Bを通り$y$軸に平行な直線と点Mを通り$x$軸に平行な直線の交点をHとすると，B(4，$16a$)，M(1，$10a$)より，$\mathrm{MH}=4-1=3$，$\mathrm{BH}=16a-10a=6a$だから，△MHBで三平方の定理より，$\mathrm{BM}^2=\mathrm{MH}^2+\mathrm{BH}^2=3^2+(6a)^2=36a^2+9$となる。よって，$r^2=36a^2+9$である。

(4)＜比例定数，座標＞①前ページの図で，M(1，$10a$)だから，点Mの$x$座標と点Cの$x$座標が等しいとき，点Cの$x$座標は1である。点Cは放物線$y=ax^2$上にあるから，$y=a\times1^2=a$より，C(1，$a$)となる。よって，$\mathrm{MC}=10a-a=9a$となり，$r=9a$である。(3)より，$r^2=36a^2+9$だから，$r=9a$を代入して，$(9a)^2=36a^2+9$が成り立つ。これを解くと，$45a^2=9$，$a^2=\frac{1}{5}$　$\therefore a=\pm\frac{\sqrt{5}}{5}$　$a>0$だから，$a=\frac{\sqrt{5}}{5}$である。　②前ページの図で，点Dを通り$y$軸に平行な直線と，点A，点Bを通り$x$軸に平行な直線の交点をそれぞれI，Jとする。$\angle\mathrm{AID}=\angle\mathrm{DJB}=90^\circ$である。線分ABが円Mの直径より，$\angle\mathrm{ADB}=90^\circ$だから，$\angle\mathrm{ADI}=180^\circ-90^\circ-\angle\mathrm{BDJ}=90^\circ-\angle\mathrm{BDJ}$となり，△BDJで，$\angle\mathrm{DBJ}=180^\circ-90^\circ-\angle\mathrm{BDJ}=90^\circ-\angle\mathrm{BDJ}$となる。よって，$\angle\mathrm{ADI}=\angle\mathrm{DBJ}$となり，△DAI∽△BDJとなるから，AI：DJ＝DI：BJである。A($-2$，$4a$)，B(4，$16a$)であり，点Dは放物線$y=ax^2$上にあるので，D($d$，$ad^2$)とおくと，$\mathrm{AI}=-2-d$，$\mathrm{DJ}=16a-ad^2=a(16-d^2)$，$\mathrm{DI}=ad^2-4a=a(d^2-4)$，$\mathrm{BJ}=4-d$となる。したがって，$(-2-d):a(16-d^2)=a(d^2-4):(4-d)$が成り立ち，$(-2-d)(4-d)=a(16-d^2)\times a(d^2-4)$，$-(d+2)(4-d)=a^2(4+d)(4-d)(d+2)(d-2)$，$-1=a^2(4+d)(d-2)$となる。①より$a=\frac{\sqrt{5}}{5}$だから，$-1=\left(\frac{\sqrt{5}}{5}\right)^2\times(4+d)(d-2)$，$-5=d^2+2d-8$，$d^2+2d-3=0$，$(d+3)(d-1)=0$より，$d=-3$，1となり，点Dの$x$座標は$-3$である。

## 3 〔空間図形―回転体〕

≪基本方針の決定≫(1)，(2)　1回転してできる立体の体積の$\frac{3}{4}$になる。　(3)　まず，180°回転してできる立体を考える。

(1)＜体積―三平方の定理＞$270^\circ\div360^\circ=\frac{3}{4}$より，求める立体の体積は，△EFGを1回転してできる立体の体積の$\frac{3}{4}$になる。右図1で，点Gから直線$l$に垂線GQを引く。△EFGを1回転してできる立体は，△EQG，△FQGをそれぞれ1回転してできる円錐を合わせた立体になる。△EFGで三平方の定理より，$\mathrm{EF}=\sqrt{\mathrm{EG}^2+\mathrm{GF}^2}=\sqrt{5^2+10^2}=\sqrt{125}=5\sqrt{5}$となるので，△EFGの面積について，$\frac{1}{2}\times5\sqrt{5}\times\mathrm{GQ}=\frac{1}{2}\times5\times10$が成り立ち，$\mathrm{GQ}=2\sqrt{5}$となる。よって，△EFGを1回転してできる立体の体積は，$\frac{1}{3}\times\pi\times\mathrm{GQ}^2\times\mathrm{EQ}+\frac{1}{3}\times\pi\times\mathrm{GQ}^2\times\mathrm{FQ}=\frac{1}{3}\pi\times\mathrm{GQ}^2\times(\mathrm{EQ}+\mathrm{FQ})=\frac{1}{3}\pi\times\mathrm{GQ}^2\times\mathrm{EF}=\frac{1}{3}\pi\times(2\sqrt{5})^2\times5\sqrt{5}=\frac{100\sqrt{5}}{3}\pi$となるから，270°回転してできる立体の体積は$\frac{100\sqrt{5}}{3}\pi\times\frac{3}{4}=25\sqrt{5}\pi$である。

図1

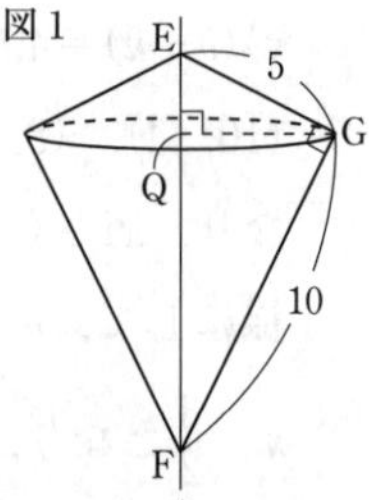


(2)＜体積＞右図2で，点Kから直線$l$に垂線KRを引く。五角形HIJKLを1回転してできる立体は，△HILを1回転してできる円錐から△RIKを1回転してできる円錐を除いた立体と，△HIJを1回転してできる円錐から△HRKを1回転してできる円錐を除いた立体を合わせたものである。△HKL∽△JKIより，LK：IK

図2

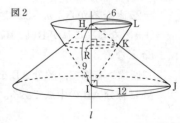

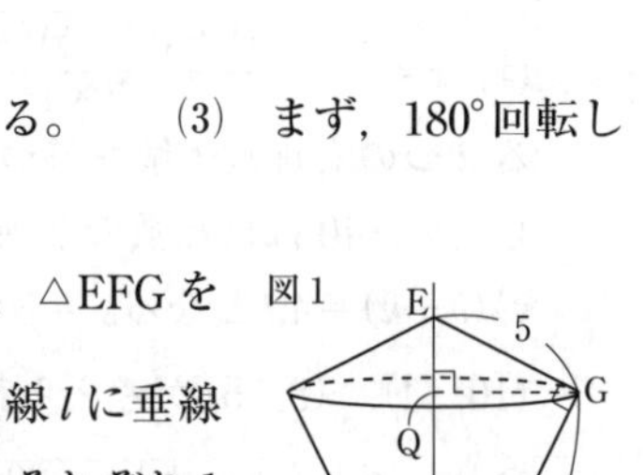

$=$HL：JI$=6:12=1:2$であり，HL∥RKより，HR：IR$=$LK：IK$=1:2$となる。これより，HR$=\frac{1}{1+2}$HI$=\frac{1}{3}\times 9=3$，IR$=$HI$-$HR$=9-3=6$である。また，△HRK∽△HIJより，RK：IJ$=$HR：HI$=1:(1+2)=1:3$より，RK$=\frac{1}{3}$IJ$=\frac{1}{3}\times 12=4$となる。よって，五角形HIJKLを1回転してできる立体の体積は，$\left(\frac{1}{3}\times\pi\times 6^2\times 9-\frac{1}{3}\times\pi\times 4^2\times 6\right)+\left(\frac{1}{3}\times\pi\times 12^2\times 9-\frac{1}{3}\times\pi\times 4^2\times 3\right)=492\pi$だから，270°回転してできる立体の体積は$492\pi\times\frac{3}{4}=369\pi$である。

(3)＜体積＞▱MNOPを180°回転させると，右図3のように，底面の半径をMP，高さをMOとする円錐を半分にした立体と，底面の半径をNO，高さをMOとする円錐を半分にした立体を合わせた立体ができる。よって，180°回転してできる立体の体積は，$\frac{1}{3}\times\pi\times 6^2\times 18\times\frac{1}{2}\times 2=216\pi$である。POとMN′の交点をS，MNとP′Oの交点をT，線分MOの中点をUとする。このとき，点Sは線分PO，MN′の中点，点Tは線分MN，P′Oの中点となる。270°－180°＝90°より，ここからさらに90°回転させて，この立体の外部を通る部分を考えると，△ON′S，△MP′Tが通る部分となる。右図4で，△ON′Sを1回転してできる立体は，△MON′を1回転してできる円錐から，△MUS，△OUSをそれぞれ1回転してできる円錐を除いた立体である。MU$=$OU$=\frac{1}{2}$MO$=\frac{1}{2}\times 18=9$であり，△MON′で中点連結定理より，US$=\frac{1}{2}$ON′$=\frac{1}{2}\times 6=3$となる。これより，△ON′Sを1回転してできる立体の体積は，$\frac{1}{3}\times\pi\times 6^2\times 18-\frac{1}{3}\times\pi\times 3^2\times 9\times 2=162\pi$だから，△ON′Sを90°回転してできる立体の体積は$162\pi\times\frac{90^\circ}{360^\circ}=\frac{81}{2}\pi$となる。△MP′Tを90°回転してできる立体の体積も$\frac{81}{2}\pi$だから，求める立体の体積は$216\pi+\frac{81}{2}\pi\times 2=297\pi$である。

図3

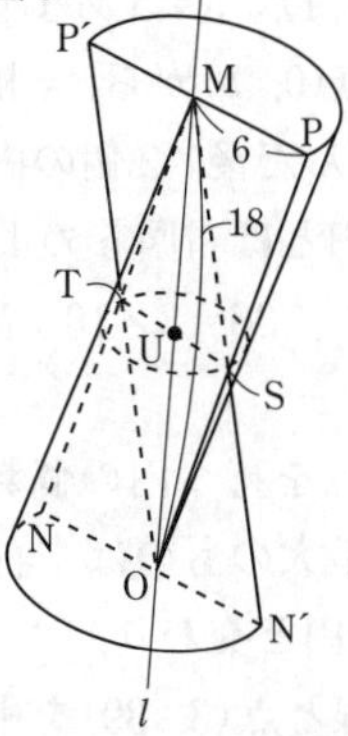


図4

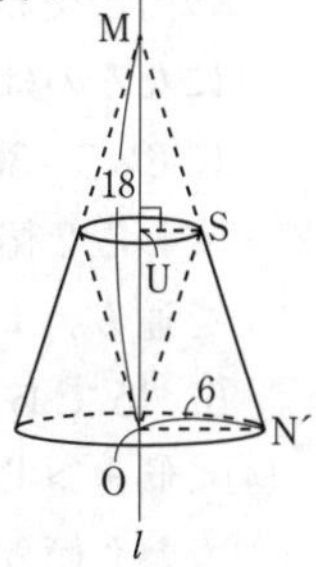


## 4 〔特殊・新傾向問題―座標平面上の円と直線〕

(1)＜直線と共有点を持つ円の個数＞$N(1,\ 2)$は，直線$y=x+2$と共有点を持つ円の個数である。直線$y=x+2$は，各点(0，2)，(1，3)，(2，4)，(3，5)，……，(37，39)，(38，40)を通るので，右図1のようになる。直線$y=x+2$は，中心の$x$座標が1，3，5，……，37である19個の円と交わるから，$N(1,\ 2)=19$となる。

図1

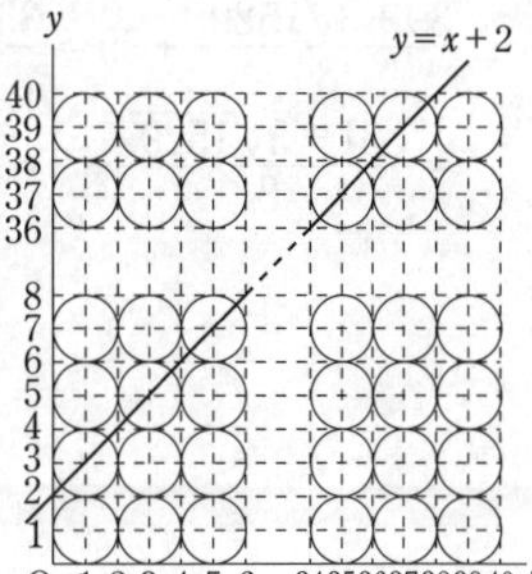


(2)＜直線と共有点を持つ円の個数＞$N\left(\frac{1}{2},\ 4\right)$は，直線$y=\frac{1}{2}x+4$と共有点を持つ円の個数である。直線$y=\frac{1}{2}x+4$は，各点(0，4)，(2，5)，(4，6)，……，(38，23)，(40，24)を通るので，右図2のようになる。直線$y=\frac{1}{2}x+4$は，中心の$x$座標が1，3，5，……，39である20個の円と交わるから，$N\left(\frac{1}{2},\ 4\right)=20$となる。

図2

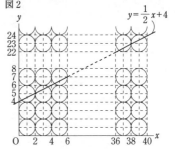

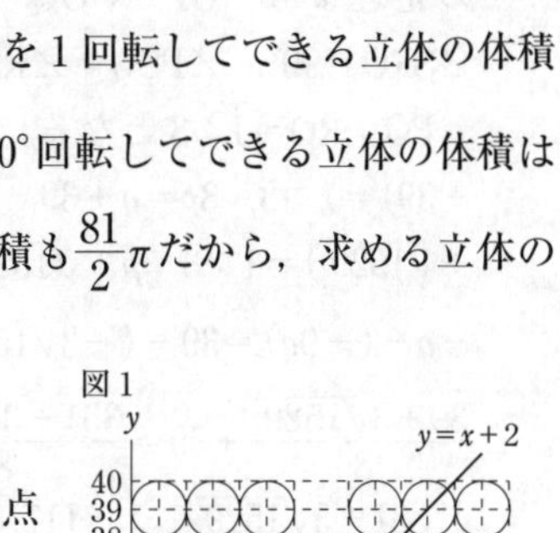


(3)＜切片＞直線$y=3x+b$で，$b$が奇数のとき，直線は次ページの図3の㋐のようになり，点(0，$b$)から，$x$軸の正の方向に2，$y$軸の

正の方向に6進むごとに，4個の円と交わる。$17\div4=4$ あまり1より，共有点を持つ円の個数が17個になるのは，点$(0,\ b)$から，$x$軸の正の方向に$2\times4=8$，$y$軸の正の方向に$6\times4=24$進んだ後，1個の円と交わる場合である。このとき，最後に交わる円とは右図4のように交わり，直線$y=3x+b$は点$(8,\ 39)$を通る。よって，$39=3\times8+b$より，$b=15$となる。次に，$b$が偶数のとき，直線$y=3x+b$は図3の㋑のようになり，点$(0,\ b)$から，$x$軸の正の方向に2，$y$軸の正の方向に6進むごとに，3個の円と交わる。$17\div3=5$ あまり2より，共有点を持つ円の個数が17個になるのは，点$(0,\ b)$から，$x$軸の正の方向に$2\times5=10$，$y$軸の正の方向に$6\times5=30$進んだ後，2個の円と交わる場合となる。このとき，最後に交わる2個の円とは右図5のように交わり，直線$y=3x+b$は点$(10,\ 36)$を通る。よって，$36=3\times10+b$より，$b=6$となる。以上より，$N(3,\ b)=17$となる自然数$b$は$b=6,\ 15$である。

図3

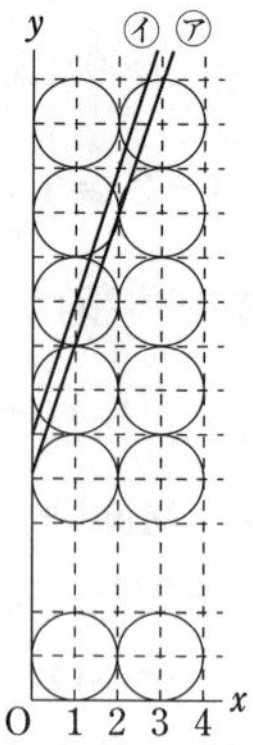


図4

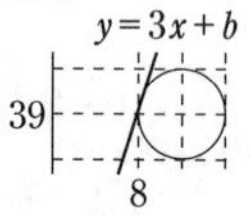


図5

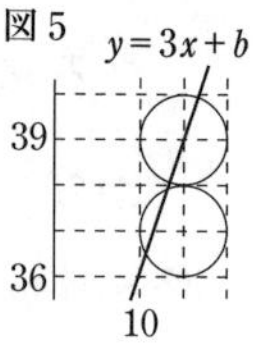


(4)＜傾き＞共有点を持つ円の個数が21個となる直線$y=ax+b$のうち，$a$の値，すなわち傾きが最大のものは，右図6のように，原点Oを通り，中心の$x$座標が1である20個の円と交わり，さらに中心の座標が$(3,\ 39)$である円と接する直線である。この直線と点$(3,\ 39)$を中心とする円の接点をP，点$(3,\ 39)$をQ，点$(3,\ 0)$をRとし，直線OPと直線RQの交点をSとする。△ORQで三平方の定理より，$OQ^2=OR^2+QR^2=3^2+39^2=1530$となる。$\angle OPQ=90^\circ$だから，△OPQで三平方の定理より，$OP=\sqrt{OQ^2-PQ^2}=\sqrt{1530-1^2}=\sqrt{1529}$である。また，$\angle SPQ=\angle SRO=90^\circ$，$\angle PSQ=\angle RSO$より，$\triangle SPQ\backsim\triangle SRO$だから，$SP:SR=SQ:SO=PQ:RO=1:3$となる。$SP=p$，$SQ=q$とおくと，$SP:SR=1:3$より，$p:(q+39)=1:3$，$3p=q+39$，$3p-q=39$……①となる。$SQ:SO=1:3$より，$q:(p+\sqrt{1529})=1:3$，$p+\sqrt{1529}=3q$，$p-3q=-\sqrt{1529}$……②となる。①－②×3で$p$を消去すると，$-q-(-9q)=39-(-3\sqrt{1529})$，$8q=39+3\sqrt{1529}$，$q=\dfrac{39+3\sqrt{1529}}{8}$となる。したがって，$SR=\dfrac{39+3\sqrt{1529}}{8}+39=\dfrac{351+3\sqrt{1529}}{8}$となるので，求める$a$の値，すなわち直線OSの傾きは，$SR\div OR=\dfrac{351+3\sqrt{1529}}{8}\div3=\dfrac{117+\sqrt{1529}}{8}$である。

図6

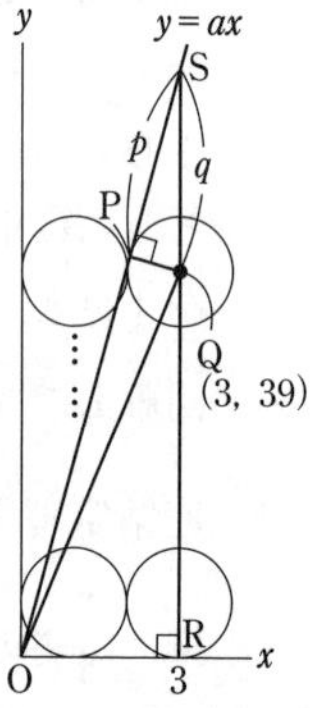

# 2021年度／早稲田大学高等学院

## 国語解答

一　問一　a　漠然　b　融合
　　　　c　ゆいしょ
　問二　支配的な価　問三　合理性
　問四　共同体意識　問五　イ，オ
　問六　メディアの拡充　問七　法律
　問八　さまざまな　問九　エ
　問十　ア

二　問一　a　土壌　b　発祥　c　ゆだ
　問二　未来を勘定に入れる［こと］
　問三　競争に参加～ない人たち
　問四　A…キ　B…イ　問五　イ
　問六　苦　問七　集団の存続［のため］
　問八　エ　問九　ウ

三　問一　a…イ　b…ア
　問二　A…ア　B…エ　問三　ウ
　問四　ウ　問五　エ　問六　イ

（声の教育社　編集部）

一〔論説文の読解―社会学的分野―現代社会〕出典；岡本亮輔『聖地巡礼』。

《本文の概要》現代社会は，近代化を経て成立した。この近代化の歩みは，社会が宗教から解放される過程でもあった。前近代社会においては，宗教は社会の中心に位置し，すみずみまで影響力を及ぼしていた。こうした宗教の支配や存在感が掘り崩されるのが，世俗化である。前近代社会では，だいたいの人が自分と同じ基準や価値観を持っているという安心感があったはずである。一方，現代社会では，世俗化によって価値観や世界観は多様化し，宗教は私事化する。宗教の私事化は，一つには，宗教が私的な領域に囲い込まれていくことを意味する。もう一つには，宗教が，個々人が特定の要素だけを選び取ったり，他の宗教と組み合わせるための材料になったりすることを指している。現代の聖地巡礼は，私事化の影響を大きく受ける領域である。現代の聖地訪問者は，雑多な宗教的知識を獲得し，その中から自分の好みのものを選んで組み合わせる。聖地巡礼の世界では，聖なるものが観光のコンテンツになったりして，宗教が新たな形に生まれ変わっているのである。

問一＜漢字＞a．とりとめもなく，ぼんやりしていること。　b．とけ合って一つになること。　c．物事の起こり，今までに経てきた筋道のこと。

問二＜文章内容＞宗教の存在が自明視された前近代社会では，「『だいたいの人が自分と同じ基準や価値観を持っている』という漠然とした安心感が存在していたはず」である。一方，世俗化した現代社会は，「支配的な価値観や文化がない社会」なのである。

問三＜文章内容＞世俗化が進んだ社会では「生活のさまざまな局面で，合理的に考え，ふるまうことが」求められる。世俗化社会では，「合理性」が，「生活の隅々まで浸透」しているのである。

問四＜表現＞前近代社会では，人々は，「文化的・倫理的にも同じコミュニティに所属している感覚」を持っていたが，世俗化社会では，その「共同体意識や仲間意識」が掘り崩されるのである。

問五＜文章内容＞宗教教団は，「自分たちの教義を体系的に信者に伝えよう」とするが，宗教が私事化される現代では，「個々人の需要に応じて宗教の一部が切り売りされることは珍しくなくなって」おり（イ…×），個人は，「宗教団体への帰属感」を持たずに，宗教を自己流にカスタマイズするのである（オ…×）。

問六＜文章内容＞現代人は，「テレビや雑誌を通じて雑多な宗教的情報を獲得し，その中から自分の好みのものを選んで組み合わせる」のである。「宗教が，元々の歴史や教義とは無関係に，個々人が特定の要素だけを選びとったり，他の宗教と組み合わせるための材料になる」というような「私的な信仰」の背景には，「メディアの拡充」がある。

問七＜文章内容＞前近代社会では，宗教が「社会全体が共有する倫理や規範」として存在したが，現代社会では,「最低限のルールを定める法律」が,その代替として用いられている。

問八＜文章内容＞宗教の私事化が進む現代では,聖地訪問者がメディアを通じて得た「さまざまな物語を聖地に持ち込む」ために,「宗教集団が掲げる物語は,その場所にまつわる数ある物語の一つ」にすぎなくなるのである。そのため,「伝統的な信仰心を持つ人々」からは,現代の訪問者は,「聖地の空気を乱すノイズのようなものに考えられてきた」のである。

問九＜文章内容＞「伝統的な信仰の形」では,「宗教の教義や儀礼は一つの『詰合せ』としてワンセットで提示されて」いた(ウ…◯)。伝統的に,聖地は「宗教制度や教団によって管理」されていて(イ…◯),「そこがなぜ特別なのかを語る物語が付随して」いた(オ…◯)。「聖地は,その場を管理する宗教集団の神話や伝承と結びつくがゆえに,特別な場所であった」のであり,「聖地の意味や位置づけは,宗教集団が公認した物語によって決まってきた」のである(ア…◯)。現代の聖地巡礼は,メディアの影響を受けた「新しい訪問者」が増加しているが,「伝統的な信仰心を持つ人々」も行っており,両者が互いに影響を与え合う状況も見られる(エ…×)。

問十＜要旨＞近代になって,「『社会の大多数が超越的存在を信じていた状況』から『社会の大多数が超越的存在を信じなくなる状況』への移行」,すなわち社会の世俗化が進展した。合理性を重視する世俗化した社会の中で,宗教は,「社会全体の方向性を決める」ような力を失い,「個々人がプライベートに関わる対象」として私事化していった(ア…×)。

二〔論説文の読解—社会学的分野—現代文明〕出典;内田樹『街場の共同体論』「格差社会の実相」。

問一＜漢字＞a.作物を育てる土。　b.物事が起こり,現れること。　c.音読みは「委任」などの「イ」。

問二＜文章内容＞「社会的共通資本は『誰のものでもない』という前提を受け付けない人たち」は,「すべて有用な資源は『フェアな競争』によって争奪されるべき」と考える人たちである。彼らは,「自分さえよければそれでいい」ということを原理に捉え,自分が属する「共同体の未来の世代がどうなるのかについて何も」考えず,「未来を勘定に入れる」ことをしない人たちなのである。

問三＜文章内容＞「この世にあるすべての有用な資源は『フェアな競争』によって争奪されるべきもの」であるという考え方をすると,長期的には,「未来の世代」,つまり,「そもそも競争に参加していない人,できない人たち」の権利を奪ってしまうことになるのである。

問四＜文章内容＞リバタリアンは,「教育や医療はもちろん,ライフラインも森や湖も,『力のある個人が私有して当然だ』」と考え,「そのような価値の高いもの」が「無償で手に入ると思っているのは,よほど『虫のいい』人間だ」と見なしている。彼らは,「自分たちの現在の地位や名声や資産は,自分の個人的努力の成果」だと考えるので,その一部を国家や公的機関の権力が取り上げて(A…キ),「自己努力の成果たる資源」を貧者に再び分配することを認めないのである(B…イ)。

問五＜文章内容＞リバタリアンの考え方は,「アメリカの開拓時代のある種の通念」を映し出している。この通念は,「フェアな競争」の勝敗を重視し,「自己利益以外の価値,つまり公共的な価値」を無視する考え方である(ア・エ…◯)。しかし,「勝者というのはあくまでも個人」であり,「個人の可動域は狭く,寿命もたかが知れて」いるため,「『自分さえよければそれでいい』ということを原理に据え」て,「自分が死んだ『あとは野となれ山となれ』」と考える者だけが,「勝つものが総取りし,敗者には何もやらない」というルールを,正当化することができるのである(オ…◯)。この考え方は,「短期的に見ると整合的なものに」思えるが,「長期的なタイムスパンの中で見ると,集団の存続を土台から脅かすリスクを含んで」いる(ウ…◯)。この通念が受け入れられていたら,アメリカは,公教育を導入せず,「二十一世紀の今もまだ,開拓時代とあまり変わらない後進国レベルにとどまっていた」だろうから,この考え方が,必ずしも「格差社会を招来する」とはかぎらない(イ…×)。

問六＜四字熟語＞「刻苦勉励」は，苦労して，仕事や勉学に励むこと。

問七＜文章内容＞「公教育」は，教育を受けた子どもたちが利益を得るためにではなく，共同体が，長期にわたって存続できるようにするために行われる。「公教育」は，その「集団の存続」のために必要なのである。

問八＜表現＞ここでの「パイ」は，総額，全体のこと。「パイを奪う」は，全体のうちの相手の分け前を減らして，自分の分け前にする，という意味。「フェアな競争」が，あらゆる分野で行われると，競争の敗者は，本来は，「誰のものでもない」はずの「社会的共通資本」を利用することができなくなる。つまり，自然資源(イ…○)や社会的インフラ(オ…○)や制度資本(ア・ウ…○)を利用する権利などが，奪われるのである。

問九＜要旨＞「社会的共通資本の管理運営」には，「政治イデオロギーと市場経済は関与しては」ならず，「私念や私欲が介在しては」ならない(ア…○)。現代においては，「社会的共通資本は『誰のものでもない』という前提を受け付けない人たちが増えてきた」ために，共同体の存続には，私物化されない社会的共通資本が必要であるという常識が，通用しなくなっている(イ…○)。「『フェアな競争』原理が徹底された社会」には，公教育，医療保険，年金，生活保護などは存在しない(エ…○)。「どこまでが社会的共通資本で，どこからが私有に委ねてよいのか，その線引きについては計量的な議論がありうる」だろう(ウ…×)。「ロックやホッブズやルソーが近代市民社会を基礎づけるために語ったことを，三〇〇年後にまた繰り返さなければいけない」ということは，それらの理念が，いまだに人々の間にいき渡っていないということである(オ…○)。

三〔古文の読解―随筆〕出典；清少納言『枕草子』。

≪現代語訳≫世の中で何といってもとてもつらいのは，人に憎まれることであるだろう。どんな変人が，私は人にそう(＝憎く)思われようと考えるだろうか(，いや，そんなふうに考えるはずがない)。そうではあるが自然に奉公先でも，親，兄弟の中でも，好ましく思われる人と思われない人ができてしまうのはとても情けないことだ。／高貴な人については言うまでもないが，身分の低い人々の中でも，親などがかわいがる子は，(周囲から)注目され評判になって，大切にされていくように思われる。世話をするかいがある子は(親がかわいがるのも)もっともで，どうして好ましく思わないことがあろう(，いやかわいく思うのも当然だ)。優れた点のない子はまた，この子をいとしいと思うのは，親だからであろうと(思うと)しみじみと感じる。／(相手が)親でも，主君でも，(その他)全て親しくつき合う人でも，人に好ましく思われるほどうれしいことはあるまい。

問一＜古語＞a．「ことわりなり」は，もっともだ，当然だ，という意味。　b．「かなし」は，しみじみとかわいい，いとしい，という意味。

問二＜古文の内容理解＞A．奉公先や，親，兄弟の間でも，好ましく思われる人と思われない人が，自然にできてしまうのは，情けないのである。　B．取り立てて優れた点のない子であっても，その子をいとしいと思うのは，親だからであろうと思うと，しみじみした気持ちになる。

問三＜現代語訳＞「さ思ふ」は，そう思う，という意味。ここでは，人に憎まれたいと思うこと。人に憎く思われようと思っているだろうか，いや，そんなことを思うはずがない，という意味。

問四＜現代語訳＞「よき人」は，身分が高い人。「さらなり」は，言うまでもない，という意味。

問五＜古文の内容理解＞取り立てて優れた点のない子であってもいとしいと思うのは，親だからいとしいと思うのであろうと感じて，しみじみした気持ちになるのである。

問六＜古文の内容理解＞どんな変人であっても，自ら人に憎まれようと思ったりはしないはずである。したがって，変人が「どこでも嫌われてしまう」とはかぎらない(イ…×)。

***Memo***

# 2020年度 早稲田大学高等学院

【英　語】（50分）

（注意）解答に同じ記号が不自然に続く場合は該当部分を無効とするので，注意すること。

A　次の英文を読んで，設問に答えなさい。

The airplane had only just taken off from Los Angeles when the passengers began to busy themselves with the things for the long flight to Boston. Some were choosing a movie, ( 1 ) took out books and magazines. A Hollywood actress took a movie script from her handbag and began reading through it.

Professor Steven Wilkes, sitting alone in a window seat in (2)<u>economy</u> class, waited for the plane to be high above the clouds before he took out a thick (3)<u>envelope</u> from his bag and put it on the tray table in front of him. The envelope contained the pages of his ( 4 ) book, which he wanted to check one more time before sending the pages to the printing company. By great good luck, the two seats next to him had not been sold and he wanted to enjoy some quiet hours reading his work.

Halfway through page two, as Professor Wilkes raised his eyes to think about a grammatical detail, he noticed a small girl standing beside his seat. He turned his eyes to her and saw that she was about seven or eight. She was staring at him steadily with large blue eyes.

"Hello," she said. "My name is Suzy. Are you busy reading ?"

The professor answered, "Well, not really. Actually, I'm writing a book."

(5)<u>The child's eyes got even bigger.</u> "Oh, that must be wonderful. I'm going to write too, when I get older. Do you write for the movies ?"

"This is a different kind of writing," the professor said. "This is ( 6 ). Important things that really happened."

Suzy sat down in the seat next to him. "I'd like to sit here a minute, ( 7 ) you don't want me to."

"But, won't your mother be worried where you are ?" the professor asked rather weakly.

(8)<u>"Mummy . . . ?" Suzy began and then looked carefully at the professor as if deciding whether to tell him her story.</u> Then (9)<u>she looked directly at him</u> and said, "Mummy's dead. Mummy and Daddy were killed in a car accident and now Uncle has to be responsible ( 10 ) me."

Steven Wilkes looked at the child with a mixture of interest and sadness. The young professor was still single, but he wanted to marry and have children someday. If there were children, he hoped they would be like this one ; bright, (11)<u>confident</u> and polite.

"My big brother was killed too. He was driving the car and he and Daddy were having a big fight about money. My brother went too fast and hit a tree. I was lucky because I was in the back seat and only got hurt a little. I went to the hospital but I'm fine now."

"(12)<u>Oh, you poor thing !</u>" The professor looked around, "So where is your uncle sitting ?"

"Uncle didn't come with me. He said he was too busy."

"You're travelling ( 13 ) yourself ? A little girl like you, alone ?"

Suzy nodded, "Uncle put me on the plane, then went to the liquor store."

Before Professor Wilkes had a chance to reply, a cabin attendant came towards them. "Is she disturbing you, sir ? (14)<u>I promised to keep her amused</u> but we've been so busy . . ."

"No, no, it's all right. She is fine here."

(15)The cabin attendant smiled, patted Suzy's head and went away.

Then he asked, "(16)Who is going to meet you in Boston ?"

"Uncle said his brother will meet me and take me to a big house with a beautiful garden. But I don't believe him. I don't think anyone is going to meet me."

"Of course someone will meet you! Your uncle wouldn't say so if it wasn't true."

"[ 17 ] Uncle Lucifer doesn't want to take care of me. He just wants my money. When Uncle drinks he always says, 'I hope you die, and then I'll get your money.'"

"Lucifer ?" said Professor Wilkes, "(18)His name isn't really Lucifer, is it ? And what do you mean, 'he wants your money ?'"

"Of course his name is Lucifer. He is the evil person in the family. My family left so much money for me but by law I can't have it until I'm eighteen. Uncle hopes that I'll die so he can have all the money."

Professor Wilkes looked at the little girl and wondered how much of her story was fantasy and how much was true. He really couldn't decide.

After a few moments, Suzy said rather sadly, "I wish I had my teddy bear. I put him in my suitcase but Uncle Lucifer took him out and left him on my bed. He put a *tin of candies in my suitcase instead because he said there isn't any candy in Boston. But I know that's a lie too and I also know that (19)the tin isn't all candy. There's a clock in it as well."

"A clock ?"

"Yes, I heard it going 'tick tock' but when I asked Uncle about it, he told me to shut up and locked the suitcase."

Professor Wilkes was suddenly alarmed and asked Suzy in a serious voice, "Tell me, Suzy. Where is the suitcase now ?"

"With all the other heavy bags and suitcases. I was told to get it when we get to Boston."

The professor looked around the plane at all the passengers happily chatting, reading or watching their screens and tried not to panic. He thought, "How could anyone (20)【to / so / be / as / put / awful / a child】 on a plane with a ticking bomb ? I have to stay calm but I also have to do something to save us all. There must be an airport nearby where we can land . . ."

Seeing a cabin attendant in the service area, he took the child's hand and started walking towards her. As they got closer, (21)Suzy suddenly broke away and went to sit down in a seat just ahead in the first class section. The frightened professor tried to take her hand again but the little girl pulled away and moved closer to the woman in the seat beside her. It was the Hollywood actress.

"Oh, Suzy, can't you see I'm busy ? I thought you were being looked after by the cabin attendant. Where's that lady who said she'd look after you ? (22)I told you about my new movie, *Uncle Lucifer*. Now, can't you leave Mummy alone for a minute to study the script ?"

(注) *tin ブリキ製の容器

I．空所（1），（4），（6），（7）に入る最も適切な語をア～エから1つ選び，その記号を書きなさい。

（1） ア．other イ．others ウ．the other エ．another

（4） ア．late イ．later ウ．latter エ．latest

（6） ア．science イ．music ウ．history エ．mathematics

（7） ア．unless イ．since ウ．after エ．or

Ⅱ．下線部(2)，(3)，(11)の語の最も強く読まれる部分を１つ選び，その記号を書きなさい。

(2) e-con-o-my　　(3) en-ve-lope　　(11) con-fi-dent
　　アイウエ　　　　　アイウ　　　　　アイウ

Ⅲ．下線部(5)，(8)，(22)から推測できることを表した英文になるように，空所にそれぞれ与えられた文字で始まる最も適切な語を書き入れなさい。

(5) The child's eyes got even bigger.
⇒The child's eyes got even bigger because she was (e　　) about finding someone to talk to.

(8) "Mummy . . . ?" Suzy began and then looked carefully at the professor as if deciding whether to tell him her story.
⇒Suzy was not yet (s　　) that the professor would believe her.

(22) I told you about my new movie, *Uncle Lucifer*.
⇒The idea for Suzy's story might be (b　　) on her mother's new movie.

Ⅳ．次の英文が下線部(9)，(14)について述べたものになるように，空所に入る最も適切なものをア～エから１つ選び，その記号を書きなさい。

(9) When we read the underlined part (9) for the first time, it is not so clear what she was thinking when she looked directly at him. After we read the whole story, however, it is clear that she wanted to tell him (　　　).

ア．the idea she had heard from her uncle　　イ．the story from her mother's script
ウ．the mystery she would like to write　　エ．the awful truth about her family

(14) When Professor Wilkes heard the cabin attendant say the underlined part (14), he thought Suzy was traveling alone. After reading the whole story, however, we can easily understand that he was wrong, and that Suzy was with her (　　), who had asked the cabin attendant to keep her amused.

ア．brother　イ．uncle　ウ．mother　エ．father

Ⅴ．空所(10)，(13)に最も適切な語を書き入れなさい。

Ⅵ．下線部(12)，(18)，(19)，(21)の内容を最も適切に表しているものをア～エから１つ選び，その記号を書きなさい。

(12) Oh, you poor thing!

ア．What a cheap thing you have!　　イ．What a boring person you are!
ウ．What a foolish girl you are!　　エ．What a sad life you have!

(18) His name isn't really Lucifer, is it?

ア．Is he really a devil, just like his name?　　イ．Is he really an angel, just like his name?
ウ．Is he really a god, just like his name?　　エ．Is he really a fool, just like his name?

(19) the tin isn't all candy

ア．the tin has nothing but candies　　イ．the tin has something besides candies
ウ．the tin has no candies at all　　エ．the tin has only a few candies

(21) Suzy suddenly broke away

ア．Suzy suddenly got mad　　イ．Suzy suddenly shouted out at him
ウ．Suzy suddenly freed her hand　　エ．Suzy suddenly jumped back to him

Ⅶ．下線部(15)，(16)とほぼ同じ意味になるように，空所に最も適切な語を書き入れなさい。

(15) The cabin attendant smiled, patted Suzy's head
＝The cabin attendant smiled, patted Suzy (　　) the head

(16) Who is going to meet you in Boston ?
　＝Who is going to (　　　) you up in Boston ?

Ⅷ．空所[17]に入る最も適切なものをア～エから１つ選び，その記号を書きなさい。

ア．Yes, he would.　　イ．Yes, he wouldn't.　　ウ．No, he would.　　エ．No, he wouldn't.

Ⅸ．下線部(20)の【　】内の語句を文意が通るように並べかえて書きなさい。

Ⅹ．本文の内容から判断して正しいと思われるものをア～カから２つ選び，その記号を書きなさい。

ア．After take-off, Professor Wilkes finds a small girl standing next to his seat.
イ．The little girl who talks to the professor is so loud that the other passengers complain.
ウ．The professor is not interested in Suzy's story and wants to continue reading as soon as possible.
エ．Suzy believes that her uncle put a box of chocolates in her suitcase.
オ．Suzy asks the cabin attendant to put her heavy suitcase safely above her seat.
カ．Suzy's seat is not in the economy class section but in the first-class section of the plane.

Ⅺ．次の英文はこの話の続きを想像したものである。所定の欄におさまるように英文を完成しなさい。

When Professor Wilkes saw the actress, he understood why he had believed Suzy's story. Though he thought it better to leave them alone, he was so impressed with the child's performance that he said just this to her mother, "Your daughter ______________________________ because ______________________________."

**B**　次の英文を読んで，設問に答えなさい。

When I was an eight-year-old girl, my favorite television program was *The Land of the Lost*, which was about a family (1)(live) in the world of the dinosaurs. (2)I was really into the dinosaurs on the show, and my favorite was the *Tyrannosaurus Rex, the T-Rex. Since Christmas was coming, that was what I wanted, my very own dinosaur.

I'd seen a box in my local toy store, a model dinosaur for children (3)(age) twelve years or older. The picture on the cover was frightening ; the green plastic T-Rex had long white teeth and huge sharp *claws.

Immediately after I saw the dinosaur model, I told my father, "Dad, please ask Santa to get me that for Christmas."

"But that's an ugly dinosaur. Don't you want a doll ?"

"No. I really want the dinosaur," I said.

"We'll have to see what Santa brings," he added.

On Christmas morning I rushed to my presents and opened several boxes. Never was I more pleased than to get the model T-Rex. I stared at the model box, barely able to wait to put it together. I got skates, a few teddy bears, a Barbie but nothing meant more to me than the green plastic model dinosaur.

As soon as my dad had finished opening his presents, he (4)【the model / help / offered / put / to / me】 together. "It says 'twelve years or older.' You may not be able to put the model together without help." "Okay," I said because I was happy that someone else was interested in my dinosaur, too.

We went to the table and my father began opening the box. He took out the pieces and found that the dinosaur had fifty or more parts. (5)He asked, "Where are the instructions ?"

For a while, I nervously waited as he looked over the tiny manual. "It's written in Chinese. I guess we'll have to figure this ( 6 ) on our own."

In front of me (7)(lie) a giant claw. I picked it up, "This is part of the hand."

"You keep that, and pull out all the other claws for me," my father said.

"Sure!" I gladly did what he asked.

Hours passed, and I watched him try very hard to put one leg together while I continued to find pieces. By now (8)he was sweating in frustration.

"Can't you put it together faster, Daddy?"

"I'm trying. Isn't this fun?"

"Yes. But you're taking so long. Let me try!"

My dad smiled, "Okay." He handed the huge, green leg over to me.

I quickly tossed the toy together. Sticking arms and legs to the body, I put an arm in one hole and a leg in another. Suddenly, (9)my dad started laughing.

"What's wrong?" I asked.

"Do you like it that way?" he wondered.

Well, it didn't really look like the dinosaurs I saw on television, but it was my dinosaur and I could still play with it. "(10)I do!"

My dad kissed my forehead. "Merry Christmas. Enjoy!"

I played with my model for hours and hours. Like all my toys, however, it eventually got put away after I lost interest in it.

Several years went by and it was Christmas time again, and I began thinking of my once-favorite toy, the T-Rex. I thought I had put it at the back of my closet and went to look for it.

Finding the old but still scary box under a pile of clothes, I pulled out my T-Rex. But it didn't look like a T-Rex at all! His head was hanging to one side. One tiny arm came out of a leg joint while a leg fitted into the arm hole. Curiously, teeth stuck out of the hands. The bright green skin had come off in several places.

That's when I realized ( 11 ). My father hadn't corrected my mistakes, either. I wondered why not. Putting it back into the box, I saw the old Chinese directions. I pulled out the manual and noticed then that the English instructions were written directly on the side of the box.

"Hey, Dad," I called him into my room.

"Yeah?"

"Did you know the English directions for this model were written on the box?"

"I found them later that night," he admitted.

"So why didn't you fix it?"

"For me, the important thing was us building it together. You seemed happy with it . . . until now."

"Well, should I leave it this way?"

My dad smiled, "(12)Looks perfect to me."

Now, ( 13 ) that very strange looking dinosaur, Christmas has a new special meaning to me. My dad and I had built that T-Rex together. I learned Christmas isn't about getting presents. It's about being together as a family, and making memories. My dad taught me this lesson by spending his Christmas creating (14)a new version of a T-Rex. After all, together, we had reached (15)the goal. We had created one scary, slightly altered dinosaur, even uglier than the ones on television or in books. With these memories, the dinosaur became the most treasured, most beautiful toy I ever had.

（注） ＊Tyrannosaurus　ティラノサウルス（白亜紀の肉食恐竜）　＊claws　（恐竜の）かぎ爪

Ⅰ．次の英文の中で，本文の内容に一致しないものをア～エから１つ選び，その記号を書きなさい。

ア．I asked for a model T-Rex as my Christmas present because I liked the TV program named *The Land of the Lost.*

イ．I got so many Christmas presents that the T-Rex was not very special.

ウ．Though my dad and I enjoyed putting the model T-Rex together, it was difficult to complete.

エ．My T-Rex does not look good but now I understand what my father was thinking.

Ⅱ．空所(1)，(3)，(7)の語を適切な形にしなさい。

Ⅲ．下線部(2)，(8)，(10)の内容を最も適切に表しているものをア～エから１つ選び，その記号を書きなさい。

(2)　I was really into the dinosaurs on the show

ア．I was a big fan of the dinosaur show on TV

イ．I was very happy to visit the TV studio to see the show

ウ．I was pretty nervous to apply for an audition for the dinosaur show

エ．I was extremely surprised by the dinosaurs on the TV show

(8)　he was sweating in frustration

ア．he was trying his best to understand the directions in Chinese

イ．he was putting the model together so quickly that he was very tired

ウ．he was troubled by his daughter because she wouldn't help him

エ．he was working hard to put the model together correctly but it was stressful

(10)　I do!

ア．I do play with my model!　　イ．I watch the dinosaurs on TV!

ウ．I like my dinosaur as it is!　エ．I love the real dinosaur!

Ⅳ．下線部(4)の【　】内の語句を文意が通るように並べかえて書きなさい。

Ⅴ．下線部(5)，(14)とほぼ同じ意味になるように，空所に最も適切な語を書き入れなさい。なお，(　) 内に示された文字がある場合は，その文字で始まる語を書くこと。

(5)　He asked, "Where are the instructions?"

＝He asked (　　)(　　)(　　)(　　).

(14)　a new version of a T-Rex

＝a T-Rex which looked (d　　) from other ones

Ⅵ．空所（6），(11)，(13)に入る最も適切なものをア～エから１つ選び，その記号を書きなさい。

（6）　ア．from　　イ．to　　ウ．on　　エ．out

(11)　ア．I had put the dinosaur together completely wrong

イ．how much I loved my bright green dinosaur model

ウ．the reason I had lost my interest in the plastic T-Rex

エ．I should have listened to Dad's instructions carefully

(13)　ア．ahead of　　イ．because of　　ウ．in place of　　エ．instead of

Ⅶ．下線部(9)で私の父が笑った理由として最も適切なものをア～エから１つ選び，その記号を書きなさい。

ア．He thought the model I was making looked strange.

イ．He disliked the way I was putting the model together.

ウ．He wanted to have a break from making the model.

エ．He was happy to see me making the model properly.

Ⅷ．次の英文は，下線部⑿の発言について，父がその真意をまとめたものである。英文を読んで，設問に答えなさい。

This model dinosaur my daughter and I built together is far from perfect. Not only is the dinosaur really ugly but it is also, more importantly, unrealistic. Somehow we put the arms, legs, claws and teeth in the (　1　) places. Nobody would understand (　2　) it should stay as it is now, although by following the English instructions on the box, it could easily be remade (　3　) a proper looking dinosaur. But by doing so, something really precious and special would be lost forever. It is the memory of the time I shared with my daughter that Christmas.

When I look at the imperfect dinosaur, what I see is us (　4　) it together. This very strange looking dinosaur will always remind me of the time. This ugly T-Rex is the only one like it in the world and will always be our treasure. Those memories I share with my daughter of struggling to build this model dinosaur will stay in my mind forever. I would never want to change (A)<u>them</u>, and would never want to change the dinosaur, either. Hopefully, my daughter feels the (　5　) way as I do.

1．空所（1）～（5）に入る最も適切なものをア～クから選び，その記号を書きなさい。なお，同じ記号を２度以上用いてはならない。

ア．into　イ．making　ウ．why　エ．what

オ．same　カ．looking　キ．perfect　ク．wrong

2．下線部(A)が指し示すものをア～エから１つ選び，その記号を書きなさい。

(A)　ア．the English instructions　イ．this ugly T-Rex

ウ．those memories　エ．our minds

Ⅸ．次の英文は，下線部⒂の内容を父の視点から具体的に説明したものである。英文を読んで，設問に答えなさい。

When my daughter chose the T-Rex for her Christmas present, I was surprised but I was also really happy. It was because she would need my help putting the model together and I was really looking forward to (　1　) some hours with her on Christmas morning. During an average day, I saw her for (2)<u>no more than two hours</u>, very briefly in the morning over breakfast, and again in the evening while we ate dinner. Afterwards I would help her with her homework but that was (　3　).

(4)<u>Our Christmas present that year was (　　　　　).</u>

1．空所（1），（3）に入る最も適切なものをア～エから１つ選び，その記号を書きなさい。

（1）　ア．spend　イ．spending　ウ．have spent　エ．having spent

（3）　ア．it　イ．this　ウ．anything　エ．another

2．下線部(2)とほぼ同じ意味になるように，空所に最も適切な語を書き入れなさい。

(2)　<u>no more than two hours</u>＝(　　　) two hours

3．下線部(4)の空所に入る最も適切なものをア～エから１つ選び，その記号を書きなさい。

(4)　ア．to have my daughter make her model by herself

イ．to let my daughter have what she wanted for Christmas

ウ．to share more time during meals

エ．to have some precious time together

## 【数　学】 (50分)

(注意)　1．必要な式と計算は，解答用紙の計算欄に書くこと。

2．答の $\sqrt{\quad}$ の中はできるだけ簡単にし，分数は，それ以上約分できない形で答えること。

**1**　次の問いに答えよ。

(1) かけ算の九九の表に現れる

$1\times1,\ 1\times2,\ \cdots,\ 1\times9,\ 2\times1,\ \cdots,\ 9\times9$

の81個の数について考える。

① この中にちょうど4回現れる数はいくつあるか。

② この81個の数の中に，異なるものはいくつあるか。

③ 81個の数をすべてかけ合わせたものを $x$ とする。いま，$x$ の素因数分解を

$x=2^a\times3^b\times5^c\times7^d$

とするとき，自然数 $a$，$b$，$c$，$d$ の値を求めよ。

(2) $a$，$b$，$c$ は整数であるとする。このとき，$x$ についての方程式 $ax^2+bx+c=0$ について，次の①から④のうち，正しいものをすべて選べ。ただし，正しいものが1つもない場合は解答欄に×と記入せよ。

① $x=\sqrt{3}$ がこの方程式の解ならば，$b=0$ である。

② $x=\dfrac{1+\sqrt{3}}{2}$ がこの方程式の解ならば，$x=\dfrac{1-\sqrt{3}}{2}$ もこの方程式の解である。

③ $x=2-\sqrt{5}$ がこの方程式の解ならば，$b$ は偶数である。

④ $b^2-4ac>0$ が成り立つならば，この方程式は必ず2つの解をもつ。

**2**　関数 $y=\dfrac{1}{2}x^2$ のグラフ上の点のうち，点 $\left(a,\ \dfrac{1}{2}a^2\right)$ のみを通る直線で，$y$ 軸に平行でないものの式は，次の公式で与えられることが知られている。

【1】 $y=ax-\dfrac{1}{2}a^2$

関数 $y=\dfrac{1}{2}x^2$ のグラフ上の点Pの $x$ 座標は $\sqrt{3}$ であるとし，点Pに対して公式【1】で与えられる直線を $l$ とする。また，$x$ 軸上の点 $\mathrm{A}(\sqrt{3},\ 0)$ を直線 $l$ に関して対称に移動した点を A′ とし，直線 PA′ と関数 $y=\dfrac{1}{2}x^2$ のグラフとの交点のうちPとは異なる点をQとする。このとき，次の問いに答えよ。

(1) 直線 $l$ と $x$ 軸との交点の座標を求めよ。

(2) 点 A′ の座標を求めよ。

(3) 点Qの座標を求めよ。

(4) 点Qに対して公式【1】で与えられる直線を $l'$ とする。2つの直線 $l$ と $l'$ の交点をRとする。関数 $y=\dfrac{1}{2}x^2$ のグラフ上の点Sを三角形PQSの面積が三角形PQRの面積の2倍となるようにとる。ただし，点Sの $x$ 座標は正とする。このとき，点Sの $x$ 座標を求めよ。

**3** 　図のように，１辺の長さが6の立方体 ABCD−EFGH のすべての面と接している球Oがある。いま，点D，B，Eを通る平面でこの球Oを切断したときにできる切断面をSとする。このとき，次の問いに答えよ。

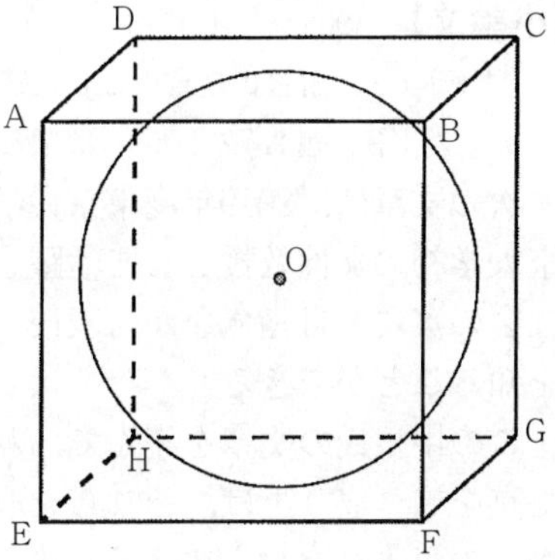


⑴　球Oの体積を求めよ。

⑵　切断面Sの面積を求めよ。

⑶　切断面S上を自由に動く点Pを考える。線分 FG の中点をMとしたとき，

①　線分 MP の長さの最大値を求めよ。

②　線分 MP と線分 GP の長さの和 MP＋GP の最小値を求めよ。

**4** 　１辺の長さが１の正方形12個によって区画された道路を，図１のように道路を線で表し，交差点を点として表す。地点Aから地点Bまで行くとき，下の問いに答えよ。ただし，同じ道を二度は通らないものとし，一度地点Bに到達したら，それ以降は動かないものとする。図２は地点Aから地点Bまでの移動距離が11の例である。図３は同じ道を二度通っている例である。

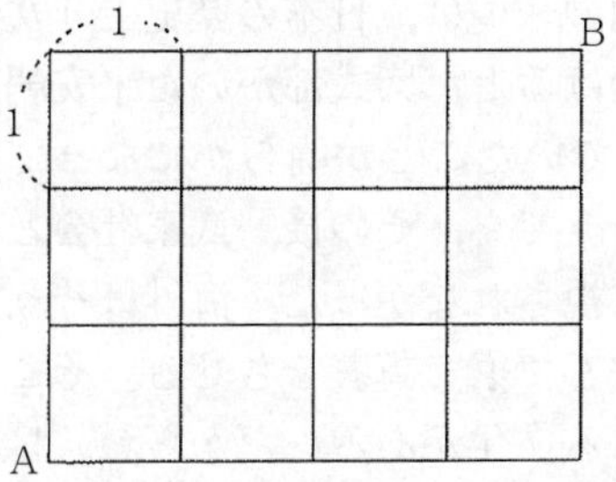


図１

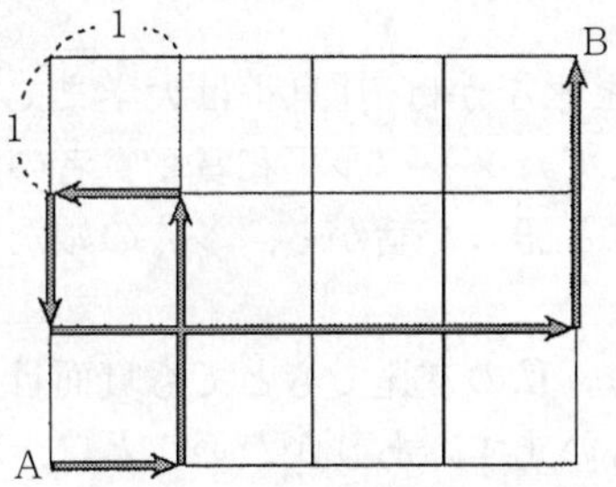


図２

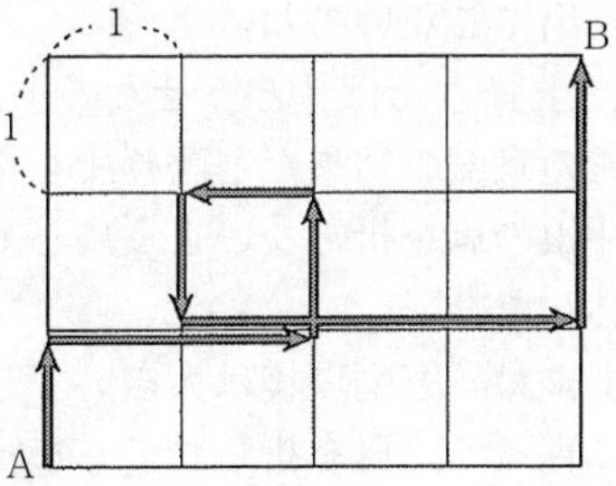


図３

⑴　地点Aから地点Bまでの移動距離が７である行き方は何通りあるか。

⑵　地点Aから地点Bまでの移動距離が９である行き方は何通りあるか。

⑶　地点Aから地点Bまでの移動距離が12である行き方は何通りあるか。

⑷　地点Aから地点Bまでの移動距離として表せる数はいくつあるか。

**【小論文】**　(90分)

〔注意〕　1．解答は横書きとし，楷書で左から右へ書くこと。

　　　　　2．題名(タイトル)は記入せず，解答用紙の一行目から本文を書き始めること。

次の文章は，2019年度東京大学入学式における上野千鶴子氏の祝辞(後の【資料】参照)に関して，東京大学初の女性教授として活躍した中根千枝氏が語ったものである。現在，わが国では男女共同参画社会の実現を目指すなか，戦後，女性研究者として活躍した中根氏の経験から，わが国の社会の一端を知ることができる。

この中根氏の文章を読んで，わが国における女性を取り巻く社会環境に関して，あなたが強く感じた点を二つ取り上げ，それらを取り上げた理由を述べなさい。さらに，その二点に触れながら，これからの日本社会はどのようにあるべきか，あなた自身の意見を述べなさい。なお，901字以上1200字以内で述べること。また，改行によって生じる空欄は字数に数えるものとする。

中根さんは2009年の東大大学院入学式の祝辞で「本業としての研究者や確立された組織の管理職についている日本の女性の割合は先進国などと比べて一番低い」と述べた。問題意識は上野さんの祝辞と通底している。

―中根さんの祝辞から10年経っても女性の比率が問題になります。なぜでしょうか。

外国に比べて，日本では要職につく女性の比率が少ない。その原因の一つは，日本の歴史上「女性は学問しなくていい」という思想が強かったことにあります。さかのぼると，紫式部がいた平安朝はよかった。紫式部は勉強熱心で，『史記』など中国の古典を相当読んでいたことが明らかになっています。平安時代が続けば，日本の女性もそんなに悪くなかったと思う。でも，その後，武家社会となり，戦乱が江戸時代の初めまで断続的に続き，女性にとって学問は重視されなかった。海外はそうじゃないの。たとえばインド。階層社会で，上流階級の家では学者を呼んで家で講義をさせる。そこには女の子も当然入っている。フランスなど欧州にも女子に学問をさせる文化がある。だからね，日本で女性が役職につけない一つの理由は，学がないからです。世間のことと学問のこと。その両方で訓練された女性が日本では全体的に出てこないのね。

―進学における男女差について，上野さんは「どうせ女の子だし」と水をかけ，「息子は大学まで，娘は短大まで」でよいと考える親の意識の結果だと語りました。そして，ノーベル平和賞受賞者のマララ・ユスフザイさんの父親が「娘の翼を折らないようにしてきた」と語った話から，多くの娘たちが翼を折られてきたと訴えかけました。

そういう側面は確かにありますよね。家庭環境は大きいでしょうね。私の友達でもとても真面目で優秀だったのに，封建的な家庭に育って，翼を折られてしまった人もいます。ありがたいことに，私の父は「女だから」という意識は全くなく，子どもの私と麻雀をして負けると本気で悔しがるような人でした。「東大に行くなら法学部に行けばいい」と勧められたこともありましたけど，「私は東洋史がやりたいの」と言い返したら，それ以上は何も口出しされませんでしたね。翼を折らずに見守ってくれたことに感謝しています。

中根さんは1926年生まれ。津田塾専門学校(現・津田塾大学)卒業後，終戦後の1947年，女性に門戸を開いた東京大学に入学。1958年から東京大学東洋文化研究所講師となり，1970年には東大で女性初の教授に就任。その後も女性初の研究所長，女性初の日本学士院会員と「女性初」を更新し続けてきた。

―学術の場で中根さんが「女性初」を更新し続けられたのはなぜでしょうか。

女性初というのは意識したことはありません。女性第一号なんて，人生の長いプロセスの一点にしか過ぎないでしょう？　女性初だと一生栄誉があるかって言えば，実は何もないもの。

戦争が終わってすぐにモンペを脱いで，空色のワンピースに着替えました。東大受験では，周りからは「男の子は頭がいいから，女の子は無理でしょう」と言われましたが，私は女子校にいたから男の子がどれくらい勉強できるか分からなかったの。

私は中央アジアのことを知りたかったから，東洋史学科に入りました。その時の主任教授が私の卒論にとてもいい批評をしてくれたの。「あなたは小さいところを細かく突っ込むよりも，大きく見て，その大きさの中から何かを生み出すことが好きですね」と。

男女の違いなんて言わず，純粋に理論的に指摘してくれたから，とっても気持ちがよくてね。その時に，「女でもできましたね」なんて言われたら，きっとがっくりきていたでしょうね。

中根さんの代表作が『タテ社会の人間関係』(1967年)だ。資格(学歴，地位，職業など)や能力による「ヨコ」のつながりではなく，会社や学校など集団内の年功序列という「タテ」の関係によって規定される日本社会の様相をインドや欧米と比較して鮮やかに描き出した。

―中根さんが東大初の女性教授になった時，新聞は「タテ社会のトップに立つ」と報じました。女性がトップに立つこととタテのシステムはどう関係するのでしょうか？

男女のことでうるさく言う人も，先輩後輩は大事にするでしょう。それがタテのシステムです。後輩が先輩になるっていうことはないし，どんなに意地悪をしても先輩後輩の関係は絶対に変わりません。だから，タテのシステム，序列のある社会は本来，女性にはプラスなんです。女性だって会社でエレベーターで先輩に「お先にどうぞ」とやるでしょう。あれがタテのシステムを守っている強い証拠です。私もタテのシステムに入ったからこそ，教授になれたんだと思います。女性で意地悪するみたいなのは，タテのシステムとは別の話ね。日本は先輩後輩の社会なので，女性だからといって入れないことはないの。

―どんな人にも先輩後輩はある。けれども，力のあるタテのシステムに入れるかどうかでその後が変わってくると。

そうですね。たとえば学校を例に取ると，東大のシステムに入れなかったというのは，勉強ができなかったからですよね。その理由は，本人の問題だけではなく，さきほど申し上げたように，女性が学問をすることを重視されてこなかった歴史的土壌や家庭環境，翼を折られてきた背景があるからです。

―日本の女性は資格や能力，性別などでつながるヨコの連帯を強めるべきなのでしょうか？

いえ，私自身は東大でも「さつき会」(1961年発会)という女子卒業生の同窓会団体に誘われたこともあったけど，一度も行かなかった。同じ女性だけ集まったってしょうがないと思ったから。

ただ，女性に対する問題は依然として存在しています。昔から日本では年齢の高い女性をあまり尊重しないでしょう。一番いいのは若いきれいな女の子よね。それが問題なんです。銀行とかね，窓口にきれいな子が並んでいるでしょう。若くてかわいい女性がいると客がもっと来るっていう考え方があるわけです。でも，お客さんにとって大切なのは時間でしょう。それなら，決定権がある人が窓口にいてほしい。窓口には経験と知識がある人がいたほうが，ずっと能率が上がると思います。そういう理解になっていないのが日本の問題なのね。結局，「かわいい」なんてことを優先させているのは，日本社会は知性を本気になって考えていない証左だわ。

東大の入学式で上野さんは，東大の女性比率は学部生でおよそ20%，大学院修士課程で25%，博士課程では30.7%まで上がり，さらにその先の研究職になると，助教で18.2%，准教授で11.6%，教授で7.8%と役職が上がるごとに女性比率はどんどん低下すると指摘した。企業の幹部構成でも同じように上位になるほど女性比率が下がるケースが指摘されている。
―中根さんは10年前の東大大学院の祝辞で，社会環境によるマイナスは女性の方が大きいと述べていました。結婚や出産など揺れ動く要素が少なくない時期に，研究への情熱を続けて持つことが大切であると。

そうなの。祝辞でも言いましたが，女性の方がいろんな“雑音”が入りやすいですからね。だから，女性が社会に出ることについて，日本では制度的に不利なこと，社会の理解が不十分であることがよく指摘されますよね。でも，私がアメリカやイギリスで大学院を担当した経験からみますと，日本の女性は，研究に対する心構えが弱いように感じました。私が接した外国の女性たちには，個人を取り巻く障害に対する強さがありました。日本の女子学生にも不利な条件に対して賢く対応する術を持ち，努力をしてほしいと思います。
―日本の女性にも個人としての強さを持ってほしいと。

私は戦後間もない時代に，象しか交通手段のないインドの奥地に調査に行ったんです。人間社会における未開と文明の意味を社会人類学的に調査するのが目的でした。当時は寝袋などもなかったため，ポーターを雇って，折りたたみの木製のベッドを持って，食料も持参していく。ベッドのない地域では，大木を二つに割って平らな方をベッドにしたこともあったの。

ジャングルで危険なのは「マンイーター」という人間の味を覚えてしまった人食いトラでした。そいつが来たら大変なので，現地の人たちは木の上で見張りをしていて，教えてくれるのね。そんなところに女性が一人で行くというのは，確かに当時の日本としては，珍しいことだったかもしれませんね。多くの人から無理だと言われました。でも，女だからとか男だからとか自分に制限を設けずに，一人で自由に心の赴くままに調査したかったのです。

私は生涯独身でしたが，もし結婚していたとしたら，これだけ研究に没頭はできなかったかもしれないです。だって，何カ月も一人でジャングルの奥に行っちゃったりするから。やっぱり相手がいたら，ちょっと気を使うじゃない。
―自由に研究に没頭したいから結婚は考えなかったのですね。

そう簡単にも言えないわよ。いい人がいたら，って思うこともありました。ただ，1952年に東大に助手になった時は，教授会では反対の意見も多かったそうです。「女性は結婚したら，研究をやめちゃう。だから，研究職にしなくてもいいだろう」って。私はたまたまいい相手がいなかったことと，研究に没頭する時期が一致したんだわ。
―国際労働機関(ILO)の報告書によると，2018年に世界で管理職に占める女性の割合は27.1%ですが，日本は12%にとどまり，主要7カ国(G7)で最下位。アラブ諸国と同水準とされています。

それはやっぱり伝統と関係があるわね。例えばインドや中国では，家庭のウチとソトを区別しています。ソトの関係は男性がトップ。でもウチでは，女性の最年長者がトップなのよ。最年長の女性は，男性を含む大家族の中のトップで絶対権限を持つの。だから女性がトップであるということには慣れてるのよ。それは女性が社会に出てトップとして活躍するのに，とても都合がいい。

インドの女の人は，若くても早く最長老になりたいと思うの。権限を振るうのがとても楽しみなのね。そういう雰囲気に育つから，マネジメントがうまいわけよ。日本には女性でそういうマネジメントを学んだり，生かしたりする場面がない。日本ではウチ，ソトの区別をせずに，「女の子だから」と言われて育っちゃうでしょう。マネジメントは経験がないと駄目なのよ。
―上野さんの祝辞で最も反響があったのは，東大生は頑張れば報われると思ってここまできたが，頑張っても公正に報われない社会が待っていると語った部分です。そして，「あなたたちの頑張りを，どうぞ自分が勝ち抜くためだけに使わないでください。恵まれた環境と恵まれた能力とを，恵まれない人々を助けるために使ってください」とノブレス・オブリージュ(身分の高い人がもつ社会的責務)

とも受け取れる内容を話していました。

日本には階層がなく，「連続」の思想です。つまり，自分はあの人より持っているが，でも上には自分よりももっと持っている人がいる，という相対的比較の社会。だから，上層の者にはその特権を持たない人のために一定の義務がある，という思想，ノブレス・オブリージュが根づいていない。「もてる者」が「もたざる者」へ援助する思想が希薄なのです。

ですが，これからは女性の問題を含めて，自分だけ良ければいいという社会ではなく，もたざる者，あるいは，頑張りたくても頑張れない人へのまなざしが重要になってくるのではないでしょうか。

（出典）　河合香織・Yahoo！ニュース特集編集部：「『序列のある社会は本来，女性にはプラス』東大初の女性教授・中根千枝氏の助言」

（2019年６月17日配信）URL:https://news.yahoo.co.jp/feature/1354

なお，作問の都合上，原文の一部を改変した。

【資料】

平成31年度東京大学学部入学式　上野千鶴子氏　祝辞

ご入学おめでとうございます。あなたたちは激烈な競争を勝ち抜いてこの場に来ることができました。

その選抜試験が公正なものであることをあなたたちは疑っておられないと思います。もし不公正であれば，怒りが湧くでしょう。が，しかし，昨年，東京医科大不正入試問題が発覚し，女子学生と浪人生に差別があることが判明しました。文科省が全国81の医科大・医学部の全数調査を実施したところ，女子学生の入りにくさ，すなわち女子学生の合格率に対する男子学生の合格率は平均1.2倍と出ました。問題の東医大は1.29倍，最高が順天堂大の1.67倍，上位には昭和大，日本大，慶応大などの私学が並んでいます。1.0倍よりも低い，すなわち女子学生の方が入りやすい大学には，地方国立大医学部が並んでいます。ちなみに東京大学理科３類は1.03倍，平均よりは低いですが1.0倍よりは高い，この数字をどう読み解けばよいでしょうか。統計は大事です，それをもとに考察が成り立つのですから。

女子学生が男子学生より合格しにくいのは，男子受験生の成績の方がよいからでしょうか？　全国医学部調査結果を公表した文科省の担当者が，こんなコメントを述べています。「男子優位の学部，学科は他に見当たらず，理工系も文系も女子が優位な場合が多い」。ということは，医学部を除く他学部では，女子の入りにくさは１倍以下であること，医学部が１倍を越えていることには，なんらかの説明が要ることを意味します。

事実，各種のデータが，女子受験生の偏差値の方が男子受験生より高いことを証明しています。まず第１に女子学生は浪人を避けるために余裕を持って受験先を決める傾向があります。第２に東京大学入学者の女性比率は長期にわたって「２割の壁」を越えません。今年度に至っては18.1％と前年度を下回りました。統計的には偏差値の正規分布に男女差はありませんから，男子学生以上に優秀な女子学生が東大を受験していることになります。第３に，４年制大学進学率そのものに性別によるギャップがあります。2016年度の学校基本調査によれば４年制大学進学率は男子55.6％，女子48.2％と７ポイントもの差があります。この差は成績の差ではありません。「息子は大学まで，娘は短大まで」でよいと考える親の性差別の結果です。

最近ノーベル平和賞受賞者のマララ・ユスフザイさんが日本を訪れて「女子教育」の必要性を訴えました。それはパキスタンにとっては重要だが，日本には無関係でしょうか。「どうせ女の子だし」「しょせん女の子だから」と水をかけ，足を引っ張ることを，aspirationのcooling downすなわち意欲の冷却効果と言います。マララさんのお父さんは，「どうやって娘を育てたか」と聞かれて，「娘の翼を折らないようにしてきた」と答えました。そのとおり，多くの娘たちは，子どもなら誰でも持っている翼を折られてきたのです。

（中略）

これまであなたたちが過ごしてきた学校は，タテマエ平等の社会でした。偏差値競争に男女別はありません。ですが，大学に入る時点ですでに隠れた性差別が始まっています。社会に出れば，もっとあからさまな性差別が横行しています。東京大学もまた，残念ながらその例のひとつです。

学部においておよそ20%の女子学生比率は，大学院になると修士課程で25%，博士課程で30.7%になります。その先，研究職となると，助教の女性比率は18.2%，准教授で11.6%，教授職で7.8%と低下します。これは国会議員の女性比率より低い数字です。女性学部長・研究科長は15人のうち１人，歴代総長には女性はいません。

（中略）

あなたたちはがんばれば報われる，と思ってここまで来たはずです。ですが，冒頭で不正入試に触れたとおり，がんばってもそれが公正に報われない社会があなたたちを待っています。そしてがんばったら報われるとあなたがたが思えることそのものが，あなたがたの努力の成果ではなく，環境のおかげだったこと忘れないようにしてください。あなたたちが今日「がんばったら報われる」と思えるのは，これまであなたたちの周囲の環境が，あなたたちを励まし，背を押し，手を持ってひきあげ，やりとげたことを評価してほめてくれたからこそです。世の中には，がんばっても報われないひと，がんばろうにもがんばれないひと，がんばりすぎて心と体をこわしたひとたちがいます。がんばる前から，「しょせんおまえなんか」「どうせわたしなんて」とがんばる意欲をくじかれるひとたちもいます。

あなたたちのがんばりを，どうぞ自分が勝ち抜くためだけに使わないでください。恵まれた環境と恵まれた能力とを，恵まれないひとびとをおとしめるためにではなく，そういうひとびとを助けるために使ってください。そして強がらず，自分の弱さを認め，支え合って生きてください。女性学を生んだのはフェミニズムという女性運動ですが，フェミニズムはけっして女も男のようにふるまいたいとか，弱者が強者になりたいという思想ではありません。フェミニズムは弱者が弱者のままで尊重されることを求める思想です。

（後略）

（出典）「平成31年度東京大学学部入学式　上野千鶴子氏の祝辞」

URL:https://www.u-tokyo.ac.jp/ja/about/president/b_message31_03.html

なお，作問の都合上，原文の一部を改変した。

ウ　誰を参上させればよいだろうか

エ　誰を降参させればよいだろうか

オ　どれを差し上げたらよいだろうか

**問五**　本文中の空欄□に入れるのにふさわしい文学作品名を漢字で答えよ。

**問六**　傍線部５「とぞ」の下に補える言葉として最も適切なものを次の中から選び、記号で答えよ。

ア　言ふ　イ　行く　ウ　参る　エ　給ふ　オ　書く

**問七**　紫式部が新しい物語を書くことになった理由として最も適切なものを次の中から選び、記号で答えよ。

ア　当時、世間には面白い物語が存在しなかったため。

イ　大斎院から、新しい物語を書くよう依頼されたため。

ウ　面白い物語は、すべて大斎院のもとに渡っていたため。

エ　紫式部が、自ら新しい物語を書きたいと提案したため。

オ　上東門院のもとには、読み慣れた物語しかなかったため。

換サイクルの中から、家族という関係が生まれてくるから。

エ　親と子どもが一緒に食卓を囲み、同じ料理を食べるという贈与交換を通して、親と子どもの人格的関係が保たれるから。

オ　親が料理のたびに子どもにお金を払わせたりしないことで、子どもは親に依存する気持ちを持ち続けることができるから。

**問九**　次の中で本文の内容と合致しないものを一つ選び、記号で答えよ。

ア　コミュニケーションは言葉による意思伝達に限定されず、物のやりとりを通じて他者との関係を変化させることも含んでいる。

イ　商品交換と贈与交換は一見別々のものに見えるが、文化人類学の思考では両者は連続線上にある営みとして捉えることができる。

ウ　ニューギニアで行われているクラやギムワリという物の交換の方法には、共同体における秩序を維持するという共通の目的がある。

エ　クラで贈られる宝物とサッカーW杯のトロフィーには、それを知らない人びとからはその価値が理解されないという類似性がある。

オ　商品の売り手と買い手は元々切り離された関係だが、売り手が買い手にサービスを提供することで親密な関係を築くこともできる。

## 三　次の文章を読んで、後の問いに答えよ。

今は昔、紫式部、＊上東門院に歌読み優の者にて 1 さぶらふに、＊大斎院より春つ方、A「つれづれにさぶらふに、2 さりぬべき物語や 3 さぶらふ。」と尋ね申させ給ひければ、御草子ども取り出ださせ給ひて、B「4 いづれをか参らすべき。」など、選《え》り出ださせ給ふに、紫式部、C「みな目馴《めな》れてさぶらふに、新しくつくりて参らせさせ給へかし。」と申しければ、D「さらばつくれかし。」と仰せられければ、［　　］はつくりて参らせたりける 5 とぞ。

（『古本説話集』より）

語注

＊上東門院　藤原彰子。藤原道長の娘。

＊大斎院　選子内親王。村上天皇の皇女。

**問一**　傍線部1・3の「さぶらふ」の意味として最も適切なものを次の中からそれぞれ選び、記号で答えよ。

ア　います　イ　いただく　ウ　ございます

エ　お仕えする　オ　いらっしゃる

**問二**　A～Dの会話文について、次の問いに答えよ。

①　同一人物が発言しているものはどれとどれか、記号で答えよ。

②　①の発言者は誰か。本文中の語を抜き出して答えよ。

**問三**　傍線部2「さりぬべき物語」とはどういう物語のことか。次の中から最も適切なものを選び、記号で答えよ。

ア　いつも読み慣れている物語

イ　礼儀作法を学ぶのに適切な物語

ウ　和歌に関する逸話を集めた物語

エ　退屈さを紛らわすのに適当な物語

オ　教養を身に付けるのにふさわしい物語

**問四**　傍線部4「いづれをか参らすべき」の現代語訳として最も適切なものを次の中から選び、記号で答えよ。

ア　どこに参詣すればよいだろうか

イ　誰にご奉仕すればよいだろうか

5どこでも売られている商品でも、親族の遺品だと、故人を偲《しの》ばせる大切な形見になる。有名人の持ち物は、ありふれたモノであっても高額オークションの対象となる。モノは、いろんなcリレキをたどる。このモノの意味／価値の変遷に注目したのが、イゴール・コピトフだ。彼は、モノが「交換不可能なかけがえのないもの」と「いつでも交換できる商品」という二つの極のあいだを動く、と指摘した。つまり、贈り物と商品との境界は固定していない。

だからこそ、私たちはいろんなモノのやりとりをとおして、その意味や相手との関係を変化させることができる。商店でも、特別におまけをつけたり、サービスで割引したりする。商品交換の場でも、贈り物を渡すかのようなふるまいをすることで、親密で長期的な関係づくりがめざされるのだ。

私たちが親密だと思っている人間関係は、特定のモノのやりとりをするからこそ、長期的な人格的関係として維持されている。6家族は何もしなくてもつながっているのではなく、食卓を一緒に囲むといった行為をとおして家族になる。別のモノのやりとり、たとえば食事のたびにお金を払わせたりすれば、その関係は別のものに変質するだろう。世界の現実は、こうして私たちのモノを介したコミュニケーションがつくりだしている。

（松村圭一郎「贈り物と負債」より・一部改）

**問一**　傍線部a～cのカタカナを漢字に直せ。

**問二**　傍線部1で述べられている一般的な見方とは異なる筆者の捉え方が端的に述べられている部分を、本文中から十八字で探し、その始めの五字を答えよ。

**問三**　空欄[A]・[B]に入る語として最も適切なものを次の中からそれぞれ選び、記号で答えよ。

ア　持続　イ　踏襲　ウ　変容　エ　推移
オ　継起　カ　循環　キ　変遷

**問四**　傍線部2「クラでギムワリのようなふるまいをすると非難の対象になる」とあるが、クラとギムワリにはどのような違いがあるか。その説明として適切でないものを次の中から一つ選び、記号で答えよ。

ア　ギムワリではその場その場で駆け引きが行われるが、クラでは定められた作法が厳格に守られる。
イ　ギムワリではその物の経済的価値が重視されるが、クラではその物が持っている精神的価値が重要となる。
ウ　ギムワリでは物は貨幣価値に置き換えられて取引されるが、クラでは物に値段を付けて売買することはできない。
エ　ギムワリで取引される物は個人が所有してもよいが、クラでは個人がその物を保有し続けることは許されていない。
オ　ギムワリでは物の日常生活における実用性が重視されるが、クラでは物が何かのために使えるという有用性は問題とされていない。

**問五**　傍線部3「商品の交換」の特質が端的に述べられている部分を本文中から二十二字で探し、その始めの五字を答えよ。

**問六**　傍線部4「『贈り物』は贈り主のことを想起させる」とあるが、それはなぜか。次のように答えるとして、その空欄に入る三字の言葉を本文中から抜き出して答えよ。

**「贈り物」は贈り主を[　　]したものであるから。**

**問七**　傍線部5のように言えるのはなぜか。次のように答えるとして、その空欄に入る言葉を本文中から五字以上十字以内で抜き出して答えよ。

**その遺品には故人の[　　]から。**

**問八**　傍線部6のように言えるのはなぜか。次の中から最も適切なものを選び、記号で答えよ。

ア　親が子どものために食べ物を買い調えることで、親はその見返りとして子どもが親孝行することを期待できるから。
イ　親がつくった食事を子どもに食べさせるという贈与を通じて、親と子の間で家族という長期的秩序が維持されるから。
ウ　親が食事をつくり、子どもがそれに感謝するという短期的交前がつけられ、それを手にした人物の伝説が語り継がれ、神話とも関連づけられている。呪術的な力もある（病人の腹にこすりつけたりする）。この贈答品の交換が、人びとの価値観や社会的名誉、島々のあいだの秩序を支える土台でもある。

こういう話を聞くと、まったく異質な世界の理解不可能な話に思えるかもしれない。でも、じつは、私たちも同じようなことをしている。たとえば、サッカーW杯の優勝トロフィーがそうだ。あのトロフィーには歴代の名選手が手にし、数々の歴史に残る試合の記憶が刻まれている。ただの代替可能なモノではない。プレーする選手も、応援する観戦者も、多くの犠牲を払ってでも、このなにかに使えるわけではない（事実上、売ることもできない）トロフィーの争奪戦に熱狂する。手にしたトロフィーは、四年後には手放され、またあらたな一時的保有者を決める戦いが世界中で繰りひろげられる。もしサッカーを知らない異星人がみたら、トロフィーをめぐって玉をaケって網に入れる壮大な儀礼を、クラと同じように好奇心をもって報告したかもしれない。私たちは、モノを介して不思議なコミュニケーションをしている。そこには、いったいどんな意味があるのだろうか。

モースは、クラのbブンセキで重要な指摘をしている。それは、人びとがクラ交換だけをしているわけではない、という点だ。複数のモノのやりとりの形式が同時に並存している。

クラによる贈与交換が行われるとき、実用的な物品を経済的に交換する「ギムワリ」も行われる。そこでは執拗《しつよう》な値切りあいがなされる。それはクラでは許されない。相手に贈り物を強要するなど、2クラでギムワリのようなふるまいをすると非難の対象になる。ほかにも、クラのパートナーでもある漁村と農村のあいだで農産物と漁獲物とを分け与えあう「ワシ」という関係もある。首長に奉仕した集団に食べものを分配する「サガリ」という儀式もある。

人びとは複数のモノのやりとりの方法を明確に区別しており、そこに違う意味を見いだしている。それは私たちも同じだ。プレゼントを贈ることと、商品を買うこと。家族で食卓を囲むことと、レストランでお金を払って食事すること。つねに人のあいだでモノがやりとりされているが、私たちはそれを別のものとして区別している。親しい間柄の親密な贈り物の交換は、3商品の交換とは正反対の行為だとすら考えている。

なにが贈与交換と商品交換とを区別しているのか。文化人類学では、それらを次のように区別してきた。贈与交換は人と人とをつなげ、商品交換は関係を切り離す。4「贈り物」は贈り主のことを想起させる。一方、「商品」は作り手や売り手を無関係なものとして切り離す。あるいは、社会秩序の再生産をめざす長期的な交換サイクルにかかわるか、利潤を追求する個人の短期的交換サイクルにかかわるかの違い、との指摘もある。

家族は長期的に維持されると考えられているので、親が料理のたびに子どもにお金を払わせたりしない。親は子の世話をし、いずれは子が親孝行するといったように、関係の B が期待されている。その子が結婚して親になると、また自分の子どもに……と続く。人格化された社会の長期的秩序の再生産とは、そういうことだ。そこでは贈与の関係がふさわしい。一方、商品ならば、できるだけ安く買いたいし、できるだけ高く売りたい。それがどんな相手かは関係ない。有利な取引ができなければ、次も同じ人と売買するとは限らない。それが人間関係とは切り離された非人格的な短期的取引の意味だ。

ただし売買であっても、お得意様がいたり、行きつけの店ができたりすることもある。同じ商品でも、値段ではなく、お気に入りの店や知人だからという理由で買う人もいる。商売のうえでも、リピーターやファンを増やすといった長期的な関係が大切なのは明らかだ。商品交換が短期的で非人格的な取引だけに終始するわけではない。

商品交換と贈与交換は分離された営みではなく、連続線上にある。そのやりとりの連鎖のなかで、モノは意味や価値を変化させる。

答えよ。

**個々人は、利己的な存在ではなく、［　　］の一員である。**

問十　次の中で本文の内容と合致しないものを一つ選び、記号で答えよ。

ア　国力を支えるものは、資源や経済という物質的な要素だけではなく、国民の間で共有される精神的な連帯である。

イ　新自由主義の教義では、市場メカニズムが絶対視され、それを制約する障壁をなくしていくことは正しいとされる。

ウ　構造改革路線は、冷戦が終結した一九九〇年代から強まったグローバル化の流れに対応して採用された政策である。

エ　新自由主義者は、個人や企業が自己利益を合理的に追求し競争していけば、国家と国民は経済的に繁栄できると考える。

オ　市場原理主義を信奉する者が考える世界経済の繁栄とは、利己主義的な個人や企業が利益を上げることを意味している。

二　次の文章を読んで、後の問いに答えよ。

「人とのコミュニケーションは大切だ」とか、「社会ではコミュニケーション能力が問われる」とか、よく耳にする。その言い方からは、自分の考えをことばにして相手に伝えることや場の空気を読むことだけが「コミュニケーション」だと思うかもしれない。でも、それだけではない。人とモノをやりとりすることも、重要なコミュニケーションの一部だ。

私たちは、つねにいろんなモノを人とやりとりしている。家庭の食卓で親のつくった料理を食べることも、子が親からお小遣いをもらうことも、働いて給料を手にすることも、そのお金を払って店でモノを買ったり、それを人にプレゼントすることも、すべて私たちが日常的にくり返しているモノのやりとりとしてのコミュニケーションだ。

でも、そのいろんなモノのやりとりのなかで、1ふつうは「モノを買うこと」と、「人にプレゼントを渡す」ことは、まったく違う行為だと考えられている。親からお小遣いをもらって、店でモノを買うとき、お金が人から人へと同じように動いているのに、二つのお金のやりとりは、まったく違ってみえる。それは、なぜなのだろうか。

経済を研究してきた人類学は、こうした問いに向きあってきた。人からプレゼントをもらい、それへのお返しを渡すという贈与交換。経済とは無関係に思えるこの行為も、人と人とのモノを介したコミュニケーションとみなせば、店でお金を払って商品を買う行為と比較可能になる。この広い視野こそが、文化人類学ならではの思考法だ。

「贈与」を人類学の重要な研究テーマにしたのが、マルセル・モースだ。モースは、『贈与論』（原著初版一九二五年）のなかで、なぜ多くの未開社会にとって贈与がきわめて重要な意味をもつのか、その贈与がいかに法や経済、宗教や美など社会生活の全体と深く関係しているのかを考えた。贈与には、社会のあらゆることが混ざりあっている。モースは、そのことを「全体的社会的事実」と表現した。

モースが注目してとりあげた事例のひとつが、マリノフスキーがニューギニアの調査から報告した「クラ」という贈与交換の制度だ。トロブリアンド諸島とその近くの島々の首長は、カヌーの遠征隊を組織し、海を越えて贈り物を送り届け、食事や祝祭による歓待を受ける。それはときに命がけの危険な航海になる。このクラで贈り物として渡される宝物（ヴァイグア）には、二種類しかない。赤色の貝の円盤状の首飾り（ソウラヴァ）と白い貝を磨き上げた腕輪（ムワリ）の二つ。

首飾りは島々のあいだを時計回りに、腕輪は反時計回りに動くように、厳格な作法に則って贈られていく。他の島のパートナーからもらった贈り物は、しばらく手元に置いたあと、決められた方向の別の島のパートナーへと贈られる。保有しつづけることは許されない。首飾りや腕輪は、所有物でも、何かのために使われる消費財でもない。ひたすら贈り物として［A］しつづける。宝物には名

う発想を根本的に否定するイデオロギーなのである。

現実の世界を見れば、確かに、企業やマネーは、国境を飛び越えて利益の最大化を求め、一番魅力的な投資環境をもつ国家へと向かうようになっている。しかし、グローバル資本やグローバル企業にとって魅力的な国が、その国の国民にとって望ましいものであるとは限らない。例えば、投資家にとっては、株主利益を最大化することが望ましいのであり、そのためには、企業が労働者を簡単に解雇して人件費をカットし、利益率をできるだけ高められるような国の方がよい。しかし、その国の国民にとっては、雇用が不安定な状態になるというのは、まったく望ましいものではない。

グローバル化の時代になると、企業は、成長する海外市場に販路を求めると同時に、より賃金の安い労働者を雇える国を生産拠点にすることができるようになる。企業は、グローバル化した世界で、低賃金労働者の獲得競争を展開するようになり、先進国の労働者の実質賃金は上がらなくなってしまった。こうなると、労働者の利益と経営者の利益とは、もはや一致しなくなる。

グローバル化に適応するための構造改革は、国民の利益より企業や投資家の利益を優先するという政策なのである。構造改革を支える新自由主義というイデオロギーが提示する世界は、利己主義的な個人や企業だけで構成されており、そこに「国民」という存在はない。構造改革が国民の利益を優先しないのも、哲学的に考えれば当然だと言えるであろう。

（中野剛志『国力とは何か』より・一部改）

**問一**　傍線部a～dのカタカナは漢字に直し、漢字はその読みをひらがなで答えよ。

**問二**　傍線部1で述べられている政策の具体的な例を本文中から五字以上十字以内で抜き出して答えよ。

**問三**　傍線部2「有無を言わさず」を次のように言い換えるとして、その空欄に入る漢字二字を答えよ。

**［　　］無用で**

**問四**　傍線部3「国民が分裂する」ということの具体的な例として本文中で挙げられているのはどのようなことか。次のように答えるとして、その空欄1・2に入る言葉を本文中からそれぞれ五字以内で抜き出して答えよ。

**国民が［1］と［2］に分裂する。**

**問五**　傍線部4「構造改革路線」の本質が端的に述べられている部分を本文中から二十六字で探し、その始めの五字を答えよ。

**問六**　傍線部5のように言えるのはなぜか。次の中から適切でないものを一つ選び、記号で答えよ。

ア　構造改革の政策は、日本国民の団結や一体感を失わせる結果をもたらすから。

イ　構造改革を進めることは、日本という国家の機能を弱めていくことを意味するから。

ウ　構造改革の担い手は、自己利益の追求だけに専心し、他のことには関心を持たないから。

エ　構造改革では、自国を特別視せず、国境を越えて自由に経済活動を行うことを目指すから。

オ　構造改革の経済観では、国内の災害はビジネス・チャンスを失わせるものにすぎないから。

**問七**　傍線部6のような「グローバル資本の論理」と対照的な意識を表す言葉を本文中から五字以上十字以内で抜き出して答えよ。

**問八**　傍線部7「新自由主義」はどのような弊害をもたらすとされているか。次の中から適切でないものを一つ選び、記号で答えよ。

ア　内需が縮小の一途をたどる。

イ　国民を守る規制が撤廃される。

ウ　労働者の雇用が不安定になる。

エ　企業が海外に生産拠点を移す。

オ　労働者の賃金が上がらなくなる。

**問九**　傍線部8のような世界観とは対照的な考え方を次のように述べるとして、その空欄に入る言葉を本文中から五字で抜き出して

大規模な自然災害や事故といった危機を克服するためには、国家及び国民の力が果たす役割は決定的である。このことは、冒頭の東日本大震災を例にとって考えれば、むしろ、当たり前のことであるようにみえる。

ところが、金融危機やデフレ不況など、経済一般における危機については、国家の機能を強め、国民の統合を高めようとする経済政策がとられてこなかった。むしろ、二十年に及ぶ平成大不況という危機において、我が国が進んだ路線は、国家機能を拡大するのではなく縮小しようとするものであり、国民統合の求心力ではなく遠心力を働かせようとするものであった。いわゆる4構造改革路線である。構造改革論の根底には、次のような経済観がある。

人口減少と少子高齢化によって、内需はもはや縮小の一途をたどる運命である。長きにわたる日本のa閉塞感は、衰退が運命づけられている国内市場にb拘泥し、内向きになっているからである。この閉塞感を打破するためには、日本人は、もっと海外市場へと積極的に打って出て活躍すべきだ。また、海外、とくにアジアから投資や人材を積極的に呼び込み、成長するアジアの活力を国内に取り込もう。国家の規制や社会の慣行などの障壁は、モノ、カネ、ヒトの国際移動の活発化を妨げるものであり、即刻撤廃すべきだ。

こうした世界観の下《もと》、経済界、知識人、マス・メディア、世論の大半が、国家による管理や規制の力を弱め、国民を国家に拘束されずに自由に動くようにする政策を支持してきた。それが経済危機を克服し、繁栄をもたらすものと信じたからである。このような世界観と政策理念は、根強く我が国を支配してきた。

しかし、構造改革を支持した人々は、5それが被災地復興の理念とは根本的に矛盾することに気づいているのであろうか。

例えば、日本人がみな、ビジネス・チャンスを求めて海外市場に出て行ってしまうようならば、東北地方の被災地の復興の担い手はいなくなる。国民が、成長するアジア市場よりも、国内の不幸に目を向けるからこそ、被災地の復興は可能になるのである。

実際、日本で働いていた多くの外国人が、地震や原子力発電所の事故をみて、あるいは母国政府の国外退避勧告を受けて、我先にと帰国していった。筆者は、それを非難しているわけではない。グローバルに移動する人材というものは、そういうものだと言いたいだけである。6被災した東北地方がどうなろうと関係ないというのが、グローバル資本の論理である。

要するに、我が国がグローバル化すればするほど、東北の被災地を復興することは困難になるということだ。

そもそも「グローバル化」とは、簡単に言えば、資本、企業、個人が利益を求めて、国境を越えて自由に移動するようになる現象のことである。この現象は、冷戦がcホウカイした一九九〇年代以降、加速したと考えられている。構造改革路線の経済政策は、このグローバル化に対応しようとしたものである。

そして、このグローバル化の推進を目指す構造改革には、それを支えるイデオロギーがある。それは、「新自由主義」あるいは「市場原理主義」と呼ばれている。7新自由主義の基本的な教義は、大ざっぱに言って、次のようなものである。

8世界は、自己利益を合理的に追求する個人(あるいは企業)から構成されている。利己的な個人が自己利益を追求して競争にdハゲむ結果、資源が最適に配分され、経済は効率化して繁栄する。これが市場メカニズムである。この市場メカニズムを機能させるため、国家は、個人の経済活動の自由を最大限許容することが望ましい。ヒト、モノ、カネが国境の制約なく自由に流れていけば、世界経済全体が繁栄する。

新自由主義者は、国家が経済に介入することで、自由市場よりも経済を豊かにすることができるという考えを真っ向から否定する。また、新自由主義者は、国境に束縛されて生活を営む個人すなわち「国民」の存在意義も認めない。国境に束縛されて活動するような個人では、市場メカニズムが働かず、世界経済は繁栄しないからだ。つまり、新自由主義は、国家が国民のために積極的に活動するとい

# 二〇二〇年度
# 早稲田大学高等学院

## 【国語】（五〇分）

〔注意〕字数指定のある問いに答える場合は、句読点などの記号も字数に含めるものとする。

一　次の文章を読んで、後の問いに答えよ。

東日本大震災の被災者の救済や被災地の復興にあたっては、国家が物資、人材、資金、技術などの資源を大規模かつ計画的に動員し続けなければならない。その際、国家は、東北地方という一部の地域を救済・復興するために、北海道から沖縄までに住む日本国民全員に一定の負担を強いなければならない。1しかも、ここで言う「日本国民」には、未だ生まれていない世代も含むのである。

例えば、国家は、課税によって国民の財産の一部を広く徴収して復興資金を捻出し、東北地方の被災者のためだけに集中的に投下する。あるいは、国債を発行することで、現在の被災者を救済するために将来の国民と負担を共有することもできる。また、国家予算において、被災地の復興の優先順位を最上位に置くのであれば、他の政策のための財源が削られ、その政策によって利益を得る人々に犠牲を強いることにもなるだろう。

国家が東北地方の被災地を復興するためには、被災していない地方の人々や東北地方の復興によって直接恩恵を受けることのない人々に対しても、負担や犠牲を強いなければならないのである。復興を効果的に進めようとすればするほど、国家が国民に課す負担はより重いものとなるであろう。

さて、もし日本が非民主的な独裁国家であったならば、強権を発動して2有無を言わさず国民の財産の一部をとり上げて被災地に投入することもできるだろう。しかし、我が国は言うまでもなく民主国家である。民主的な議会の手続きを踏み、国民の同意を取り付けなければ、そのようなことはできない。民主国家が被災地を復興するためには、それによって直接利益を受けない人々も負担に応じることが不可欠となるのである。

東北地方の被災地の復興に対して直接の利害関係をもたない人々が、復興の費用負担に同意する上で大きな役割を果たすのが、彼らが被災者に抱く強い同情の念である。被災地以外の地域に住む日本人は、被災した日本人を同じ運命共同体に属する同朋《どうほう》とみなし、同朋の不幸に強く共感している。この同国人に対する同朋意識、すなわちナショナリズムが、復興費用の負担への同意を可能とするのである。

このように国家（より正確には近代国家）は、とりわけ民主国家は、ナショナリズムに訴えることで国民の資源を動員するのである。被災者の救済と被災地の復興のためには、資源を動員する国家の力が不可欠であるが、その国家の力は、ナショナリズムに支えられているということである。

東北地方以外の地域に住む人々が、東北地方の被災者に対して抱く同朋意識が強固であるほど、つまりナショナリズムが強いほど、国家による復興のための資源の動員はいっそう容易になる。言い換えれば、日本国民全体が団結・連帯すればするほど、被災地の早期復興が実現するのである。国民（ネイション）が団結・連帯して行動することによって生み出される力こそ、「国力（ナショナル・パワー）」にほかならない。

なぜ、東日本大震災が乗り越えなければならない国難なのか。それは、単に東北地方の被災地が復興しなければ国民生活が経済的に不便になるからというだけではない。被災地を放置し、東北地方を見捨てるということは、東北地方以外の地域に住む日本人が、東北地方の人々を同朋とみなしていないということであり、国民という共同体が分解しているということだ。真の国難とは、国民の間で共有されるべき一体感や同朋意識が失われ、3国民が分裂することなのである。

# 2020年度／早稲田大学高等学院

## 英語解答

**A**

Ⅰ (1)…イ　(4)…エ　(6)…ウ　(7)…ア

Ⅱ (2)…イ　(3)…ア　(11)…ア

Ⅲ (5) excited　(8) sure
(22) based

Ⅳ (9)…イ　(14)…ウ

Ⅴ (10) for　(13) by

Ⅵ (12)…エ　(18)…ア　(19)…イ　(21)…ウ

Ⅶ (15) on　(16) pick　Ⅷ ア

Ⅸ be so awful as to put a child

Ⅹ ア，カ

Ⅺ (例) will surely become a great actress in the future／she is really good at acting

**B**

Ⅰ イ

Ⅱ (1) living　(3) aged　(7) lay

Ⅲ (2)…ア　(8)…エ　(10)…ウ

Ⅳ offered to help me put the model

Ⅴ (5) where the instructions were
(14) different

Ⅵ (6)…エ　(11)…ア　(13)…イ

Ⅶ ア

Ⅷ 1 (1)…ク　(2)…ウ　(3)…ア
(4)…イ　(5)…オ
2 ウ

Ⅸ 1 (1)…イ　(3)…ア　2 only
3…エ

(声の教育社　編集部)

**A**〔長文読解総合―物語〕

≪全訳≫❶乗客がボストンまでの長いフライトに向けてあれこれ忙しくし始めたとき，飛行機はロサンゼルスを離陸したばかりだった。映画を選んでいる者もいれば，本や雑誌を取り出した者もいた。ハリウッド女優はハンドバッグから映画の台本を取り出してそれを読み始めた。❷エコノミークラスの窓側の席に１人で座っていたスティーブン・ウィルクス教授は，飛行機が雲の上高く上がるのを待ってから，かばんから分厚い封筒を取り出し，前にある折りたたみトレーにそれを置いた。封筒には彼の最新の本のページが入っていて，彼は出版社にそれを送る前にもう一度確認したいと思っていた。とても幸運なことに，彼の隣の２席は空いていて，彼は数時間静かに自分の作品を読んで楽しみたいと思っていた。❸２ページ目を半分読んだところで，ウィルクス教授が文法の詳細について考えようと目を上げると，小さな女の子が彼の席のそばに立っているのに気づいた。彼は彼女に目をやり，７，８歳ぐらいだと思った。彼女は大きな青い目で彼をじっと見つめていた。❹「こんにちは」と彼女は言った。「私の名前はスージーよ。本を読むのにお忙しい？」❺教授は「うーん，そうでもないよ。実のところ私は本を書いているんだ」と答えた。❻その子どもの目はさらに大きくなった。「まあ，それはすばらしいに違いないわ。私ももっと大きくなったら，本を書くつもりなんだ。映画のために原稿を書いているの？」❼「これは違う種類の書き物だよ」と教授は言った。「これは歴史なんだ。実際に起きた重要なことさ」❽スージーは彼の隣の席に座った。「ちょっとここに座らせて。あなたが私に座ってほしくないのでなければね」❾「でも，お母さんが君がどこにいるのか心配しないかな？」と教授はやや弱々しく尋ねた。❿「ママ…？」　スージーは話し始めると，まるで教授に自分の話をすべきかどうかを決めているかのように彼を注意深く見た。それから彼女は彼をまっすぐ見て，「ママは死んだの。ママとパパは自動車事故で亡くなって，今はおじさんが私に対する責任を負わなければならない立場なの」と言った。⓫スティーブン・ウィルクスは興味と悲しみが混ざった気持ちでその子を見た。若い教授はまだ独身だったが，いつか結婚して子どもが欲しいと思っていた。子どもがいるとすれば，利口で，自信にあふれていて，礼儀正しいこの子のような感じがいいと思っていた。⓬「お兄ちゃんも死んでしまったの。お兄ちゃんが車を運転していて，お兄ちゃんとお父さんがお金のことで大げんかをしていたの。お兄ちゃんはスピードを出しすぎて，木にぶつかったわ。私は後部座席にいてちょっとけがをしただけだったから，運が良かったの。病院へは行ったけど，今は元気よ」**13**「ああ，なんてかわいそうに！」教授は辺りを見回した。「それで，君のおじさんはどこに座っているんだい？」**14**「おじさんは私と一緒に来てないの。忙しすぎるって言ってたから」**15**「君は１人で旅をしているのかい？　君みたいな小さな女の子が，１人で？」**16**スージーはうなずいて，「おじさんは私を飛行機に乗せて，それから酒屋へ行ったわ」**17**ウィルクス教授が返答する機会を持つ前に，客室乗務員が彼らの方へ近づいてきた。「お客様，彼女がお邪魔していませんか？　私が彼女を楽しませてあげる約束をしましたが，私たちはあまりにも忙しくしておりまして…」**18**「いえ，いえ，大丈夫ですよ。彼女はここで問題ないです」**19**客室乗務員はほほ笑んで，スージーの頭をなでて立ち去った。**20**それから，彼は「ボストンでは誰が迎えにくるんだい？」と尋ねた。**21**「おじさんのお兄〔弟〕さんが迎えに来て，美しい庭のある大きな家に私を連れていってくれるだろうって，おじさんは言ってたわ。でも，おじさんの言うことは信じてないの。誰も私を迎えにきてくれないと思うわ」**22**「もちろん誰かが君を迎えにくるさ！　もしそれが本当でなければ，おじさんはそう言わないだろう」**23**「17いいえ，そう言うわ。ルシファーおじさんは私の面倒をみたくないのよ。私のお金が欲しいだけよ。おじさんはお酒を飲むといつも『お前が死んでくれればなあ，そしたらお前の金が手に入るのに』と言うの」**24**「ルシファー？」とウィルクス教授は言った，「彼の名前は本当はルシファーじゃないよね？　それに『彼が君のお金を欲しがっている』とはどういう意味だい？」**25**「もちろん，彼の名前はルシファーよ。彼は家族の悪者なの。私の家族は私に大金を残してくれたけど，法律では私が18歳になるまでそれを所有できないの。おじさんは，私が死ねばいいと思ってるの。そうすれば，自分がそのお金を全部もらえるから」**26**ウィルクス教授はその小さな女の子を見て，彼女の話のどれくらいが空想で，どれくらいが真実なのだろうかと思った。彼は本当に判断できなかった。**27**しばらくして，スージーはやや悲しそうに「私のテディベアがあればなあ。スーツケースに入れたのに，ルシファーおじさんが取り出して私のベッドの上に置いてしまったの。代わりにおじさんはスーツケースにキャンディの缶を１つ入れたわ。ボストンにはキャンディがないっておじさんは言うから。でも，私はそれもうそだってわかっているし，その缶に入っているのはキャンディばかりじゃないってこともわかってるんだから。中には時計も入っているのよ」と言った。**28**「時計？」**29**「ええ，『カチカチ』と鳴っているのが聞こえたんだけど，おじさんにそのことを尋ねたら，私に黙るように言って，スーツケースに鍵をかけたの」**30**ウィルクス教授は突然不安を感じて，真剣な声でスージーに「教えてくれるかい，スージー。スーツケースは今どこにあるんだい？」と尋ねた。**31**「他の全ての重いかばんやスーツケースと一緒よ。ボストンに着いたら受け取るように言われているの」**32**教授は楽しそうにおしゃべりをしたり，読書をしたり，画面を見ている飛行機の乗客全員を見回して，パニックにならないように努めた。彼はこう思った。「どうしたら子どもに時限爆弾を持たせて飛行機に乗せるなんてことができるのか。落ち着かなければならないが，また私たち全員を救うために何かしなくてはならない。私たちが着陸できる場所のすぐ近くに空港があるに違いない…」**33**サービスエリアに客室乗務員がいるのを見て，彼はその子どもの手を取り，彼女の方に向かって歩き始めた。近づいていくにつれて，スージーは突然駆け出してすぐ先にあるファーストクラスの座席に向かってそこに座った。驚いた教授は再び彼女の手を取ろうとしたが，その小さな女の子は体を引っ込めて，彼女のそばの席に座っている女性に近寄った。それはハリウッド女優だった。**34**「あら，スージー，私が忙しいことがわからないの？　客室乗務員に面倒をみてもらっていると思っていたわ。あなたの世話をすると言ったあの女性はどこかしら？　私の新しい映画『ルシファーおじさん』についてあなたに話したでしょ。さあ，台本を覚えるのにしばらくの間ママを１人にしておいてくれないかしら？」

Ⅰ＜適語(句)選択＞(1)‘some ～, others …’で「～の人もいれば，…の人もいる」。　(4)「最新の」という意味を表す latest が適切。　(6)直後に「実際に起きた重要なこと」と説明されている。　(7)「もし～でなければ」という意味を表す unless が適切。文末の to の後には繰り返しとなる sit here が省略されている。直訳は「あなたが私にここに座ってほしくないということでなければ」。unless は if ～ not で書き換えることができる。

Ⅱ＜単語のアクセント＞(2)　e-cón-o-my　(3)　én-ve-lope　(11)　cón-fi-dent

Ⅲ＜文脈把握―適語補充＞(5)スージーが目を見開いた理由を考える。この後，スージーが教授の所に居座り，会話を続ける様子が描かれていることから，「その子どもの目がさらに大きくなったのは，話し相手を見つけてわくわくしたからだ」と推測できる。be excited about ～ で「～にわくわくする」。　(8)as if ～ は「まるで～のように」，whether to ～ は「～するべきかどうか」という意味。as if と deciding の間には she were〔was〕が省略されている。この後スージーは，母親が出演する新作映画に基づいた話をするが，下線部(8)は，そうする前に教授がその話を信じるかどうか見定めている様子を描いている。この様子は，「スージーは教授が彼女の言うことを信じるのかまだ確信が持てなかった」といえる。be sure that ～ で「～ということを確信する」。　(22)母親がスージーに新作映画『ルシファーおじさん』の話をしていたという事実により，「スージーの話のアイデアは，彼女の母親の新しい映画に基づくものだろう」という推測が成り立つ。be based on ～ で「～に基づいている」。

Ⅳ＜内容一致＞(9)「私たちは初めて下線部(9)を読むと，彼女が彼をまっすぐ見たときに何を考えていたのかは，あまりはっきりとはわからない。だが，一部始終を読んだ後は，彼女は彼に(　　)をしたかったことがはっきりわかる」―イ．「彼女の母親の台本に基づく話」　(14)「ウィルクス教授は客室乗務員が下線部(14)を言うのを聞いたとき，スージーは１人で旅行しているのだと思っていた。だが，一部始終を読んだ後は，彼は間違っており，スージーは彼女の(　　)と一緒で，その母親が客室乗務員に彼女を楽しませておくように頼んだことが容易に理解できる」―ウ．「母親」

Ⅴ＜適語補充＞(10)be responsible for ～「～に対して責任がある」　(13)by oneself「１人で」

Ⅵ＜英文解釈＞(12)poor thing は「かわいそうに」という‘同情’を表す表現。これと同様の意味を表すのはエ．「あなたは何て哀れな生活を送っているのだろう！」。　(18)相手に同意を求めたり，念を押したりするときに用いられる付加疑問文。Lucifer は「魔王」を意味する言葉。ひどいおじさんの話を聞いた教授は，ア．「彼はまさに名前どおりに，本当に悪魔なのか」という意味でこう言ったのである。　(19)not all ～ は「全て～とはかぎらない」という部分否定なので，イ．「その缶にはキャンディの他にも何かが入っている」が適切。　(21)break away は「駆け出す」という意味だが，この意味を知らなくても前後の内容から，ウ．「スージーは突然手を放した」のだと判断できる。　free「～を自由にする」

Ⅶ＜書き換え―適語補充＞(15)pat ～'s head は「～の頭をなでる」という意味。これは pat ～ on the head と書き換えられる。　(16)この meet は「～を出迎える」という意味。‘pick＋人＋up’で「〈人〉を迎えに行く」。

Ⅷ＜適文選択＞直前の教授の「もしそれが本当でなければ，おじさんはそう言わないだろう」という否定文に対する，スージーの返答。スージーは続けて「ルシファーおじさんは私の面倒をみたくないのよ。私のお金が欲しいだけよ」と言っているので，スージーはおじさんが「そう言う」と思っていると判断できる。日本語にすると「いいえ」となるが，英語では，前の否定文や否定疑問文，否定命令文に対して「はい」という肯定の返答をする場合はNoで，「いいえ」という否定の返答をする場合はYesで答える。Yes，Noが日本語とは逆になるので注意が必要。wouldの後にはsay soが省略されている。

Ⅸ＜**整序結合**＞語群のto，so，asより，‘so ～ as to …’「…するほど～である」の形を使ってso awful as toとまとめる。スージーの話を聞いた教授は，スージーのおじさんがスージーのスーツケースに時限爆弾を入れたものと思い込んでいることが読み取れるので，awfulなのは「人」であるおじさんと考えHow can anyone be so awful as to ～「人がどうしたら～するほど恐ろしくなれるのか」とまとめる。toの後はput a childとまとまる。put ～ on a planeで「～を飛行機に乗せる」という意味。

Ⅹ＜**内容真偽**＞ア.「離陸後，ウィルクス教授は彼の座席の隣に立っている小さな女の子に気づく」…○　第2段落～第3段落第1文に一致する。　イ.「教授に話しかける小さな女の子はあまりにも騒々しいので，他の乗客は苦情を言う」…×　そのような記述はない。　ウ.「教授はスージーの話に興味がなく，できるかぎり早く読書を続けたいと思っている」…×　第11段落第1文参照。教授はスージーの話に興味を持っている。　エ.「スージーは，自分のおじが彼女のスーツケースにチョコレートを1箱入れたと信じている」…×　そのような記述はない。　オ.「スージーは客室乗務員に，彼女の座席の上に自分の重いスーツケースを安全に置くように頼んでいる」…×　そのような記述はない。　カ.「スージーの座席は，飛行機のエコノミークラスではなく，ファーストクラスにある」…○　第33段落第2，3文に一致する。

Ⅺ＜**適文補充**＞≪**全訳**≫ウィルクス教授がその女優を見たとき，彼はなぜ自分がスージーの話を信じたかがわかった。彼女たちをそのままにしておく方がいいとは思ったが，彼はその子どもの演技に大変感心したので，彼は彼女の母親にこれだけは言った，『あなたの娘さんは(例)将来きっとすばらしい女優になりますよ。演技が上手ですから』」

＜**解説**＞スージーの演技力に大変感心した教授が，ハリウッド女優の母親に対して言う言葉を考える。Your daughterが主語になるので，「将来すばらしい女優になる」といった文が考えられる。その理由は「演技が上手」といった内容にすればよい。　(別解例) Your daughter will be a great actress like you in the future because her acting was good enough to make me believe her story.

**B**〔長文読解総合―エッセー〕

≪**全訳**≫❶私が8歳の少女だった頃，大好きなテレビ番組は『マーシャル博士の恐竜ランド(The Land of the Lost)』で，それは恐竜の世界に住んでいる家族に関するものだった。私はその番組の恐竜にぞっこんで，お気に入りはティラノサウルス・レックス，つまりT・レックスだった。クリスマスが近づいていたので，それが私の欲しいもので，自分専用の恐竜が欲しかったのだ。❷私は地元のおもちゃ屋で，12歳以上の子ども向けの恐竜の模型の箱を見かけた。ふたに描いてある絵は恐ろしかった。緑色のプラスチック製のTレックスには長い白い歯と巨大な鋭いかぎ爪があった。❸その恐竜の模型を見たすぐ後，私は父に「パパ，サンタさんにクリスマスにはあれを私にくれるように頼んで」と言った。❹「でも，あれは醜い恐竜だよ。人形は欲しくないのかい？」❺「いらない。私は本当にあの恐竜が欲しいの」と私は言った。❻「サンタさんが何を持ってくるのか様子を見なくちゃいけないね」と彼は言い足した。❼クリスマスの朝，私はプレゼントに駆け寄り，箱をいくつか開けた。Tレックスの模型をもらったとき以上にうれしかったことはなかった。私は模型の箱をじっと見つめ，それを組み立てるのが待ちきれなかった。スケート靴，テディベアを数体，バービー人形ももらったが，私にとっては緑色のプラスチック製の模型の恐竜より意味のあるものはなかった。❽父は自分へのプレゼントを開け終えるとすぐに，その模型を組み立てるのを手伝うと私に申し出た。「『12歳以上』って書いてある。手伝ってもらわなければ，模型が組み立てられないかもしれないよ」「わかったわ」と私は言った。なぜなら，誰か他の人も私の恐竜に興味があるのがうれしかったからだ。❾私たちはテーブルへ行き，父は箱を開け始めた。彼は部品を取り出し，その恐竜は50以上の部品からなることに気づいた。彼は「取扱説明書はどこだ？」と尋ねた。❿しばらくの間，父が小さな取扱説明書に一通り目を通している間，私はそわそわして待った。「中国語で書かれている。僕らは自力でこれを解決しなければならないようだね」⓫私の前に，巨大なかぎ爪が横たわっていた。私はそれを取り上げた。「これは手の一部だね」⓬「それを持ったまま，他のかぎ爪を全部取り出して僕にくれるかな」と父は言った。⓭「わかったわ！」　私は父に頼まれたことを喜んでした。⓮数時間がたち，私が部品を見つけ続けている間，父はとても一生懸命に脚を組み立てようとしていた。そのときには父は，思いどおりに組み立てられず汗ばんでいた。⓯「もっと速く組み立てられないの，パパ？」⓰「今やってるよ。これは楽しくないかい？」⓱「楽しいよ。でも時間がかかりすぎよ。私にやらせて！」⓲父はほほ笑んだ。「いいよ」　父は巨大な緑色の脚を私に手渡した。⓳私は急いでそのおもちゃをつくった。腕と脚を胴体にくっつけて，一方の穴に腕を，別の穴には脚を突っ込んだ。突然，父が笑い出した。⓴「どうしたの？」と私は尋ねた。㉑「そんなのがいいのかい？」と父は不思議に思った。㉒確かに，それは私がテレビで見た恐竜そのものではなかったが，私の恐竜であり，それでも一緒に遊ぶこともできた。「そうよ！」㉓父は私のおでこにキスをした。「メリークリスマス。楽しみなさい！」㉔私は何時間も自分の模型で遊んだ。しかし，私が持っていた全てのおもちゃと同様に，私はそれに興味がなくなると結局はしまい込んでしまった。㉕数年がたち，再びクリスマスの時期になると，私はかつて大好きだったおもちゃのＴレックスのことを考え始めた。クローゼットの奥にしまったと思い，探しに行った。㉖山積みされた衣類の下に，古びているがいまだにぞっとするような箱を見つけて，私は自分のＴレックスを引っ張り出した。だが，それは全くＴレックスのようには見えなかった。頭は片側にぶら下がっていた。小さな腕の１つは脚の関節から出ていて，脚は腕を入れる穴にはまっていた。奇妙なことに，歯が手から突き出ていた。明るい緑色の肌はあちこちがはがれていた。㉗そのときに，11私は自分が全くでたらめにその恐竜を組み立てていたことに気づいたのだ。父も私の間違いを修正しなかった。私はなぜ父が修正しなかったのか不思議に思った。それを箱に戻したときに，古びた中国語の取扱説明書が目に入った。その取扱説明書を取り出すと，そのとき英語の説明が箱の側面に直接書かれていることに気づいた。㉘「ねえ，パパ」と私は父を自分の部屋に呼んだ。㉙「何だい？」㉚「この模型の英語の説明が箱に書いてあることを知ってた？」㉛「あの夜遅くにそれに気づいたよ」と彼は認めた。㉜「じゃあ，なぜ模型を直さなかったの？」㉝「僕にとって，重要なことは僕らが一緒にそれを組み立てることだったんだ。お前は模型に満足していたようだったし…今まではね」㉞「ねえ，このままにしておいた方がいい？」㉟父はほほ笑んだ。「僕には完璧に見えるよ」㊱今では，あの見た目がとても変な恐竜のおかげで，クリスマスは私にとって新しい特別な意味を持つ。父と私はあのＴレックスを一緒に組み立てた。私は，クリスマスはプレゼントをもらうことが全てではないことを学んだ。それは家族として一緒にいて，思い出をつくることなのだ。父はＴレックスの新バージョンをつくってクリスマスを過ごすことで，私にこの教訓を教えてくれた。結局，一緒に，私たちはその目標を達成した。私たちは，恐ろしくて，少々変更が加えられた，テレビや本に出てくる恐竜よりもさらに醜い恐竜を１体つくった。この思い出のおかげで，その恐竜は私が今までに持っていた中で最もかけがえのない，最も美しいおもちゃになったのだ。

Ｉ＜**内容真偽**＞ア.「私は『マーシャル博士の恐竜ランド』というテレビ番組が好きだったので，クリスマスプレゼントに模型のＴレックスを頼んだ」…○　第１，３段落に一致する。　イ．「私はとてもたくさんクリスマスプレゼントをもらったので，Ｔレックスはあまり特別ではなかった」…×　第７段落第２，４文参照。第２文の Never was I more pleased than ～は，否定語の Never が文頭に置かれた倒置文。第４文の nothing meant more to me than ～は，「～より私にとって意味のあるものはなかった」という意味。　ウ．「父と私は模型のＴレックスを組み立てて楽しんだが，完成させるのは難しかった」…○　第９～22段落と一致する。　エ．「私のＴレックスは見栄えは良くないが，今では父が思っていたことがわかる」…○　第36段落と一致する。

Ⅱ＜語形変化＞⑴「恐竜の世界に住んでいる家族」という意味になると考えられるので，「～している」という意味を表す現在分詞 living にする(現在分詞の形容詞的用法)。　⑶'aged＋数詞(＋years)' で「～歳の」という意味を表す。　⑺この lie は「横たわる」という意味。その過去形の lay にする(lie－lay－lain)。lie には「うそをつく」という意味もあるが，その場合の活用は lie－lied－lied になる。なお，この文は '副詞句＋動詞＋主語' の形の倒置文になっている。

Ⅲ＜英文解釈＞⑵be into ～ で「に～熱中している」という意味なので，ア．「私はテレビの恐竜番組の大ファンだった」が適切。　⑻sweat は「汗をかく」，in frustration は「いらいらして」という意味。前後の内容から，筆者の父親が時間をかけて必死に模型を組み立てている様子が読み取れるので，エ．「彼は模型を正確に組み立てようと一生懸命に取り組んでいたが，それはストレスが多かった」が適切。　⑽下線部が“　”にくくられているので，これは筆者が実際に口にした言葉である。この前で筆者の父親が Do you like it that way？ときいているので，これはその質問に対する返答だと判断できる。よって，ウ．「私はそのままの私の恐竜が好きよ！」が適切。as it is「そのままの」

Ⅳ＜整序結合＞語群の offered，help，およびこの後の父親の You may not be able to put the model together without help. という発言から，父親が模型の組み立ての手伝いを申し出たというような文になると推測できる。offer to ～ で「～しようと申し出る」という意味を表せるので，he の後に offered to と続け，残りは 'help＋人＋動詞の原形'「〈人〉が～するのを手伝う」と put ～ together「～を組み立てる」を組み合わせて，help me put the model together とまとめる。また，'offer＋人＋物事'「〈人〉に〈物事〉を申し出る」の形で offered me help to put the model together としても同様の意味になるので，このようにまとめてもよい。

Ⅴ＜書き換え―適語補充＞⑸直接話法から間接話法へ書き換える問題。間接話法では，asked の後は '疑問詞＋主語＋動詞...' の間接疑問の語順になる。また，直接話法では現在形の are は，主節の動詞 asked に合わせて過去形にする(時制の一致)。　⒁「Ｔレックスの新バージョン」とは，筆者がでたらめに組み立てたＴレックスのこと。これは「他のものとは異なって見えるＴレックス」と言い換えられる。'look＋形容詞'「～に見える」の形。

Ⅵ＜適語(句)・適文選択＞⑹figure ～ out〔figure out ～〕で「～を解決する」。　⑾空所を含む文の That's when I realized ～ は，直訳すると「それが，私が～に気づいたときだった」。つまり「そのとき，私は～に気づいた」ということ。前段落で，筆者は数年前に自分が組み立てた模型がでたらめに組み立てられていることに気づいている。　⒀この後に続く内容から，筆者にとってクリスマスが特別な意味を持つのは，あの見た目がとても変な恐竜のおかげだとわかる。　ahead of ～「～の前に」　in place of ～「～の代わりに」　instead of ～「～の代わりに」

Ⅶ＜文脈把握＞筆者の父親は筆者が恐竜の模型を組み立てているのを見て笑っている。第26段落の内容から，その模型はでたらめな形になっていたことがわかるので，ア．「彼は私がつくっている模型が奇妙に見えると思った」が適切。

**Ⅷ＜要約文総合問題＞≪全訳≫**❶娘と私が組み立てたこの模型の恐竜は完璧にはほど遠い。その恐竜は大変醜いだけでなく，もっと重要なことには非現実的でもある。どういうわけか，私たちは腕，脚，かぎ爪，歯を1間違った場所につけた。2なぜ今のままの方がいいのか誰も理解しないと思う。もっとも，箱にあった英語の説明に従えば，それはちゃんとした恐竜3に簡単につくり直せるのだが。でもそうすると，何かとても貴重で特別なものが永遠に失われてしまうだろう。それは，あのクリスマスに娘と共有した時間の思い出だ。❷あの不完全な恐竜を見ると，私にわかるのは私たちがそれを一緒に4つくったということだ。この見た目が非常に奇妙な恐竜は，私にいつもあのときを思い出させるだろう。この醜いＴレックスは世界にただ１つしかないもので，常に私たちの宝物だ。悪戦苦闘してこの模型の恐竜を組み立てたという娘と共有するあの思い出は，永遠に私の心に残るだろう。私は決してあの思い出を変えたくないし，決してその恐竜も変えたくない。できれば娘も私と5同じように感じてほしい。

**1＜適語選択＞**⑴２人で組み立てた恐竜の手足などは the wrong places「間違った場所」に組み立てられていた。第26段落第４，５文参照。　⑵筆者の父親にとっては，娘と一緒に過ごしてつくった恐竜だからその形がいくら変でも perfect なのである。他の人にはその理由はわからないはずである。　⑶remade は remake「～をつくり直す」の過去分詞。be remade into ～ で「～につくり直される」。　⑷父親がこの不完全な恐竜を見て思うことは，「一緒にそれをつくること」。直前の us は動名詞 making の意味上の主語。　⑸後ろにある as に注目。　'the same ～ as …'「…と同じ～」

**2＜指示語＞**them は前に出てきた複数名詞を指す。前に出ている複数名詞でここに当てはめて意味が通るのは，前文の主語 those memories。

**Ⅸ＜要約文総合問題＞≪全訳≫**❶娘がクリスマスプレゼントにＴレックスを選んだとき，私は驚いたが大変うれしくもあった。なぜなら，娘はその模型を組み立てるのに私の手助けを必要とするだろうし，私はクリスマスの朝に娘と数時間1過ごすことを本当に楽しみにしていたからだ。普通の日は，私は娘を２時間しか目にしなかった。朝，朝食をとっているときのわずかな時間と，晩の夕食を食べている間と。その後で，娘の宿題をよく手伝ったが，それ3だけだった。❷その年の私たちのクリスマスプレゼントは4一緒に貴重な時間を過ごすことだった。

**1＜適語(句)選択＞**⑴look forward to ～ing で「～することを楽しみにする」。　⑶ふだんの日に娘と接する時間を述べた部分。「２時間だけ」といった後，具体的に述べ，改めて「それだけ」といっていると考えられる。That's it. には「それでおしまい」という意味がある。

**2＜書き換え―適語補充＞**'no more than＋数詞' で「たった～」という意味。

**3＜適語句選択＞**筆者の父親はクリスマスの朝に娘と数時間過ごすことを本当に楽しみにしていたのだから，父親にとってのその年のクリスマスプレゼントとは，「一緒に貴重な時間を過ごすこと」だったと考えられる。

## 2020年度／早稲田大学高等学院

# 数学解答

**1** (1) ① 5個 ② 36個

③ $a=126$, $b=72$, $c=18$, $d=18$

(2) ①, ②, ③

**2** (1) $\left(\frac{\sqrt{3}}{2},\ 0\right)$ (2) $\left(\frac{\sqrt{3}}{4},\ \frac{3}{4}\right)$

(3) $\left(-\frac{\sqrt{3}}{3},\ \frac{1}{6}\right)$ (4) $\frac{\sqrt{3}+2\sqrt{15}}{3}$

**3** (1) $36\pi$ (2) $6\pi$

(3) ① $\sqrt{51}$ ② $3\sqrt{17}$

**4** (1) 35通り (2) 91通り

(3) 0通り (4) 10個

（声の教育社　編集部）

**1** 〔独立小問集合題〕

(1)**＜数の計算＞**①かけ算の九九の表に現れる81個の数字のうち，ちょうど4回現れる数は，$1\times6=2\times3=3\times2=6\times1=6$，$1\times8=2\times4=4\times2=8\times1=8$，$2\times6=3\times4=4\times3=6\times2=12$，$2\times9=3\times6=6\times3=9\times2=18$，$3\times8=4\times6=6\times4=8\times3=24$ の5個ある。　②九九の81個の数の中で，最小の数は $1\times1=1$，最大の数は $9\times9=81$ である。1～81の数のうち，九九の表に現れる数は，1，2，3，4，5，6，7，8，9，10，12，14，15，16，18，20，21，24，25，27，28，30，32，35，36，40，42，45，48，49，54，56，63，64，72，81の36個ある。　③九九の81個の数を全てかけ合わせたものは，$x=(1\times1)\times(1\times2)\times(1\times3)\times\cdots\cdots\times(9\times7)\times(9\times8)\times(9\times9)=1^9\times(1\times2\times3\times4\times5\times6\times7\times8\times9)\times2^9\times(1\times2\times3\times4\times5\times6\times7\times8\times9)\times\cdots\cdots\times8^9\times(1\times2\times3\times4\times5\times6\times7\times8\times9)\times9^9\times(1\times2\times3\times4\times5\times6\times7\times8\times9)$ となる。$4=2^2$，$6=2\times3$，$8=2^3$，$9=3^2$ だから，$1\times2\times3\times4\times5\times6\times7\times8\times9=1\times2\times3\times2^2\times5\times2\times3\times7\times2^3\times3^2=2^7\times3^4\times5\times7$ となる。よって，$x=1^9\times(2^7\times3^4\times5\times7)\times2^9\times(2^7\times3^4\times5\times7)\times3^9\times(2^7\times3^4\times5\times7)\times(2^2)^9\times(2^7\times3^4\times5\times7)\times5^9\times(2^7\times3^4\times5\times7)\times(2\times3)^9\times(2^7\times3^4\times5\times7)\times7^9\times(2^7\times3^4\times5\times7)\times(2^3)^9\times(2^7\times3^4\times5\times7)\times(3^2)^9\times(2^7\times3^4\times5\times7)=2^{7\times9+9+18+9+27}\times3^{4\times9+9+9+18}\times5^{1\times9+9}\times7^{1\times9+9}=2^{126}\times3^{72}\times5^{18}\times7^{18}$ となるから，$a=126$，$b=72$，$c=18$，$d=18$ である。

(2)**＜二次方程式の応用＞**①…正。$ax^2+bx+c=0$ に，$x=\sqrt{3}$ を代入すると，$a\times(\sqrt{3})^2+b\times\sqrt{3}+c=0$，$3a+\sqrt{3}b+c=0$ より，$3a+c=-\sqrt{3}b$ となる。$a$，$b$，$c$ は整数だから，$3a+c$ も整数となるが，$b$ が0以外のとき，$\sqrt{3}b$ は無理数である。よって，この式が成り立つのは $b=0$ のときである。
②…正。解の公式より，$x=\frac{-b\pm\sqrt{b^2-4ac}}{2a}$ となるから，$x=\frac{-b+\sqrt{b^2-4ac}}{2a}=\frac{1+\sqrt{3}}{2}$ のとき，$x=\frac{-b-\sqrt{b^2-4ac}}{2a}=\frac{1-\sqrt{3}}{2}$ となり，$\frac{1-\sqrt{3}}{2}$ もこの方程式の解である。　③…正。$ax^2+bx+c=0$ に，$x=2-\sqrt{5}$ を代入すると，$a\times(2-\sqrt{5})^2+b\times(2-\sqrt{5})+c=0$ より，$9a+2b+c=\sqrt{5}(4a+b)$ となる。$9a+2b+c$，$4a+b$ はともに整数であり，$\sqrt{5}$ は無理数だから，この等式が成り立つのは $4a+b=0$ のときであり，$b=-4a$ より，$b$ は4の倍数だから，偶数である。　④…誤。$a=0$ のとき，方程式は $bx+c=0$ となる。このとき，$b^2-4ac>0$ は，$b^2>0$ となるから，$b$ が0以外のとき，この方程式は1次方程式となり，解は $x=-\frac{c}{b}$ の1つとなる。

**2** 〔関数―関数 $y=ax^2$ と直線〕

**≪基本方針の決定≫**(2)　△PAA′ は正三角形になる。　(4)　等積変形を利用する。

⑴＜座標＞右図で，点Pは関数$y=\frac{1}{2}x^2$のグラフ上の点で，$x$座標は$\sqrt{3}$だから，$y=\frac{1}{2}\times(\sqrt{3})^2=\frac{3}{2}$より，$\mathrm{P}\left(\sqrt{3},\ \frac{3}{2}\right)$となる。よって，公式【1】より，直線$l$の式は$y=\sqrt{3}x-\frac{3}{2}$となるから，直線$l$と$x$軸との交点は，$0=\sqrt{3}x-\frac{3}{2}$，$x=\frac{\sqrt{3}}{2}$より，$\left(\frac{\sqrt{3}}{2},\ 0\right)$である。

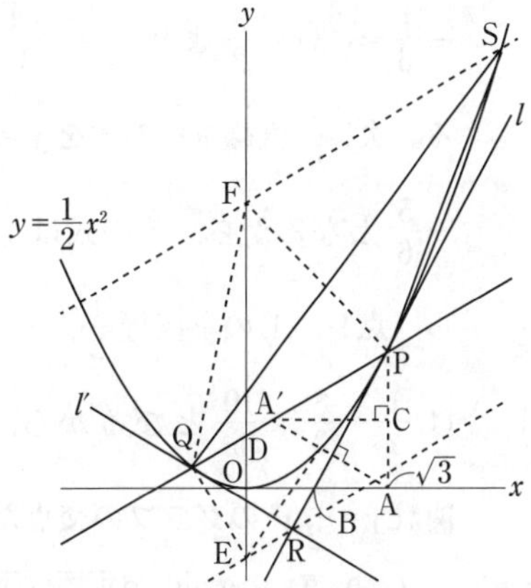


⑵＜座標＞右図のように，直線$l$と$x$軸との交点をBとすると，$\mathrm{AB}=\sqrt{3}-\frac{\sqrt{3}}{2}=\frac{\sqrt{3}}{2}$，$\mathrm{PA}=\frac{3}{2}$より，$\mathrm{AB}:\mathrm{PA}=\frac{\sqrt{3}}{2}:\frac{3}{2}=1:\sqrt{3}$となるから，△PBAは3辺の比が$1:2:\sqrt{3}$の直角三角形で，$\angle\mathrm{APB}=30°$となる。点A′は直線$l$に関して点Aと対称な点だから，$\mathrm{PA'}=\mathrm{PA}=\frac{3}{2}$，$\angle\mathrm{A'PB}=\angle\mathrm{APB}=30°$となる。これより，$\angle\mathrm{APA'}=30°+30°=60°$だから，△PAA′は1辺の長さが$\frac{3}{2}$の正三角形である。図のように，点A′から辺PAへ垂線A′Cを引くと，△A′PC，△A′ACは3辺の比が$1:2:\sqrt{3}$の直角三角形で，点Cは辺PAの中点より，$\mathrm{PC}=\mathrm{AC}=\frac{1}{2}\mathrm{PA}=\frac{1}{2}\times\frac{3}{2}=\frac{3}{4}$，$\mathrm{A'C}=\sqrt{3}\mathrm{PC}=\sqrt{3}\times\frac{3}{4}=\frac{3\sqrt{3}}{4}$となる。よって，PA⊥〔$x$軸〕より，A′C∥〔$x$軸〕だから，点A′の$x$座標は点Pの$x$座標$\sqrt{3}$より$\frac{3\sqrt{3}}{4}$小さく$\sqrt{3}-\frac{3\sqrt{3}}{4}=\frac{\sqrt{3}}{4}$となり，$y$座標は点Cの$y$座標と等しく$\frac{3}{4}$となる。したがって，$\mathrm{A'}\left(\frac{\sqrt{3}}{4},\ \frac{3}{4}\right)$である。

⑶＜交点の座標＞右上図の△A′PCで，$\mathrm{PC}:\mathrm{A'C}=1:\sqrt{3}$より，直線PA′の傾きは$\frac{1}{\sqrt{3}}=\frac{\sqrt{3}}{3}$だから，その式を$y=\frac{\sqrt{3}}{3}x+b$とおくと，$\mathrm{P}\left(\sqrt{3},\ \frac{3}{2}\right)$を通るので，$\frac{3}{2}=\frac{\sqrt{3}}{3}\times\sqrt{3}+b$より，$b=\frac{1}{2}$となる。よって，直線PA′の式は$y=\frac{\sqrt{3}}{3}x+\frac{1}{2}$となり，点Qは直線PA′と関数$y=\frac{1}{2}x^2$のグラフの交点なので，2式から$y$を消去して，$\frac{1}{2}x^2=\frac{\sqrt{3}}{3}x+\frac{1}{2}$より，$3x^2-2\sqrt{3}x-3=0$となるから，解の公式を利用して，$x=\frac{-(-2\sqrt{3})\pm\sqrt{(-2\sqrt{3})^2-4\times3\times(-3)}}{2\times3}=\frac{2\sqrt{3}\pm\sqrt{48}}{6}=\frac{\sqrt{3}\pm2\sqrt{3}}{3}$となる。したがって，$x=\frac{\sqrt{3}-2\sqrt{3}}{3}=-\frac{\sqrt{3}}{3}$，$x=\frac{\sqrt{3}+2\sqrt{3}}{3}=\sqrt{3}$となるから，$x<0$より，点Qの$x$座標は$-\frac{\sqrt{3}}{3}$であり，$y=\frac{1}{2}\times\left(-\frac{\sqrt{3}}{3}\right)^2=\frac{1}{6}$より，$\mathrm{Q}\left(-\frac{\sqrt{3}}{3},\ \frac{1}{6}\right)$である。

⑷＜$x$座標＞右上図で，点Rを通り，直線PQに平行な直線を引き，$y$軸との交点をEとすると，△PQR＝△PQEとなる。さらに，$y$軸上に点Fを，△PQFの面積が△PQEの面積の2倍になるように取ると，点Fを通り，直線PQに平行な直線と関数$y=\frac{1}{2}x^2$のグラフの交点が点Sとなる。まず，点Rの座標を求める。$\mathrm{Q}\left(-\frac{\sqrt{3}}{3},\ \frac{1}{6}\right)$だから，公式【1】より，直線$l'$の式は$y=-\frac{\sqrt{3}}{3}x-\frac{1}{6}$となる。点Rは，この直線$l'$と直線$y=\sqrt{3}x-\frac{3}{2}$の交点なので，2式から$y$を消去して，$-\frac{\sqrt{3}}{3}x$

$-\frac{1}{6}=\sqrt{3}x-\frac{3}{2}$ より，$x=\frac{\sqrt{3}}{3}$ となり，$y=\sqrt{3}\times\frac{\sqrt{3}}{3}-\frac{3}{2}=-\frac{1}{2}$ となるから，$\mathrm{R}\left(\frac{\sqrt{3}}{3},\ -\frac{1}{2}\right)$ である。次に，直線REの式を $y=\frac{\sqrt{3}}{3}x+e$ とおくと，$\mathrm{R}\left(\frac{\sqrt{3}}{3},\ -\frac{1}{2}\right)$ より，$-\frac{1}{2}=\frac{\sqrt{3}}{3}\times\frac{\sqrt{3}}{3}+e$，$e=-\frac{5}{6}$ となるから，その式は $y=\frac{\sqrt{3}}{3}x-\frac{5}{6}$ である。△PQF＝2△PQE のとき，FD＝2DE となるから，点D，Eの $y$ 座標 $\frac{1}{2}$，$-\frac{5}{6}$ より，$\mathrm{FD}=2\times\left\{\frac{1}{2}-\left(-\frac{5}{6}\right)\right\}=\frac{8}{3}$ となる。よって，点Fの $y$ 座標は $\frac{1}{2}+\frac{8}{3}=\frac{19}{6}$ となるから，直線SFの式は $y=\frac{\sqrt{3}}{3}x+\frac{19}{6}$ である。点Sは，この直線SFと関数 $y=\frac{1}{2}x^2$ のグラフの交点だから，$\frac{1}{2}x^2=\frac{\sqrt{3}}{3}x+\frac{19}{6}$，$3x^2-2\sqrt{3}x-19=0$ より，$x=\frac{-(-2\sqrt{3})\pm\sqrt{(-2\sqrt{3})^2-4\times3\times(-19)}}{2\times3}=\frac{2\sqrt{3}\pm\sqrt{240}}{6}=\frac{\sqrt{3}\pm2\sqrt{15}}{3}$ となる。$x>0$ だから，点Sの $x$ 座標は $x=\frac{\sqrt{3}+2\sqrt{15}}{3}$ である。

**3**〔空間図形―立方体，球〕

**≪基本方針の決定≫**(3)① 点Mと，球Oと面AEFBの接点を結ぶと，その線分は切断面Sに垂直になる。 ② 切断面Sに関して，点Mと対称な点を考える。

図1

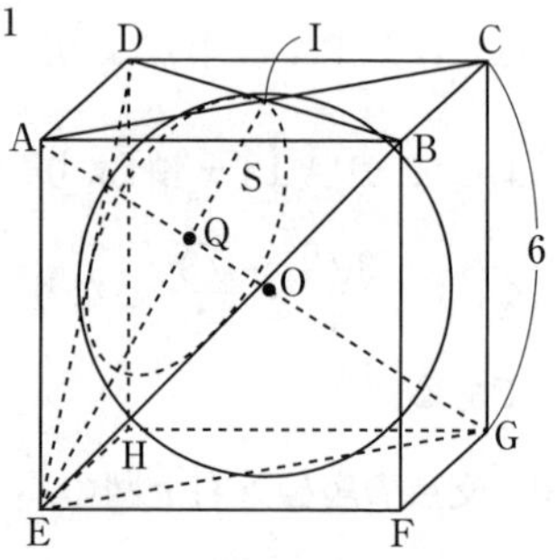


(1)＜**体積**＞右図1で，球Oの直径はAB＝6だから，半径は6÷2＝3である。よって，体積は $\frac{4}{3}\pi\times3^3=36\pi$ となる。

(2)＜**面積**＞右図1のように，切断面Sは円であり，その中心をQとすると，図形の対称性より，立方体の対角線AGは球Oの中心Oと円Qの中心Qを通る。また，正方形ABCDの対角線の交点をIとすると，円Qは対角線DBと点Iで接するから，線分QIは円Qの半径となる。AI∥EGより，△AIQ∽△GEQとなるから，QI：EQ＝AI：GE＝AI：AC＝1：2である。これより，$\mathrm{AI}=\frac{1}{2}\mathrm{AC}=\frac{1}{2}\times\sqrt{2}\mathrm{AB}=\frac{1}{2}\times\sqrt{2}\times6=3\sqrt{2}$ となり，AE＝6だから，△AIEで三平方の定理より，$\mathrm{IE}=\sqrt{\mathrm{AE}^2+\mathrm{AI}^2}=\sqrt{6^2+(3\sqrt{2})^2}=\sqrt{54}=3\sqrt{6}$ である。よって，円Qの半径は $\mathrm{QI}=\frac{1}{1+2}\mathrm{IE}=\frac{1}{3}\times3\sqrt{6}=\sqrt{6}$ となるから，切断面Sの面積は $\pi\times(\sqrt{6})^2=6\pi$ である。

図2

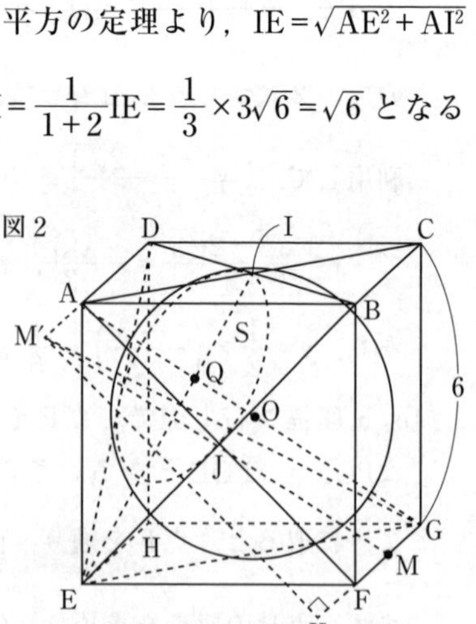


(3)＜**長さ**＞①右図2で，〔切断面S〕⊥〔面AIE〕である。(2)より△AIQ∽△GEQであり，AQ：GQ＝1：2だから，$\mathrm{AG}=\sqrt{\mathrm{AE}^2+\mathrm{EF}^2+\mathrm{FG}^2}=\sqrt{6^2+6^2+6^2}=\sqrt{108}=6\sqrt{3}$ より，$\mathrm{AQ}=\frac{1}{1+2}\mathrm{AG}=\frac{1}{3}\times6\sqrt{3}=2\sqrt{3}$ である。よって，△AIQにおいて，$\mathrm{AI}^2=(3\sqrt{2})^2=18$，$\mathrm{AQ}^2+\mathrm{QI}^2=(2\sqrt{3})^2+(\sqrt{6})^2=12+6=18$ より，$\mathrm{AI}^2=\mathrm{AQ}^2+\mathrm{QI}^2$ となるから，△AIQは∠AQI＝90°の直角三角形である。これより，AQ⊥〔切断面S〕となる。さらに，正方形AEFBの対角線の交点をJとすると，円Qは対角線

BEと点Jで接する。△AFGで，点J，Mはそれぞれ辺AF，FGの中点だから，中点連結定理より，JM∥AGであり，JM⊥〔切断面S〕となり，$JM=\frac{1}{2}AG=\frac{1}{2}\times6\sqrt{3}=3\sqrt{3}$ である。したがって，△MJPは常に∠MJP＝90°の直角三角形となるから，線分MPの長さが最大となるのは，点Pが点Jから最も遠い位置にあるときである。このようになるのは，線分PJが円Qの直径となるときで，$PJ=2QI=2\times\sqrt{6}=2\sqrt{6}$ だから，求める線分MPの長さの最大値は，$MP=\sqrt{JM^2+PJ^2}=\sqrt{(3\sqrt{3})^2+(2\sqrt{6})^2}=\sqrt{51}$ となる。　②図2で，切断面Sに関して点Mと対称な点M′を取ると，点M′は辺DAの延長線上にあり，△M′JA≡△MJFとなるから，M′A＝MF＝3である。MP＝M′Pより，MP＋GP＝M′P＋GPとなるから，MP＋GPが最小になるとき，M′P＋GPも最小となり，このとき，点Pは線分M′Gと切断面Sの交点となる。図のように，点M′から辺GFの延長線上へ垂線M′Kを引くと，四角形AM′KFは長方形となり，$M'K=AF=6\sqrt{2}$，KF＝M′A＝3となる。したがって，MP＋GPの最小値は，△M′GKで三平方の定理より，$M'G=\sqrt{M'K^2+KG^2}=\sqrt{(6\sqrt{2})^2+(3+6)^2}=\sqrt{153}=3\sqrt{17}$ である。

## 4 〔確率・統計―場合の数―行き方〕

⑴＜行き方＞地点Aから地点Bまで行くとき，移動距離が7であるのは，交差点から次の交差点まで行くのを1回としたとき，上に3回，右に4回行く場合である。3＋4＝7(回)の移動のうち，何回目に上に移動するかを考える。1回目に上に移動する場合，残りの6回のうち，上に2回移動する順番の選び方は，6×5÷2＝15(通り)ある。同様に，1回目に右，2回目に上に移動する場合，残りの5回のうち，上に2回移動する順番の選び方は，5×4÷2＝10(通り)，1回目に右，2回目に右，3回目に上に移動する場合，残りの4回のうち，上に2回移動する順番の選び方は，4×3÷2＝6(通り)，1回目から3回目まで右，4回目に上に移動する場合，残りの3回のうち，上に2回移動する順番の選び方は，3×2÷2＝3(通り)，1回目から4回目まで右，5回目に上に移動する場合，残りの2回とも上に移動するので，1通りとなる。以上より，求める行き方は，15＋10＋6＋3＋1＝35(通り)ある。

⑵＜行き方＞地点Aから地点Bまで行くとき，移動距離が9であるのは，(i)上に4回，下に1回，右に4回行く場合と，(ii)上に3回，右に5回，左に1回行く場合がある。同じ道を通らないことから，(i)の場合，下に行く前後では，必ず右へ行くから，右図1のように，右→下→右と行くときは矢印a～iの9通りあり，地点Aから地点Bまで行くときの行き方は，矢印aのときは，地点Aから地点Cまで行くのに1通り，地点Cから地点Bまで行くのに5×4÷2＝10(通り)あるから，1×10＝10(通り)となる。以下，同様にして，矢印bのときは2×4＝8(通り)，矢印cのときは3×1＝3(通り)，矢印dのときは1×6＝6(通り)，矢印eのときは3×3＝9(通り)，矢印fのときは6×1＝6(通り)，

図1

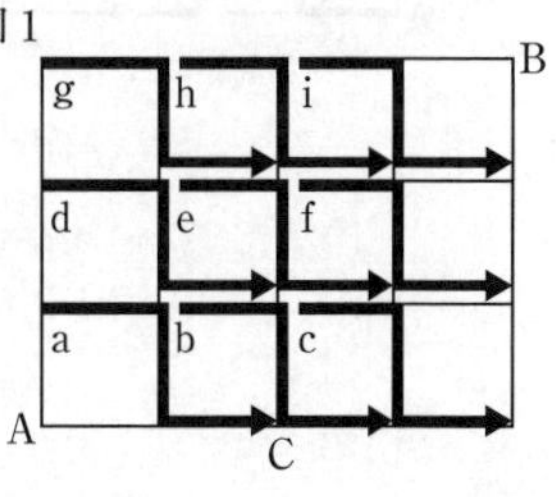


矢印gのときは1×3＝3(通り)，矢印hのときは4×2＝8(通り)，矢印iのときは10×1＝10(通り)ある。よって，10＋8＋3＋6＋9＋6＋3＋8＋10＝63(通り)となる。(ii)の場合，左に行く前後では，必ず上へ行くから，右図2のように，上→左→上と行くときは矢印j～qの8通りあり，それぞれの地点Aから地点Bまで行くときの行き方は，矢印jのときは1×5＝5(通り)，矢印kのときは1×4＝4

図2

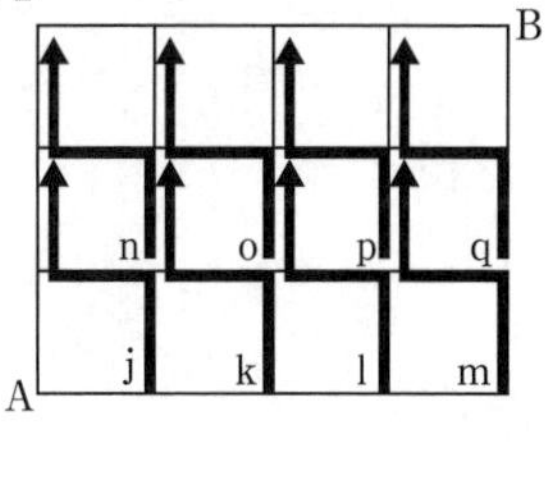

(通り)，矢印 l のときは 1×3＝3(通り)，矢印 m のときは 1×2＝2(通り)，矢印 n のときは 2×1＝2(通り)，矢印 o のときは 3×1＝3(通り)，矢印 p のときは 4×1＝4(通り)，矢印 q のときは 5×1＝5(通り)ある。よって，5＋4＋3＋2＋2＋3＋4＋5＝28(通り)となる。以上より，求める行き方は，63＋28＝91(通り)ある。

(3)<**行き方**>地点Ａから地点Ｂまでの移動距離は，最短で上に３回，右に４回行く場合で７である。移動距離を増やすときは，下や左に行くことになるが，下に行くときは必ず上に行く距離が，下に行く距離と同じだけ増え，左に行くときは必ず右に行く距離が，左に行く距離と同じだけ増える。つまり，移動距離を増やす場合は，最短で行くときの移動距離７から必ず２回ずつ増えることになる。よって，移動距離が12であるとき，７から５増えているので，地点Ａから地点Ｂまで行くことはできない。したがって，このときの行き方は０通りとなる。

(4)<**移動距離**>(1)，(2)，問題の図２より，７，９，11は移動距離として表せる。また，下図３のように，13，15，17，19，21，23，25は移動距離として表せるが，これ以上移動距離を長くすることはできない。以上より，移動距離として表せる数は10個ある。

図３

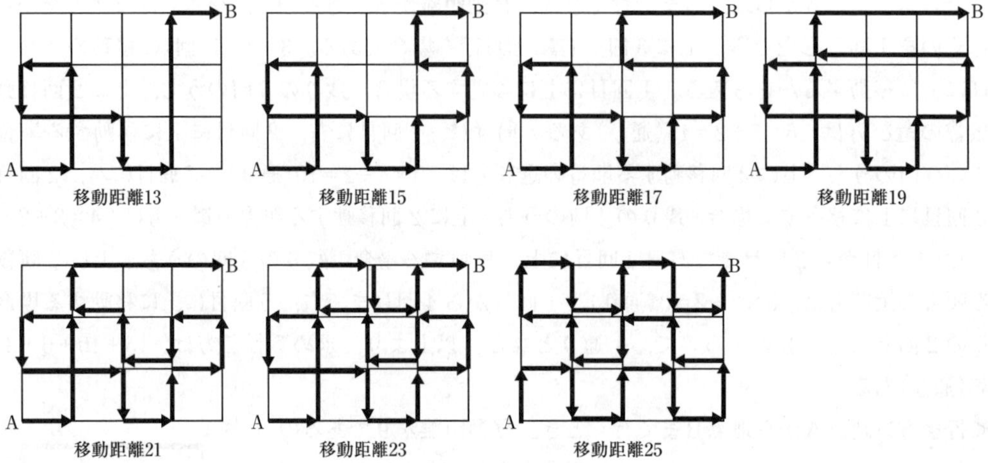

# 国語解答

一 問一 a へいそく b こうでい

c 崩壊 d 励

問二 国債を発行すること

問三 問答

問四 1 労働者 2 経営者

問五 国民の利益 問六 ウ

問七 ナショナリズム 問八 ア

問九 運命共同体 問十 エ

二 問一 a 蹴 b 分析 c 履歴

問二 贈り物と商

問三 A…カ B…ア 問四 ウ

問五 人間関係と 問六 人格化

問七 記憶が刻まれている 問八 イ

問九 ウ

三 問一 1…エ 3…ウ

問二 ① B［と］D ② 上東門院

問三 エ 問四 オ

問五 源氏物語 問六 ア

問七 オ

（声の教育社 編集部）

一〔論説文の読解―政治・経済学的分野―社会〕出典；中野剛志『国力とは何か』。

≪本文の概要≫東日本大震災からの復興にあたって，国家は，国民全員に一定の負担を強いなければならない。その際，国民の同意を得るのに大きな役割を果たすのが，国民一般が被災者に抱く同情の念である。被災地以外の日本人も，被災した日本人を同朋と見なすため，費用の負担に同意するのである。このように近代国家は，同朋意識を利用して，資源を動員する。国民が団結・連帯して行動することによって生み出される力こそが，「国力」である。ところが，経済一般における危機については，国家の機能を強め，国民の統合を高めようとする経済政策が取られてこなかった。むしろ，平成大不況という危機において，政府が選んだのは，被災地復興の理念とは根本的に矛盾する構造改革路線であった。これは，経済のグローバル化の推進を目指すものであり，それを支えるのは，「新自由主義」または「市場原理主義」と呼ばれるイデオロギーである。このイデオロギーが提示する世界は，利己主義的な個人や企業だけで構成されており，そこに国民という存在はないのである。

問一＜漢字＞a．とざされ，ふさがれること。 b．一つのことにとらわれること。こだわること。 c．くずれ，こわれること。 d．音読みは「励行」などの「レイ」。

問二＜文章内容＞国家が，「未だ生まれていない世代」も含む「日本国民全員に一定の負担」を強いることの一例として，「国債を発行すること」が挙げられている。いずれ返済しなければならないので，「国債を発行すること」は，「将来の国民と負担を共有すること」なのである。

問三＜語句＞「有無を言わさず」は，どうのこうのと言わさず，無理やりに，という意味。「問答無用」は，議論してもしかたがない，議論する必要もないこと。

問四＜文章内容＞「国民が分裂すること」の例として，「グローバル化した世界」では，「労働者の利益と経営者の利益とは，もはや一致しなくなる」ことが挙げられている。

問五＜文章内容＞「構造改革を支える新自由主義というイデオロギーが提示する世界は，利己主義的な個人や企業だけで構成されており，そこに『国民』という存在はない」のである。つまり，構造改革路線とは，「国民の利益より企業や投資家の利益を優先するという政策」なのである。

問六＜文章内容＞「構造改革路線」においては，「国家に拘束されずに自由に動くようにする政策」が支持され，「グローバルに移動する人材」が理想とされる。このような経済観のもとでは，東日本大震災のような災害は，一丸となって復興を目指すべき「同朋」の危機ではなく，単にビジネス・チャンスが失われたことを意味するにすぎない。個々の「構造改革の担い手」が，「自己利益の追求だけに専心」しているわけではないにせよ，構造改革を支えるイデオロギーは，世界を「自己利益を合理的に追求する個人(あるいは企業)から構成されている」と見なすのである。

**問七＜文章内容＞**「被災した東北地方がどうなろうと関係ない」という「グローバル資本の論理」と対照的なのは，被災した日本人を「同朋」と見なし，その不幸に強く共感する，「同国人に対する同朋意識，すなわちナショナリズム」である。

**問八＜文章内容＞**日本の内需が「縮小の一途」をたどっているのは，「人口減少と少子高齢化」によるのであり，「新自由主義」が原因ではない。

**問九＜文章内容＞**「世界は，自己利益を合理的に追求する個人(あるいは企業)から構成されている」という世界観と対照的なのは，個々人を，「利己的な存在」としてではなく，「一体感や同朋意識」を持った仲間，つまり「運命共同体」の一員ととらえる世界観である。

**問十＜要旨＞**「国力」とは，「国民(ネイション)が団結・連帯して行動することによって生み出される力」のことである(ア…○)。「グローバル化」は，「冷戦が崩壊した一九九○年代以降，加速したと考えられて」おり，「構造改革路線の経済政策は，このグローバル化に対応しようとしたもの」である(ウ…○)。新自由主義者，すなわち市場原理主義者は，「利己的な個人が自己利益を追求して競争に励む結果，資源が最適に配分され，経済は効率化して繁栄する」と考えるのであり，繁栄するのは，「国家と国民」ではなく(エ…×)，「自己利益を合理的に追求する個人(あるいは企業)」である(オ…○)。新自由主義の教義では，「市場メカニズム」は常に正しいとされ，この市場メカニズムを機能させるため，「国家による管理や規制の力」は弱めるべきだとされている(イ…○)。

**二**〔**論説文の読解―社会学的分野―コミュニケーション**〕出典；松村圭一郎「贈り物と負債」(松村圭一郎・中川理・石井美保編『文化人類学の思考法』所収)。

**問一＜漢字＞**a．音読みは「一蹴」などの「シュウ」。　b．物事をいくつかの要素に分け，その内容や性質などを細かい点まで明らかにすること。　c．現在までに経てきた，さまざまな経歴。

**問二＜文章内容＞**「ふつうは『モノを買うこと』と，『人にプレゼントを渡す』ことは，全く違う行為だと考えられている」が，筆者は，それとは対照的に，両者の間に明確な違いはなく，「贈り物と商品との境界は固定していない」ととらえている。

**問三＜文章内容＞**A．「首飾りは島々のあいだを時計回りに，腕輪は反時計回り」に「ひたすら贈り物」としてぐるぐるとめぐり続け，どちらも「保有しつづけることは許されない」のである。
B．「家族は長期的に維持されると考えられて」おり，「親は子の世話をし，いずれは子が親孝行する」というように，関係が続くことが期待されているのである。

**問四＜文章内容＞**ギムワリは，「実用的な物品を経済的に交換する」ものであり，「そこでは執拗な値切りあいがなされる」が，ギムワリは物々交換なので，「物は貨幣価値に置き換えられて取引される」わけではない。一方，クラでは，贈り物は，「厳格な作法に則って贈られて」いき，値切りや贈り物の強要といった「ギムワリのようなふるまい」は許されない。

**問五＜文章内容＞**「商品の交換」は，人と人との「関係を切り離す」ものであり，「利潤を追求する個人の短期的交換サイクルにかかわる」ものである。つまり，「商品の交換」とは，「人間関係とは切り離された非人格的な短期的取引」なのである。

**問六＜文章内容＞**「贈り物」が「贈り主のことを想起させる」のは，その「贈り物」が，贈り主の人格を表しているからである。

**問七＜文章内容＞**「親族の遺品」が，「故人を偲ばせる大切な形見になる」のは，その遺品に故人の「記憶が刻まれている」からであり，それを見ると，故人の思い出がよみがえってくるからである。

**問八＜文章内容＞**「親がつくった食事を子どもに食べさせる」のは，「贈与」という「モノのやりとり」である。この「やりとり」があるからこそ，家族は，「長期的な人格的関係として維持され」

るのである。

**問九＜要旨＞**「自分の考えをことばにして相手に伝えることや場の空気を読むことだけが『コミュニケーション』」ではなく，「人とモノをやりとりすることも，重要なコミュニケーションの一部」であり，我々は，「いろんなモノのやりとりをとおして，その意味や相手との関係を変化させることができる」のである(ア…○)。文化人類学の思考では，商品交換も贈与交換も，「人と人とのモノを介したコミュニケーション」と見なすことができ，「比較可能」なもので，「分離された営みではなく，連続線上にある」と，とらえられる(イ…○)。クラで贈られる宝物も，サッカーW杯の優勝トロフィーも，その意味を知らない人から見れば，その価値はわからないだろう(エ…○)。クラという「贈答品の交換」は，「人びとの価値観や社会的名誉，島々のあいだの秩序を支える土台」であるが，ギムワリは，「実用的な物品を経済的に交換する」ものにすぎない(ウ…×)。買い手は，商品を「できるだけ安く買いたい」し，売り手は，「できるだけ高く売りたい」ので，互いに「どんな相手かは関係ない」のであり，商品は，買い手と売り手の「関係を切り離す」が，「商店でも，特別におまけをつけたり，サービスで割引したり」して，「商品交換の場でも，贈り物を渡すかのようなふるまいをすることで，親密で長期的な関係づくりがめざされる」ことがある(オ…○)。

**三**〔**古文の読解―説話**〕出典；『古本説話集』第九。

**≪現代語訳≫**今となっては昔のこと，紫式部が，上東門院に歌道に優れた者としてお仕えしていたが，大斎院から春頃に，「退屈していますので，適当な物語でもございますか」とお尋ねがあったので，書物などをお取り出しなさって，(上東門院が)「どれを(大斎院に)差し上げましょうか」など，お選びになっていたところ，紫式部が，「皆読み慣れていますので，新しくつくってお差し上げください」と申したので，(上東門院が)「それでは(お前が)つくりなさい」とおっしゃったので，〈源氏物語〉をつくって差し上げたということだ。

**問一＜古語＞1**．紫式部は，優れた歌人として，上東門院にお仕えしていた。　**3**．大斎院は，上東門院に使いを送って，退屈なので，適当な物語でもございますか，と尋ねた。

**問二＜古文の内容理解＞**大斎院から，何か適当な物語はないか，と尋ねられ，「上東門院」は，どれを差し上げようかと考えた(…B)。そのとき，紫式部が，新しくつくって，差し上げましょうと提案したので，「上東門院」は，それなら，お前がつくりなさい，と命じた(…D)。

**問三＜古文の内容理解＞**「さりぬべし」は，それにふさわしい，という意味。「さりぬべき物語」とは，大斎院の退屈しのぎにふさわしい，おもしろい物語のことである。

**問四＜現代語訳＞**「いづれ」は，どれ，「参らす」は，差し上げる，という意味。どれを差し上げるべきだろうか，という意味。

**問五＜文学史＞**紫式部は，平安時代中期の女流作家・歌人。『源氏物語』以外にも，『紫式部日記』などの作品がある。なお，原文では，「源氏はつくりて参らせたりけるとぞ」となっている。

**問六＜古典文法＞**「とぞ」は，格助詞「と」に係助詞「ぞ」が接続した連語で，文末について，～ということである，という意味を表す。係助詞「ぞ」を受けて，係り結びの形になり，文末は連体形「言ふ」で結ぶ。

**問七＜古文の内容理解＞**大斎院から，退屈しのぎになるような物語はないか，と尋ねられたが，上東門院のもとには読み慣れた物語しかなかった。そこで，紫式部は，新しい物語をつくって，大斎院に差し上げてはどうかと提案したところ，上東門院が，それならお前がつくりなさい，と命じたので，紫式部は，『源氏物語』をつくったのである。

# *Memo*

# Memo

*Memo*

# 2019年度 早稲田大学高等学院

【英　語】（50分）

（注意）解答に同じ記号が不自然に続く場合は該当部分を無効とするので，注意すること。

**A** 次の英文を読んで，設問に答えなさい。

When I was a kid, if I had completed my week's worth of jobs, my dad had a reward for me. He (1)would wake me up at 6 a.m. on Sunday and say, "Good work this week! Get in the car!" We'd pack the cooler, turn the radio to KMOX and drive for more than two hours from central Illinois to the old *Busch Stadium in St. Louis. Then we would wait in line.

The baseball stadium's policy was to sell tickets for the (2)bleachers, the cheapest seats way up at the back of the stadium, two hours before first pitch. Each ticket cost only six (3)bucks. For an electrician from farm country Illinois trying to get his son into baseball, this was (4)【a / to / too / pass / deal / good】 up.

But it required effort: A two-hour drive, two hours in line and then (5)a sprint through the gates. Only the truest fans were willing to sit in the cheapest seats. Not surprisingly, we saw the same people in line every Sunday and cheered on the home team, the Cardinals, with them, from seemingly miles away up in the bleachers. We even shared (6)binoculars.

My father is retired now, and because he saved money wisely, he can buy closer seats. We still go to games together, but now we sit farther down, where you can order beers from your seat and see the outfielder *Jason Heyward's arm muscles move. Everything is set up for us; we don't even start walking toward the stadium until five minutes before first pitch. We sit in the same reserved seats every game. And you know what? Different people sit next to us every time. Sometimes they're not even Cardinals' fans.

A friend has a season ticket in the upper concourse, Section 434. He never misses a game, and (7)neither does his whole row. Sometimes I'll go up and see him. Some people think the cheapest seats are the worst ones but I like them up there. In my years as a fan, I've found the place more enjoyable to watch a game than down with all the rich people in business suits. The nosebleeds, the lowest priced seats up in the back, are where you find the real fans who are watching even (8)when their team is down.

This is the true meaning of being a fan. Look at the new stadium of the Mets, *Citi Field now. The Mets are in the postseason for the first time since they built their huge, new stadium in 2009. As it turns out (9)the years the building has been open have been among the worst in the team's history.

If you've looked at Citi Field during those six years, you've seen plenty of empty seats. But the real fans are always there: (10)You often see more empty seats closer to the action than you do farther away. When the team reaches the playoffs, though, Citi Field will be packed, and it will be impossible to find one empty seat. However, the real noise comes from those upper seats, from the fans who were there all the time. But (11)let's not kid ourselves: It'll mostly be packed with people who weren't there during their team's unsuccessful times.

Not up top, though. There is devotion to the game itself up there, rather than to the (12)"stadium experience". It is all very basic, just hard, plastic seats. No ordering beers from your seat up in

Section 434, no sir. There are no kiosks, no restrooms, no attractions to keep the kids (13)entertained. (14)This Spartan environment keeps you glued to your seat, and to the game, in a way you can never experience sitting up close. (15)You're not there for anything other than the game. By sitting farther away, you are in fact more connected to the game itself. And there is a feeling of being part of a group up there, a shared experience of being the real fans. Often you can't even see the video board, or your view is blocked by a big concrete pillar. You are watching the game in a (16)gigantic stadium, with thousands of other people. But up the bleachers, it feels like you are watching with your seatmates, just you and your friends, who were once strangers.

(17)You might not get a foul ball up there. But you'll get everything else.

（注） *Busch Stadium　米国メジャーリーグベースボール St. Louis Cardinals の本拠地

*Jason Heyward　プロ野球選手(右翼手) 2014年 St. Louis Cardinals でプレイ，2015年 Chicago Cubs に移籍

*Citi Field　New York市 Queens 地区にある野球場。New York Mets の本拠地

Ⅰ．次の英文の中で，本文の内容に一致しないものをア～エから１つ選び，その記号を書きなさい。

ア．When I was a boy, my father would often take me to Busch Stadium. The purchase of the cheapest tickets made it necessary for us to get up early on Sundays, drive for hours, and wait for a long time until we could get in.

イ．Even now my father and I go to Busch Stadium together. We still buy the cheapest tickets as we know very well that the true fans are always there in the bleachers.

ウ．The Mets are in the postseason for the first time since they built their new stadium. It will be packed with many people but the real support will come from the fans in the upper seats.

エ．It is ironic that the farther away you sit from the field, the more connected you are to the game. This is because, up in the bleachers, you feel a closeness with your seatmates supporting your team.

Ⅱ．下線部(1)とほぼ同じ意味で用いられているものをア～エから１つ選び，その記号を書きなさい。

ア．He would often stay up late at night as a student.

イ．She tried to open the door, but the key wouldn't turn.

ウ．He told me that he would be free at night.

エ．A careful reader would notice the mistake.

Ⅲ．下線部(2)とほぼ同じ意味を表す別の単語が本文中で用いられている。その英語１語を文中より抜き出して書きなさい。

Ⅳ．下線部(3)とほぼ同じ意味を表す英語１語を書きなさい。語頭の文字が "d" で，複数形で書くこと。

Ⅴ．下線部(4)の【　】内の語を文意が通るように並べかえて書きなさい。

Ⅵ．下線部(5)，(10)，(11)，(14)の内容を最も適切に表しているものをア～エから１つ選び，その記号を書きなさい。

(5)　a sprint through the gates

ア．a line all the way to the gates

イ．a quick check of all the gates

ウ．a rush to the kiosks

エ．a dash into the stadium

(10)　You often see more empty seats closer to the action than you do farther away.

ア．More people often gather near the game while fewer people occupy the upper seats.

イ．It is not surprising that tickets for more expensive seats tend to be sold for the better view.

ウ．There are often more people in the upper seats than in the seats near the field.

エ．Many more people who buy expensive tickets do not stay in the stadium until the end.

(11) let's not kid ourselves

ア．we have to be honest

イ．we are all adults here

ウ．the stadium will not be packed with children

エ．the players should not be made fun of

(14) This Spartan environment

ア．An environment in which the fans are strictly controlled

イ．An environment in which the seats are uncomfortable and there are no facilities

ウ．An environment in which there are a variety of souvenir shops to look around

エ．An environment in which many fans find the game boring and ignore it

Ⅶ．下線部(6)を日本語に直しなさい。なお，次の説明をヒントに考えなさい。

binocularsの接頭語“bi”は「２」を意味する。例えば，bicycleは「(車輪が２つある)自転車」。

Ⅷ．下線部(7)，(15)がほぼ同じ意味になるように，空所に最も適切な語を書き入れなさい。

(7) neither does his whole row

＝his whole row never misses a game, (　　　)

(15) You're not there for anything other than the game.

＝You're there for nothing (　　　) the game.

Ⅸ．下線部(8)とほぼ同じ意味を表す英語５語を文中より抜き出して書きなさい。

Ⅹ．下線部(9)を１箇所だけ区切って読むとするとどこが最も適切か，ア～エから１つ選び，その記号を書きなさい。

(9) the years / the building / has been open / have been / among the worst in the team's history

ア　イ　ウ　エ

Ⅺ．下線部(12)で作者が述べている“stadium experience”の一例であると考えられるものをア～エから１つ選び，その記号を書きなさい。

ア．You sit together with the other fans you are familiar with and cheer on your team in the stadium.

イ．You sit glued to your seat in the stadium during the whole game to support your team.

ウ．You sit in the upper seat with no shelter to protect you and pray that your team might win.

エ．You sit closer to the field to enjoy comfortable seats and good service in the stadium.

Ⅻ．下線部(13)，(16)の語の最も強く読まれる部分を１つ選び，その記号を書きなさい。

(13) en-ter-tain-ed

ア　イ　ウ　エ

(16) gi-gan-tic

ア　イ　ウ

XIII．次の英文は，下線部(17)の作者の主張を基にして，その内容をまとめたものである。空所（１）～（６）に入る最も適切なものをア～クから選び，その記号を書きなさい。なお，同じ記号を２度以上用いてはならない。

“I got it!　This must be a present from Jason.　I never thought he would hit a foul ball to my section."

I could see a little boy down there beaming with happiness. Sitting here in the bleachers, however, you won't have any ( 1 ) of that kind, nor do you have any shops or toilets around. When the sun is too strong or the rain is too heavy, this place is far ( 2 ) ideal as it offers no shelter. But, every time I have a chance to come to the stadium, I would ( 3 ) take an upper seat in the bleachers, where I always see the same fans, and even get a feeling of belonging. They are as ( 4 ) as I am about supporting our team. I can share both joy and disappointment with them during the whole game. Through the years, I have seen boys grow up, men grow old. It is as if we were holding a huge family ( 5 ) up there at every game. The bleachers, in fact, provide you ( 6 ) all sorts of important experiences of life, though you have no chance to catch a foul ball up there.

ア. exciting　イ. game　ウ. gathering　エ. luck
オ. rather　カ. with　キ. serious　ク. from

**B**　次の英文を読んで，設問に答えなさい。

I'm Becky Petersen and I live on a farm near Cedar Rapids, Iowa. My father is a farmer, and my grandfather was a farmer, too. He and my grandmother lived on a farm of one hundred acres in an old farmhouse which my grandfather's grandfather had built in 1890 from trees on their land. They grew corn, beans and winter wheat, and kept chickens, pigs and a few cows. ( 1 ) my grandfather worked in the fields, my grandmother kept busy in the vegetable garden and in the farmhouse ; cooking, cleaning and washing clothes. My grandmother spent hours every day washing and ironing. She didn't have (2)a (　　) (　　), so she would wash the clothes and sheets by hand in a huge sink and hang them out to dry in the yard behind the farmhouse. It was hard and heavy work. When the clothes were nearly dry, my grandmother brought them in to iron. She took special ( 3 ) with my grandfather's work clothes ; his well (4)(wear) jeans and thick, cotton shirts. She made sure my grandfather started every day with a clean pair of jeans and a freshly ironed shirt. My grandmother put starch powder in a glass Coke bottle with a metal cap that had as many holes in it as a ( 5 ). She would shake the starch over a shirt, then hang it over a chair for a few minutes and finally press it carefully with a hot iron.

Because I watched her do this all through my childhood, I believed all farmers were given freshly ironed shirts by their wives every morning. But as the years passed, I began to question if this was, in fact, usual. My mother never ironed my clothes, and I always thought that ironing was a total waste of time ; my clothes were usually so (6)dirty by 9 a.m. that (7)any sign of them having been ironed would have completely disappeared. So, (8)why on (　　) did my grandmother iron all her husband's work shirts ? One day I asked her, and (9)her answer was as sweet an answer as I had ever heard.

"Because your grandfather is the most handsome man in the world, my greatest friend and the love of my life. I want to make sure that he always looks his best, even when he's working on the farm."

Later that day, I looked closely at my grandfather. He didn't look all that handsome to me. He was a short, skinny man with small (10)shoulders (11)(compare) to his waist. (12)His hair was thin on top and his false teeth didn't line up very well when he smiled. He wore thick glasses that were much too big for his face because all (13)【being / was / about / able to / he / cared】 see. I couldn't understand why my grandmother thought he was so good looking. However, when I said this to my grandmother, she answered, "You're just not looking properly. Your grandfather wasn't always an old man. You only see his (14)bald head and bad teeth. But when I look at him, I see his beautiful smile and his blue eyes which shine when he's happy, which is most of the time. (15)Those eye wrinkles haven't always been there, and I remember when he had real teeth, too. When I look at him I see the kindest, nicest man in the world, and my (16)(iron) his work shirts is just my way of showing (17)how much he means to me."

Ⅰ. 英文の問いに対する答えとなるように，空所に最も適切な語を文中より抜き出して書き入れなさい。

1. Who built her grandparents' house ?
　―Her (　　　) (　　) did.
2. What did her grandmother wash the clothes and sheets in ?
　―She washed them in a (　　　) (　　).
3. What did her grandmother use to help her iron the shirts ?
　―She used (　　　) powder.
4. Why did the writer begin to ask about ironing clothes ?
　―Because her own (　　　) never ironed her clothes.

Ⅱ. 空所（１），（３），（５）に入る最も適切な語をア～エから１つ選び，その記号を書きなさい。

（１）　ア. But　　イ. Because　　ウ. While　　エ. If
（３）　ア. care　　イ. focus　　ウ. interest　　エ. need
（５）　ア. kettle　　イ. bucket　　ウ. bottle　　エ. saltshaker

Ⅲ. 下線部(2)，(8)が次の日本語の意味になるように，空所に最も適切な語を書き入れなさい。

(2)　洗濯機
(8)　いったいなぜ

Ⅳ. 下線部(4)，(11)，(16)の語を適切な形にしなさい。

Ⅴ. 下線部(6)，(10)，(14)の語の下線部と同じ音を下線部にもつものをア～エから１つ選び，その記号を書きなさい。

(6)　dirty　　ア. dark　　イ. church　　ウ. warm　　エ. repair
(10)　shoulders　　ア. found　　イ. double　　ウ. bought　　エ. though
(14)　bald　　ア. daughter　　イ. salad　　ウ. ground　　エ. post

Ⅵ. 下線部(7)，(9)，(15)とほぼ同じ意味になるように，空所に最も適切な語を書き入れなさい。

(7)　any sign of them having been ironed
　＝any sign that they (　　　) (　　　) ironed
(9)　her answer was as sweet an answer as I had ever heard
　＝her answer was the (　　　) I had ever heard
(15)　Those eye wrinkles haven't always been there, and I remember when he had real teeth, too.
　＝When he was young, he had (　　　) eye wrinkles nor false teeth.

Ⅶ. 下線部(12)，(17)とほぼ同じ意味を表すものをア～エから１つ選び，その記号を書きなさい。

(12)　His hair was thin on top
　ア. He had very fine hair
　イ. He was going bald
　ウ. He was very skinny
　エ. He was not tall
(17)　how much he means to me

ア．how meaningful his shirts are to me

イ．how much money he earns for me

ウ．how important he is to me

エ．how mean he is to me

Ⅷ．下線部⒀の【　】内の語句を文意が通るように並べかえて書きなさい。

Ⅸ．次の英文は，本文を読んだある親子が交わした会話である。下記の設問に答えなさい。

Daughter : The grandfather in this story reminds me ( 1 ) Dad. He's not so handsome, either, but you've both been happily married to each other.

Mother : Well, your father may not be good looking physically but on the inside he is wonderful. I fell in love not with his looks but with his character. And you know, [ 2 ]. Not a day passes without someone saying how kind and thoughtful he is. If you spend enough time with a person, after a while you don't think very much about what they look like, but you always pay attention ( 3 ) what they say and do. Your father has a beautiful character, and that will ( 4 ) beautiful forever. I love him for [ 5 ], not what he looks like.

Daughter : So why do you always set out Dad's clothes for the office and choose which tie he should wear every day ?

Mother : It's partly because your father has no fashion sense, and I do want him to look nice at work, and perhaps it's my version of the grandmother in the story who washes and irons her husband's work clothes so carefully. I want to show your father how much I care about him.

1．空所（1），（3）に適切な前置詞を書き入れなさい。

2．空所[2]，[5]に入る最も適切なものをア～エから1つ選び，その記号を書きなさい。

[2] ア．other people notice it, too

イ．nobody cares about it at all

ウ．hardly anybody finds it, though

エ．other people tend to see his looks

[5] ア．what he has　　イ．what he will do

ウ．what he is　　エ．what he used to be

3．空所（4）に発音記号[riméin]で表される語を書き入れなさい。

4．次の英文の中で，会話文の内容に一致しないものをア～エから1つ選び，その記号を書きなさい。

ア．The mother tells her daughter why she still loves her husband so much.

イ．The mother knows that her husband is not so handsome, but has beauty within.

ウ．The reason why the mother chooses her husband's clothes for the office is that she cares about him.

エ．The mother persuades her daughter to choose her future husband's clothes for the office.

**【数　学】** (50分)

(注意)　1．必要な式と計算は，解答用紙の計算欄に書くこと。

　　　　2．答の $\sqrt{\quad}$ の中はできるだけ簡単にし，分数は，それ以上約分できない形で答えること。

**1**　次の問いに答えよ。

(1)　$[a_0\,;a_1,\ a_2,\ a_3]=a_0+\cfrac{1}{a_1+\cfrac{1}{a_2+\cfrac{1}{a_3}}}$ と表すことにする。たとえば，

$$[2\,;1,\ 2,\ 3]=2+\cfrac{1}{1+\cfrac{1}{2+\cfrac{1}{3}}}=\frac{27}{10}$$

である。次の問いに答えよ。

①　$[1\,;1,\ 1,\ 2]$を分数で答えよ。

②　$[3\,;7,\ 15,\ 1]$を小数第3位を四捨五入し，小数第2位まで求めよ。

(2)　自然数$n$の各けたの数字の和を$S(n)$で表す。たとえば，

$S(45)=4+5=9$

である。さらに，自然数$n$に対して，

$T(n)=n+S(n)$

とする。

①　$T(n)=30$をみたす自然数$n$を求めよ。

②　2けたの自然数の中で$T(n)$の形で表せないものの個数を求めよ。

**2**　直線$l$上に，2点O，Aがある。点Pは点Oを出発して点Aの方向に向かって動き始め，方向を変えずに動き続けるものとする。点Pは点Aに達するまでに10秒かかった。点Oを出発してから点Aに達するまでの点Pの移動距離は，時間の2乗に比例する。点Aを過ぎると，点Pは一定の速度で動く。線分OAの長さを50としたとき，次の問いに答えよ。

(1)　点Pの進んだ距離を$S$，動き始めてからの時間を$t$とする。最初の10秒間における$S$を$t$の式で表せ。

(2)　点Pの進んだ距離を$S$，動き始めてからの時間を$t$とする。20秒後，線分OPの長さは150であった。$10<t$のとき，$S$を$t$の式で表せ。

(3)　点Qは点Oを出発して直線$l$上を点Pと同じ向きに動き続けるものとする。点Qは，点Oから点Aまでは秒速$a$，点Aから先は秒速4で動く。点Qは，点Pが点Oを出発してから，3秒後に点Oを出発し，その1秒後に点Pに追いつき，点Aを通過した後，しばらくして，点Rで点Pに追いつかれた。次の問いに答えよ。

①　$a$の値を求めよ。

②　線分ORの長さを求めよ。

**3**　右図のように，外側で接している半径1の球と半径4の球の2つの球があって，それらに接するように6つの平面が覆《おお》っている。

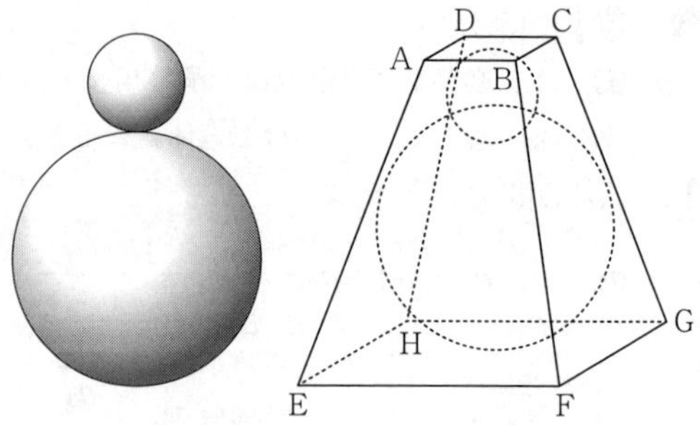


これらの6つの平面で作られる六面体を ABCD-EFGH とする。4つの側面，ABFE，BCGF，CDHG，DAEH は，すべて両方の球に接している。このとき，面 ABCD と EFGH はともに正方形となるように定め，面 ABCD は半径1の球とだけ接し，面 EFGH は半径4の球とだけ接している。さらに，4つの側面，ABFE，BCGF，CDHG，DAEH は，次の条件をみたすように定める。

・AE＝BF＝CG＝DH

・AB∥EF，BC∥FG，CD∥GH，DA∥HE

また，2つの球の中心を結ぶ直線が，面 ABCD，EFGH と交わる点をそれぞれP，Qとする。点Pは，正方形 ABCD の対角線の交点と一致し，点Qは，正方形 EFGH の対角線の交点と一致する。さらに，直線 PQ は，面 ABCD，EFGH の両方と垂直に交わる。

次の問いに答えよ。

(1)　線分 PQ の長さを求めよ。

(2)　正方形 EFGH の面積を求めよ。

(3)　六面体 ABCD-EFGH の体積を求めよ。

**4**　自然数$n$に対して，次の①，②をみたす自然数$m$の個数を$f(n)$とおく。

①　$1 \leqq m \leqq n$

②　$m$と$n$の最大公約数が1

次の問いに答えよ。

(1)　$f(35)$の値を求めよ。

(2)　素数$p$に対して，$f(p)$を$p$を用いて表せ。

(3)　異なる2つの素数$p$，$q$に対して，$f(pq)$を$p$と$q$を用いて表せ。

(4)　異なる2つの素数$p$，$q$に対して，$N=pq$とおく。$p+q$を$N$と$f(N)$を用いて表せ。

(5)　異なる2つの素数$p$，$q$が2次方程式$x^2-ax+b=0$の解であるとき，$a$，$b$を$p$と$q$を用いてそれぞれ表せ。

(6)　自然数$N=11663$に対して，$f(N)=11448$である。このことを用いて$N=pq$をみたす素数の組$(p,\ q)$をすべて求めよ。ただし，$p<q$とする。

が増加するのではないか、料金徴収等に係る事務的負担が増加するのではないかなど、多くの本部から、一部有料化を導入した場合の様々な懸念事項が挙げられた。

◇　生活困窮者等が救急要請を躊躇するのではないか

□　生活困窮者が料金の徴収を恐れ緊急時でも要請を行わないことが危惧される。

□　要請側の生活環境や経済状態により、要請を躊躇することが考えられ、傷病者の重症化が懸念される。

□　有料化により重症患者が要請を躊躇する事が懸念される。

□　一部有料化（軽症の場合）により、本来救急車が必要な市民が要請を躊躇することも考えられるため、結果として市民サービスの低下につながる可能性がある。

◇　有料・無料の区別・判断が難しい

□　軽症かどうかは、救急隊独自での判断が難しく、医師が判断するしかない。

□　傷病者本人及び家族が軽症と判断するのは難しく、また救急隊の判断では納得されない可能性もある。

□　軽症者の中にも緊急性の高い傷病者が含まれており、救急車の要請について判断が難しい場合もある。

◇　傷病者とのトラブルが増加するのではないか

□　有料化した故に、お金を支払えばどんなに軽症でも搬送してくれるという考えが発生してしまうのではないか。

□　有料にすることにより住民から処置への期待値があがり訴訟等へ発展することへの懸念がある。

□　有料化することで搬送に係る傷病者及び関係者とのトラブル発生（「早く搬送しろ」「希望の病院ではない」等）の可能性が高くなることが想定される。

◇　料金徴収等に係る事務的負担が増加するのではないか

□　どの段階で料金を徴収するのか。救急隊で行うことはトラブルの増加、次の出動への遅延が考えられる。

□　料金の徴収については、医療機関で判断し、請求してもらわなければトラブルの元になる。

□　第三者が救急要請し、傷病者本人、家族等が料金の支払いを拒否した場合、料金は誰が負担するのか、問題が生じる恐れがある。

（出典）【資料一】　宇田川勝司『日本で一日に起きていることを調べてみた』（ベレ出版　二〇一八年）

【資料二】　消防庁「平成二七年度　救急業務のあり方に関する検討会報告書」平成二八年三月

なお、作問の都合上、原文の一部を改変した。

**設問**

より良い行政の実現という観点から、「軽症の場合の救急車要請を有料化すること」の是非について、あなたの意見を示して、その理由を述べなさい。

賛成・反対のどちらかを必ず選ぶものとし、双方の主張に必ず言及する（片方の利点のみに触れることはしない）ものとする。賛成・反対の理由は、原則的にこれらの資料によること。

一九三一年に大阪で日本赤十字社が自動車を傷病者の搬送に使用したのが、日本における救急車の始まりとされている。現在のように救急車が全国の消防署に配備され、二十四時間態勢で救急出動が可能になったのは一九六三年の消防法改正以降のことで、現在は、全国に約六二〇〇台、人口約二万人に一台の割合で救急車が配備されている。二〇一六年の救急車の出動件数は約六二一万件、一日平均では約一万七〇〇〇件となる。搬送人員を見ると、一年間に全国民の二十三人に一人が搬送されたことになる。
　救急搬送の内訳を見ると、重症者は一割に満たず、初診医師が入院加療の必要なしと判断した軽症者が全搬送者の約半分を占めている。軽症者が安易に救急車を要請するケースが多いのが、全国どこの自治体でも悩みの種となっている。「歯が痛いから」「水虫がかゆいから」「シャワーの水が耳に入ったから」という理由も信じがたいが、「子どもが膝をすりむいたが、救急車で行けば優先的に治療してもらえるから」とか「病院へ行くのにタクシーを呼ぶとお金がかかるが、救急車ならタダだから」とかいう身勝手な理由で救急車を呼ぶ人もいる。

救急搬送の症状別割合(2016)
(資料　消防白書)

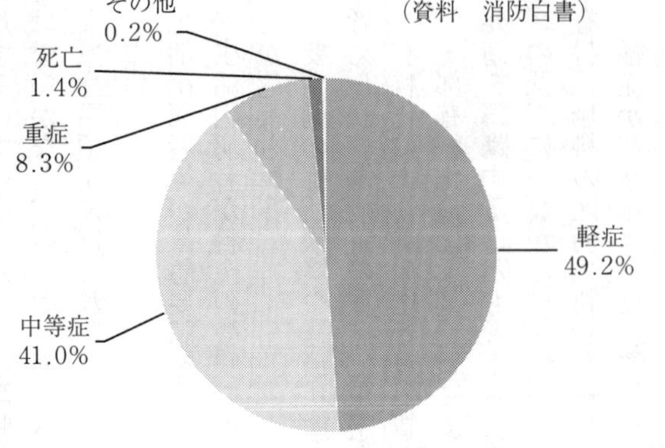


| | |
|---|---|
| 軽症 | 傷病程度が入院加療を必要としないもの |
| 中等症 | 傷病程度が重症または軽症以外のもの |
| 重症 | 傷病程度が三週間以上の入院加療を必要とするもの |
| 死亡 | 初診時において死亡が確認されたもの |

　このような状況が続けば、本当に救急搬送が必要な人への対応が遅れることにもなりかねない。また、救急車は一回出動すると、人件費・整備費・ガソリン代等の経費が四万〜五万円かかるとされるが、当然、これらは税金で賄われており、地方財政が苦しい中でこのことは全国の自治体の大きな負担となっている。
　不要不急の出動を減らし、年間二兆円にものぼる消防関連の経費を削減するため、二〇一五年、財務省の諮問《しもん》機関が救急車の一部有料化を検討することを提言した。ちなみに、海外では救急車の要請は有料となる国が多い。また、無料が原則の国でも、シンガポールやスウェーデンでは、軽症の場合は有料であり、イギリスでも、要請があっても病院に運ぶかどうかは救急救命士が判断する。また、搬送費を医療費に含めて、任意保険の対象としている国もある。
　二〇一五年にYAHOO! JAPANが約十七万人を対象に実施したアンケート調査では、日本もすべて有料化がよいと回答した人が約二〇%、救急を要しない場合は料金を払わせるべきと回答した人が約六〇%、八割以上の人が有料化に賛成という結果が出た。しかし、有料にすると、本当に重症なのに本人や周りの人が救急要請をためらって病状を悪化させたり、お金を持った人が「金さえ払えば文句ないだろう」とタクシー代わりに使ったりする可能性がある。このようなケースは、実際に海外では見られるという。有料化には功罪が多く、今後の議論にはまだまだ紆余《うよ》曲折があるだろう。

【資料二】　救急業務の一部有料化に対する消防本部の主な意見
　救急業務の一部有料化について、自由記述方式で消防本部の意見を聴取した。その結果、生活困窮者等が救急要請を躊躇《ちゅうちょ》するのではないか、有料・無料の区別・判断が難しい、傷病者とのトラブル

イ　盗みに入った相手から盗品を返されたことに対する困惑。
ウ　親切にも落としたものを返してくれたことに対する感謝。
エ　盗んだものを落とした失態を指摘されたことに対する不快。
オ　盗人だと知られ、役人に捕まえられるかもしれないという心配。

**【小論文】**（九〇分）

（注意）題名（タイトル）は記入せず、解答用紙の一行目から本文を書き始めること。

次の**【資料一】**・**【資料二】**を読んで後の**設問**に答えなさい。なお、九〇一字以上一二〇〇字以内で述べること。また、改行によって生じる空欄は字数に数えるものとする。

**【資料一】**

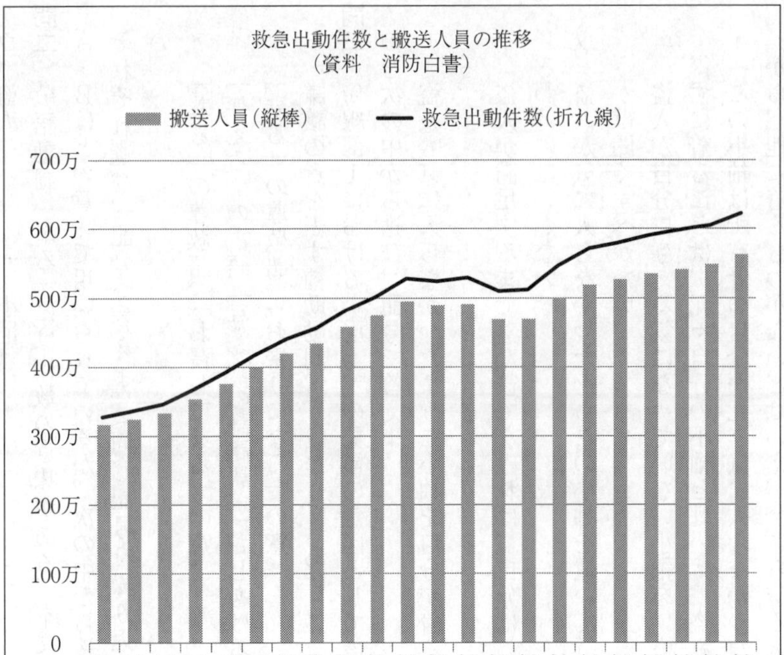

となる事実だけを取捨選択して編集作業を行ってよい。

ウ　ノンフィクションでは、旅の途中で予想外の出来事を呼び込むことは、作品を盛り上げるために不可欠なものである。

エ　ノンフィクションでは、旅の途中で出会った人から面白い話を聞けたという作者の満足感は、作品を通じて表現される。

オ　ノンフィクションでは、旅に専念したいという欲求は、面白い作品を創作したいという欲求と同程度に強いものである。

## 三

次の文章を読んで、後の問いに答えよ。

*横川《よかは》の*恵心僧都《ゑしんそうづ》の妹、安養の尼のもとに強盗入りにけり。ものどもみな取りてa出でにければ、尼上は*紙ぶすまといふものばかりを引き着てゐられたりけるに、姉なる尼のもとに、小尼君とてありけるが、走りまゐりてb見ければ、小袖をひとつc取り落としたりけるを取りて、「これを盗人取り落としてはべりけり。A奉れ。」とて持ちて来たりければ、尼上の言はれけるは、「これも取りて後はわが物とこそ思ひつらめ。1ぬしの心ゆかざらんものをばいかが着ける。盗人はいまだ遠くへは2よも行かじ。とくとく持ちておはしまして、取らさせたまへ。」とありければ、門のかたへ走り出でて、「やや。」とd呼び返して、「これを落とされにけり。確かにB奉らむ。」と言ひければ、盗人ども立ちどまりて、3しばし案じける気色にて、「あしく参りにけり。」とて、とりたりける物どもをも、さながら返し置きて帰りにけりとなむ。

（『古今著聞集』より）

語注

*横川　比叡《ひえい》山延暦寺のうち、北方の一帯を指す。

*恵心僧都　源信（九四二～一〇一七）。『往生要集』の著者として知られる。

*紙ぶすま　紙で藁《わら》を包んで作った布団。

**問一**　二重傍線部a～dの主語として適切なものをそれぞれ次の中から選び、記号で答えよ。（同じ記号を繰り返し使ってよい。）

ア　恵心僧都　　イ　安養の尼　　ウ　盗人　　エ　小尼君

**問二**　敬語動詞「奉る」には複数の意味がある。本文中の波線部A・Bはどの意味で用いられているか。次の中から適切なものをそれぞれ選び、記号で答えよ。（同じ記号を繰り返し使ってよい。）

ア　「着る」の尊敬語、「お召しになる」の意。

イ　「与える」の古語「与ふ」の謙譲語、「さしあげる」の意。

ウ　「乗る」の尊敬語、「お乗りになる」の意。

エ　謙譲の意を表す補助動詞、「～してさしあげる」の意。

**問三**　傍線部1における「尼上」の発言の意図として最も適切なものを次の中から選び、記号で答えよ。

ア　盗人も気に入らなかったような小袖を自分が着るのは癪《しゃく》に障る。

イ　盗人が満足するまで着た後でなければ、自分はこの小袖を着るわけにはいかない。

ウ　盗人が気に入らなかったからこの小袖を置いて行ったのかどうかは聞くすべがない。

エ　盗人が自分に与える気になっていない小袖を、盗人の許可を得ずに着ることは、元々自分の小袖とはいえ、盗みに値する。

オ　この小袖は所有者の自分が元々気に入らなかったものであるから、他に着るものがないとはいえ、今さら着る気になれない。

**問四**　傍線部2の現代語訳として最も適切なものを次の中から選び、記号で答えよ。

ア　決して行かないだろう。

イ　まさか行かないはずがない。

ウ　どうしても行くはずあるまい。

エ　どうして行かないわけがあるものか。

**問五**　傍線部3で表現された「盗人ども」の心情として最も適切なものを次の中から選び、記号で答えよ。

ア　不要なものを無理に押し付けられたことに対する迷惑。

を文章化して、表現形態に置き換えようとしていたのだ。
もちろん実況中継をしていたからといって、この探検の事実性が損なわれたわけではないし、行為がフィクション化してしまったわけでもない。だから実況中継をしながら探検して、それを文章でドキュメントしても、純然たるノンフィクション作品として成立する。だがこうした実況中継にみられる、常に行為をジリジリと表現形態に置き換えようとする表現者としての態度は、よほど気をつけてかからないと、行為を面白く見せるためのヤラセを引き起こす可能性がある。よりスリリングな物語を提示したいという表現者側の論理は、純粋に行為に専念したいという行為者側の立場を常に飲み込もうとしているのだ。

（角幡唯介『探検家の憂鬱《ゆううつ》』より）

語注
＊ツアンポー峡谷　チベットの奥地にある世界最大の峡谷地帯。

**問一**　傍線部a～cのカタカナを漢字に直し、漢字はその読みをひらがなで答えよ。

**問二**　傍線部1「行為をしている時にノンフィクション性を成立させること」とはどういうことか。その説明として最も適切なものを次の中から選び、記号で答えよ。
ア　旅を文章化する目的があっても、旅では自分の安全が優先されるということ。
イ　旅を文章化する意図に基づいて、旅をしながら頭の中で文章を考えるということ。
ウ　旅を文章化する予定があっても、旅を通じて旅人としての自然な言動を貫くこと。
エ　旅を文章化することを念頭に置いて、旅の途中で面白そうな出来事を収集すること。
オ　旅を文章化する目的があれば、旅での行動は自然と優れた作品を生み出すということ。

**問三**　傍線部2「旅が演技化した」と同じ内容をより具体的に表現している部分を、本文中から三十一字で探し、そのはじめの五字を答えよ。

**問四**　傍線部3について、「表現の究極性を求めるあまり、一か八かの解決策のほうを選ん」だことと同じ内容をより簡潔に表現している部分を本文中から十七字で探し、そのはじめの五字を答えよ。

**問五**　傍線部4「行為がフィクション化する傾向」とあるが、それがもたらす最悪の結果として想定されているものは何か。本文中から一語を抜き出して答えよ。

**問六**　空欄［A］に当てはまる語を次の中から選び、記号で答えよ。
ア　具体的　イ　空想的　ウ　例外的
エ　類型的　オ　象徴的

**問七**　傍線部5「『物書き』が紀行文においてさりげなさを装うことは欺瞞にすぎない」とあるが、なぜそのように言えるのか。その理由を次のように答えるとして、空欄に当てはまる五字の言葉を本文中から抜き出して答えよ。
**紀行文の中での「私」がまるで旅自体を目的とする［　］であるかのようにふるまうことによって読者をあざむいているから。**

**問八**　空欄［B］には「ある局面に向かって時が次第に過ぎていくさま」という意味になる三字の言葉が入る。その言葉を「［　］一［　］」という形で答えるとして、この二つの空欄に共通して入る漢字一字を答えよ。

**問九**　空欄［C］・［D］に入る一語を本文中からそれぞれ抜き出して答えよ。

**問十**　次の中で本文の内容と合致するものを一つ選び、記号で答えよ。
ア　ノンフィクションでは、旅の途中で予期しない形で起きた出来事は、作品のフィクション性を高める要素となる。
イ　ノンフィクションでは、旅の体験を作品化する場合に、必要な振る舞いからｂイツダツし飛躍してしまったと言えないだろうか。さらにそれが文章作品になった場合のことを考えてみよう。もし私が第三の安全な生き残り策に気がついておきながら、気づいたことには作品の中でまったく触れず、やむなく一か八かの解決策を選んで生き残ったように装って書いた場合、それをノンフィクションと呼ぶのは妥当なのだろうか。作品の中で事実しか書かれていないとしても、そこに書かれた事実は本当の意味での「事実性」を具有しているのだろうか。

もちろん作品化する過程で文章上の編集作業を行うことは避けては通れない。不必要な事実を切り落とすことでテーマを浮き彫りにさせるのは作者の力量でもある。だからそれをノンフィクションと呼ぶことも可能だろう。しかしこの局面は作品のクライマックスであり、本のテーマが凝縮された場面でもあった。そのような重要なシーンで、実は行為そのものが現場で編集されていたことを作品の中で示さないでおくことは、ノンフィクションの手法として許されることなのだろうか。私にはよく分からないのだ。

4行為がフィクション化する傾向は、このような［Ａ］な場面でなくても、行為のほとんどあらゆる局面で発生する。例えば旅の途中でライターが村人と何か言葉を交わす機会があったとする。相手の話す内容に深みや面白みを感じた時、ライターは旅人としてより、むしろ表現者としてその話を作品の中に取り込みたいと考えるだろう。だがそう考えた瞬間に、彼の会話はその意図の影響を少なからず受け、次に自分が口に出す言葉(＝行為)自体が書くこと(＝表現)を前提としたものになり、相手の話をもっと深く聞き出そうとか面白くまとめようとかいう態度に変わってしまう。そして村人との会話がより「書けそうな」面白いものとなった瞬間に、その旅人は心の中で、いい会話ができたことを喜ぶ。つまり表現者としていい仕事ができたことを喜ぶわけだ。

しかしこうした表現者としての満足感は、作品化することが前提にあって初めて生じる感情なので、純粋な旅人なら感じることはないものだ。実際にこの旅が本になって、この村人との会話が収録されたとしても、表現者として感じたこの満足感が文章化されることは決してない。なぜならば、作品の中の主人公は旅人としての「私」であり、表現者としての「私」は裏方に過ぎないからだ。作品の中での「私」は、あくまで表現者ではなく行為者として、さりげない旅人として自然に振る舞わなければならないのである。

作家の沢木耕太郎は山口瞳《ひとみ》のことを論じた文章の中で、旅におけるこうした行為と表現の関係について、次のように書いている。

ひとたび「物書き」になってしまった以上、さりげない旅などできはしないのだ。「物書き」は「物書き」としての旅以外のものはできない。有名無名、顔が知られているとかいないとかの問題ではない。(中略)「物書き」には、当り前の旅行者が持っている、旅そのものが目的というところからくる切実さが欠けているのだ。5「物書き」が紀行文においてさりげなさを装うことは欺瞞《ぎまん》にすぎない。(『夕陽が眼にしみる』)

このように表現を前提とした行為は、表現による影響を［Ｂ］と受けてしまい、あらゆる局面で細かな変形を迫られる。行為をノンフィクションとして提示する場合、この変形をどこまで認識し、許容するか拒否するかは作者に常につきまとう切実な問題だ。また行為が具体的に変形しない場合でも、［Ｃ］は［Ｄ］を侵食しようとする態度を決して崩そうとしない。ツアンポー峡谷のｃケワしい谷の中をうごめいている最中、私は常に自分の行動やまわりの環境を実況中継するかのように把握しようとしていた。自分の足元は濡《ぬ》れた石灰岩の傾斜のきつい岩壁で、その上には高い湿度のせいで腐りかけた細い木が生えており、今、自分はそれを折れないようにそっとつかんだ……といった具合である。私はこうした実況中継を決して意図的に行っていたわけではない。表現を前提に行為をしているものだから、常時、無意識のうちに行為

目的や価値観が発見できたからである。

ウ　理系的な知は、国家、産業、その時々の政権が「役に立つ」と見なすような可視的な成果を生み出せる。

エ　Appleは、常識にとらわれずに新しいコミュニケーションの形を考え、そこから新たな技術を開発した。

オ　文系的な知は、価値や目的を創造できるという手段的有用性を備えており、その意味で役に立つと言える。

## 二

次の文章を読んで、後の問いに答えよ。

私がこの時の探検で感じたことは、表現は常に純粋な行為を侵食しようとするという、行為と表現の間に横たわる関係性だったと思う。書くことでも映像をとることでも何でもいいのだが、結果として表現に置き換えることを前提に何かの行為をする場合、その行為の純粋性を保つことは想像以上に難しい。

とりわけ、事実を提示することを前提としたノンフィクションの作品づくりにおいて、行為と表現は常に現場で激しくせめぎあっている。ノンフィクションをフィクションではなくノンフィクションとして成立させる分岐点について、恐らく多くの人は、文章を書く時に飛躍を交えずに事実だけで物語を書けるかどうかという部分にあると考えるだろう。もちろんそこにも分岐点はあるが、実はその手前にもう一つあって、そっちの方が問題としては複雑だ。ノンフィクションを成立させる場合の本当の難しさは、実は文章を書く時にノンフィクション性を成立させることにあるのではなく、むしろ1行為をしている時にノンフィクション性を成立させることにあるのだ。

例えば、文章を書くことを前提に旅をする場合、その旅は文章化しようという意図の影響を受けるため、旅という行為そのものがフィクション、つまり作り物になってしまう可能性がある。ライターという表現者としての立場で考えると、行為の最中に発生する面白い場面や出来事はどれもこれも作品のためのネタになる。例えば旅の途中で知り合った人に騙《だま》されて金品を巻き上げられたとする。こうしたトラブルは旅人としての立場で考えると痛手以外の何物でもないが、ライターとしての立場で考えると作品を盛り上げるためのかけがえのない要素となる。もちろんそれはそれで問題ない。出来事はドラマを盛り上げるために欠かせない要素であり、出来事こそが物語を推進させる力になるからだ。

問題なのは、そうではなく、この時の旅人であるライターの態度の有り様なのだ。そのトラブルが、ライターが予期しないかたちで向こうから勝手に発生したのなら何も問題はない。しかし、もしライターがトラブル発生の前兆を敏感に嗅《か》ぎ取り、何か書けることが起きるかもしれないと期待し、結果的にそれを呼び込むかたちで行動をとった場合、その瞬間に旅は純粋な意味での旅ではなくなってしまう。旅先で知り合った人がいかにも怪しげで、下手をすると金品でも巻き上げてきそうな人相であるにもかかわらず、でもそうなったら本を書くいいネタになるかも……などというa思惑絡みで友達になり、実際に金品を巻き上げられた場合、私には、そのトラブルは2旅が演技化した結果起きたことになると言えるような気がするのだ。そして旅が演技化してしまえば、表現の前提となる行為そのものがフィクションになったことになるので、それをいくら事実として提示しても、出来上がった文章作品をノンフィクションと呼べるのか、よく分からないのである。

＊ツアンポー峡谷の探検の最後の局面について考えてみよう。結果的に私は生身の人間として生き残ることを最優先に考え、安全な第三の生き残り策をとった。そのため人間の自然な行為として旅を終えることになり、それをノンフィクション作品として書きあげることができた。

しかし、仮に私がその第三の生き残り策に気がついていながら、3表現の究極性を求めるあまり、一か八かの解決策のほうを選んで、そして生き残ったとしよう。その場合、その行為は演技とは言えないだろうか。よりスリリングな表現を求めた結果、行為が自然成長や新成長戦略といった自明化している目的と価値を疑い、そういった自明性から飛び出す視点がなければ、新しい創造性は出てきません。ここには文系的な知が絶対に必要ですから、理系的な知は役に立ち、文系的なそれは役に立たないけれども価値があるという議論は間違っていると、私は思います。主に理系的な知は短く役に立つことが多く、文系的な知はむしろ長く役に立つことが多いのです。

（吉見俊哉『「文系学部廃止」の衝撃』より）

**問一** 傍線部a〜cのカタカナを漢字に直せ。

**問二** 傍線部1のように言えるのはなぜか。次の中から適切でないものを一つ選び、記号で答えよ。

ア 人文科学系の知は、時代の変化を踏まえて新たな価値や目的を創り出すときに役に立つから。
イ 社会において支配的な価値軸は、社会が成長期から安定期に向かう中で必ず変化していくから。
ウ 社会の中に新しい価値観が生まれてきたとき、人文科学系の知はそれを適切に評価できるから。
エ 数十年単位で歴史を見れば、概念の枠組みそのものが転換されるという事態は必ず生じるから。
オ 世の中で当たり前だとされていることを、人文科学系の知は批判的に捉えることができるから。

**問三** 傍線部2「目的遂行型」の知の説明として適切でないものを一つ選び、記号で答えよ。

ア 短期的に目に見える成果を出すことに力を傾注する。
イ 対象の所与の概念に基づいてその機能を進化させる。
ウ 特定の課題を解決するために最も有効な手段を考案する。
エ 未来において最適となる価値軸を予想して技術を生み出す。
オ 世の中で了解されている共通の目的を前提にして解を導く。

**問四** 傍線部3「そのシステムを内側から変えていく」ために、われわれが持たなければならないものは何だと述べられているか。最も適切な部分を本文中から三十二字で探し、そのはじめの五字を答えよ。

**問五** 空欄 A に入る数字を漢数字で答えよ。

**問六** 空欄 B に入る二字の言葉を漢字で答えよ。

**問七** 傍線部4「既存の価値の軸を純化して」いくことと同じ内容を否定的に捉えると、どのように言い表せるか。次のように答えるとして、その空欄に入る言葉を、本文中の言葉を用いて、十三字で答えよ。

［　　　　　］**いくこと。**

**問八** 傍線部5のようなことはなぜ生じたのか。その説明として適切でないものを次の中から一つ選び、記号で答えよ。

ア 日本では価値創造的な実践が十分に行われていなかったから。
イ 日本では社会の価値軸を大きく転換する大胆さが欠けていたから。
ウ 日本では歴史の流れとは異なる可能性を予見する力が弱かったから。
エ 日本では長いスパンの中で対象を見極めることが不十分だったから。
オ 日本では価値軸を複数の視座から捉えることが行われなかったから。

**問九** 「理系的な知」をA、「文系的な知」をBとして、それぞれに関わりの深い性質を挙げるとき、適切でないものを下の中から一つ選び、それぞれ記号で答えよ。

A　ア 革新的　イ 技術的　ウ 機能的　エ 工学的
B　ア 創造的　イ 批判的　ウ 概念的　エ 多元的

**問十** 次の中で本文の内容と合致しないものを一つ選び、記号で答えよ。

ア Sonyは、与えられた価値軸の下で限定された目的を達成するという工学系の知において優れていた。
イ 友人や教師の一言で問題が一気に解決に向かうのは、新しいた。超高層ビルから[a]ワンガン開発まで、成長期の東京はそうした価値を追い求め続けました。ところが二〇〇〇年代以降、私たちは、もう少し違う価値観を持ち始めています。末長く使えるとか、リサイクルできるとか、ゆっくり、[b]ユカイに、時間をかけて役に立つことが見直されています。価値の軸が変わってきたのです。

よく言われるのは、Sony のウォークマンと Apple の iPad／iPhone の違いです。Sony はなぜ Apple になれなかったのかを考えたとき、Sony は[4]既存の価値の軸を純化していった。つまりウォークマンはステレオの聴くという機能に特化して、それをモバイル化した。その意味では非常に革新的だったのですが、ウォークマンはあくまでもステレオだったわけです。ところが iPad／iPhone は、パソコン、そして携帯電話という概念自体を変えてしまった。コミュニケーションがどういうものであって、そのなかでどのような技術が必要かという考え方をしているから、テクノロジーの概念そのものを変えてしまった。これが価値の軸が変化しているということです。五年や一〇年では変わらないかもしれませんが、より長いスパンで見れば、必ず価値の軸は転換をしていくわけです。

Sony に限らず、与えられた価値軸の枠内でウォークマンのような優れた製品を作るのは、日本の、特に工学系の強みでしょう。しかし iPad／iPhone の例が示すように、価値の転換をするというのは概念の枠組みそのものを変えてしまうことで、与えられたフレームのなかで優れたものを作るのとは別次元の話です。大きな歴史の流れのなかで価値の軸そのものを転換させてしまう力、またそれを大胆に予見する力が弱いのは日本社会の特徴であり、それが、日本が今も「後追い」を[c]ヨギなくされる主な原因だと私は思います。

すべてがそうというわけではありませんが、概して理系の学問は、与えられた目的に対して最も「役に立つ」ものを作る、目的遂行型の知であることが多いと思います。そして、そのような手段的有用性においては、文系よりも理系が優れていることが多いのも事実です。しかし、もう一つの価値創造的に「役に立つ」という点ではどうでしょうか。

目的遂行型の知は、短期的に答えを出すことを求められます。しかし、価値創造的に「役に立つ」ためには、長期的に変化する多元的な価値の尺度を視野に入れる力が必要なのです。ここにおいて文系の知は、短くても二〇年、三〇年、五〇年、場合によっては一〇〇年、一〇〇〇年という、総体的に長い時間的スパンのなかで対象を見極めようとしてきました。これこそが文系の知の最大の特徴だと言えますが、だからこそ、文系の学問には長い時間のなかで価値創造的に「役に立つ」ものを生み出す可能性があるのです。

また、多元的な価値の尺度があるなかで、その時その時で最適の価値軸に転換していくためには、それぞれの価値軸に対して距離を保ち、批判していくことが必要です。そうでなければ、一つの価値軸にのめり込み、それが新たなものに変わったときにまったく対応できないということになるでしょう。たとえば[5]過去の日本が経験したように、「鬼畜米英」となれば一斉に「鬼畜米英」に、「高度成長」と言えば皆が「高度成長」に向かって走っていくというようなことでは、絶対に新しい価値は生まれません。それどころか、そうやって皆が追求していた目標が時代に合わなくなった際、新たな価値を発見することもできず、どこに向かって舵《かじ》を切ったらいいか、再び皆でわからなくなってしまうのです。

価値の尺度が劇的に変化する現代、前提としていたはずの目的が、一瞬でひっくり返ってしまうことは珍しくありません。そうしたなかで、いかに新たな価値の軸をつくり出していくことができるか。あるいは新しい価値が生まれてきたとき、どう評価していくのか。それを考えるには、目的遂行的な知だけでは駄目です。価値の軸を多元的に捉える視座を持った知でないといけない。そしてこれが、主として文系の知なのだと思います。

なぜならば、新しい価値の軸を生んでいくためには、現存の価値の軸、つまり皆が自明だと思っているものを疑い、反省し、批判を行い、違う価値の軸の可能性を見つける必要があるからです。経済

# 二〇一九年度　早稲田大学高等学院

## 【国　語】（五〇分）

〔注意〕　字数指定のある問いに答える場合は、句読点などの記号も字数に含めるものとする。

**一**　次の文章を読んで、後の問いに答えよ。

大学の知が「役に立つ」のは、必ずしも国家や産業に対してだけとは限りません。神に対して役に立つこと、人に対して役に立つこと、そして地球社会の未来に対して役に立つこと――。大学の知が向けられるべき宛先にはいくつものレベルの違いがあり、その時々の政権や国家権力、近代的市民社会といった臨界を超えています。

そしてこの多層性は、時間的なスパンの違いも含んでいます。文系の知にとって、三年、五年ですぐに役に立つことは難しいかもしれません。しかし、1三〇年、五〇年の中長期的スパンでならば、工学系よりも人文社会系の知のほうが役に立つ可能性が大です。ですから、「人文社会系の知は役に立たないけれども大切」という議論ではなく、「人文社会系は長期的にとても役に立つから価値がある」という議論が必要なのです。

そのためには、「役に立つ」とはどういうことかを深く考えなければなりません。概していえば、「役に立つ」ことには二つの次元があります。一つ目は、目的がすでに設定されていて、その目的を実現するために最も優れた方法を見つけていく2目的遂行型です。これは、どちらかというと理系的な知で、文系は苦手です。たとえば、東京と大阪を行き来するために、どのような技術を組み合わせれば最も早く行けるのかを考え、開発されたのが新幹線でした。また最近では、情報工学で、より効率的なビッグデータの処理や言語検索のシステムが開発されています。いずれも目的は所与で、その目的の達成に「役に立つ」成果を挙げます。文系の知にこうした目的に見える成果の達成は難しいでしょう。

しかし、「役に立つ」ことには、実はもう一つの次元があります。たとえば本人はどうしていいかわからないでいるのだけれども、友人や教師の言ってくれた一言によってインスピレーションが生まれ、厄介だと思っていた問題が一挙に解決に向かうようなときがあります。この場合、何が目的か最初はわかっていないのですが、その友人や教師の一言が、向かうべき方向、いわば目的や価値の軸を発見させてくれるのです。このようにして、「役に立つ」ための価値や目的自体を創造することを価値創造型と呼んでおきたいと思います。これは、役に立つと社会が考える価値軸そのものを再考したり、新たに創造したりする実践です。文系が「役に立つ」のは、多くの場合、この後者の意味においてです。

目的遂行型の有用性、「役に立つこと」は、与えられた目的や価値がすでに確立されていて、その達成手段を考えるには有効ですが、3そのシステムを内側から変えていくことができません。したがって目的や価値軸そのものが変化したとき、一挙に役に立たなくなります。

つまり、目的遂行型ないしは手段的有用性としての「役に立つ」は、与えられた目的に対してしか役に立つことができません。もし目的や価値の軸そのものが変わってしまったならば、「役に立つ」と思って出した解も、もはや価値がないということになります。そして実際、こうしたことは、長い時間のなかでは必ず起こることなのです。

価値の軸は、決して不変ではありません。数十年単位で歴史を見れば、当然、価値の尺度が変化してきたのがわかります。たとえば、一九[A]年代と現在では、価値軸がすっかり違います。東京オリンピックが催されたころは、より速く、より高く、より強くといった[B]上がりの価値軸が当たり前でしたから、その軸にあった「役に立つ」ことが求められていました。新幹線も首都高速道路も、そのような価値軸からすれば追い求めるべき「未来」でし

## 英語解答

**A**

Ⅰ イ　Ⅱ ア　Ⅲ nosebleeds

Ⅳ dollars

Ⅴ too good a deal to pass

Ⅵ (5)…エ　(10)…ウ　(11)…ア　(14)…イ

Ⅶ 双眼鏡

Ⅷ (7) either　(15) but

Ⅸ during their team's unsuccessful times

Ⅹ ウ　Ⅺ エ

Ⅻ (13)…ウ　(16)…イ

XIII (1)…エ　(2)…ク　(3)…オ　(4)…キ　(5)…ウ　(6)…カ

**B**

Ⅰ 1 grandfather's grandfather　2 huge sink　3 starch　4 mother

Ⅱ (1)…ウ　(3)…ア　(5)…エ

Ⅲ (2) washing machine　(8) earth

Ⅳ (4) worn　(11) compared　(16) ironing

Ⅴ (6)…イ　(10)…エ　(14)…ア

Ⅵ (7) had been　(9) sweetest　(15) neither

Ⅶ (12)…イ　(17)…ウ

Ⅷ he cared about was being able to

Ⅸ 1 (1) of　(3) to

2 ［2］…ア　［5］…ウ

3 remain　4…エ

（声の教育社　編集部）

**A**〔長文読解総合―エッセー〕

≪全訳≫❶私が子どもの頃，もし1週間分のやるべきことを終えていたら，父は私に褒美をくれた。彼は日曜日の午前6時に私を起こして「今週はよくやった！　車に乗れ！」と言ったものだった。私たちは保冷バッグに荷物を詰めて，ラジオをKMOXに合わせ，イリノイ州中部からセントルイスにある古いブッシュ・スタジアムまで2時間以上かけて車で行った。その後列に並ぶのだ。❷その野球場の方針は，第一球の2時間前に，屋根のない外野席――球場の後方のずっと上にある最も安い席――のチケットを売ることだった。1枚たったの6ドルだった。息子を野球に連れていこうとする農園地帯イリノイ州出身の電気工にとって，これは逃すことができないお買い得の取引だった。❸しかしそれには労力が必要だった。2時間車で移動し，2時間列に並び，ゲートを全力で駆け抜ける必要があった。正真正銘のファンだけが一番安い席に座ることをいとわなかった。驚くことではないが，私たちは毎週日曜日に同じ人たちが並んでいるのを目にし，何マイルも離れているように思える外野席から彼らと一緒に地元チームのカージナルスに声援を送った。私たちは双眼鏡を一緒に使いさえした。❹父は今では退職していて，賢明に金をためたので，グラウンドにより近い席のチケットを買うことができる。私たちは今でも一緒に試合に行くが，今ではずっと下の，自分の席からビールが注文できて，外野手ジェイソン・ヘイワードの腕の筋肉が動くのが見える所に座る。全てが私たちのために整えられている。私たちは第一球の5分前まで球場に向かって歩き始めさえしない。私たちは毎試合同じ予約席に座る。すると知っているだろうか，毎回違った人たちが私たちの隣に座るのだ。ときにはカージナルスのファンでさえないこともある。❺ある友人が上段のコンコースにある434区のシーズンチケットを持っている。彼は決して試合を逃さないし，また彼と一緒の列の人たちもそうだ。ときには私は彼に会いに上まで行くことがある。最も安い席は最悪だと思う人も中にはいるが，私はそこの席が好きだ。ファンとして過ごしてきた年月の中で，私はその場所の方が下でビジネススーツを着た全ての金持ちたちと一緒よりも試合を見るのにもっと楽しいということがわかった。最上段の座席，つまり後方の上部にある最低価格の席は，自分たちのチームがうまくいっていないときでさえ試合を見ている本物のファンを見つけられる場所なのだ。❻これがファンであることの真の意味である。メッツの新球場シティ・フィールドを見てほしい。メッツは2009年に巨大な新球場をつくって以来初めてのポストシーズンである。結局のところ，その建物ができあがってからの年月はチームの歴史上最悪の状態だったのだ。❼もしその6年の間シティ・フィールドを見たことがあるなら，たくさんの空席を目にしたはずだ。だが真のファンとはいつもそこにいるものだ。つまり，多くの場合，遠く離れた所より試合をしているグラウンドに近い所に多くの空席を目にする。だが，チームがプレーオフに進出すると，シティ・フィールドはいっぱいになり，空席1つ見つけることも不可能になるのだ。しかし，本物の歓声はあの高い所にある席，いつもそこにいたファンから発せられるのだ。だが，ごまかすのはやめよう。たいていはチームがうまくいってないときにそこにいなかった人々でいっぱいになるのだ。❽といっても，上方の席ではそのようなことはない。そこでは「球場での経験」よりむしろ試合そのものに専念する。とても簡素で，ただ硬いプラスチック製の座席があるだけだ。434区の席からビールを注文することはできない。できないのである。売店もトイレも，子どもを楽しませておくアトラクションも何もない。このスパルタ式の環境が，グラウンドのすぐ近くに座っているときには決して経験できないやり方で，自分の座席，そして試合にくぎづけにするのだ。試合以外のことのためにそこにいるのではない。ずっと離れた所に座ることによって，実際は試合そのものにより結びつけられるのだ。またそこには集団の一部であるという感じ，本物のファンであるという共通の経験がある。しばしばビデオボードを見ることさえできなかったり，大きなコンクリートの柱で視界がさえぎられたりする。巨大な球場で何千人もの他人と一緒に試合を見ている。しかし，上方の外野席では，隣り合わせた人と一緒に見ているように感じられるのだ。あなたと，かつては知らない人だった友達だけで。❾そこではファウルボールは取ることはできないだろう。しかし他の全てのものが得られるのだ。

Ⅰ＜内容真偽＞ア．「私が子どもの頃，父はよく私をブッシュ・スタジアムに連れていったものだった。最も安いチケットを購入するのに私たちは日曜日に早起きし，何時間も車で移動し，中に入るまで長いこと待たなければならなかった」…○　第1段落第2文～第3段落第1文参照。　イ．「今でも父と私はブッシュ・スタジアムに一緒に出かける。私たちは真のファンはいつも外野席にいることがとてもよくわかっているので，私たちは今でも最も安いチケットを買う」…×　第4段落第1，2文参照。今ではグラウンドに近い席に座る。　ウ．「メッツは新しい球場を建てて以来初めてのポストシーズンである。そこは多くの人たちでいっぱいになるだろうが，本当の声援は上方の席にいるファンから起こるだろう」…○　第6段落第3文，第7段落第3，4文参照。　エ．「グラウンドから遠く離れた所に座れば座るほど，試合との結びつきが強くなるのは皮肉である。これは，上方の外野席では，自分たちのチームを応援している隣り合わせた人との親密さを感じるからだ」…○　第8段落第8～最終文参照。

Ⅱ＜用法選択＞下線部(1)は「よく～したものだった」と‘過去の習慣’を表す。同じ用法のwouldを含むのは，ア．「学生のとき，彼はよく夜遅くまで起きていたものだった」。　イ．「どうしても～しなかった」という意味で‘強い拒絶’を表す。　「彼女はそのドアを開けようとしたが，鍵がどうしても回らなかった」　ウ．‘時制の一致’によりwillがwouldに変化したもの。　「彼は私に夜は暇だと言った」　エ．仮定法におけるwould。　「注意深い読者なら，その間違いに気がつくだろう」

Ⅲ＜語句解釈＞直後のカンマで区切られた部分のthe cheapest seats way up at the back of the stadiumがbleachersの言い換えになっている。同様に，第5段落最終文では，カンマで区切られたthe lowest priced seats up in the backが直前のnosebleedsの言い換えになっている。

Ⅳ＜語句解釈＞直前のEach ticket cost only sixより，通貨の単位を表すと判断できる。このcostは「(金額が)～かかる」という意味。buckは主にアメリカで用いられる俗語。

Ⅴ＜整序結合＞前文のチケットがたった6ドルであるという内容から，a good deal「よい取引」とまとめられる。次に，‘too ～ to …’「…するには～すぎる，～すぎて…できない」の形が推測できるが，‘～’の中に名詞が含まれる場合，‘too＋形容詞＋(a/an＋)名詞’の語順になることに注意する。pass up ～は「(機会など)を見送る」という意味。

Ⅵ＜英文・語句解釈＞⑸ sprintは「全力疾走」という意味なので，下線部は「ゲートを全力疾走で通過する」というような意味である。これと同様の意味になるのは，エ．「球場の中に突進すること」。　⑽このactionは「(選手たちの)動作」という意味。つまりseats closer to the actionは「選手のいるグラウンドにより近い席」ということ。また，後半のdoは前に出ているsee more empty seatsを受ける代動詞。以上より，下線部と同様の意味を表すのは，ウ．「しばしばグラウンドに近い席よりも上方の席にもっと多くの人たちがいる」。　⑾ kid oneselfで「自分を偽る」という意味。このkidは動詞。「ごまかすのはやめよう」ということなので，ア．「私たちは正直にならなくてはいけない」が適切。　⒁「このスパルタ式の環境」は直前の3文の内容を受けている。その内容と同じになるのはイ．「座席は心地よくなく全く設備がない環境」。　Spartan「スパルタ式の，簡素な」

Ⅶ＜語句解釈＞問題文にある「接頭語“bi”は「2」を意味する」と，直前に「何マイルも離れているように思える外野席から」をヒントに，そのような状況で一緒に使える物を考える。

Ⅷ＜書き換え―適語補充＞⑺下線部は否定文の後で用いられる‘neither＋(助)動詞＋主語’「～もまた…(し)ない」という形の倒置文。書き換え文は，通常の否定文の形で「彼と一緒の並びの人たちも決して試合を逃さない」とすればよい。通常の否定文で，「～もまた(…ない)」という意味を表すのはeither。　⒂ other than ～で「～以外の」という意味なので，下線部の意味は「試合以外の物事のためにそこにいるのではない」。書き換え文では前にnothingがあるので，「～以外は何も，～だけ」という意味を表すnothing but ～を用いて，「あなたは試合以外の物事のためにそこにいるのではない」→「試合だけのためにそこにいる」とする。

Ⅸ＜語句解釈＞「チームがdownのときでも試合を見るのが本物のファン」という文脈から，このdownの意味は推測できる。　unsuccessful「うまくいかない，不成功の」

Ⅹ＜文の区切り＞the years the building has been open「その建物ができあがってからの年月」までが文の主語(yearsの後に関係副詞whenが省略されている)。このように主語が長い文では，主語の後でいったん区切って読む。

Ⅺ＜要旨把握＞下線部前後の内容から，このstadium experienceという言葉が，周辺にトイレや売店も何もなく，遠く高い所にある外野席での野球観戦と対比的に用いられていることがわかるので，エ．「グラウンドにより近い所に座り，快適な座席や球場のよいサービスを楽しむ」が適切。

Ⅻ＜単語のアクセント＞⒀　en-ter-táin-ed　　⒃　gi-gán-tic

ⅩⅢ＜要約文完成＞≪全訳≫❶「捕ったよ！　これはジェイソンからの贈り物に違いない。彼が僕のいる区域にファウルボールを打つとは思いもしなかったよ」❷私はそこで幸せそうに笑う少年を目にすることができた。しかし，この屋根のない外野席に座っていると，その種の幸運は得られないだろうし，辺りには店やトイレも全くない。日差しが強すぎたり雨が激しすぎたりすると，この場所は全くしのぐ所がないので理想からほど遠い。しかし，私は球場に来る機会があるときはいつも，むしろ外野席の上の方の席に座りたい。そこではいつも同じファンに会えて，一体感を得ることさえあるからだ。彼らは私たちのチームを応援することに私と同じくらい真剣である。私は試合中ずっと彼らと喜びと失望の両方を共有することができる。長年にわたり，私は少年が成長し，男性が年を重ねるのを見てきた。それはまるで試合のたびに私たちはそこで巨大な家族の会合を開いているかのようだ。実際，外野席はあなたにあらゆる種類の重要な人生経験を与えてくれる。もっとも，そこではファウルボールを捕る機会は全くないけれど。

＜解説＞(1)第１段落の内容を受け「その種の幸運」とする。外野席ではファウルボールが飛んでくるという幸運はない。　(2)far from ～「～からほど遠い，決して～でない」　(3)would rather ～「むしろ～したい，～する方がよい」　(4)外野席で会うファンは「私たちのチームを応援することに私と同じくらい真剣である」。　(5)外野席で顔なじみのファンと会うことはfamily gathering「家族の会合」のようなものである。　as if ～「まるで～(である)かのように」　(6)‘provide ～ with …’「～に…を与える」

**B**〔長文読解総合―エッセー〕

≪全訳≫❶私の名前はベッキー・ピーターセンで，アイオワ州シーダーラピッズ近くの農場で暮らしている。父は農夫であり，祖父もまた農夫だった。彼と祖母は100エーカーの農場で，祖父の祖父が1890年に自分たちの土地の木からつくった古い農家に暮らしていた。彼らはとうもろこし，豆，冬小麦を育て，鶏，豚，２，３頭の牛を飼っていた。祖父が畑で働いている間，祖母は菜園や農場内の家屋で，料理，掃除，洗濯をして忙しくしていた。祖母は洗濯とアイロンがけをして毎日何時間も費やしていた。彼女は洗濯機を持っていなかったので，服やシーツを巨大な洗面台で手洗いして，家屋の裏にある庭で乾かすためにそれらを干していた。それは大変な重労働だった。服がほぼ乾くと，祖母はそれらを取り込んで，アイロンをかけた。彼女は祖父の着古したジーンズや厚手の綿シャツといった作業着に特に気をつけた。彼女は必ず祖父がきれいなジーンズとアイロンをかけたばかりのシャツで毎朝を始められるようにしていた。祖母は洗濯のりの粉を，食塩入れと同じくらいたくさん穴が開いた金属のふたがついたコーラのガラス瓶に入れた。彼女は洗濯のりをシャツに振りかけ，それから数分間それを椅子にかけ，最後にていねいに熱いアイロンをかけたものだった。❷私は子どものときにずっと祖母がこうするのを見ていたので，全ての農夫は毎朝，アイロンをかけたばかりのシャツを妻からもらうのだと信じていた。しかし年月がたつにつれて，私はこれが実際に普通のことなのかどうか疑問を抱き始めた。母は決して私のシャツにアイロンをかけなかったし，私はいつもアイロンがけは完全な時間の無駄だと思っていた。私の服はたいてい午前９時までにとても汚れていたので，それらがアイロンをかけられた形跡は完全に消えてしまっていただろう。では，いったいなぜ祖母は夫の全ての作業用シャツにアイロンをかけていたのだろうか？　ある日私は彼女に尋ねた。彼女の答えは私がそれまで聞いた中で最もすてきなものだった。❸「あなたのおじいさんは世界で一番ハンサムな男性で，私の一番の親友で，私の人生において愛する人だからよ。私は必ず彼がいつも一番すてきに見えるようにしたいの。彼が農場で作業をしているときでさえもね」❹その日，その後で私は祖父をじっと見た。彼は私にとってそれほどハンサムに見えるわけではなかった。彼は腰に比べ肩幅の狭い，背の低い痩せた男性だった。髪は頭のてっぺんが薄かったし，彼がほほ笑むと入れ歯はあまりきれいに並んでいなかった。顔のわりに大きすぎるぶ厚い眼鏡をかけていたが，それは見ることができればそれだけでよかったからだ。私はなぜ祖母が彼の見た目がそんなにいいと思ったのか理解できなかった。しかし，私がこのことを祖母に言ったら，彼女はこう答えた。「あなたはただちゃんと見ていないのよ。あなたのおじいさんはいつも年老いた男だったというわけではないの。あなたは彼のはげ頭や歯並びの悪さだけを見ている。でも私が彼を見るときは，彼のすてきなほほ笑みや彼が幸せなとき――それはほとんどのときがそうなのだけど――に輝く青い目を見ているの。あの目のしわはいつもそこにあるわけではないし，私は彼に本当の歯があったときのことも覚えているわ。私が彼を見るとき，世界で一番優しくてすてきな男性を見ているの。私が彼の作業用シャツにアイロンをかけるのは，彼が私にとってどれほど大きな意味を持つのかを示す私なりのやり方なのよ」

Ⅰ＜英問英答＞1．「誰が彼女の祖父母の家を建てたのか」―「彼女の祖父の祖父が建てた」　第1段落第3文参照。　2．「彼女の祖母はどこで服やシーツを洗ったか」―「彼女はそれらを巨大な洗面台で洗った」　第1段落第7文参照。　3．「彼女の祖母はシャツにアイロンをかけるのを助けるために何を使ったか」―「彼女は洗濯のりの粉を使った」　第1段落終わりの2文参照。　4．「筆者はなぜ服のアイロンがけについて尋ね始めたのか」―「彼女自身の母親が決して彼女のシャツにアイロンをかけなかったから」　第2段落第3文参照。

Ⅱ＜適語選択＞⑴祖父が農場で作業をしている間に，祖母がしていることが述べられているので，「～している間に」という意味の接続詞 while が適切。　⑶ take care with〔over〕～で「～に時間と手間をかけて完璧にする」。　⑸「たくさん穴が開いた」ものは saltshaker「食塩入れ」。

Ⅲ＜適語補充＞⑵「洗濯機」は washing machine。　⑻ on earth「いったい」は，疑問詞を強調する場合に使われる。

Ⅳ＜語形変化＞⑷「着古されたジーンズ」となる過去分詞 worn が適切。　wear－wore－worn
⑾ compared to ～「～と比べると」　⒃ my（　）his work shirts が文の主語になる。「私が彼のシャツにアイロンをかけること」という意味になる動名詞 ironing が適切。my は ironing の意味上の主語。

Ⅴ＜単語の発音＞

| | | | | |
|---|---|---|---|---|
| ⑹ dirty[ə:r] | ア．dark[ɑ:r] | イ．church[ə:r] | ウ．warm[ɔ:r] | エ．repair[eər] |
| ⑽ shoulders[ou] | ア．found[au] | イ．double[ʌ] | ウ．bought[ɔ:] | エ．though[ou] |
| ⒁ bald[ɔ:] | ア．daughter[ɔ:] | イ．salad[æ] | ウ．ground[au] | エ．post[ou] |

Ⅵ＜書き換え―適語補充＞⑺ having been ironed は動名詞の受け身形が，完了形になったもの。直前の them（my clothes を指す）は have been ironed の意味上の主語なので，意味は「それら（私の服）がアイロンがけされたという形跡」となる。下線部の of ～を that ～で書き換えるが，動名詞の完了形は原則，述語動詞より以前の‘時’を表し，ここでは服が汚れている9時よりも前にアイロンがけされていることを示すので that節は had been ironed と過去完了形にする。　⑼下線部は‘as ～ as …’の形だが，後半の I had ever heard から「彼女の答えは私がそれまで聞いた中で最もすてきなものだった」という最上級の意味になっていると判断できる。　⒂書き換え文に nor があるので，‘neither ～ nor …’「～も…もない」を用いて，「彼が若かったとき，目のしわも義歯もなかった」とする。

Ⅶ＜英文・語句解釈＞⑿ thin on top で「髪の毛が薄くなって」。go bald は「頭がはげる」という意味。　skinny「痩せこけた，がりがりの」　⒄「どれほど大きな意味を持つのか」とは「どれほど重要であるか」ということ。

Ⅷ＜整序結合＞祖父が大きすぎるぶ厚い眼鏡をかけていた理由になる部分。語群から，cared about とまとまり，being または was に able to see が続くと推測できる。祖父を指す he を cared の前に置き all に続けると，all he cared about「彼が気にしていた全てのこと」となり（all と he の間に関係代名詞 that が省略された形），次に述語動詞として was を続けると，残りが being able to see という動名詞句にまとまる。

Ⅸ＜要約文総合問題＞

≪全訳≫❶娘（D）：この話のおじいさんは私にお父さんを思い出させるわ。お父さんもそれほどハンサムではないけど，お父さんもお母さんも幸せに結婚生活を送っているもの。❷母親（M）：そうね，あなたのお父さんは身体的には見た目がよくないかもしれないけど，内面はすばらしいのよ。私は彼の外見ではなくて性格を好きになったの。それにね，[2]他の人たちもそのことに気づいているわ。一日として彼がいかに優しくて思いやりがあるかってことを言う人がいない日はないもの。もしあなたがある人と十分な時間を過ごすとしたら，しばらくするとその人の見た目についてはあまり考えないけれど，いつもその人の発言や行動に注意を払うようになるわ。あなたのお父さんはすばらしい性格をしていて，それは永遠にすばらしいままでしょうね。私は見た目ではなくて人柄ゆえにお父さんを愛しているの。❸D：じゃあ，いつもお父さんの会社用の服を用意したり，毎日どのネクタイをしたらよいか決めたりするのはなぜ？❹M：それは１つにはお父さんにはファッションセンスがないからよ。それに，お父さんには職場ですてきに見えてほしいと本当に思ってるの。おそらくご主人の作業着をとてもていねいに洗ってアイロンがけをする話の中のおばあさんの私なりの形ね。お父さんに私がどれほど大切に思っているのか示したいのよ。

1＜適語補充＞(1)‘remind ～ of …’「～に…を思い出させる」　(3)pay attention to ～「～に注意を払う」

2＜適文・適語句選択＞[2]直後の「一日として彼がいかに優しくて思いやりがあるかってことを言う人がいない日はない」という内容から，他の人も気づいているというアが適切。　[5]母親は夫の「見た目」ではなく「内面」，「性格」のすばらしさにひかれていると言っているので，現在の人柄を示すウが適切。

3＜単語の綴り＞remain「～のままである」

4＜内容真偽＞ア．「母親は娘になぜ今なお夫のことが大好きなのか言っている」…○　第２段落最初の２文と最後の２文参照。　イ．「母親は夫がそれほどハンサムではないが内面の美しさを持っていることを知っている」…○　第２段落第１文参照。　ウ．「母親が夫の会社用の服を選ぶ理由は彼女が彼を大切に思っているからである」…○　第４段落参照。　エ．「母親は娘に未来の夫の会社用の服を選ぶように説得している」…×　そのような記述はない。‘persuade＋人＋to ～’「〈人〉に～するよう説得する」

## 数学解答

**1** (1) ① $\frac{8}{5}$ ② 3.14

(2) ① 24 ② 8個

**2** (1) $S=\frac{1}{2}t^2$ (2) $S=10t-50$

(3) ① 8 ② 55

**3** (1) 10 (2) 256 (3) 910

**4** (1) 24 (2) $f(p)=p-1$

(3) $f(pq)=pq-p-q+1$

(4) $p+q=N-f(N)+1$

(5) $a=p+q$, $b=pq$

(6) (107, 109)

（声の教育社　編集部）

**1** 〔独立小問集合題〕

(1)＜数の計算＞①$[1;1,\ 1,\ 2]=1+\cfrac{1}{1+\cfrac{1}{1+\cfrac{1}{2}}}=1+\cfrac{1}{1+\cfrac{1}{\frac{3}{2}}}=1+\cfrac{1}{1+1\div\frac{3}{2}}=1+\cfrac{1}{1+\frac{2}{3}}=1+\cfrac{1}{\frac{5}{3}}=1+1\div\frac{5}{3}=1+\frac{3}{5}=\frac{8}{5}$ ②$[3;7,\ 15,\ 1]=3+\cfrac{1}{7+\cfrac{1}{15+\cfrac{1}{1}}}=3+\cfrac{1}{7+\frac{1}{16}}=3+\cfrac{1}{\frac{113}{16}}=3+1\div\frac{113}{16}=3+\frac{16}{113}$となる。$\frac{16}{113}=16\div113=0.141\cdots$だから，$[3;7,\ 15,\ 1]=3+0.141\cdots=3.141\cdots$となり，小数第3位を四捨五入して，3.14となる。

(2)＜整数の性質＞① $T(n)=n+S(n)$だから，$T(n)=30$のとき，$30=n+S(n)$である。$n$を1けたの自然数とすると，$S(n)=n$だから，$T(n)=n+S(n)=n+n=2n$となり，これが30になることはない。よって，$n$は2けたの自然数である。$a$を1以上9以下，$b$を0以上9以下の整数として，$n=10a+b$とおく。$S(n)=a+b$だから，$T(n)=(10a+b)+(a+b)=11a+2b$である。したがって，$11a+2b=30$が成り立つ。これを満たす$a$，$b$の値は，$a=2$，$b=4$だから，$n=24$である。 ② $n$が1けたの自然数のとき，①より$T(n)=2n$であり，$2n$は偶数だから，$2\times1=2$，$2\times9=18$より，2以上18以下の偶数を表すことができる。$n$が2けたの自然数のとき，①と同様にして，$n=10a+b$とすると，$T(n)=11a+2b$となる。$2b$は偶数だから，$a=1$のとき，$11\times1=11$，$11\times1+2\times9=29$より，11以上29以下の奇数を表すことができる。$a=2$のとき，$11\times2=22$，$11\times2+2\times9=40$より，22以上40以下の偶数を表すことができる。$a=3$のとき，$11\times3=33$，$11\times3+2\times9=51$より，33以上51以下の奇数を表すことができる。$a=4$のとき，$11\times4=44$，$11\times4+2\times9=62$より，44以上62以下の偶数を表すことができる。以下同様にすると，$a=5$のとき55以上73以下の奇数，$a=6$のとき66以上84以下の偶数，$a=7$のとき77以上95以下の奇数，$a=8$のとき88以上106以下の偶数，$a=9$のとき99以上117以下の奇数を表すことができる。以上より，2けたの整数の中で$T(n)$の形で表せないものは，20，31，42，53，64，75，86，97の8個である。

**2** 〔関数—関数と図形・運動〕

(1)＜関数の式＞$0\leqq t\leqq10$のとき，$S$は$t$の2乗に比例するから，$S=kt^2$と表せる。$t=10$のとき$S=50$だから，$50=k\times10^2$より，$k=\frac{1}{2}$となる。よって，$S=\frac{1}{2}t^2$である。

(2)＜関数の式＞点Pは点Aを過ぎると一定の速度で動くから，$10<t$のとき，$S$は$t$の一次関数である。よって，$S=mt+n$と表せる。これに$t=10$，$S=50$を代入すると，$50=10m+n$……(i)となる。また，20秒後，OP＝150だから，$t=20$，$S=150$を代入すると，$150=20m+n$……(ii)となる。(i)，(ii)を連立方程式として解くと，$m=10$，$n=-50$となるので，$S=10t-50$である。

⑶<速さ，長さ>①点Qは点Pが出発してから3秒後に点Oを出発し，その1秒後，つまり点Pが点Oを出発して4秒後に点Pに追いついた。$t=4$ のとき，⑴より，$S=\frac{1}{2}\times4^2=8$ だから，点Qが1秒間に進んだ距離は8となる。したがって，$a=\frac{8}{1}=8$ である。　②点Qが点Oを出発して点Aに着くまで $\frac{50}{8}=\frac{25}{4}$(秒)かかるから，点Qが点Aに着くのは，点Pが点Oを出発してから $3+\frac{25}{4}=\frac{37}{4}$(秒)後である。点Pが点Aに着くのは出発してから10秒後だから，このとき，点Qはまだ点Pに追いつかれていない。点Aから先は，点Qの速さは秒速4だから，点Pが点Oを出発してから $t$ 秒後の点Qの進んだ距離は，$50+4\left(t-\frac{37}{4}\right)=4t+13$ と表せる。$10<t$ のとき，点Pが進んだ距離は，⑵より，$S=10t-50$ だから，点Qが点Pに追いつかれるとき，$4t+13=10t-50$ が成り立つ。これを解くと，$t=\frac{21}{2}$ となるから，$S=10\times\frac{21}{2}-50=55$ となり，線分ORの長さは55である。

**3**〔空間図形—球，六面体〕

⑴<長さ>右図1のように，半径1の球の中心を $O_1$，半径4の球の中心を $O_2$ とし，2つの球の接点をIとする。5点P，$O_1$，I，$O_2$，Qは一直線上の点となるから，$PQ=PI+IQ=1\times2+4\times2=10$ である。

図1

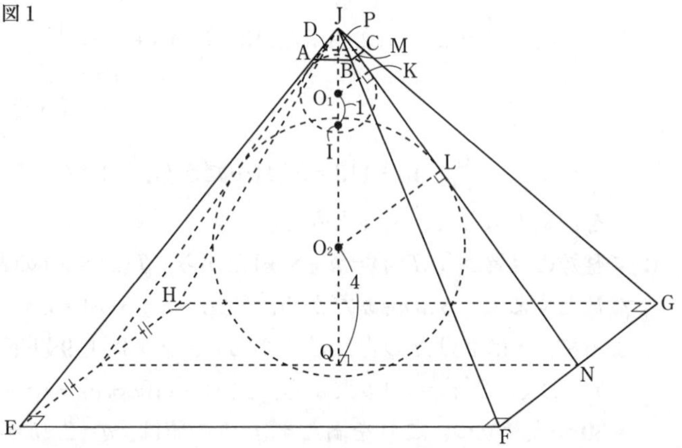


⑵<面積—三平方の定理>右図1のように，4辺EA，FB，GC，HDを延長し，交点をJとすると，点Jは直線QP上の点となる。また，球 $O_1$，$O_2$ と面JFGとの接点をそれぞれK，L，2辺BC，FGの中点をそれぞれM，Nとし，3点J，N，Qを通る断面を考えると，3点M，K，Lは線分JN上にあり，右図2のようになる。$\angle JQN=\angle JKO_1=90°$，$\angle QJN=\angle KJO_1$ より，$\triangle JQN\backsim\triangle JKO_1$ だから，$QN:KO_1=JQ:JK$ である。また，$\angle JKO_1=\angle JLO_2=90°$ より，$KO_1 /\!/ LO_2$ だから，$JO_1:JO_2=O_1K:O_2L=1:4$ である。よって，$JO_1:O_1O_2=1:3$ だから，$JO_1=\frac{1}{3}O_1O_2=\frac{1}{3}\times(1+4)=\frac{5}{3}$ となる。$\triangle JO_1K$ で三平方の定理より，$JK=\sqrt{JO_1{}^2-O_1K^2}=\sqrt{\left(\frac{5}{3}\right)^2-1^2}=\sqrt{\frac{16}{9}}=\frac{4}{3}$ であり，$JQ=JO_1+O_1Q=\frac{5}{3}+(1+8)=\frac{32}{3}$ だから，$QN:1=\frac{32}{3}:\frac{4}{3}$ が成り立つ。これを解くと，$\frac{4}{3}QN=1\times\frac{32}{3}$ より，$QN=8$ となる。したがって，$EF=2QN=2\times8=16$ だから，〔正方形EFGH〕$=16^2=256$ である。

図2

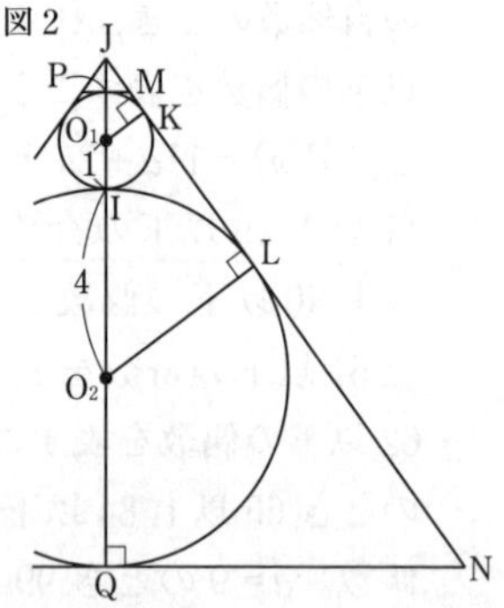


⑶<体積—相似>右上図1で，〔面ABCD〕//〔面EFGH〕より，正四角錐J-ABCDと正四角錐J-EFGHは相似だから，$AB:EF=JP:JQ$ である。$JP=JO_1-PO_1=\frac{5}{3}-1=\frac{2}{3}$ だから，$JP:JQ=\frac{2}{3}:\frac{32}{3}=1:16$ となり，$AB:EF=1:16$ である。よって，$AB=\frac{1}{16}EF=\frac{1}{16}\times16=1$ だから，〔六面体ABCD-EFGH〕=〔正四角錐J-EFGH〕−〔正四角錐J-ABCD〕$=\frac{1}{3}\times256\times\frac{32}{3}-\frac{1}{3}\times1^2\times\frac{2}{3}=910$ と

なる。

**4**〔数と式―整数の性質〕

(1)＜整数の性質＞$f(35)$は，$1 \leqq m \leqq 35$を満たし，$m$と35の最大公約数が1となる自然数$m$の個数である。$35=5\times7$だから，$m$は5の倍数でも7の倍数でもない自然数である。$35\div5=7$，$35\div7=5$より，1〜35の自然数のうち，5の倍数は7個，7の倍数は5個ある。また，5と7の最小公倍数は35だから，5の倍数でも7の倍数でもある数は1個ある。よって，5の倍数でも7の倍数でもない自然数は$35-(7+5-1)=24$(個)あるから，$f(35)=24$である。

(2)＜整数の性質＞$p$は素数だから，1〜$p$の$p$個の自然数のうち$p$との最大公約数が1でない数は$p$だけである。よって，$p$との最大公約数が1である自然数は$p-1$個あるから，$f(p)=p-1$である。

(3)＜整数の性質＞$p$，$q$は異なる素数だから，(1)と同様にして，1〜$pq$の$pq$個の自然数のうち$p$の倍数が$q$個，$q$の倍数が$p$個あるから，$pq$との最大公約数が1である自然数は$pq-(q+p-1)=pq-p-q+1$(個)ある。よって，$f(pq)=pq-p-q+1$である。

(4)＜式の計算＞(3)より，$f(pq)=pq-p-q+1$だから，$N=pq$とおくと，$f(N)=N-p-q+1$より，$p+q=N-f(N)+1$となる。

(5)＜二次方程式の応用＞二次方程式$x^2-ax+b=0$の解が$x=p$，$q$のとき，左辺を因数分解すると，$(x-p)(x-q)=0$となる。この左辺を展開すると，$x^2-(p+q)x+pq=0$となる。これが二次方程式$x^2-ax+b=0$と同じになるので，$a=p+q$，$b=pq$である。

(6)＜二次方程式の応用＞$N=11663$，$f(N)=11448$だから，(4)より，$p+q=11663-11448+1=216$である。また，$pq=11663$だから，(5)より，$p$，$q$は二次方程式$x^2-216x+11663=0$の解である。解の公式を利用してこれを解くと，$x=\dfrac{-(-216)\pm\sqrt{(-216)^2-4\times1\times11663}}{2\times1}=\dfrac{216\pm\sqrt{4}}{2}=\dfrac{216\pm2}{2}$となり，$x=\dfrac{216+2}{2}=109$，$x=\dfrac{216-2}{2}=107$となる。$p<q$だから，$(p,\ q)=(107,\ 109)$である。

# 2019年度／早稲田大学高等学院

## 国語解答

一　問一　a　湾岸　b　愉快　c　余儀
問二　イ　問三　エ
問四　自明化して　問五　六〇
問六　右肩
問七　一つの価値軸にのめり込んで[いくこと。]
問八　イ　問九　A…ア　B…ウ
問十　オ

二　問一　a　おもわく　b　逸脱　c　険
問二　ウ　問三　旅という行
問四　行為そのも　問五　ヤラセ
問六　オ　問七　純粋な旅人
問八　刻　問九　C　表現　D　行為
問十　イ

三　問一　a…ウ　b…エ　c…ウ　d…エ
問二　A…ア　B…イ　問三　エ
問四　ア　問五　イ

（声の教育社　編集部）

一〔論説文の読解─教育・心理学的分野─教育〕出典；吉見俊哉『「文系学部廃止」の衝撃』「文系は，役に立つ」。

≪本文の概要≫「役に立つ」ことには，二つの次元がある。一つは，目的がすでに設定されていて，その目的を実現するために最も優れた方法を見つけていく目的遂行型である。もう一つは，役に立つと社会が考える価値軸そのものを再考したり，新たに創造したりする価値創造型である。目的や価値の軸が変わってしまうと，目的遂行型の知は，役に立たなくなる。そして，価値の軸は，決して不変ではない。概して理系の学問は，目的遂行型の知であることが多い。一方，文系の学問には，長い時間の中で価値創造的に「役に立つ」ものを生み出す可能性がある。その時その時で最適の価値軸に転換していくためには，それぞれの価値軸に対して距離を保ち，批判していくことが必要である。前提としていた目的が，一瞬でひっくり返ってしまうことも珍しくはない現代，いかに新たな価値の軸をつくり出していけるか，新しい価値をどう評価していくのか，それを考えるのが，文系の知である。理系的な知は短く役に立つことが多く，文系的な知は長く役に立つことが多いといえるだろう。

問一＜漢字＞a．湾に沿った土地のこと。　b．気持ちがよく，楽しいこと。　c．「余儀ない」は，それ以外に方法がないこと。やむをえないこと。

問二＜文章内容＞価値の軸は，「社会が成長期から安定期に向かう」ときに変化するとは限らない（イ…×）。「数十年単位で歴史を見れば，当然，価値の尺度が変化して」きており（エ…○），文系の知は，「総体的に長い時間的スパンのなかで対象を見極めよう」として，「『役に立つ』ための価値や目的自体を創造する」ものである（ア…○）。「新しい価値が生まれてきたとき，どう評価していくのか」を考えるのは，文系の知の仕事であり（ウ…○），文系の知は，「多元的な価値の尺度があるなか」で，「それぞれの価値軸に対して距離を保ち，批判していく」ものである（オ…○）。

問三＜文章内容＞「目的遂行型」の知は，「すでに設定されて」いる「目的を実現するために最も優れた方法を見つけていく」ものであり（ウ…○，エ…×），「与えられた目的や価値がすでに確立されていて，その達成手段を考えるには有効」である（オ…○）。「目的遂行型」の知が生み出したウォークマンは，既成の「あくまでもステレオ」という概念の中，「ステレオの聴くという機能」を進化させたものだった（イ…○）。「目的遂行型の知は，短期的に答えを出すこと」を求められる（ア…○）。

問四＜文章内容＞目的遂行型の知は，「与えられた目的や価値がすでに確立されていて，その達成手段を考えるには有効」である。「そのシステムを内側から変えて」新しい価値軸を生むためには，

「現存の価値の軸，つまり皆が自明だと思っているものを疑」うこと，言い換えれば「自明化している目的と価値を疑い，そういった自明性から飛び出す視点」を持たなければならないのである。

問五．東京オリンピックが催されたのは，一九六四年のことである。

問六＜語句＞「右肩上がり」は，時間を追うごとに，数字が増大していくこと。

問七＜文章内容＞「既存の価値の軸を純化して」いくということは，悪くいえば，「一つの価値軸にのめり込」むということである。価値の軸は不変ではないのに，「一つの価値軸にのめり込」んでいくと，新しい価値軸になったときに対応できず，「『後追い』を余儀なくされて」しまうのである。

問八＜文章内容＞日本では，価値創造型の文系の知よりも，目的遂行型の理系の知が重視されてきたため，「役に立つと社会が考える価値軸そのものを再考したり，新たに創造したりする実践」が十分には行われてこなかった(ア…○)。また，「大きな歴史の流れのなかで価値の軸そのものを転換させてしまう力，またそれを大胆に予見する力が弱いのは日本社会の特徴」である(イ…×，ウ…○)。日本では，「長い時間的スパンのなかで対象を見極めよう」とする「文系の知」が重視されてこなかった(エ…○)。「価値の軸を多元的に捉える視座」も，「主として文系の知」である(オ…○)。

問九＜文章内容＞Ａ．「理系的な知」は，与えられた目的や価値の達成手段を考えるには有効だが，「そのシステムを内側から変えていくこと」はできず，与えられた価値軸の範囲内ではたらくものなので，「革新的」とはいえない。　Ｂ．「文系的な知」は，「『役に立つ』ための価値や目的自体を創造」するものであり，「価値の軸を多元的に捉える視座」や，それぞれの価値軸に対して批判する力を持ち，「概念的」ではない。

問十＜要旨＞理系的な知は，国家や産業，その時々の政権にとって役に立つような，「目に見える成果」を達成できる(ウ…○)。「友人や教師の言ってくれた一言」によって「厄介だと思っていた問題が一挙に解決に向かうようなとき」には，その一言が，「目的や価値の軸を発見させてくれる」のである(イ…○)。文系の知は，「価値や目的自体を創造する」ような「価値創造型」の知であり，「手段的有用性」を備えているのは，理系の知である(オ…×)。Apple は，既成の価値にとらわれずに，「コミュニケーションがどういうものであって，そのなかでどのような技術が必要かという考え方」をして，「テクノロジーの概念そのものを」変えた(エ…○)。Sony は，「与えられた価値軸の枠内」で，「優れた製品を作る」という，工学系の知の分野で強みを発揮した(ア…○)。

二〔論説文の読解―芸術・文学・言語学的分野―文学〕出典；角幡唯介『探検家の憂鬱』「行為と表現――実は冒険がノンフィクションに適さない理由」。

問一＜漢字＞ａ．思うこと。意図。　ｂ．本来の趣旨や決められた範囲からそれること。　ｃ．音読みは「険路」などの「ケン」。

問二＜文章内容＞「例えば，文章を書くことを前提に旅をする場合」であっても，出来事に対して表現者としての立場で考えて行動してしまうと，「表現の前提となる行為そのものがフィクションになった」ことになる。したがって，「ノンフィクション性を成立させる」には，「表現者ではなく行為者として，さりげない旅人として自然に振る舞わなければならない」のである。

問三＜表現＞「旅が演技化」するとは，旅人が演技者になってしまうということであり，「旅という行為そのものがフィクション，つまり作り物になってしまう」ということである。

問四＜表現＞「表現の究極性を求めるあまり，一か八かの解決策のほうを」選んだということは，「よりスリリングな表現を求めた結果，行為が自然な振る舞いから逸脱し飛躍してしまった」ということであり，「行為そのものが現場で編集されていた」ということである。

問五＜文章内容＞「行為がフィクション化する傾向」は，「行為のほとんどあらゆる局面で」発生する。

ライターは，題材として起きてほしい出来事が起こりそうになると，それが実現することを待ち望むようになり，最悪の場合は，わざと「行為を面白く見せるためのヤラセ」を引き起こそうとするのである。

問六＜文章内容＞「ツアンポー峡谷の探検の最後の局面」は，「作品のクライマックスであり，本のテーマが凝縮された場面」である。その意味で，この局面は，作品全体を表すような重要な場面だが，「行為がフィクション化する傾向」は，このような重要な場面で現れるとは限らないのである。

問七＜文章内容＞物書きにとっての旅は，「文章を書くことを前提」としたものであるにもかかわらず，「紀行文の中での『私』」は，「旅自体を目的とする」普通の旅行者，つまり「純粋な旅人」であるかのように振る舞うことによって，読者をあざむいているのである。

問八＜語句＞「刻一刻」は，時の経過とともに，しだいに，という意味。

問九＜文章内容＞「表現は常に純粋な行為を侵食しようとする」のであり(…Ｃ，Ｄ)，表現者は「表現を前提に行為をしている」と，「常時，無意識のうちに行為を文章化して，表現形態に置き換えようとして」しまうのである。

問十＜要旨＞ライターが，「作品化する過程で文章上の編集作業を行うことは避けては通れない」し，「不必要な事実を切り落とすことでテーマを浮き彫りにさせるのは作者の力量でもある」ので，そのような作業を経てできあがった作品を「ノンフィクションと呼ぶことも可能」だろう(イ…○)。

三〔古文の読解―説話〕出典；『古今著聞集』巻第十二，四四六。

≪現代語訳≫横川の恵心僧都の妹である，安養の尼の所に強盗が入った。物を全部盗んで出ていったので，尼上は紙ぶすまというものだけを着て座っていらっしゃったが，姉である尼の所に，小尼君という人がいたが，(その人が)走って参上する際に見ると，(盗人が)小袖を一つ落としていったのを取って，「これを盗人が落としていきました。お召しください」と言って持ってきたところ，尼上のおっしゃるには，「(盗人は)これも取った後は自分の物と思っているだろう。持ち主が承知していない物をどうして着られようか(いや，決して着られない)。盗人はまだ遠くへは決して行かないだろう。早く持っておいでになって，返してください」ということなので，(小尼君は)門の方へ走り出て，「これこれ」と呼び返して，「これをお落としになりました。確かに差し上げます」と言ったところ，盗人たちは立ち止まって，しばらく考える様子だったが，「具合いの悪い所へ入ってしまった」と言って，盗んだ物を，全部返して(その場に)置いて帰っていったということである。

問一＜古文の内容理解＞ａ．盗人たちは，安養の尼の持ち物を全て盗んで出ていった。　ｂ，ｃ．小尼君は，盗人たちが落としていった小袖(…ｃ)を見つけた(…ｂ)。　ｄ．小尼君は，盗人たちを呼び戻した。

問二＜古語＞Ａ．ここでは「着る」の意味の尊敬語で，尼上が，紙ぶすまだけを身につけているのを見て，小尼君は，盗人が落としていった小袖をお召しくださいと言った。　Ｂ．ここでは「与える」の意味の謙譲語で，小尼君は，盗人に，落としていった小袖を差し上げましょうと言った。

問三＜古文の内容理解＞盗人は，盗んだ以上は，落とした小袖も自分の物だと思っているはずだから，持ち主が，着ていいと思っていない物を着るわけにはいかないと，尼上は言ったのである。

問四＜現代語訳＞「よも」は，後ろに打ち消しを伴って，決して，という意味を表す。「じ」は，打ち消しの推量を表す。絶対に行かないだろう，という意味。

問五＜古文の内容理解＞盗人たちは，引き上げる途中に小袖を一つ落としていった。盗みに入った寺の人が落とし物だと言って，それを拾って渡しにきたので，盗人たちは，どうしていいかわからず，しばらく考え込んだのである。

*Memo*

*Memo*

# 2018年度　早稲田大学高等学院

**【英　語】**（50分）

（注意）　解答に同じ記号が不自然に続く場合は該当部分を無効とするので，注意すること。

**A**　指示に従って答えなさい。

Ⅰ．（　）に入る最も適切なものをア～エから１つ選び，その記号を書きなさい。

(1)　I will go on a picnic if it (　　) fine tomorrow.

ア．was　　イ．is　　ウ．will be　　エ．to be

(2)　He was looking forward (　　) his girlfriend the following day.

ア．see　　イ．to see　　ウ．seeing　　エ．to seeing

(3)　It's important to look (　　) person in the eye when you are talking with someone.

ア．other　　イ．another　　ウ．the other　　エ．the others

(4)　Many people in the UK enjoy (　　) soccer.

ア．play　　イ．playing　　ウ．to play　　エ．to playing

(5)　There were so many fans (　　) at the glorious victory of the team.

ア．excited　　イ．exciting　　ウ．were excited　　エ．were exciting

(6)　I'd like to get (　　) as possible.

ア．knowledge as much　　イ．knowledge as many

ウ．as much knowledge　　エ．as many knowledge

Ⅱ．次のア～オの語を並べかえて文を完成させるとき，( a )，( b )に入るものの記号を書きなさい。
なお，文頭で用いられる語も小文字で記してある。

(1)　この塔はいつこの場所に建てられたのですか。

(　　)( a )(　　)( b )(　　) in this place ?

ア．tower　　イ．this　　ウ．was　　エ．when　　オ．built

(2)　私の弟は背が足りずに，そのジェットコースターに乗れなかった。

My brother was (　　)( a )(　　)( b )(　　) on the roller coaster.

ア．enough　　イ．to　　ウ．tall　　エ．ride　　オ．not

Ⅲ．各文の下線部で誤っているものを，(ア)～(エ)から一つ選び，その記号を書きなさい。

(1)　(ア)After reading (イ)a highly interesting novel, I (ウ)often want someone (エ)to talk about.

(2)　You (ア)always late for school.　(イ)It seems that (ウ)someone should help you (エ)to get up every morning.

(3)　Yesterday, I (ア)have lost my cell phone (イ)because of (ウ)my silly mistake.　I haven't found it (エ)yet.

(4)　This house (ア)used to (イ)be belonging (ウ)to my grandfather, but now my father (エ)owns it.

**B**　次の英文を読んで，設問に答えなさい。

When I was a boy in Natal, South Africa, there was a hunt each year in the Umzimkulu valley.　A variety of wildlife lives in this valley—monkeys, deer and sometimes even a leopard—but with his speed, his intelligence and his strength, the gray bushbuck is the target all hunters want to shoot.

There was one bushbuck we called Graybeard, a large old male who year after year survived the hunt. I was ten years old when I first saw him, stepping proudly across a small field. His horns were long and sharp. His body was a deep gray. It was every hunter's desire to kill him, and from that day on (1)I could think of nothing else. I somehow felt that (2)shooting Graybeard would be a big step toward becoming a man.

My father had told me that I must wait until I was fourteen before I could go hunting, so I spent the next three years (3)worried that some other hunter would shoot my bushbuck. But Graybeard survived. Once he jumped the fence before the hunter could fire his gun. Once he hid behind other animals for ( 4 ).

The third year I watched him run from the dogs straight toward the hunters. I held my (5)breath as I waited for the shot. Then suddenly he turned back into the forest. (6)I【the dogs / him / running / heard / after】and I realized that he had escaped to safety.

The farmers spent all that evening (7)(talk) about Graybeard's amazing escape. ( 8 ), because next year I would be old enough to take my place as one of the hunters.

All through that year I had only one bright vision—the picture of myself, a young boy of fourteen, standing beside (9)the creature that had escaped the hunters for so long. On the day of the hunt I wanted to run straight to the valley at sunrise, but my father told me to eat breakfast first. "Graybeard will still be there," he said, pushing me down in my chair.

In the gray light of early morning we gathered in the valley. The best positions were (10)close to the tops of the hills, because bushbucks tend to climb in their effort to escape the hunting dogs. ( 11 ) my deep disappointment I was given a position down near the river. Then I heard my father, who had received a good place, say, "I'll change places with my boy. I'd like him to have a good place for his first hunt." As he walked past me he patted my shoulder. "Make sure that you get the old one," he whispered with a smile.

I ran up to the top of a hill and chose a large rock, hidden by trees. For a long time there was no sound. Then came the noise of the dogs.

First came a female bushbuck, hurrying past me, followed by a young one. I let them (12)(pass). Graybeard might be following, so I waited. Then a sudden movement caught my ( 13 ). Not ten yards from me, Graybeard stepped out of the trees. The goal of my youthful life was right there, standing still before me. (14)I had only to fire the gun to bring him down.

However, (15)something made me hold my fire. The bushbuck had turned his head now, and his eyes, soft and wise, seemed to look right at me. (16)Every line of his body showed pride and strength, and I knew then that I could not destroy him. For several seconds he stayed right there, and then the wind carried my man-smell to him. In less than a second, he turned and was (17)(go).

When the hunt was over, my father came up the hill.

"(18)No luck ?" he asked.

(19)I shook my head.

"That's funny," he said. "The boys noticed Graybeard coming this way, and none of the other hunters saw him."

I looked down at the ground. He walked toward the trees and stopped beside the deep marks the bushbuck had made in the earth. (20)I walked away, not able to look my father in the eye.

As we drove home, (21)the thought of old Graybeard being safe for another year gave me a thrill of pleasure. But my father remained silent. Finally he asked, "What happened, son ?"

Shyly, I tried to tell him.　I described Graybeard (　22　) I had seen him—strong and brave.　I tried to explain why I could not shoot.

My father was silent for a moment and then he said slowly, "You've learned something today, son—something that many men live a lifetime without knowing."　He put an arm around my shoulders. "You've learned compassion," he said softly.

Ⅰ. 下線部(1), (16)の内容を最も適切に表しているものをア～エから１つ選び，その記号を書きなさい。

(1)　I could think of nothing else

ア. Killing Graybeard was all I wanted.

イ. I wanted to shoot many animals.

ウ. I thought of hunting as nothing special.

エ. Seeing Graybeard again was one of my dreams.

(16)　Every line of his body showed pride and strength, and I knew then that I could not destroy him.

ア. Graybeard was so strong that all I could do was to escape from him.

イ. Graybeard was so bright that I went blind for a moment and he ran away.

ウ. Graybeard looked so special that I felt I had to leave him alone.

エ. Graybeard was so beautiful that I learned the importance of animals.

Ⅱ. 下線部(2), (3), (14), (15), (20)における主人公の気持ちを次のように表したとき，(　)に最も適切な語を書き入れなさい。なお，空所内に示された文字がある場合は，その文字で始まる語を書くこと。

(2)　shooting Graybeard would be a big step toward becoming a man

＝The boy thought, "Shooting Graybeard might make me feel that I'm no longer a (b　　)."

(3)　worried that some other hunter would shoot my bushbuck

＝The boy thought, "I don't want (a　　) else to shoot Graybeard."

(14)　I had only to fire the gun to bring him down.

＝The boy thought, "At (l　　), I can shoot Graybeard!"

(15)　something made me hold my fire

＝The boy thought, "I don't feel (　　) shooting Graybeard for some reason."

(20)　I walked away, not able to look my father in the eye.

＝The boy thought, "I can't look at my father directly because now he realizes that I told a (　　)."

Ⅲ. 空所 (4), (8), (11), (13), (22) に入る最も適切な語句をア～エから１つ選び，その記号を書きなさい。

(4)　ア. mystery　イ. pride　ウ. strength　エ. protection

(8)　ア. I smiled　イ. I cried　ウ. I stood up　エ. I shouted

(11)　ア. For　イ. To　ウ. By　エ. On

(13)　ア. ear　イ. eye　ウ. nose　エ. leg

(22)　ア. that　イ. for　ウ. if　エ. as

Ⅳ. 下線部(5), (10)の下線部の発音と同じ発音を下線部に持つものをア～エから１つ選び，その記号を書きなさい。

(5)　breath

ア. meant　イ. please　ウ. break　エ. area

(10)　close

ア. advise　イ. sense　ウ. secret　エ. serious

Ⅴ．下線部(6)における【　】内の語句を文意が通るように並べかえて書きなさい。

Ⅵ．下線部(7)，(12)，(17)の語を適切な形にしなさい。ただし，形を変える必要がない場合はそのまま書きなさい。

Ⅶ．下線部(9)とほぼ同じ意味の英語１語を文中より抜き出して書きなさい。

Ⅷ．下線部(18)を次のように書きかえたとき，（　）に最も適切な語を書き入れなさい。なお，空所内に示された文字で始まる語を書くこと。

(18) No luck?

＝Didn't you come (a　　) Graybeard?

Ⅸ．下線部(19)において主人公が伝えようとしていることを話し言葉で表したとき，最も適切な語句をア～エから１つ選び，その記号を書きなさい。

ア．"Yes."　　イ．"No."　　ウ．"So-so."　　エ．"No idea."

Ⅹ．下線部(21)の内容を最も適切に表しているものをア～エから１つ選び，その記号を書きなさい。

(21) the thought of old Graybeard being safe for another year gave me a thrill of pleasure

ア．Graybeard がもう１年生きているかと思うと，うれしい気持ちがこみ上げてくる。

イ．Graybeard が安全なのもあと１年かと思うと，ただ喜んでもいられない。

ウ．Graybeard にまた来年会えるかと思うと，興奮して何も考えられない。

エ．Graybeard を１年間野放しにする原因が自分にあると思うと，恐ろしくなる。

Ⅺ．この物語の主題となる英語１語を文中より抜き出して書きなさい。

Ⅻ．本文の内容から判断して正しいと思われるものをア～カから２つ選び，その記号を書きなさい。

ア．Graybeard had survived for many years, so every hunter wanted to shoot him.

イ．The boy always did what he was told to do by his father, so he had never seen Graybeard until the age of fourteen.

ウ．The local hunters wondered how Graybeard had escaped and were trying to find out who had given a helping hand to the animal.

エ．The boy's father gave his hunting place to his son because the father was not satisfied with it and wanted to find a better one.

オ．All the hunters saw Graybeard running in the direction of where the boy was and they knew that the boy would let Graybeard escape.

カ．The boy's father forgave his son for not shooting Graybeard because he had learned something important through this experience.

C　次の英文を読んで，設問に答えなさい。

Many years ago, when I was fourteen years old and living in a small town in southern Indiana, my father died. While my mother and I were out of town visiting (1)relatives, he was taken by a sudden heart attack. We returned home to find that he had passed away. We had no chance ( 2 ) "I love you" or even "Good-bye." There was no final farewell. As my older sister was going away to college, our home went from a lively, happy family of four to a house ( 3 ) two shocked people lived in silent unhappiness.

I suffered greatly with the pain and loneliness of my loss, but I was also very worried about my mother. I was afraid that if she saw me crying for my father, her pain would be even stronger. And, (4)as the new "man" of the house, I felt it was my job to protect her from greater hurt. (5)So I made a plan that【without / would / cry for my loss / me / allow / to】causing more pain for my mother.

In our town, people took the (6)trash from their houses out to the street behind their backyards, where it would be taken by the trash men once a week. Every evening after dinner, I would ( 7 ) to take out the trash. I would hurry around the house with a bag, collecting pieces of paper, and then take it out to the street. (8)【soon / was / that / as / as / sure / I】no one could see me, I'd hide in the shadows, and that's where I would stay (9)until I had cried myself out. 【 10 】, I would return to the house and get ready for bed.

This plan continued for weeks. One evening after dinner, I collected the trash and went out to my usual hiding place behind the house. I didn't stay very long. When I returned, I tried to find my mother to ask ( 11 ) she needed me to do anything else. After looking everywhere, I finally found her. She was in the darkened *basement, behind the washer and dryer and (12)crying by ( ). She was hiding her pain, to protect me.

I'm not sure which is greater : (13)the pain you suffer openly or the pain you bear alone to protect someone you love. I do know that on that night, in the basement, we held each other and shared the unhappiness that had sent us both to our separate, lonely crying places. 【 14 】.

（注） *basement 地下室

Ⅰ．下線部(1)，(6)の語の意味を以下のように説明した時，（ ）にそれぞれ与えられた文字で始まる最も適切な語を書き入れなさい。

(1) relatives

people who are in the same (f )

(6) trash

things that you (t ) away because you don't want or need them any longer

Ⅱ．空所（2），（3），（7），(11)に入る最も適切な語句をア～エから１つ選び，その記号を書きなさい。

（2） ア．say イ．said ウ．to say エ．saying

（3） ア．which イ．where ウ．what エ．why

（7） ア．hate イ．cry ウ．hide エ．volunteer

(11) ア．what イ．whether ウ．that エ．how

Ⅲ．下線部(4) as the new "man" of the house に現れている筆者の心情を，最も適切に表しているものをア～エから１つ選び，その記号を書きなさい。

ア．家族の中に成人男性がいなくなり，不安な気持ちが強くなっている。

イ．母と二人だけで，金銭的に生活ができるかどうか心配をしている。

ウ．父の代わりとなる男性を早く母に見つけてほしいと思っている。

エ．父がいなくなり，代わりに自分が家族を支えなくてはいけないと考えている。

Ⅳ．下線部(5)，(8)における【 】内の語句を文意が通るように並べかえて書きなさい。文頭に来る語も小文字で書かれている。

Ⅴ．下線部(9)を次のように書きかえた時，（ ）に与えられた文字で始まる最も適切な語を書き入れなさい。

(9) until I had cried myself out

＝until I had cried as (m ) as I wanted

Ⅵ．空所【10】，【14】に入る最も適切なものをア～エから１つ選び，その記号を書きなさい。

【10】 ア．Because I felt sleepy crying in that dark place for a long time

イ．After I had checked that my mother wouldn't notice what I'd been doing

ウ．When I was not afraid that my mother would come to me

エ．As I didn't want my mother to get angry with me for going outside

【14】ア．And we could enjoy our happiness together

イ．And we continued to visit our crying places

ウ．And we never felt the need to cry alone again

エ．And we still couldn't understand each other

Ⅶ．下線部⑿が，「一人きりで泣いていた」という意味になるように，空所に適切な語を書き入れなさい。

Ⅷ．下線部⒀に描かれている(A) the pain you suffer openly と(B) the pain you bear alone to protect someone you love のどちらに，筆者が感じる pain と，彼の母親が感じる pain は分類されるか。それを説明したものとして最も適切なものをア～エから１つ選び，その記号を書きなさい。

ア．筆者の pain は(A)，母親の pain は(B)に分類される。

イ．筆者の pain は(B)，母親の pain は(A)に分類される。

ウ．筆者の pain，母親の pain ともに(A)に分類される。

エ．筆者の pain，母親の pain ともに(B)に分類される。

Ⅸ．本文の内容から判断して正しいと思われるものを，ア～カから２つ選び，その記号を書きなさい。

ア．The death of the writer's father was too sudden for the family to say good-bye to him.

イ．The writer often went to the basement so that he could cry without worry.

ウ．The writer's mother visited the basement in order to stop the writer from knowing her pain.

エ．The writer's mother became even sadder when she knew her son had been crying all the time.

オ．The writer tried to hide his sorrow so that he could forget his father's death.

カ．The writer spent many painful days with his mother and his sister after his father's death.

## 【数　学】（50分）

（注意）1．必要な式と計算は，解答用紙の計算欄に書くこと。

2．答の $\sqrt{\phantom{x}}$ の中はできるだけ簡単にし，分数は，それ以上約分できない形で答えること。

**1**　$n$ を自然数とする。いま

$\langle n \rangle$ は $\sqrt{n}$ の整数部分

$\langle\langle n \rangle\rangle$ は $\sqrt{\langle n \rangle}$ の整数部分

$\langle\langle\langle n \rangle\rangle\rangle$ は $\sqrt{\langle\langle n \rangle\rangle}$ の整数部分

を表すものとする。このとき，次の問いに答えよ。

(1)　$\langle 2018 \rangle - \langle\langle 2018 \rangle\rangle$ の値を求めよ。

(2)　等式 $\langle n \rangle = \langle\langle n \rangle\rangle + 2$ を満たす自然数 $n$ の個数を求めよ。

(3)　等式 $\langle n \rangle = \langle\langle n \rangle\rangle + \langle\langle\langle n \rangle\rangle\rangle$ を満たす自然数 $n$ の個数を求めよ。

**2**　$a$，$b$ を $0<a<b$ を満たす定数とする。関数 $y=2x^2$ のグラフ上に，$x$ 座標が $a$ である点Aと，$x$ 座標が $b$ である点Bをとる。線分 AB を対角線とする正方形の各辺が $x$ 軸または $y$ 軸のいずれかと平行であるとき，次の問いに答えよ。

(1)　正方形の面積が $\frac{1}{36}$ であるとき，$a$，$b$ の値をそれぞれ求めよ。

(2)　正方形の頂点で，点A，点Bとは異なる頂点のうちの1つを点Cとする。点Cが関数 $y=3x^2$ のグラフ上の点であるとき，次の問いに答えよ。

①　$a$，$b$ の値をそれぞれ求めよ。

②　正方形の頂点で，点A，点B，点Cとは異なる頂点が，ある関数 $y=px^2$ のグラフ上の点となるとき，$p$ の値を求めよ。

**3**　右の図のような図形について考える。三角形ABCにおいて，$\angle ABC=45°$，$\angle ACB=75°$，$AC=4$ である。3点A，B，Cを通る円を $C_1$ とする。点Pは，円 $C_1$ の弧 AB 上にあり，$\angle PBC=60°$ となる点である。線分 AP を直径とする円 $C_2$ と直線 AC との交点のうち，点Aとは異なる点をDとする。また，線分 BP を直径とする円 $C_3$ と直線 BC との交点のうち，点Bとは異なる点をEとする。このとき，次の問いに答えよ。

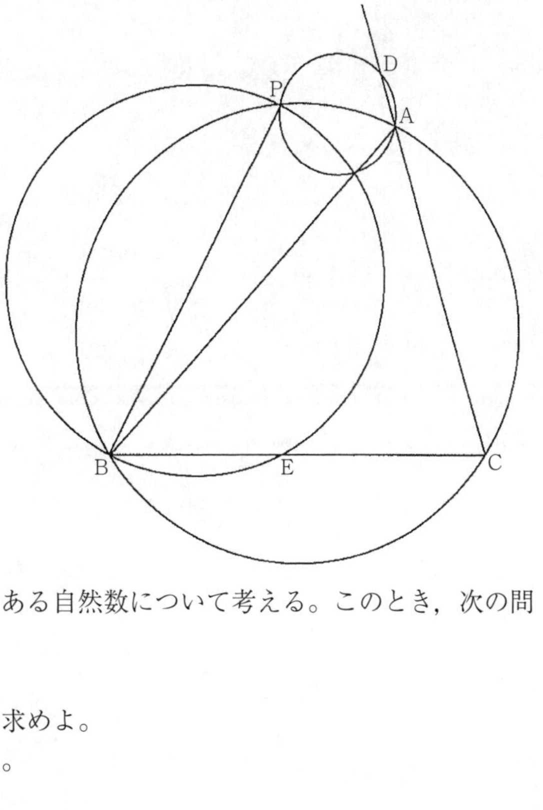


(1)　線分 BC の長さを求めよ。

(2)　$\angle DEC$ の大きさを求めよ。

(3)　四角形 PBED の面積を求めよ。

**4**　各位の数字が1，2，3，4，5のいずれかである自然数について考える。このとき，次の問いに答えよ。

(1)　5桁の自然数の個数を求めよ。

(2)　各位の数字の和が6となる3桁の自然数の個数を求めよ。

(3)　各位の数字の和が6となる自然数の個数を求めよ。

性もいます。

親や先生には、将来的には公務員や教員も考えているけど、大学では好きなことを学びたいと言えばいいのでは。

(出典)山田昌弘『悩める日本人「人生案内」に見る現代社会の姿』

なお、作問の都合上、原文の一部を改変した。

**設問** これらの悩み相談の内容から読み取れる、相談者の悩みの背景にある問題点を挙げ、回答者の回答についても批判的に触れながら、その問題点に対するあなたの考えを述べなさい。

先々のことを考えると、きちんとした仕事に就いて安定した生活を送ってもらいたいと思います。しかし、なかなか耳を貸そうとしません。

私の姉からは「いいかげん、子離れしろ」と言われます。しかし、いずれ親はいなくなります。その時のことを考えると、そろそろ、しっかり自活していける仕事を探してほしいのです。

息子に、どのようなことを言えばよいのかと悩んでおります。よきアドバイスをお願いします。

（茨城・F子）

◎回答

お母さまとしては確かに心配ですね。ただ、息子さんが夢を追っているといっても、ロックスターになるといった夢と違って、現実的な目標ですね。それに、親元を離れて自活しながら受験を続けています。市民の安全を守る仕事に就きたいという息子さんの情熱を誇りに思ってよいのではないでしょうか。

ただ、なかなか合格しないのは、面接まで行きもう一歩の所で落ちているのか、それとも、試験成績や体力・健康など何かの点で基準に達していないのかは、注意してみる必要もありますね。

もし後者であれば、「正義感や真面目さをいかせる仕事は他にもあるのではないか、少し職業の幅を広げて考えてみては」と言ってみてもいいでしょう。

頑張り屋の息子さんとお見受けします。受験制限年齢を超え希望の仕事に就けなかったとしても、定職に就く事は可能と思います。もう少し、息子さんの挑戦を見守ってあげたらいかがでしょう。

相談③

◎内容

高校1年生の女子。考古学者になりたいという夢をあきらめられません。

私は小学生の頃に日本史に興味を持ち、中学時代には埋蔵文化財センターへ職業体験に行ったりしました。中学2年の時、担任に考古学者になりたいと言うと「その職業で食べていくのは難しい」と言われました。

自分の将来の展望が崩れてしまいました。確かに、安定した職業がいいのは事実ですから、高校の担任には「公務員になりたい」と言っています。先生も親も賛成してくれています。

ですが、実は本心を言えないだけなのです。考古学者になりたいという夢を捨てきれずにいます。

国立大学に進みたいと思っていますが、志望校や学科を決めるためにも、早く決断しないといけません。

職業選択は安定を求めるべきでしょうか。それとも自分の夢を大事にすべきでしょうか。

（富山・S子）

◎回答

親や先生を安心させるために、公務員志望と言い続ける。あなたは優しい人ですね。

確かに考古学者の数は少ないです。けれど、あなたも体験学習で接したように、埋蔵物の発掘、整理を仕事にしている人は結構いて、多くは公務員です。歴史の先生をしながら、空いた時間を研究や発掘に費やすセミプロの人もいます。アマチュアながら郷土史家として活躍している人もいます。

そう考えると、公務員試験受験に少しでも有利という理由で学部、学科を選ぶよりも、考古学が学べる大学を選んでほしいと思います。安定した職のために好きでもないことを大学で勉強するより、はるかに充実した大学生活を送れるでしょう。研究者、専門職員になる道は確かに細いですけど、チャレンジする価値はあります。

たとえ仕事にできなくても、自分の興味関心があることを一生懸命学習したという経験は、人生のいろいろな所で役に立ちます。考古学を学ぶ中で中国語を身につけ、結果的に海外で活躍している女

## 【小論文】（九〇分）

〔注意〕題名（タイトル）は記入せず、解答用紙の一行目から本文を書き始めること。

次の文章は、新聞紙上で、一般読者から寄せられた悩み相談に有識者が回答する「紙上人生相談」をまとめた書籍の一節です。よく読んで後の**設問**に答えなさい。なお、九〇一字以上一二〇〇字以内で述べること。また、改行によって生じる空欄は字数に数えるものとする。

相談①

◎内容

80代女性。夫は認知症で入院中です。60代になる息子が仕事を辞め、主夫をしていることを知りました。今後、どう接したら良いのか迷っています。

息子は大学中退で、職が定まらないまま、20代後半に堅い会社に勤める同年代の女性と結婚しました。息子は、子どもが生まれても職を転々としていました。嫁はできの悪い息子の愚痴を私たちに言ったことはありません。嫁にはとても感謝しています。

嫁は定年後も関連会社で働いています。息子は約10年前に資格をとって就職しましたが、腰を痛めて辞めたようです。私には仕事を続けているように見せかけて、私だけが知らずにいたのです。

私の娘も息子の一家のことを知っていまして、娘との会話の中で知ってしまいました。驚き情けなく、すぐにも息子をとがめようと思いましたが、娘に止められました。息子は嫁の代わりに家事をしていて、もともと肥満気味だったのがますます太ってきています。

今まで通り知らぬふりをして、息子たちと接する方が良いのでしょうか。

（香川・M子）

◎回答

高齢になっても、息子さんの生活が心配という時代になったのでしょうか。

ただ、このケース、息子さんを娘さん、お嫁さんをお婿さんに入れ替えてみると、事態は違って見えてきませんか。息子さんは、仕事は続かないけれど、家事をしている。お嫁さんは、正社員として家計を支えてきた。そして、お子さんを夫婦で育てあげた。確かに、男は仕事、女は家事という従来の基準から外れているかもしれません。でも、息子さん夫婦は、立派に家族生活を送っています。今の社会、このような家庭もあってよいという見本です。

多分、あなたに余分な心配をさせまいと、言わなかったのだと思います。そのことは気にしないことです。知らないふりを通してもよいですし、何気なく知っていることをほのめかすのもよいでしょう。

どちらにしろ、今までのように温かい目で息子さん夫婦を見守ってください。今後は逆に、助けてもらうことも多くなるでしょう。今は、時々行き来し、世間話をするというのでよろしいのではないでしょうか。

相談②

◎内容

20代後半の息子の就職のことが心配でなりません。

息子は、大学卒業とともに、以前からの夢であった警察官になるため、就職活動もせず1年間予備校に通い、採用試験を数回受けました。しかし、すべて不合格でした。

その後は、東京で一人暮らしを始め、仕事をしながら採用試験を受け続けています。相変わらず吉報は届きません。

親としては、いつまでも夢を追っていないで、一生勤められる他の仕事を探すべきだと再三言っているのですが、「これだけは譲れない」の一言です。

＊唐の犬　唐の国（現在の中国）産の犬のことだが、どのような犬かは現在はっきりしていない。

問一　傍線部1の解釈として最も適切なものを次の中から選び、記号で答えよ。

ア　遅刻して

イ　先立たれて

ウ　後日になって

エ　つきしたがって

問二　傍線部2と同じ意味で用いられている語を文中から三字以内で抜き出して答えよ。

問三　傍線部3の意味内容として最も適切なものを次の中から選び、記号で答えよ。

ア　聖に対する尊敬

イ　死者に対する弔意

ウ　説法に対する感動

エ　聴聞の人たちとの連帯感

問四　傍線部a〜eの語の中で、「（酒を）飲む」という意味で用いられているものを二つ選び、記号で答えよ。

a　たべて　　b　奉らん　　c　もたぐる

d　臥しなば　　e　召さじ

問五　空欄[A]に入るべき言葉として最も適切なものを次の中から選び、記号で答えよ。

ア　我が首を斬る

イ　剣が刃を折る

ウ　剣をもたげあへぬ

エ　刃をそこなふべからざる

問六　傍線部5の現代語訳として最も適切なものを次の中から選び、記号で答えよ。

ア　上手に斬れるに違いない

イ　そもそも斬るわけがない

ウ　斬ってしまったのである

エ　斬ることができないのだ

問七　傍線部4と6の「をかしかり」の語に共通する気持ちとして最も適切なものを次の中から選び、記号で答えよ。

ア　場を和ませる楽しいたとえをしたことを賞賛する気持ち。

イ　下品で趣味のよくないたとえをしたことを軽蔑する気持ち。

ウ　意外で突拍子もないたとえをしたことを滑稽に思う気持ち。

エ　誰も思いつかない独特なたとえをしたことを趣深く思う気持ち。

オ　場にそぐわない不謹慎なたとえをしたことを不快に思う気持ち。

記号で答えよ。

ア　言葉　イ　理性　ウ　世論　エ　知覚　オ　政治

**問六**　傍線部3「見てから判断するのではなく、決定してから見る」とは反対の態度を述べている部分を本文中から十五字以上二十字以内で探し、その始めと終わりの五字を答えよ。

**問七**　傍線部4「ステレオタイプ」の説明として、本文の内容と合致するものを次の中から一つ選び、記号で答えよ。

ア　他人の意見を素直に受け取って、自分の考えを補強していこうとする見方。

イ　自分の考えに過剰な自信を持ち、他人の意見を真剣に聞こうとしない見方。

ウ　自分の知性を発揮する労力を惜しみ、多数者の考え方に従おうとする見方。

エ　物事を固定された視点からとらえ、先入観や思い込みにとらわれている見方。

オ　新聞などのメディアを読もうとせず、見慣れたものだけを見て安心する見方。

**問八**　傍線部5「人民による自己統治という民主主義の原則」とはどのような原則か。次のように答えるとして、その空欄に入る言葉を二十字以上二十五字以内で探し、その始めと終わりの五字を答えよ。

**人民が**［　　　　］**という原則。**

**問九**　傍線部6「民主主義はかえって始末の悪いものになります」とあるが、そう言えるのはなぜか。次の中から最も適切なものを選び、記号で答えよ。

ア　大衆が、自分たちが世論を作っている主権者だと誤解することで、自ら進んで政治に関与して世論を作り出すことに積極的になるから。

イ　大衆が、自分たちが世論を支配しているという幻影にとらわれているため、世論が本来の大衆の意志とは異なるものになっていくから。

ウ　大衆が、世論は自らが作り出すべきものであることを忘れ、政治指導者が支配する世論に盲従してしまい、自らの意見を持たなくなるから。

エ　大衆が、世論を形成する主導権を政治指導者に奪われているために、大衆の内面から民主主義の担い手であるという自覚が失われてしまうから。

オ　大衆が、自らの世論によって統治が行われていると思い込み、世論を作っている政治家に自分たちが操作されていることに気づかなくなるから。

## 三

次の文章を読んで、後の問いに答えよ。

人に1おくれて、四十九日《なななのか》の仏事に、ある聖《ひじり》を*請《しやう》じはべりしに、説法2いみじくして、皆人、涙を流しけり。*導師《だうし》帰りて後、*聴聞《ちやうもん》の人ども、「いつよりも、殊《こと》に今日は尊く覚えはべりつる」と感じあへりし返り事に、ある者の言はく、「何とも候《さぶら》へ、あれほど*唐の犬に似候ひなむうへは」と言ひたりしに、3あはれもさめて4をかしかりけり。さる導師のほめやうやはあるべき。

また、「人に酒勧むるとて、おのれまづaたべて人に強《し》ひb奉《たてまつ》らんとするは、剣にて人を斬らんとするに似たる事なり。二方に、刃つきたるものなれば、cもたぐる時、まづ［　A　］ゆゑに、人をば5え斬らぬなり。おのれまづ酔《ゑ》ひてd臥《ふ》しなば、人はよもe召さじ」と申しき。剣にて斬り試みたりけるにや。いと6をかしかりき。

（『徒然草』より）

語注

*請じ　招くこと。

*導師　「仏事の儀式を導く者」の意で、ここでは「ある聖」のことを言い換えたもの。

*聴聞　説法を聴くこと。

つのは、スローガンか政治家でしかなく、複雑化する政治環境について十分な情報を得た上で判断するということは、全く期待できません。人間は「自己中心的」な存在であり、自分に関係のある事柄には合理的に判断することが出来ますが、政治は遠い世界の出来事であり、それについての認識や判断はｂ心許なく、偏見や習慣によって支配されているというわけです。

では、複雑化する政治について、十分な情報を得て合理的な判断を下すことができないのは、時間とお金がないためでしょうか。「それは違う」と彼は回答します。人間は複雑な物事については、「3見てから判断するのではなく、決定してから見る」という傾向を持っているからです。人間は複雑な物事を見る際に、一定のメガネ（これを彼は4ステレオタイプと呼びました）をかけて見て、判断を下します。ステレオタイプは人間が生まれると定着し始め、人間そのものと切っても切れないものとなるのです。そして、それが見ようとする対象の選択をあらかじめ決めてしまうために、複雑な現実を公平に冷静に、それ自身として観察するということは、人間には期待できないことになります。人間の知覚はステレオタイプに閉じ込められ、それによって知的エネルギーを節約し、見慣れたものを見て安心感を抱きます。ステレオタイプが支配する限り、世論は習慣や偏見と見慣れた世界から離れることができず、その合理性はｃトウテイ期待できないのです。

新聞などのメディアは、ステレオタイプを補強することには役立っても、それから人間を解放する力を持ちません。人間は楽しみを味わうために新聞を読むのであって、ステレオタイプに一致しない新聞を読もうとしないからです。かくして、世論は合理的な人民の意志とは無縁なものであり、その真の製造元は政治指導者です。大衆は、政治指導者がステレオタイプを念頭に置いて選んだ選択肢に対して「イエスかノー」を言うだけであり、5人民による自己統治という民主主義の原則は限りなく幻影に近づいていく、というわけです。

もし世論が、後光の差す「ご本尊」として存在しているのではなく、本来それに従うべき政治指導者が逆に「製造」したものであるとすれば、「世論の支配」は幻影に過ぎないものとなります。それは自己統治という幻影を振りまく点で、6民主主義はかえって始末の悪いものになります。「世論の支配」が、いわば内側から崩壊してしまうからです。それと同時に、こうした議論は政治指導者の役割を積極的に認める方向へとつながっていきます。世論が「存在」するモノではなく、多かれ少なかれ「作られるもの」であるとすれば、それに関与する政治家集団のあり方、それらの間の競争条件などが重要になってきます。世論を「ご本尊」のように神聖化する発想は、政治家の役割を極めて受身的に考えてきましたが、それが大なり小なり逆転を始めます。問題はその逆転がどこまで及ぶかなのです。

（佐々木毅『民主主義という不思議な仕組み』より）

語注

＊ミル　Mill　一八〇六～一八七三年。イギリスの哲学者、社会思想家。

＊リップマン　Lippmann　一八八九～一九七四年。アメリカ合衆国のジャーナリスト、政治評論家。

**問一**　傍線部ａ～ｃのカタカナを漢字に直し、漢字はその読みをひらがなで答えよ。

**問二**　傍線部1「その後光が四方八方に発射されているようなものとして『存在』している」のような「世論」の捉え方をより簡潔に表現している動詞を本文中から五字以内で抜き出して答えよ。

**問三**　空欄［Ａ］に入る語として最も適切なものを次の中から選び、記号で答えよ。

ア　現実　イ　実行　ウ　手段　エ　結果　オ　達成

**問四**　傍線部2「本能や衝動、性向、さらには習慣といったもの」と同じ内容を一語で表現している五字以内の言葉を本文中から抜き出して答えよ。

**問五**　空欄［Ｂ］に入る語として最も適切なものを次の中から選び、

が分かる部分を本文中から三十字以上三十五字以内で探し、その始めと終わりの五字を答えよ。

**問十一**　次の中で本文の内容と合致しないものを一つ選び、記号で答えよ。

ア　人間の活動の中でビジネスの思考方法が適用できる領域は、限られた狭い範囲に過ぎない。

イ　ビジネスは、マーケットという単一の場において、短期的に利潤を確保することを目標としている。

ウ　教育は、教師が教え、その教師に生徒が成長という形で応《こた》えるという双方向的な関係で成り立っている。

エ　教育がビジネスの言葉で語られるのは、現在の社会でビジネスの価値観が偏重されていることの反映である。

オ　教育にビジネスの価値観を無批判に取り入れていくと、直接的な利益を生まない学問は軽視されることになる。

**二**　次の文章を読んで、後の問いに答えよ。

民主主義が制度的に実現して以来、最も大きな議論の的になってきたのは、正に「世論の支配」の実態でした。「世論の支配」という言葉自体、世論というものが厳然として存在しているというイメージを反映しています。極端に言えば、世論はさながら一つのモノのような形で、1その後光が四方八方に発射されているようなものとして「存在」しているといったイメージです。それは民主政治の光り輝く「ご本尊」とでもいうべきものです。

ここから、代表者たちがこの「ご本尊」の意向を推察し、その指令を着実に実行に移すべきだという民主政治論が出てきます。代表は、代理にほとんど解消してしまうような「世論の支配」のイメージです。さらには、この「ご本尊」は政策課題について正しい判断力を備えており、その忠実な実行は国民の利益に合致するという信念とも事実上結びついていました。

十九世紀から二十世紀にかけて、民主化の結果として大衆（mass）が登場してきます。これは＊ミルをはじめ多くの人々が心配していたように、合理的な政治判断を期待できない人々の登場を意味し、十九世紀の知識人が共通に抱いたaケイカイ感でした。功利主義であれ何であれ、合理的な原則に基づいて大衆が判断することをどこまで期待できるか、これが二十世紀初頭の一つの中心的テーマだったのです。これは、人間をどこまで理性的な存在――目的（利害）と［A］（政策）との関係について合理的に考える能力がある存在――と考えられるかということを意味しました。

心理学の登場という背景の中で、当時は人間の非合理性の「発見」が学界の一つの流行となっていました。そうした中で、政治の世界に見られる人間の実像を求める研究が始まります。そして、人間は目的と［A］の関係を合理的に考えて政策を判断するような存在であるよりも、2本能や衝動、性向、さらには習慣といったものによって支配されたものとして現れたのです。

彼らの分析によれば、現実政治においては、愛憎が大きな支配力を持ち、これに比べれば推論や討論はほとんど無力の状態です。そもそも［B］自身、人々の認識を高めるために使われるよりも、それを操作し、歪《ゆが》めるために使われています。ここでは、［B］は衝動へ訴えて人々を動員するために用いられているのであって、合理的な議論のための道具ではないのです。この「本能と衝動の束」のような大衆には、政治家の「旧友のような微笑」に受身的に反応することはできても、それを自らの判断に従ってコントロールする期待は持てません。政治家を自らの代表者としてコントロールするどころか、政治家たちによって「操作される」存在でしかありません。政治の現実がそうであるとすれば、「世論の支配」は無意味なものとなるのです。

＊リップマンの『世論』（一九二二）という作品は、こうした二十世紀前半の「世論の支配」に対する幻滅の典型的な現れです。先に述べたような、後光の差した「ご本尊」としての人民、公衆の存在が、ここでは完膚なきまでに否定されます。人々が政治に興味を持

顔を持った生ものであり、料理が調理の現場で、生もののコンディションや性質と対話しながら行われるように、教育もまた生徒ひとりひとりの性質や状態を見ながら「現場」で行われるものである。

教育の現場に、ビジネスの等価交換的な価値観を導入してゆけば、利につながらない学問は必ず*貶《おとし》められることになる。教育投資は、国際競争の場で勝ち抜くという形で回収されねばならないと考えるようになり、教育を受けるものもそれがキャリアパスにとって有益であり、かつ立身出世の武器になるものだけを選択するようになるだろう。

しかし、これを繰り返していれば、いずれ等価交換的な価値観でしかものを考えることのできない生徒を大量に再生産してゆくことになる。教育というものの恐ろしさは、先生が生徒に授ける知識と同時に、その授け方、方法、プロセスのすべてがそのまま生徒に授けられてしまうということである。私が教育を語る言葉づかいを問題にする理由はここに存している。

もし、現在教育の現場に問題があるとすれば、それは教育を語るにふさわしい言葉づかいをcソウシツしているということであり、投資して回収するといったモデルで回復できるような問題ではないのである。

（平川克美『経済成長という病』より）

語注

*瀰漫　好ましくない風潮などが広がること。

*ターム　用語。

*要諦　物事の最も大切なところ。

*貶める　劣ったものとして軽蔑する。見下す。

**問一**　傍線部a〜cのカタカナを漢字に直せ。

**問二**　傍線部1で「ビジネスの価値観」から本質的に隔たったものとして本文中で「教育」が挙げられているが、その「教育」と同質のものとして本文中で筆者が挙げているものは何か。本文中から五字以上十字以内で抜き出して答えよ。

**問三**　傍線部2のように述べられているが、「教育」を「ビジネスの言葉」で語ることは、最終的に何を生み出すと筆者は考えているか。それを具体的に述べた部分を本文中から二十五字以上三十字以内で探し、その始めと終わりの五字を答えよ。

**問四**　空欄［A］に入る語として最も適切なものを次の中から選び、記号で答えよ。

ア　戦略　　イ　産業　　ウ　資本　　エ　営業　　オ　利潤

**問五**　傍線部3「言葉づかいの無神経さ」とあるが、教育において「言葉づかい」が「無神経」であってはならないのはなぜか。その理由を次のように答えるとして、その空欄に入る言葉を本文中から三十三字で探し、その始めと終わりの五字を答えよ。

**教育においては、［　　］から。**

**問六**　傍線部4「何を目的として行うものなのか」とあるが、この「目的」を「教育再生会議」はどのように捉《とら》えていると筆者は考えているか。「こと」に続くようにして、本文中から十一字で抜き出して答えよ。

**問七**　傍線部5「区切られた時間」と対照的な内容をあらわしている言葉を本文中から十五字以上二十字以内で探し、その始めと終わりの五字を答えよ。

**問八**　空欄［B］を含む「人は［B］のみに生きるものではない」は『新約聖書』の格言を踏まえた表現である。その空欄に入る言葉をカタカナ二字で答えよ。

**問九**　傍線部6で、「費用対効果」という「尺度」が「まったく役に立たない」と述べられているが、そう言えるのはなぜか。次のように答えるとして、その空欄に入る言葉を本文中から五字以上十字以内で抜き出して答えよ。

**これらの問題においては、「費用」と「効果」は［　　］だから。**

**問十**　傍線部7「素材の味や特質を知らずに」は比喩《ひゆ》表現であるが、この比喩は現実におけるどのような状況を踏まえたものか。それ

書き、それをひとつひとつ着実に実行してゆくことで解決されるべき問題である。

ビジネス上の投資とは、その投資額をどの位の期間で回収できるか、その投資によって現状のビジネスにいかなるメリットがあるのか、その投資が最終的にどれほどの利益をもたらすことになるのか、あるいはもしその投資が失敗するとすればそれはどのような要因によるのか、失敗のリスクの上限はどこまで許されうるのかなどを勘案して行われるものである。

そして、さらに重要なことは、投資を確実に回収するためには何が必要で、何をしなければならないのかを事前に勘定に入れておくことだろう。5区切られた時間と、数値化できる利得とリスクの計算、インプットとアウトプットの関係についての明確なヴィジョンがなければ、投資行為そのものが意味を失う。ビジネス上の課題とはすぐれて、パフォーマティブ（遂行的）な課題なのである。だからこそ、効率が重視され、競争優位が戦略に組み込まれる。同時にこのような思考方法が適用可能な領域は、人間の諸活動のうちでは限定的なものであることを知る必要がある。

人はビジネス上の損得や、等価交換的な取引だけで生きているわけではない。言い古された言い方だが、人は［ B ］のみに生きるものではないからである。

私は、教育の問題は、効率というような用語では語りえない最たるもののひとつだろうと考えるものである。医療ビジネスや、冠婚bソウサイビジネスというものがあるように、教育ビジネスというものは確かに成り立つが、病気や、結婚、死というものがビジネスとは全く別の次元の人間的な課題であるように、教育もまたビジネスから最も隔たった課題であるというべきだろう。

病に倒れた隣人に何をなすべきか。一生の伴侶とどのように巡り合うのか。死の恐怖をどのように克服してゆくのか。人をどのように育てるのか。6これらの問題の前では、費用対効果や、効率という*タームで語られる尺度がまったく役に立たないと思ったほうがよい。これらの問題は複雑系であり単純ではないということとも、少し違っている。むしろ、そこではビジネスの*要諦である「等価交換」の価値観が倒立してあらわれるということを理解しなければならない。

ひとがひとを愛するのは、相手との間で愛情の等価交換の契約が成立したからではない。むしろ、相互に不等価であるものを交換するとき、あるいはお互いのお互いに対する贈与なしには起動し得ないものを愛情と呼ぶのではないだろうか。馬鹿な子ほど可愛いという親の愛情は、子どもから返礼を期待するような思考からは生まれてこない。

教育もまた同じだろう。教育するものと、教育を受けるものとの間にあるのは、インプットとアウトプットが等価値であるような交換ではない。知識や、技術、判断力といったものが一方的に贈与され、教育を受けるものは「成長」という形で迂回《うかい》的に「返礼」を行っている。

この「返礼」は、すぐに返ってくる場合もあるが、ほとんどの場合は人間の成長に要するのと同じだけ長い時間を経て返ってくる。誰にでも、青年期のある時期に教師や先輩から教えられた言葉や技術が、様々な体験を経た後にようやく了解されるようになったということがあるだろう。教育とはその字が示すごとく、教え育てることだが、同時に教えられた側がその種子を育てていくことでもある。重要なことは、このプロセスはマーケットのような単一の「場」で行われる短期的かつ直接的な交換ではないということだろう。

教育における百年の計を定めようと、教育基本法を改定したり、国家的な教育戦略を策定するというような場合に、教育がビジネスや行政の言葉だけで語られるというのは、7素材の味や特質を知らずに、料理のメニューをつくっているようなもので、そこでつくられる料理は見かけは旨《うま》そうに見えても、すぐに飽きられる味気のないものにならざるを得ない。

料理の素材が生ものであるように、生徒もまたひとりひとり違う

# 二〇一八年度　早稲田大学高等学院

## 【国　語】（五〇分）

〔注意〕　字数指定のある問いに答える場合は、句読点などの記号も字数に含めるものとする。

一　次の文章を読んで、後の問いに答えよ。

時代の変化は、まず言葉づかいに現れる。

私は、九〇年代後半以降の時代の変化を象徴的に表す言葉づかいは、ビジネスの言葉づかいではなかったかと思う。それはたとえば、戦略、リスクとリターン、効率化、投資、自己責任といった言葉の束である。これらの言葉づかいは、仕事の中ではもちろんのことだが、日々の生活や、余暇の時間の中にも、遊びやスポーツの場面にも進入してきた。そして1ビジネスの価値観から最も隔たった教育を語る言葉づかいの中にも、これらの言葉づかいは*瀰漫《びまん》している。

安倍内閣のとき、いささか唐突に教育再生会議というものが組織された。唐突というのは、他の時代に比べて、今がとりわけて教育の現場に緊急かつ重大な問題があるようには、思えなかったからである。二〇〇七年に出された第三次報告書には、次のようなことが書かれていた。

> 世界的な「知」の大競争時代にあって、今、教育に投資しなければ、日本は、この大競争から取り残されてしまう恐れがあります。効率化を徹底しながら、メリハリを付けて教育再生に真に必要な予算について財源を確保し、投資を行うことが必要です。また、地域経済の疲弊や家庭の教育力、養育力の低下による教育格差も指摘されています。国は、職業的、社会的に、若者が自立できるよう、全ての子供、若者に確実に充実した教育を提供しなければなりません。このためにも、全ての子供、若者への投資が重要です。

ここで言われている内容の後段に関しては、私はほとんど異論がない。しかし、「効率化を徹底しながら、メリハリを付けて」選択投資をしなければならないという前段の文章には、今日の教育問題に関する考え方の特徴がよく出ており、その思考の構えには大きな違和感を持っている。

それをひとことで言うなら、2ここで用いられているのは、ビジネスの言葉であって教育のそれではないということである。試みに、「教育」という言葉を「［A］」と置き換えて報告書の文章をお読みいただきたい。いや、その方がよほど通りのよい文章になる。内閣が、教育改革を掲げて組織した機関による報告書が、制度設計や予算配分に関する議論に傾くことは止むを得まいと思う。しかし、私はそこに見え隠れする3言葉づかいの無神経さを訝《いぶか》るのである。いったい、教育における効率化とは何を意味するのか。投資とは、誰が何のために、4何を目的として行うものなのか。

この会議のメンバーに、現場の現職教師が一人だけしか含まれておらず、居酒屋チェーンで成功した企業の社長や、トヨタ自動車の会長などのビジネスマンや、大学経営者の名ばかりが目立つことにも、首を傾《かし》げざるを得ない。かれらに教育を語る資格がないということではないし、知りうる限り立派な経営哲学の実践者も含まれている。しかし、かれらは経営のプロで、その分野では業績を残しているかもしれないが、教育問題のプロではないし、教育の現場で何が起きているのかについて、ことさら見識があるとも思えない。教育再生会議のメンバーを見ていると、教育の問題とは、経営の問題であると考えているとしか思えないのである。

しかし、教育の問題と経営の問題は、原理的にも現実的にも異なっており、異なる文脈で考察され、解決策をaモサクされるべきであると私は考えている。経営の問題、あるいはビジネス上の問題とは、利潤の確保という現実的、即物的な目標達成のための処方箋《しょほうせん》を

# 2018年度／早稲田大学高等学院

## 英語解答

A Ⅰ (1)…イ (2)…エ (3)…ウ (4)…イ
(5)…ア (6)…ウ

Ⅱ (1) a…ウ b…ア
(2) a…ウ b…イ

Ⅲ (1)…(エ) (2)…(ア) (3)…(ア) (4)…(イ)

B Ⅰ (1)…ア (16)…ウ

Ⅱ (2) boy (3) anyone (14) last
(15) like (20) lie

Ⅲ (4)…エ (8)…ア (11)…イ (13)…イ
(22)…エ

Ⅳ (5)…ア (10)…イ

Ⅴ heard the dogs running after him

Ⅵ (7) talking (12) pass (17) gone

Ⅶ Graybeard Ⅷ across

Ⅸ イ Ⅹ ア Ⅺ compassion

Ⅻ ア，カ

C Ⅰ (1)…family (6)…throw

Ⅱ (2)…ウ (3)…イ (7)…エ (11)…イ

Ⅲ エ

Ⅳ (5) would allow me to cry for my loss without
(8) As soon as I was sure that

Ⅴ much Ⅵ 【10】…イ 【14】…ウ

Ⅶ herself Ⅷ エ Ⅸ ア，ウ

（声の教育社 編集部）

A 〔文法総合〕

Ⅰ＜適語(句)選択＞(1)‘条件’や‘時’を表す副詞節では，未来のことでも現在形で表す。 「明日天気が良ければ，私はピクニックに出かけるつもりだ」 (2)look forward to ～ing で「～するのを楽しみに待つ」。to は前置詞なので，後に続く動詞は動名詞(～ing)となる。 「彼は次の日ガールフレンドに会うことを楽しみにしていた」 (3)2つ〔人〕のうちの「もう1つ〔人〕の」は the other で表す。another は残りが複数あるときの「もう1つ〔人〕の」を表す。 「誰かと話をしているときは，相手の目を見ることが大切だ」 (4)enjoy は，to不定詞ではなく動名詞(～ing)を目的語にとる。 「英国の多くの人々がサッカーをすることを楽しむ」 (5)There were so many fans で文として完成しているので，空所以下は many fans を修飾する部分。excited は「(人などが)興奮した」，exciting は「(人を)興奮させるような」という意味。many fans を修飾するので excited が適切。 「そのチームの輝かしい勝利に興奮したとてもたくさんのファンがいた」 (6)knowledge「知識」は‘数えられない名詞’なので，many は使えない。‘as much＋数えられない名詞＋as possible’で「できるだけたくさんの～」という意味になる。 「私はできるだけたくさんの知識を得たいと思う」

Ⅱ＜整序結合＞(1)疑問詞 When の後，受け身形の疑問文(‘be動詞＋主語＋過去分詞…’)の形にすればよい。 When was this tower built in this place? (2)語群に enough があるので，‘形容詞＋enough to ～’「～するのに十分…」の形で，「～に乗るのに十分な背丈ではなかった」とする。 My brother was not tall enough to ride on the roller coaster.

Ⅲ＜誤文訂正＞(1)前半の内容から，「話す人〔話し相手〕が欲しくなる」という文意にする必要があるので，someone to talk with〔to〕とする。someone to talk about は「話題にする人」という意味になる。 「とてもおもしろい小説を読んだ後，私はよく話し相手が欲しくなる」 (2)late は形容詞なので，be動詞が必要。You are always late とするのが正しい。 「あなたはいつも学校に遅刻する。誰かが毎朝あなたが起きるのを手助けした方がいいようだ」 (3)yesterday など

‘過去の一時点’を表す語句と現在完了形は一緒に使うことはできない。have lost を lost と過去形にするのが正しい。　「昨日，私は馬鹿げた失敗をして携帯電話をなくした。私はまだそれを見つけていない」　(4) belong は‘状態’を表す動詞なので，進行形にはならない。used to be belonging を used to belong にするのが正しい。　「この家はかつて私の祖父のものだったが，今では私の父が所有している」

**B**〔長文読解総合―物語〕

≪全訳≫❶私が子どもの頃，南アフリカのナタール州にあるウムジンクルの谷では毎年狩りが行われていた。この谷には，さまざまな野生生物，猿や鹿，ときにはヒョウさえもが生息しているが，その速さ，頭の良さ，強さのため，灰色のブッシュバックが全ての猟師たちが撃ちたいと思う標的だ。❷私たちがグレービアード(Graybeard「老人」)と呼んでいた一頭のブッシュバックがいた。グレービアードは毎年狩りを生き延びた大きな年老いた雄だった。彼が誇らしげに小さな野原を横切っているのを初めて見たとき，私は10歳だった。彼の角は長く先がとがっていた。彼の体は濃い灰色だった。彼を仕留めることが全ての猟師の望みであり，その日から私は，他のことは何も考えられなくなった。私は，グレービアードを撃つことが大人の男になる大きな一歩だろうと何となく感じたものだ。❸父は私に，狩りに行くには14歳になるまで待たなければならないと言っていたので，他の猟師が私のブッシュバックを撃ってしまうのではないかと心配しながら次の３年間を過ごした。しかし，グレービアードは生き延びた。１度は，猟師が銃を撃つ前に柵を跳び越えた。１度は，他の動物の背後に隠れて身を守った。❹３年目，私は彼が犬から逃げて猟師たちに向かってまっすぐ走るのを見た。私はかたずをのんで発砲を待った。すると突然彼は森の中へと引き返した。(6)犬が彼を追いかけて行くのが聞こえ，安全な場所に逃げたのだとわかった。❺農夫たちはその夜一晩中グレービアードの驚くべき逃亡について話した。私はほほ笑んだ。なぜなら来年には猟師たちの１人として十分な年齢になるのだから。❻その年の間ずっと，私はたった１つの輝かしい未来像を描いていた。それは，14歳の若者である自分がとても長い間猟師たちから逃れてきた生き物のそばに立っているというものだった。狩りの日，私は日の出とともに谷にまっすぐ走っていきたかったが，父は私にまず朝食をとるように言った。「グレービアードはまだそこにいるだろう」と父は，私を椅子に座らせながら言った。❼ほの暗い早朝，私たちは谷に集まった。丘の頂上近くが，最適な場所だった。というのは，ブッシュバックは猟犬から逃れようと丘を登っていく傾向があったからだ。とてもがっかりしたことに，私は川に近い下の方の場所を与えられた。すると私は，良い場所を手に入れていた父が，「息子と場所を交換するよ。最初の狩りに良い場所をあげたいから」と言うのが聞こえた。彼は，私のそばを通り過ぎるとき，私の肩を軽くたたいた。「必ずあの年老いたやつを仕留めるんだよ」と彼はほほ笑みながらささやいた。❽私は丘の頂上に走っていき，木々に隠れた大きな岩を選んだ。長い間，全く音がしなかった。すると犬の騒がしい声がした。❾最初に雌のブッシュバックがやって来て，私のそばを急いで通り過ぎ，次に若いブッシュバックが来た。私は彼らを通り過ぎさせた。グレービアードがついて来るかもしれないので，私は待った。すると，ある突然の動きが私の目に留まった。私から10ヤードも離れていない所に，グレービアードが木々の中から出てきたのだ。青年時代の目標がまさにそこに，私の前にじっと立っていた。彼を射止めるにはただ引き金を引きさえすればよかった。❿しかし，何かが私に撃つのをとどまらせた。ブッシュバックは今や頭を向けていて，穏やかで賢い彼の目は，まっすぐ私を見ているようだった。彼の体の輪郭全てが誇りと強さを示しており，そのとき私は彼を仕留めることはできないとわかった。数秒の間彼はまさにそこにおり，その後風が私の人間のにおいを彼のもとへ運んだ。１秒もしないうちに，彼は向きを変え，いなくなってしまった。⓫狩りが終わると，父が丘を上がってきた。⓬「だめだったかい？」と彼は尋ねた。⓭私は首を横に振った。⓮「それはおかしいな」と彼は言った。「少年たちはグレービアードがこっちに来るのに気づいたんだが，他の猟師たちは誰も彼を見ていないんだ」⓯私は下を向いた。彼は木々の方に向かって歩き，ブッシュバックが地面につけた深い跡のそばで立ち止まった。私は父の目を見ることができず，歩き去った。⓰私たちが車で家へ戻るとき，年老いたグレービアードがもう１年無事でいると考えると，私はわくわくするような喜びを感じた。だが，父は黙ったままだった。ついに彼は「息子よ，何があったんだい？」と尋ねた。⓱はにかみながら，私は彼に話そうとした。私はグレービアードを見たとおりに，強く勇敢だったと述べた。私はなぜ自分が撃つことができなかったかを説明しようとした。⓲父はしばらく黙っていた。そして彼はゆっくりと「息子よ，今日はあることを学んだね。多くの人たちが知ることなく一生を過ごすあることを」と言った。彼は私の肩に腕を回した。「哀れみを学んだんだよ」と彼は優しく言った。

Ⅰ＜英文解釈＞⑴「他のことは何も考えられなかった」とは，ア．「グレービアードを仕留めることだけが私のしたいことだった」ということ。第１，２段落の内容から，グレービアードが特別な存在で誰もが彼を仕留めたいと思っていたことがわかる。　⒃「彼の体の輪郭全てが誇りと強さを示しており，そのとき私は彼を仕留めることはできないとわかった」とは，ウ．「グレービアードはとても特別に見えたので，私は彼をそのままにしておかなければならないと感じた」ということ。leave ～ alone「～をそのままにしておく」

Ⅱ＜書き換え―適語補充＞⑵「大人の男になる」とは，もはや boy「少年」ではないということ。no longer ～で「もはや～でない」。「グレービアードを撃つことは僕に自分はもはや少年ではないと感じさせるかもしれない」　⑶「他の猟師が撃ってしまうのではないかと心配している」とは，anyone〔anybody〕「誰にも」撃ってほしくはないということ。‘want＋人＋to ～’で「〈人〉に～してほしい」。「僕は他の誰にもグレービアードを撃ってほしくはない」　⒁長い間の目標であったグレービアードを目の前にしていざ引き金を引くだけの状態になったとき，筆者は「ついに，僕はグレービアードを撃てるんだ！」と思ったと考えられる。at last「ついに」　⒂「撃つのをとどまらせた」とは，撃つ気にならないということ。feel like ～ing で「～する気になる」。「僕はどういうわけかグレービアードを撃つ気にならない」　⒇直前の文から，筆者は父親が自分のついた lie「うそ」に気づいたと思ったので，父の目を見ることができなかったと考えられる。「僕は，父が今や僕がうそをついたとわかっているので，彼のことを直視できない」

Ⅲ＜適語（句）選択＞⑷グレービアードが動物の背後に隠れたのは「身を守るため」。protection「保護，防護」　⑻直後にその行動の理由が述べられている。来年からは猟師になってグレービアードを仕留める資格を得るので，筆者はうれしいのである。　⑾ to ～’s disappointment で「～ががっかりしたことには」。　⒀ catch ～’s eye で「～の目に留まる」。　(22) describe は「～の特徴を述べる」という意味。「～するとおりに」という意味のある接続詞 as が適切。

Ⅳ＜単語の発音＞

⑸　breath［e］　ア．meant［e］　イ．please［iː］　ウ．break［ei］　エ．area［iə］

⑽　close［s］　ア．advise［z］　イ．sense［s］　ウ．secret［siː］　エ．serious［siə］

Ⅴ＜整序結合＞I の後に，動詞 heard を置く。see，hear，feel などの知覚動詞は‘知覚動詞＋目的語＋～ing’の形をとることができ，「～が…しているのを見る〔聞く，感じる〕」という意味になる。run after ～で「～を追う」。追う側の the dogs が heard の目的語になり，追われる側の him（＝

Graybeard)をrunning afterの後に置く。

Ⅵ＜語形変化＞(7) ‘spend＋目的語＋～ing’で「…を～して過ごす」。　(12) ‘let＋目的語＋動詞の原形’で「～に…させる，…することを許す」。　(17) ‘be動詞＋gone’で「去った」。

Ⅶ＜語句解釈＞「とても長い間猟師たちから逃れてきた生き物」とは「グレービアード」のこと。

Ⅷ＜語句解釈＞父親の言ったNo luck?「だめだったかい？」は，ここでは「グレービアードに出会わなかったかい？」と書き換えられる。　come across ～「～に(偶然)出会う」

Ⅸ＜英文解釈＞shake ～'s headは「首を横に振る」という意味で，‘否定・拒否’を表すジェスチャー。なお，‘承諾・賛成’を表すのはnod ～'s head「首を縦に振る」。

Ⅹ＜英文解釈＞直訳は「グレービアードがもう1年無事でいることという考えが，私に喜びというわくわくする感じを与えた」。old Graybeardが動名詞句being safe for another yearの意味上の主語。　thrill「わくわくすること」

Ⅺ＜主題＞最終段落参照。父親は筆者に，compassion「哀れみ」を学んだと言った。

Ⅻ＜内容真偽＞ア．「グレービアードは何年もの間生き延びたので，全ての猟師が彼を撃ちたいと思った」…○　第2段落第1，5文参照。　イ．「少年は，いつも父親に言われたことをしたので，14歳になるまで1度もグレービアードを見たことがなかった」…×　第2段落第2文参照。　ウ．「地元の猟師たちは，グレービアードがどのように逃げたのか不思議に思い，誰がその動物に手助けをしたのか突き止めようとした」…×　そのような記述はない。　エ．「少年の父親は，自分の場所に満足しておらず，より良い場所を探したかったので，その場所を息子に与えた」…×　第7段落第4，5文参照。　オ．「全ての猟師は，グレービアードが少年がいた場所の方へ走っていったのを見ており，少年がグレービアードを逃がすだろうとわかっていた」…×　そのような記述はない。　カ．「少年の父親は，息子がこの経験を通して大切なことを学んだので，彼がグレービアードを撃たなかったことを許した」…○　最終段落参照。

**C**〔長文読解総合―物語〕

≪全訳≫❶何年も前，私が14歳で南インディアナの小さな町に住んでいたとき，父が亡くなった。母と私が親戚を訪ねに町を出ている間に，彼は突然の心臓発作に襲われたのだ。私たちが家に戻ると彼はすでに亡くなっていた。私たちは「愛してる」や「さようなら」さえ言う機会がなかった。最後の別れが全くなかったのだ。姉は家を離れて大学に行くことになっていたので，私たちの家庭は，にぎやかで幸せな4人家族からショックを受けた2人が悲しみの中静かに暮らす家になった。❷私は喪失の痛みと寂しさにとても苦しんでいたが，同時に母のことをとても心配していた。私が父のために泣いているのを母が見たら，彼女の痛みはもっと大きくなるだろうと思った。だから，一家の新たな「家長」として，彼女をより大きな痛みから守ることが私の役目だと感じた。(5)そこで私は母にさらなる痛みを引き起こすことなく喪失に対して涙を流すことを可能にする計画を立てた。❸私たちの町では，自分たちの家から裏庭の裏にある通りにごみを出しており，週に1回ごみ回収業者によって回収されていた。毎晩夕食の後，私は進んでごみを出しに行ったものだった。袋を持って家中を急いで回り，紙くずを集め，そしてそれを通りに出しに行った。(8)私は，誰も自分を見ることはないと確信するとすぐに物陰に隠れ，泣きたいだけ泣くまでそこにいたものだった。(10)私がしていたことに母が気づいていないことを確かめてから，私は家に戻って寝る準備をした。❹この計画は何週間も続いた。ある晩夕食の後，私はごみを集めて家の裏にある自分のいつもの隠れ場所に行った。あまり長くはいなかった。家に戻ると，母が自分に何か他のことをしてもらいたいかどうかを尋ねようと彼女を探そうとした。あらゆる所を探した後，ようやく彼女を見つけた。彼女は明かりの消えた地下室にいて，洗濯機と乾燥機の後ろで，一人きりで泣いていた。彼女は，私を守るために自分の痛みを隠していたのだ。**5**私には，公然と苦しむ痛みと愛する人を守るために一人で我慢する痛みのどちらがより大きいのかわからない。あの晩地下室で，私たちは互いに抱きしめ合い，私たち二人を別々の寂しい泣き場所に追いやった悲しみを分かち合ったと，確信している。(14)だから私たちが再び一人で泣く必要性を感じることは決してなかったのだ。

Ⅰ＜単語の定義＞(1) relative「親戚」は「同じ一族にいる人々」。「一族」は family。　(6) trash「ごみ」は「もはや欲しかったり必要であったりしないので捨てる物」。　throw away ～「～を捨てる」

Ⅱ＜適語(句)選択＞(2) a chance to ～ で「～する機会」(to不定詞の形容詞的用法)。　(3)関係詞を選ぶ問題。先行詞が‘場所’を表す a house で，空所の後が完全な文になっているので，関係副詞の where が適切。これは，a house in which two shocked people lived ... と書き換えられる。　(7) volunteer to ～ で「進んで～する」。　(11)文の内容から「私に何か他のことをしてもらう必要があるかどうかを尋ねる」という意味になると考えられる。ask whether〔if〕～ で「～かどうかを尋ねる」。

Ⅲ＜文脈把握＞筆者は父を亡くした喪失感に自らも苦しみながらも，それ以上に母親のことを心配していたことが読み取れる。直後に「彼女をより大きな痛みから守ることが私の役目だと感じた」とあるので，エが適切。

Ⅳ＜整序結合＞(5)語群から‘allow＋人＋to ～’で「〈人〉が～することを可能にする」の形が推測できる。‘人’には me を，‘～’には cry for my loss「私の喪失のために泣く」を入れ，without を最後に置くと without ～ing「～せずに」の形になりうまくつながる。残った would は動詞 allow の前に置けばよい。　(8)‘as soon as＋主語＋動詞...’で「～が…するとすぐに」。be sure (that) ～ で「～を確信している」。

Ⅴ＜書き換え―適語補充＞cry ～self out で「泣きたいだけ泣く」。書き換え文は，‘as much as＋主語＋動詞...’「～が…するのと同じくらいの，同量の」の形。

Ⅵ＜適文選択＞【10】筆者は，母に見られないように毎晩隠れて泣いていたのだから，母が気づかないのを確かめた後，という内容のイが適切。　【14】それまでそれぞれ別々の場所で隠れて泣いていた二人が，悲しみを分かち合った後なので，「一人で泣く必要がなくなった」というウが文脈に沿う。

Ⅶ＜適語補充＞by ～self で「一人きりで」。この文の主語は She なので，herself。

Ⅷ＜要旨把握＞筆者は母親を守るために隠れて家の裏で泣いていた。母親もまた筆者を守るために地下室で泣いていたので，どちらもBに分類される。

Ⅸ＜内容真偽＞ア．「筆者の父親の死はあまりにも突然すぎて家族は彼に別れを言えなかった」…○　第1段落第1～5文参照。　イ．「筆者は心配なく泣くためにしばしば地下室に行った」…×　第3段落参照。筆者は通りの物陰で泣いていた。　ウ．「筆者の母親は筆者が彼女の痛みに気づかないように地下室を訪れた」…○　第4段落最後の2文参照。　エ．「筆者の母親は自分の息子がずっと泣いていたことを知ってもっと悲しくなった」…×　そのような記述はない。　オ．「筆者は父親の死を忘れるために自分の悲しみを隠そうとした」…×　「父親の死を忘れるために」という記述はない。　カ．「筆者は父親の死後，母親と姉とともにつらい日々を何日も過ごした」…×　「母親と姉とともに」という記述はない。

## 数学解答

**1** (1) 38　(2) 16個　(3) 5個

**2** (1) $a=\frac{1}{6}$, $b=\frac{1}{3}$

(2) ① $a=\frac{-2+\sqrt{6}}{2}$, $b=\frac{3-\sqrt{6}}{2}$

② $\frac{4}{3}$

**3** (1) $2\sqrt{6}$　(2) $75°$　(3) $\frac{9\sqrt{3}}{2}$

**4** (1) 3125個　(2) 10個　(3) 31個

（声の教育社　編集部）

**1**〔特殊・新傾向問題〕

(1)＜式の値＞$44^2=1936$, $45^2=2025$ だから，$1936<2018<2025$ より，$\sqrt{1936}<\sqrt{2018}<\sqrt{2025}$，$44<\sqrt{2018}<45$ である。よって，$\sqrt{2018}$ の整数部分は44だから，$\langle 2018\rangle=44$ となる。また，$36<44<49$ より，$\sqrt{36}<\sqrt{44}<\sqrt{49}$，$6<\sqrt{44}<7$ だから，$\sqrt{44}$ の整数部分は6である。これより，$\sqrt{\langle 2018\rangle}$ の整数部分は6となるので，$\langle\langle 2018\rangle\rangle=6$ である。したがって，$\langle 2018\rangle-\langle\langle 2018\rangle\rangle=44-6=38$ となる。

(2)＜自然数 $\boldsymbol{n}$ の個数＞$\langle\langle n\rangle\rangle=1$ となる $\langle n\rangle$ は，$\sqrt{\langle n\rangle}$ の整数部分が1となる $\langle n\rangle$ だから，$1\leqq\sqrt{\langle n\rangle}<2$ より，$\sqrt{1}\leqq\sqrt{\langle n\rangle}<\sqrt{4}$，$1\leqq\langle n\rangle<4$ である。また，$\langle n\rangle$ は $\sqrt{n}$ の整数部分だから，整数である。よって，$\langle\langle n\rangle\rangle=1$ となる $\langle n\rangle$ は，$\langle n\rangle=1$，2，3である。同様に考えると，$\langle\langle n\rangle\rangle=2$ となる $\langle n\rangle$ は，$4\leqq\langle n\rangle<9$ より，$\langle n\rangle=4$，5，6，7，8であり，$\langle\langle n\rangle\rangle=3$ となる $\langle n\rangle$ は，$9\leqq\langle n\rangle<16$ より，$\langle n\rangle=9$，10，……，14，15である。よって，等式 $\langle n\rangle=\langle\langle n\rangle\rangle+2$ を満たすのは，$\langle n\rangle=3$，$\langle\langle n\rangle\rangle=1$，または，$\langle n\rangle=4$，$\langle\langle n\rangle\rangle=2$ である。$\langle n\rangle=3$ のとき，$\sqrt{n}$ の整数部分が3だから，$3\leqq\sqrt{n}<4$ より，$\sqrt{9}\leqq\sqrt{n}<\sqrt{16}$，$9\leqq n<16$ であり，$n=9$，10，……，14，15となる。$\langle n\rangle=4$ のとき，$\sqrt{n}$ の整数部分が4だから，$4\leqq\sqrt{n}<5$ より，$\sqrt{16}\leqq\sqrt{n}<\sqrt{25}$，$16\leqq n<25$ であり，$n=16$，17，……，23，24となる。以上より，求める自然数 $n$ は，$n=9$，10，……，23，24の16個ある。

(3)＜自然数 $\boldsymbol{n}$ の個数＞(2)と同様に考えると，$\langle\langle\langle n\rangle\rangle\rangle=1$ となる $\langle\langle n\rangle\rangle$ は，$\langle\langle n\rangle\rangle=1$，2，3であり，$\langle\langle n\rangle\rangle=1$ となる $\langle n\rangle$ は $\langle n\rangle=1$，2，3，$\langle\langle n\rangle\rangle=2$ となる $\langle n\rangle$ は $\langle n\rangle=4$，5，6，7，8，$\langle\langle n\rangle\rangle=3$ となる $\langle n\rangle$ は $\langle n\rangle=9$，10，……，14，15である。よって，等式 $\langle n\rangle=\langle\langle n\rangle\rangle+\langle\langle\langle n\rangle\rangle\rangle$ を満たすのは，$\langle n\rangle=2$，$\langle\langle n\rangle\rangle=1$，$\langle\langle\langle n\rangle\rangle\rangle=1$ である。$\langle n\rangle=2$ のとき，$n=4$，5，6，7，8である。$\langle\langle\langle n\rangle\rangle\rangle\geqq2$ のとき，等式 $\langle n\rangle=\langle\langle n\rangle\rangle+\langle\langle\langle n\rangle\rangle\rangle$ を満たす自然数 $n$ はないから，求める自然数 $n$ は，$n=4$，5，6，7，8の5個である。

**2**〔関数―関数 $\boldsymbol{y=ax^2}$ と直線〕

≪基本方針の決定≫正方形の1辺の長さは，2点B，Aの $x$ 座標，$y$ 座標の差で表せる。

(1)＜$\boldsymbol{x}$ 座標＞右図1のように，点Cを定める。正方形の面積が $\frac{1}{36}$ であることより，$\mathrm{BC}=\mathrm{AC}=\sqrt{\frac{1}{36}}=\frac{1}{6}$ である。また，2点A，Bは関数 $y=2x^2$ のグラフ上にあり，$x$ 座標がそれぞれ $a$，$b$ だから，$y$ 座標はそれぞれ $y=2a^2$，$y=2b^2$ となり，$\mathrm{A}(a,\ 2a^2)$，$\mathrm{B}(b,\ 2b^2)$ と表せる。よって，$\mathrm{BC}=b-a$，$\mathrm{AC}=2b^2-2a^2$ となるから，$b-a=\frac{1}{6}$……㋐，$2b^2-2a^2=\frac{1}{6}$……㋑が成り立つ。㋑より，$2(b^2-a^2)=\frac{1}{6}$，$2(b+a)(b-a)=\frac{1}{6}$ となるから，これに㋐を代入して，$2(b+a)\times\frac{1}{6}=\frac{1}{6}$，$b+a=\frac{1}{2}$……㋒となる。㋐，㋒を連

図1

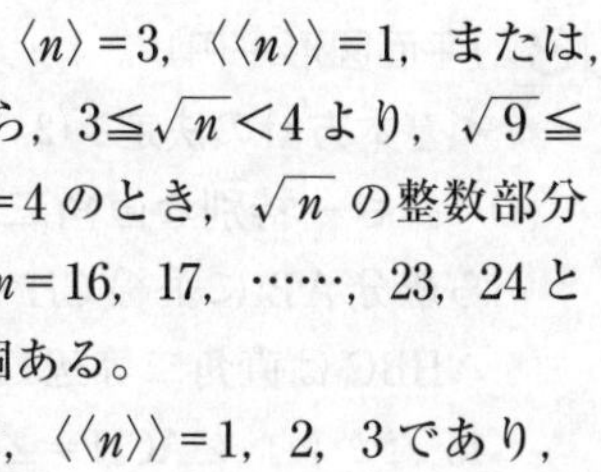

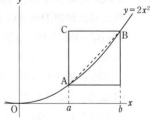

立方程式として解くと，$a=\frac{1}{6}$，$b=\frac{1}{3}$となる。

(2)＜$\boldsymbol{x}$座標，比例定数＞①右図2で，(1)より，A$(a,\ 2a^2)$，B$(b,\ 2b^2)$だから，C$(a,\ 2b^2)$と表せる。点Cは関数$y=3x^2$のグラフ上にあるから，$2b^2=3a^2$……㋓が成り立つ。また，BC＝AC，BC＝$b-a$，AC＝$2b^2-2a^2$だから，$b-a=2b^2-2a^2$が成り立ち，$b-a=2(b+a)(b-a)$となる。$0<a<b$より，$b-a$は0ではないから，両辺を$b-a$でわって，$1=2(b+a)$，$b=\frac{1}{2}-a$……㋔となる。㋔を㋓に代入すると，$2\left(\frac{1}{2}-a\right)^2=3a^2$より，$\frac{1}{2}-2a+2a^2=3a^2$，$2a^2+4a-1=0$となるので，解の公式より，$a=\frac{-4\pm\sqrt{4^2-4\times2\times(-1)}}{2\times2}=\frac{-4\pm\sqrt{24}}{4}=\frac{-4\pm2\sqrt{6}}{4}=\frac{-2\pm\sqrt{6}}{2}$である。$a>0$だから，$a=\frac{-2+\sqrt{6}}{2}$であり，このとき，㋔より，$b=\frac{1}{2}-\frac{-2+\sqrt{6}}{2}$，$b=\frac{3-\sqrt{6}}{2}$となる。　②図2で，正方形のA，B，C以外の頂点をDとする。点Bの$x$座標が$b=\frac{3-\sqrt{6}}{2}$，点Aの$y$座標が$2a^2=2\times\left(\frac{-2+\sqrt{6}}{2}\right)^2=5-2\sqrt{6}$だから，D$\left(\frac{3-\sqrt{6}}{2},\ 5-2\sqrt{6}\right)$である。点Dが関数$y=px^2$のグラフ上の点となるから，$5-2\sqrt{6}=p\times\left(\frac{3-\sqrt{6}}{2}\right)^2$が成り立ち，$5-2\sqrt{6}=\frac{15-6\sqrt{6}}{4}p$，$5-2\sqrt{6}=\frac{3(5-2\sqrt{6})}{4}p$より，$p=\frac{4}{3}$となる。

図2

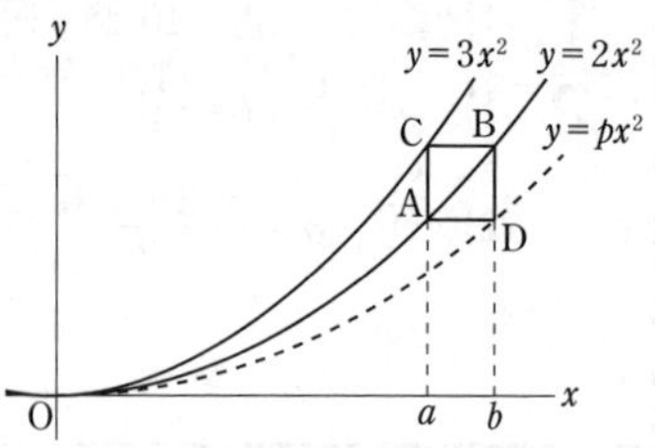


**3**〔平面図形—円〕

≪基本方針の決定≫(2)　4点C，D，P，Eが1つの円周上にあることに気づきたい。

(1)＜長さ—特別な直角三角形＞右図のように，点Cから線分ABに垂線CHを引くと，∠HBC＝45°より，△HBCは直角二等辺三角形となる。また，∠HCB＝45°だから，∠ACH＝∠ACB－∠HCB＝75°－45°＝30°となり，△AHCは3辺の比が$1:2:\sqrt{3}$の直角三角形である。よって，CH＝$\frac{\sqrt{3}}{2}$AC＝$\frac{\sqrt{3}}{2}\times4=2\sqrt{3}$となり，BC＝$\sqrt{2}$CH＝$\sqrt{2}\times2\sqrt{3}=2\sqrt{6}$となる。

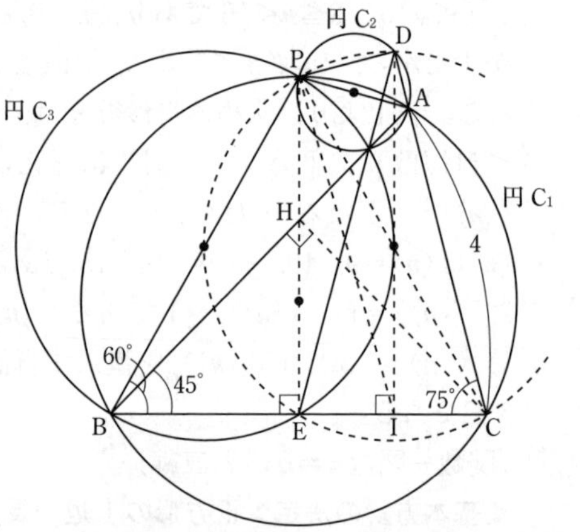


(2)＜角度＞右図で，点Pと3点A，D，Eをそれぞれ結ぶ。線分BPは円$C_3$の直径だから，∠BEP＝90°であり，∠CEP＝90°となる。また，線分APは円$C_2$の直径だから，∠CDP＝90°である。よって，∠CDP＝∠CEP＝90°だから，4点C，D，P，Eは線分CPを直径とする円の周上にあり，$\overset{\frown}{\mathrm{PD}}$に対する円周角より，∠PED＝∠PCDとなる。円$C_1$の$\overset{\frown}{\mathrm{AP}}$に対する円周角より，∠PCD＝∠PBA＝∠PBC－∠ABC＝60°－45°＝15°だから，∠PED＝15°となり，∠DEC＝∠PEC－∠PED＝90°－15°＝75°である。

(3)＜面積—特別な直角三角形＞右上図で，点Dから線分BCに垂線DIを引くと，∠BID＝∠BEP＝90°より，DI∥PEだから，点Pと点Iを結ぶと，△PED＝△PEIとなる。よって，〔四角形PBED〕＝△BEP＋△PED＝△BEP＋△PEI＝△PBIである。(1)より，∠BAC＝60°であり，円$C_1$の$\overset{\frown}{\mathrm{BC}}$に対する円周角より，∠BPC＝∠BAC＝60°だから，△PBCは正三角形である。これより，点Eは辺BCの中点となるから，BE＝EC＝$\frac{1}{2}$BC＝$\frac{1}{2}\times2\sqrt{6}=\sqrt{6}$となり，△BEPは3辺の比が$1:2:\sqrt{3}$

の直角三角形だから，$PE=\sqrt{3}BE=\sqrt{3}\times\sqrt{6}=3\sqrt{2}$ である。また，$\angle DEC=\angle ACB=75^\circ$ より，$\triangle DEC$ は二等辺三角形だから，点 I は線分 EC の中点となり，$EI=\frac{1}{2}EC=\frac{1}{2}\times\sqrt{6}=\frac{\sqrt{6}}{2}$，$BI=BE+EI=\sqrt{6}+\frac{\sqrt{6}}{2}=\frac{3\sqrt{6}}{2}$ となる。したがって，$\triangle PBI=\frac{1}{2}\times BI\times PE=\frac{1}{2}\times\frac{3\sqrt{6}}{2}\times3\sqrt{2}=\frac{9\sqrt{3}}{2}$ となるから，四角形 PBED の面積は $\frac{9\sqrt{3}}{2}$ である。

## 4 〔場合の数〕

(1)＜場合の数＞万の位は 1，2，3，4，5 の 5 通りあり，千の位も 5 通り，百の位も 5 通り，十の位も 5 通り，一の位も 5 通りだから，5 けたの自然数は，$5\times5\times5\times5\times5=3125$(個)ある。

(2)＜場合の数＞$6=1+1+4$，$1+2+3$，$2+2+2$ より，各位の数字の和が 6 となる 3 けたの自然数は，1 と 1 と 4 でできる自然数，1 と 2 と 3 でできる自然数，2 と 2 と 2 でできる自然数である。1 と 1 と 4 でできる自然数は 114，141，411 の 3 個，1 と 2 と 3 でできる自然数は 123，132，213，231，312，321 の 6 個，2 と 2 と 2 でできる自然数は 222 の 1 個だから，求める自然数は $3+6+1=10$(個)ある。

(3)＜場合の数＞各位の数字の和が 6 となる 1 けたの自然数はない。2 けたの自然数は 15，24，33，42，51 の 5 個ある。3 けたの自然数は，(2)より，10 個ある。4 けたの自然数は，1 と 1 と 1 と 3，1 と 1 と 2 と 2 でできる自然数だから，1113，1131，1311，3111，1122，1212，1221，2112，2121，2211 の 10 個ある。5 けたの自然数は，1 と 1 と 1 と 1 と 2 でできる自然数だから，11112，11121，11211，12111，21111 の 5 個ある。6 けたの自然数は，111111 の 1 個ある。よって，求める自然数は $5+10+10+5+1=31$(個)ある。

# 2018年度／早稲田大学高等学院

## 国語解答

一 問一　a　模索　b　葬祭　c　喪失

問二　病気や，結婚，死

問三　等価交換的～きない生徒

問四　イ

問五　その授け方～れてしまう

問六　国際競争の場で勝ち抜く［こと］

問七　人間の成長～け長い時間

問八　パン　　問九　相互に不等価

問十　教育の現場～も思えない

問十一　ウ

二 問一　a　警戒　b　こころもと

c　到底

問二　神聖化する　　問三　ウ

問四　非合理性　　問五　ア

問六　十分な情報～判断を下す

問七　エ

問八　政治家を自～ロールする

問九　オ

三 問一　イ　　問二　尊く　　問三　ウ

問四　a，e　　問五　ア　　問六　エ

問七　ウ

（声の教育社　編集部）

一〔論説文の読解―教育・心理学的分野―教育〕出典；平川克美『経済成長という病』「経済成長という病が作り出した風景」。

問一＜漢字＞a．探し求めること。　b．「葬祭」は，葬式と祭り。「冠婚葬祭」は，元服，結婚，葬式，祖先の祭祀《さいし》のこと。　c．失うこと。

問二＜文章内容＞「教育」は，「ビジネスから最も隔たった課題」である。同様に，「病気や，結婚，死というもの」も，「ビジネスとは全く別の次元の人間的な課題」である。

問三＜文章内容＞「教育」を「ビジネスの言葉」で語ることは，最終的には，「等価交換的な価値観でしかものを考えることのできない生徒を大量に再生産してゆくことになる」のである。

問四＜文章内容＞教育再生会議の第三次報告書で用いられているのは，「ビジネスの言葉であって教育のそれではない」のである。その証拠に，「教育」という言葉を「産業」と置き換えた方が，「よほど通りのよい文章になる」のである。

問五＜文章内容＞「教育というものの恐ろしさは，先生が生徒に授ける知識と同時に，その授け方，方法，プロセスのすべてがそのまま生徒に授けられてしまう」ので，教育においては，「言葉づかい」に「無神経」であってはならないのである。

問六＜文章内容＞教育再生会議は，第三次報告書の中で，「世界的な『知』の大競争時代にあって，今，教育に投資しなければ，日本は，この大競争から取り残されてしまう恐れ」があると主張する。教育再生会議は，「国際競争の場で勝ち抜く」ために，教育に投資する必要があると考えている。

問七＜表現＞「区切られた時間」とは，ビジネス上の投資を回収するまでの期間のことである。これと対照的な内容を表しているのは，教育を受けた者が「返礼」を返すまでの「人間の成長に要するのと同じだけ長い時間」である。

問八＜ことわざ＞「人はパンのみにて生くるものにあらず」は，人間は，物質的な満足だけを目指して生きているわけではなく，精神的な豊かさも求めるものである，という意味。

問九＜文章内容＞「病に倒れた隣人に何をなすべきか」，「一生の伴侶とどのように巡り合うのか」，「死の恐怖をどのように克服してゆくのか」，「人をどのように育てるのか」といった問題においては，「ビジネスの要諦である『等価交換』の価値観が倒立してあらわれる」のである。これらの問題においては，費用と効果が「相互に不等価」なので，「費用対効果や，効率というタームで語られる尺度がまったく役に立たない」のである。

問十＜表現＞教育再生会議のメンバーには，「現場の現職教師が一人だけしか含まれておらず」，それ以外は「経営のプロ」ばかりで「教育問題のプロ」ではなく，「教育の現場で何が起きているのかについて，ことさら見識があるとも思えない」人たちばかりなのである。

問十一＜要旨＞「九〇年代後半以降の時代の変化を象徴的に表す言葉づかいは，ビジネスの言葉づかい」であり，この言葉遣いは，今や「教育を語る言葉づかい」の中にも「瀰漫している」のである(エ…○)。ビジネスの「思考方法が適用可能な領域は，人間の諸活動のうちでは限定的なもの」である(ア…○)。「教育するものと，教育を受けるものとの間にあるのは，インプットとアウトプットが等価値であるような交換」ではなく，「知識や，技術，判断力といったものが一方的に贈与され，教育を受けるものは『成長』という形で迂回的に『返礼』を行っている」という関係である(ウ…×)。ビジネスは，「マーケットのような単一の『場』で行われる短期的かつ直接的な交換」によって，利潤を確保することを目的にしている(イ…○)。「教育の現場に，ビジネスの等価交換的な価値観を導入してゆけば，利につながらない学問は必ず貶められることになる」のである(オ…○)。

**二**〔論説文の読解―政治・経済学的分野―社会〕出典；佐々木毅『民主主義という不思議な仕組み』「『世論の支配』――その実像と虚像」。

≪本文の概要≫「世論の支配」という考え方から，代表者たちが世論の意向を推察し，その指令を着実に実行に移すべきだという民主政治論が出てくる。十九世紀から二十世紀にかけて大衆が登場し，知識人たちは，警戒感を抱いた。彼らは，合理的な政治判断を期待できない大衆が，政治家によって「操作される」のではないかと考えたのである。リップマンの『世論』は，二十世紀前半の「世論の支配」に対する幻滅の典型的な現れである。彼は，人間は「自己中心的」な存在であり，政治についての考えは，偏見や習慣によって支配されていると考えた。彼は，人間が複雑な物事を見るときにかける一定のメガネを，ステレオタイプと呼んだ。ステレオタイプが支配するかぎり，世論の合理性は到底期待できない。大衆化社会の世論は，人民の意志とは無縁なものであり，その真の製造元は政治指導者である。「世論の支配」は幻影にすぎないものとなり，自己統治という幻影を振りまく点で，民主主義は，かえって始末の悪いものになってしまうのである。

問一＜漢字＞a．危険なことや好ましくないことが起こりそうなときに，それが起こらないように，注意すること。　b．頼りない様子。　c．後に打ち消しの表現を伴って，とても，どうしても，という意味を表す。

問二＜表現＞「世論」をまるで「ご本尊」のように，「その後光が四方八方に発射されているようなものとして『存在』している」と捉えるのは，「世論」を「神聖化する」ものである。

問三＜語句＞「目的」は，到達しようと目指す状態・事柄。「手段」は，目的を達成するために用いる方法。政治の「目的」は「利害」であり，そのために取る「手段」が「政策」である。

問四＜表現＞「人間の非合理性の『発見』が学界の一つの流行」となっていた時代に，「政治の世界に見られる人間の実像を求める研究」が始まった。その結果，「人間は目的と手段の関係を合理的に考えて政策を判断するような存在」ではなく，「本能や衝動，性向，さらには習慣といったもの」，すなわち「非合理性」によって支配されたものとして現れたのである。

問五＜文章内容＞「現実政治においては，愛憎が大きな支配力を持ち，これに比べれば推論や討論はほとんど無力の状態」である。「言葉」は，「人々の認識を高めるために」使えるし，「合理的な議論のための道具」として用いることもできる。それなのに，実際は「言葉」が「人々の認識」を「操作し，歪めるために使われて」おり，「衝動へ訴えて人々を動員するために用いられている」のである。

問六＜文章内容＞「見てから判断するのではなく，決定してから見る」というのと反対の態度とは，「十分な情報を得て合理的な判断を下す」ことである。

問七＜文章内容＞「ステレオタイプは人間が生まれると定着し始め，人間そのものと切っても切れないもの」となり，「見ようとする対象の選択をあらかじめ決めて」しまう。その結果，「人間の知覚はステレオタイプに閉じ込められ，それによって知的エネルギーを節約し，見慣れたものを見て安心感」を抱くようになる。つまり，ステレオタイプとは，視野が固定され，ものの考え方が型にはまっていることであり，そのようなものの見方のことである。

問八＜文章内容＞「人民による自己統治という民主主義の原則」とは，人民が，「政治家を自らの代表者としてコントロールする」というものである。この原則は，人民の代表者たちが世論の「意向を推察し，その指令を着実に実行に移すべきだという民主政治論」をふまえたものであり，そうすることによって，国民の利益が実現されると信じられているのである。

問九＜文章内容＞民主主義社会においては，人民は，自分たちの世論によって統治が行われていると信じている。しかし，その世論の「真の製造元」が政治指導者だとすると，「『世論の支配』は幻影に過ぎないもの」になり，実際には人民は，政治指導者に操作されていることになる。「自己統治という幻影」を振りまいているために，人民は，その事実に気づきにくいという点で，「民主主義はかえって始末の悪いもの」になるのである。

三〔古文の読解—随筆〕出典；兼好法師『徒然草』第百二十五段。

≪現代語訳≫人に先立たれて，四十九日の仏事に，ある僧侶をお招きしたところ，説法がすばらしかったので，全ての人が，涙を流した。導師が帰ってから，説法を聞いた人々が，「ふだんよりも，特に今日は尊く感じました」と互いに感動し合っていた返答として，ある者が，「何といいましても，あれほど唐の犬に似ていらっしゃる以上は(説法がうまいのも当然でしょう)」と言ったので，情趣もさめて(かえって)おかしかった。そのような導師の褒め方があるだろうか。／また，「人に酒を勧めるのに，自分がまず飲んでから人に無理強い致すのは，剣で人を斬ろうとするのに似たことである。(剣は)両側に，刃がついているものなので，振り上げるとき，まず〈(自分側の刃で)自分の首を斬る〉ので，人を斬ることができないのだ。自分がまず酔って寝てしまえば，人はまさかお召し上がりになるまい」と申した。剣で斬った経験でもあるのだろうか。とてもおかしかった。

問一＜古語＞「おくる」は，家族や親しい人が先に死んで，自分は生き残ること。

問二＜古語＞「いみじ」は，程度がはなはだしいこと。ここでは，とてもすばらしいこと。「尊い」は，立派なこと。

問三＜古文の内容理解＞仏事に「ある聖」を呼んだところ，その説法がすばらしかったので，誰もが感動した。すると，「ある者」が，聖が唐の犬に似ているのだから，すばらしいのも当然だと言ったので，人々の感動は，すっかりさめてしまったのである。

問四＜古語＞「たぶ」は，「飲む」の謙譲語。「召す」は，「飲む」の尊敬語。

問五＜古文の内容理解＞「剣」は，両側に刃がついた刀。この人は，剣を振り上げるときには，まず自分側の刃で自分の首を斬ってしまうと言っているのである。

問六＜現代語訳＞「え」は，後に打ち消しを伴って，不可能を表す。「え斬らぬなり」は，斬ることができないのだ，という意味。

問七＜古文の内容理解＞前半では，すばらしい説法をした導師を唐の犬にたとえる人物が登場し，後半の登場人物は，人に無理に酒を飲ませようとしてまず自分が飲んでみることを，剣で人を斬ることにたとえている。予想もしないような奇妙なたとえ話を聞いて，作者がおもしろおかしく思っているという点で，両者は共通している。

# 平成29年度　早稲田大学高等学院

**【英　語】**（50分）

（注意）解答に同じ記号が不自然に続く場合は該当部分を無効とするので，注意すること。

**A**　次の英文を読んで，設問に答えなさい。

That spring Mrs. Duncan brought live chameleons into the classroom for a science project. Each team had a box with leaves and a chameleon that ate live crickets, and (1)the children were excited to watch the chameleons quickly eat the insects whole. When the number of crickets began to decrease, Mrs. Duncan asked the children ( 2 ) more crickets could be found, and Aaron raised his hand. "My grandmother has crickets in the fields behind her house," he said. "I'll get (3)some when we visit her this weekend." On Monday morning Mrs. Duncan asked Aaron how the cricket hunt had gone, and he said, "We caught one hundred crickets, but one died so now there are only ninety-nine."

"That'll be more than enough," said Mrs. Duncan. "Make a memo to bring the crickets in tomorrow, because (4)we're almost out, and the chameleons are going to need more food."

On Tuesday Aaron came in empty-handed, and when (5)Mrs. Duncan asked for an explanation, he said, "We all overslept and were rushing around like crazy and Mom forgot ( 6 ) me the crickets."

"Your mother didn't promise to bring in the crickets, you did," said Mrs. Duncan. "This is your job, Aaron. The chameleons are hungry. (7)They are counting on you, and the whole class is counting on you. Don't forget again tomorrow."

Mrs. Duncan wasn't surprised when (8)Aaron showed up cricketless on Wednesday, and when she said, "(9)Aaron, these crickets are only in your mind, aren't they ?" Aaron didn't answer.

Mrs. Duncan sighed, knowing she now had to talk to Aaron (10)【well / about / as / as / leaving / lying】 the chameleons without any food. I was free to be amused by his story. (11)The detail of the single dead cricket made me laugh, and I was amazed by Aaron's confidence in his mind to remake the world.

Sometimes children's lies are planned, but sometimes (12)they just pop out, and for no special reason. It's as if their imaginations suddenly go against them and get them into trouble. When I was nine and traveling with my family ( 13 ) train, I wanted to sit by myself several seats away from them. Then, a woman sat down next to me. I had been told never to talk to strangers, and having (14)one so close was both (15)(excite) and a little scary. I watched her out of the corner of my eye. She took out a book and put on a pair ( 16 ) strange glasses. I had just started wearing glasses myself but had never seen such glasses. I forgot my manners and turned to look at her directly. ( 17 ) my gaze, the woman looked down at me from over the top of her glasses, and I froze.

"Hello," she said. "Who are you ?"

"I'm a prince of Czechoslovakia," I announced, shocking both of us.

"That's a long way from here," she said. "(18)What brought you to America ?"

Greatly surprised that she believed me, my heart began to beat faster, excited by my power. I told her, "My whole family was killed. I had to escape for my life."

"(19)You poor dear."

I nodded sadly and looked out the window.

"Tell me," she said. "Where in Czechoslovakia are you from ?"

"Düsseldorf."

"Strange. I thought Düsseldorf was in Germany."

"(20)It used to be, but then they moved it."

"Ah, I see," she said. She closed her book, took off her glasses, and asked me to tell her all about my life. As I told my story, I half-knew she understood I was making it up, but she was listening carefully, and (21)having her mind in my pocket was thrilling enough for me.

When I told a friend this story, she said, "(22)You stole that from the book *Catcher in the Rye.* The boy in the story, Holden, lies to a woman on the train, telling her he's got a serious disease." I looked it up in the book, and sure enough, Holden lies wildly to a stranger on a train. (23)I began to question my memory. Had I really met that woman on that train ? Had I made it up after reading *Catcher in the Rye* ? Was I in the author Salinger's pocket and didn't even know it ?

Ⅰ．次の英文の問いに対する答えになるように，空所に入る最も適切な語を本文中より抜き出しなさい。

1．What did the writer think about Aaron's telling a lie ?

—He thought, Aaron told a lie without any (　　).

2．What kind of lie did the writer tell the woman on the train when he was nine ?

—He said that he was a (　　).

Ⅱ．下線部(1)の理由を以下のように説明したときに，空所に入る最も適切なものをア～エから１つ選び，その記号を書きなさい。

The children were excited because (　　　　).

ア．the class didn't know what was in the box

イ．each team was given crickets to give to their chameleon

ウ．the chameleons ate the crickets at once

エ．the class was going to look for crickets

Ⅲ．空所（２）に入る最も適切な語をア～エから１つ選び，その記号を書きなさい。

ア．who　　イ．what　　ウ．where　　エ．that

Ⅳ．下線部(3)，(14)が指し示す内容をア～エから１つ選び，その記号を書きなさい。

(3)　ア．chameleons　　イ．crickets

ウ．leaves　　エ．houses

(14)　ア．an adult

イ．a woman

ウ．a strange lady

エ．an unknown person

Ⅴ．下線部(4)，(5)，(9)，(18)，(21)，(23)を次のように書き換えたとき，空所に最も適切な語を書き入れなさい。なお，（　）内に示された文字がある場合は，その文字で始まる語を書くこと。

(4)　we're almost out

＝almost (　　) the crickets have been eaten

(5)　Mrs. Duncan asked for an explanation

＝Mrs. Duncan asked Aaron why he came to school (　　) any crickets

(9)　Aaron, these crickets are only in your mind, aren't they ?

＝You are not telling the (t　　).

(18) What brought you to America?
=(　　) did you come to America?

(21) having her mind in my pocket was thrilling enough for me
=I was excited that the woman was paying (a　　) to what I said

(23) I began to question my memory.
=I wasn't (　　) if it actually happened.

Ⅵ．空所(６)，(17)に入る最も適切な語句をア〜エから１つ選び，その記号を書きなさい。

(６)　ア．to give　イ．giving　ウ．being given　エ．to be given

(17)　ア．Feel　イ．To feel　ウ．Felt　エ．Feeling

Ⅶ．下線部(7)，(8)，(12)，(19)，(20)，(22)の内容を最も適切に表しているものをア〜エから１つ選び，その記号を書きなさい。

(7) They are counting on you
ア．Aaron is counting the number of crickets
イ．The crickets want to be brought by Aaron
ウ．The chameleons need the crickets from Aaron
エ．The students want more chameleons

(8) Aaron showed up cricketless
ア．Aaron let the class see the crickets
イ．Aaron came to school empty-handed
ウ．Aaron arrived with only fifty crickets
エ．Aaron showed the class a picture of the crickets

(12) they just pop out
ア．Children plan lies carefully
イ．Crickets suddenly go crazy
ウ．Crickets like to jump out of a box
エ．Children tell lies without thinking

(19) You poor dear.
ア．I'm sorry to hear that.
イ．You are so cute.
ウ．I will give you money.
エ．You are a bad boy.

(20) It used to be, but then they moved it.
ア．Düsseldorf is not in Czechoslovakia now.
イ．Düsseldorf is not in Germany any more.
ウ．The people of Czechoslovakia moved to Germany.
エ．Czechoslovakia was pushed into another place.

(22) You stole that from the book *Catcher in the Rye.*
ア．You didn't create the story by yourself.
イ．You were caught stealing a book.
ウ．You took the book without paying.
エ．You didn't read the book *Catcher in the Rye.*

Ⅷ．下線部(10)の【　】内の語を文意が通るように並べかえたとき，４番目と６番目にくる語を書きなさい。

Ⅸ．下線部(11)の理由を以下のように説明したとき，空所に最も適切な語を書き入れなさい。なお，(　)内に示された文字で始まる語を書くこと。

I thought it was funny because although Aaron did not have any crickets, he used his (i　　) to tell a story about a dead cricket, and said he had ninety-nine left.

Ⅹ．空所(13)，(16)に最も適切な前置詞を書き入れなさい。

Ⅺ．下線部(15)の語を適切な形にしなさい。

**B**　動物のクローンについて2015年に書かれた次の英文を読んで，設問に答えなさい。

How much do you love your dog?　Do you secretly wish, as he or she grows older, that you could have another just the same?　I'll bet that a lot of people feel this way—and soon their dreams could come true.

When most of us thought about it, no one was sure (1)where it would lead us.　Dolly, the first cloned sheep, was the poster girl, and things didn't turn out too well for her.　However, times change and science advances.　Last year, Rebecca Smith of the U.K. had her beloved dachshund Winnie cloned in South Korea.　The amount of money necessary to get her dog cloned was £60,000.

£60,000 sounds (2)steep, but costs will almost certainly fall, as they do with any new technology. One reason we can be sure that cloning will (3)continue in the future is that it's already very much in the (　4　).

Cloning is not (5)allowed in horse racing.　However, in polo, a team sport played on horseback, cloning a pony is becoming increasingly popular.　One of the world's top players, Adolfo Cambiaso, has cloned many of his favorite horses with great success.　Cambiaso is so interested in cloning (　6　) he has become a partner in a cloning company which has its own laboratory near Buenos Aires.　He said, one day he'd like to play in a match with only cloned horses.　They are turning out to be (7)in hot demand.　In 2010, a clone of one of Cambiaso's best horses, Cuartetera, was sold (　8　) $800,000.

Influenced by the example of polo, other horse riding sports also want to join in.　The Olympics in Rio next year will be the first Games at which clones would be allowed to compete; horse riding sports rules were changed in 2012.　Tamarillo—a horse who competed at the Athens Olympics, and who died this summer—was cloned.　The clone, *Tomatillo*, was born two years ago, and although he would be too young for 2016, (9)he would be more than ready by 2020.

(10)Poor *Tomatillo*, may never get the chance to race.　Instead, he'll be the father to many other horses which Tamarillo couldn't be, because (11)breeding is where the money is.　The (12)original, Tamarillo, had an operation which made him unable to have children.　Such an operation is sometimes necessary in order to make a good-natured racehorse.

Some worry that the clones of famous horses will be looked at only as status symbols for the super-rich.　You can have a prize horse like Cuartetera or Tamarillo as you can have a top-class Ferrari sports car.　This is only one problem.

More importantly, the success rate of cloning remains low, and animal-rights activists say that cloning should be (　13　).　The fact is that many cloned animals have health problems later in life.

Then, even if all goes well and the technology advances, (14)the question of sportsmanship remains. Is cloning an animal that has great possibility a gentlemanly action?　Isn't it a little like betting on a sure thing?

Cambiaso and his team hope so. "A clone is not *like* its original—it is *exactly the same*," one of Cambiaso's coworkers said. Interestingly, (15)Rebecca Smith doesn't agree. Perhaps because Mini, the cloned dachshund, spent her first months in a laboratory, her character is a little different from her mother's. Mini is more nervous, says Rebecca.

Even so, as the cost of cloning falls, quite a large market will surely appear. A dog, it turns out, is not just for life, but potentially a pet forever.

Ⅰ. 次の英文の問いに対する答えになるように，空所にそれぞれ与えられた文字で始まる最も適切な語を書き入れなさい。

1. How did things turn out for Dolly, the first cloned sheep?
   —She didn't prove to be a good (e　　) of a cloned animal.
2. What was the result of Cambiaso's cloning his favorite horses?
   —He (s　　) in cloning them.
3. What is the relationship between Tamarillo and Tomatillo?
   —Tomatillo was born as a (c　　) of Tamarillo.

Ⅱ. 下線部(1), (2), (7), (9), (11), (14)の内容を最も適切に表しているものをア～エから1つ選び，その記号を書きなさい。

(1) where it would lead us
　ア. what cloning technology would be able to do in the future
　イ. whether we can travel using cloning technology
　ウ. how many years the cloned sheep Dolly lived
　エ. who would be the leader of cloning technology

(2) steep
　ア. cheap　イ. fair　ウ. expensive　エ. reasonable

(7) in hot demand
　ア. very difficult to make
　イ. not so useful in sports
　ウ. popular news on TV
　エ. wanted by many people

(9) he would be more than ready by 2020
　ア. he would still need much training in 2020
　イ. he would be perfectly prepared for races by 2020
　ウ. he would be too old for races by 2020
　エ. he would retire from the racing world by 2020

(11) breeding is where the money is
　ア. to breed horses costs so much money
　イ. with more money, you can breed better horses
　ウ. people can make money by breeding
　エ. horse owners like money better than horses

(14) the question of sportsmanship remains
　ア. it may be unfair to use cloned animals which have great abilities
　イ. sportsmen mustn't take part in gambling for whatever reason

ウ．gentlemen should do sports without the help of horses in order to be fair to other players
エ．sportsmen should know that cloned animals may have more health problems

Ⅲ．下線部(3)，(12)の単語において最も強く読まれる部分を１つ選び，その記号を書きなさい。

(3) con-tin-ue
ア　イ　ウ

(12) o-rig-i-nal
ア イ ウ エ

Ⅳ．空所（４），（６），（８），(13)に入る最も適切なものをア～エから１つ選び，その記号を書きなさい。

（４）　ア．past　　イ．present　　ウ．future　　エ．history
（６）　ア．if　　イ．but　　ウ．or　　エ．that
（８）　ア．for　　イ．by　　ウ．in　　エ．with
(13)　ア．forbidden　　イ．kept　　ウ．allowed　　エ．used

Ⅴ．下線部(5)の語の最も強く読まれる部分の発音と，最も強く読まれる部分の発音が同じ語をア～エから１つ選び，その記号を書きなさい。

(5) allowed：ア．away　　イ．August　　ウ．about　　エ．alone

Ⅵ．下線部(10)の理由を以下のように説明したときに，空所に入る最も適切なものをア～エから１つ選び，その記号を書きなさい。

The reason why Tomatillo may never get the chance to race is that (　　　　).
ア．Tomatillo's owner is not rich enough to have Tomatillo compete in races
イ．Tomatillo, like Tamarillo, is too good-natured to win races
ウ．Tomatillo is expected to have children instead of taking part in races
エ．Tomatillo has to have an operation in order to be a good father

Ⅶ．下線部(15)の理由を以下のように説明したときに，空所に入る２語の英語を本文中よりそのまま抜き出して書き入れなさい。

Rebecca Smith doesn't agree because she knows that sometimes a cloned animal can be (　　) (　　) its original in its character.

Ⅷ．本文の内容から判断して正しいと思われるものを，ア～カから２つ選び，その記号を書きなさい。

ア．Though many people wish they could have another pet which is just the same as the original, it is impossible since cloning technology hasn't fully advanced yet.
イ．A lot of polo players are interested in cloning technology, but players of other horse riding sports are not.
ウ．Some are afraid that animals may be cloned for people to show how rich they are.
エ．Even with many problems, the world will continue to be interested in cloning technology as a promising industry.
オ．Adolfo Cambiaso has already cloned many horses and played in a game in which only cloned horses took part.
カ．Since cloning technology has greatly advanced, there are few failures in cloning animals now.

Ⅸ．次の文は，本文を読んだ２人の高校生の会話である。空所（１）～（５）に入る最も適切なものをア～エから１つ選び，その記号を書きなさい。

George：What do you think about the cloning of animals？ I think it is wonderful！ By cloning animals, you can keep your pet practically forever！

Masaru : (　　1　　) that I don't agree with you.　You should not clone animals for that reason.

George : Why ?

Masaru : What will become of (　　2　　) ?　We have been taught that life is special and that every one of us is unique and cannot be replaced with another.　How could you believe you are special when you know that you could be cloned at any time ?　It's the (　3　) with animals and that's why I disagree with cloning.

George : I simply think it will be amazing if we don't have to be afraid of losing our precious pet anymore.

Masaru : I can understand your (　4　), too.　I have a cat myself and can't imagine life without her.

George : If you lost your cat in an accident, what would you do ?　Wouldn't you wish you had cloned your cat ?　Would you still be (　5　) cloning ?

Masaru : To be honest, I'm not so sure in that case.

(1) ア. I'm careful
イ. I'm afraid
ウ. I don't know
エ. I hear

(2) ア. the history of science
イ. the cost of living
ウ. the dozens of racehorses
エ. the value of life

(3) ア. use　イ. same　ウ. kind　エ. reason

(4) ア. side　イ. loss　ウ. top　エ. cloning

(5) ア. by　イ. for　ウ. against　エ. under

【数　学】（50分）

（注意）　1．必要な式と計算は，解答用紙の計算欄に書くこと。

2．答の $\sqrt{\ }$ の中はできるだけ簡単にし，分数は，それ以上約分できない形で答えること。

**1**　次の問いに答えなさい。

(1)　2つのさいころを投げ，出る目の和を $X$ とする。

①　$X$ のうち素数はいくつあるか求めよ。

②　$X$ が素数となる確率を求めよ。

(2)　①　3つの円 $A$，$B$，$C$ がある。それぞれの円に長さの等しい弧をとったとき，その弧に対する円周角が，円 $A$ では $60°$，円 $B$ では $45°$，円 $C$ では $30°$ であった。円 $A$ の面積を $S$ として，円 $B$，円 $C$ の面積をそれぞれ $S$ を用いて表せ。

②　3つの円 $A'$，$B'$，$C'$ がある。円 $A'$ で円周角が $60°$ となる弧を，円 $B'$ で円周角が $45°$ となる弧を，円 $C'$ で円周角が $30°$ となる弧をそれぞれとった。このとき，これらの弧に対する弦の長さはすべて等しかった。円 $A'$ の面積を $T$ として，円 $B'$，円 $C'$ の面積をそれぞれ $T$ を用いて表せ。

**2**　放物線 $y=ax^2(a>0)$ 上の点で，$x$ 座標が1である点をA，$x$ 座標が2である点をBとする。また，傾きが $\dfrac{1}{2}$ の直線のうち，点Aを通るものを $l$，点Bを通るものを $m$ とし，直線 $l$，$m$ と $y$ 軸との交点をそれぞれ A′，B′ とする。このとき，次の問いに答えよ。

(1)　点 A′ の $y$ 座標を $a$ を用いて表せ。

(2)　直線 AB の傾きを $a$ を用いて表せ。また，直線 AB と $y$ 軸との交点の $y$ 座標を $a$ を用いて表せ。

(3)　線分 BB′ を直径とする円を $C$ とする。点Aが円 $C$ の円周上にあるとする。

①　$a$ の値を求めよ。

②　円 $C$ と $y$ 軸との交点のうち，点 B′ でない方の点をPとする。このとき，四角形 ABPB′ の面積を求めよ。

**3**　図のように，半径3の円O上の点Aが，円Oの中心Oに重なるように弦BCで折る。折った円に中心Oで接するように直径DEを引く。中心Oから $\mathrm{OF}=\sqrt{3}$ となるように半径OE上に点Fをとり，点Aと点Fを結ぶ。その線分が折った円と交わる点をGとする。このとき，次の問いに答えよ。

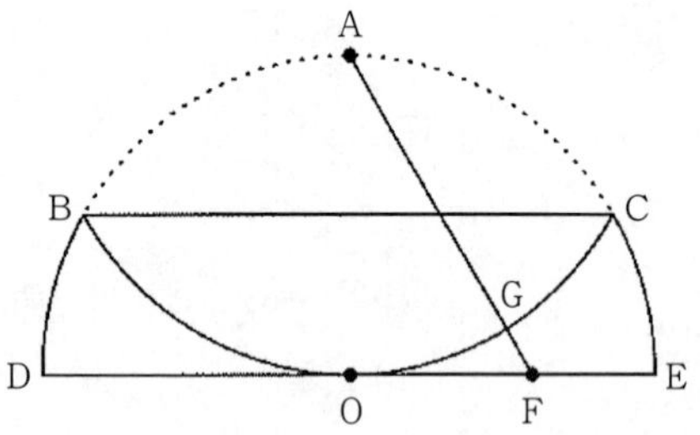


(1)　線分 BC の長さを求めよ。

(2)　∠BCG の大きさを求めよ。

(3)　線分 BG の長さを求めよ。

**4** 自然数 $x$，$y$ は両方とも 2 桁であり，さらに $x<y$ であって，$x$ は $y$ の約数ではないものとする。このような $x$，$y$ に対して，$x$ と $y$ の最小公倍数を $L$，最大公約数を $G$ として，記号 $[x,\ y]$ を

$$[x,\ y]=\frac{L}{G}$$

とする。このとき，次の問いに答えよ。

(1) $[42,\ 90]$ を求めよ。

(2) $[x,\ y]=60$ となるような自然数 $x$，$y$ で，$x+y$ が最大であるものを求めよ。

(3) $[x,\ 64]=x$ を満たす $x$ をすべて求めよ。

(4) $[x,\ y]$ の最小値を求めよ。また，$[x,\ y]$ が最小となるような $x$，$y$ のなかで，$x+y$ が最小であるものを求めよ。

（注）

① ダンテ　『神曲』の作者。その「地獄篇」は多くの人に地獄のイメージを提供している。

② カノン砲　砲身の長い大砲。第二次大戦中の主力兵器の一つであった。

③ 閃光　瞬間的に発する光。

④ 脳漿　脳の外側や脳室内にある液体。

⑤ 眼窩　眼球が入っている頭骨前面のくぼみ。

⑥ トルーマン　太平洋戦争終戦時のアメリカ合衆国大統領。

⑦ 諫言　目上の人に忠告すること。

⑧ 無辜の人　罪のない人の意。

⑨ ソ連　ソビエト連邦の略称。ロシアの前身。

⑩ 冷戦　アメリカとソ連をそれぞれ中心として、世界を二分した経済的軍事的対立。

⑪ スターリン　当時のソ連の最高指導者。

⑫ クレムリン　ソビエト連邦の共産党本部が入っていた建物の名。

**設問**　この文章の論点を三つ以上踏まえた上で、原爆投下という歴史に残る大事件が、当時の人々とその後の世界にどのような影響を与えたと思われるか、あなたの考えを述べなさい。

誰《たれ》がたれとも分からぬ一群の上にも朝日がさせば
すでに動くものもなく
……
三十万の全市をしめた
あの静寂が忘れえようか
そのしずけさの中で
帰らなかった妻や子のしろい⑤眼窩《がんか》が
俺たちの心魂《しんこん》をたち割って
込めたねがいを
忘れえようか！

（『原爆詩集』青木書店より引用）

テニアン島への帰路、乗組員たちは押し黙ったままだった。いま目にしたばかりの光景はあまりに凄惨で、これで間違いなく戦争が終わるのがせめてもの救いと自分を慰める者もいた。〈グレート・アーティスト〉の尾射手アルバート・デハートは、いま目撃した情景を見たことを後悔した。「孫たちには話せない、絶対に。子らに聞かせていい話ではないよ、俺たちが見たことは」。

広島への原爆投下を知ったとき、⑥トルーマンはポツダムを離れるアメリカの重巡洋艦オーガスタ上で食事中だった。彼は飛び上がって叫《さけ》んだ。「これは史上最大の出来事だ！」。しばらくして彼は、広島への原爆投下の発表は自分がした中で「最も心躍る」仕事だったと語った。

トルーマンが快哉《かいさい》を叫んだと聞いて渋面《じゅうめん》をつくった人々もいた。ある民主党委員は二日後に電報を打って大統領に⑦諫言《かんげん》した。「⑧無辜《むこ》の人を死にいたらしめる兵器に歓呼するなど、かりそめにもアメリカ合衆国の大統領たるもののなすべきことではない。喜んだ理由が破壊ではなく、破壊に終止符を打ったことにあると明確にしていただきたい」。

⑨ソ連の指導者は喜ぶどころの騒ぎではなかった。すでに瀕死《ひんし》の状態にある国家を叩《たた》きのめすのに原爆は必要ないと承知していたことから、彼らは真の標的がソ連であると結論づけた。アメリカは原爆投下によって日本の降伏を早め、ソ連がアジアの覇者になるのを阻もうとしたと考えたのである。さらに彼らの不安を煽《あお》ったのは、アメリカが明らかに無用と思われる局面で広島に原爆を投下したのは、仮にソ連がアメリカの国益を脅《おびや》かすようなことがあれば、アメリカはソ連に対して原爆を使用することも辞さないという意志の現われと推測できることだった。

二六年後、（回顧録を出したソビエト連邦の）ジューコフ元帥の頭を何度も悩ませ、アメリカの真意を浮き彫りにしてみせたのは、まさに原爆投下が無用だったという一点にあった。彼は当時をこう回想する。「したがってアメリカが『⑩冷戦』において優位な立場に立つために原爆を利用するつもりであることは、その時点ですでに火を見るよりも明らかだった。この事実は八月六日と八日にははっきり確認されていた。軍事的には全く必要性がなかったにもかかわらず、アメリカは日本ののどかで人口の多い広島と長崎に二つの原爆を落としたのである」。他の軍事指導者も同様に驚きを隠せなかった。

⑪スターリンやモロトフ外相などの政治指導者もまた、同様に警戒を強めた。物理学者のユーリー・ハリトンは「ソ連政府関係者はみな（広島を）ソ連に対する恫喝《どうかつ》、目を覆わんばかりの悲惨な戦争を新たに起こしかねない脅威ととらえた」と述べた。核物理学者たちは、研究の進捗状況を報告するために毎日⑫クレムリンに呼び出された。数日のうちにスターリンは、ソ連独自の原子爆弾開発に向けて緊急計画に着手した。

「二つの世界大戦と原爆投下」
（『オリバー・ストーンが語るもうひとつのアメリカ史』1）による。
作問の都合上、原文の一部を改変した。

ようとしていたが、追ってくる煙の速度には追いつけなかった。

突然、われわれの右手に煙の柱が現れ、あとでわかったところによるとその煙は推定約一万五〇〇〇メートルの高さまで上りつづけた。それは巨大な柱が上に行くにしたがって細くなり、成層圏まで延びているかのようだった。科学者が後日教えてくれたところによると、この煙の柱は地上付近で直径六・五から八キロメートル、先端で直径二・四キロメートル以上あったという。

私が呆《ほう》けたようにこの眺めに見入るなか、煙は薄い灰色、茶色、さらに琥珀《こはく》色へと色を変え、その三色すべてが混じり合ってまばゆく湧き上がる虹になった。ほんの一瞬、煙の勢いも止まったかと思われたが、そう考える間もないうちに、煙の柱の先端からキノコの傘のような雲が現れ、一万八〇〇〇メートルから二万一〇〇〇メートルとも言われる高さにまで上っていった……煙の柱全体がほとばしるように渦巻き、キノコの傘のような先端部分は大海の荒波のように四方に広がっていった。

そこで、先端の傘が突如として鋭い刃《やいば》で切られたように煙の柱から離れ、どんどん上がっていった。どれほど上がったかはわからない。それは誰も知らないのだ。写真にも映っていない。それに、それを正確に測定できる機械もなかった。二万四〇〇〇メートル、あるいは二万五五〇〇メートルと言う人も、あるいはそれ以上と言う人もいる……その後、さっきよりいくらか小さい別のキノコ雲が煙の柱から湧き出た。

スピッツァーは誰かがこう言うのを耳にした。「俺たちは神の領域に踏み込んでしまったのか」。

地上の眺めはこれとはまるで異なっており、地獄絵図さながらだった。爆心地では、温度が三〇〇〇度にも達し、火の玉によって「人々は内臓が煮えたぎり、一瞬のうちに黒焦げの塊《かたまり》になって燻《くすぶ》り続けた」。何万人もの人が瞬時に落命した。その年が終わるまでに推定一四万人、一九五〇年までに二〇万人が死亡した。アメリカの公式発表は、三二四二人の日本兵が死んだのみというものであった。広島に落とされた原爆の犠牲者には、およそ一〇〇〇人のアメリカ人(大半は日系二世のアメリカ人)と二三人のアメリカ人戦争捕虜(爆発を生き延びた者もいたが他の生存者になぶり殺しにされた)がいた。数人のアメリカ人戦争捕虜が爆発で死亡した。

怪我や火傷《やけど》を負った生存者は激痛に苛《さいな》まれた。被爆者はこれを地獄の苦しみと言った。体がひどく焼けただれ、裸同然の姿で、骨から皮膚が垂れ下がった人々で通りが埋め尽くされた。負傷の手当を請う人、家族を探す人、迫りくる炎から逃げまどう人は、歩む足を宙で止めた姿のまま黒焦げになった死者の体につまずくこともしばしばだった。広島で最も有名な原子爆弾を謳《うた》った詩人の峠《とうげ》三吉は、一九五三年に三七歳で没しており、「八月六日」と題する詩を残している。以下にその一部を掲載しよう。

あの③閃光《せんこう》が忘れえようか
瞬時に街頭の三万は消え
圧《お》しつぶされた暗闇の底で
五万の悲鳴は絶え
……
やがてボロ切れのような皮膚を垂れた
両手を胸に
くずれた④脳漿《のうしょう》を踏み
……
つながれた筏《いかだ》へ這《は》いより折り重なった河岸の群れも
灼《や》けつく日ざしの下でしだいに屍体とかわり
……
のがれ横たわった女学生らの
……

## 【小論文】（九〇分）

〔注意〕 題名（タイトル）は記入せず、解答用紙の一行目から本文を書き始めること。

次の文章は、アメリカ人が自国の歴史を見直すために書いた長大な著作の一部です。よく読んで後の設問に答えなさい。なお、九〇一字以上一二〇〇字以内で述べること。また、改行によって生じる空欄は字数に数えるものとする。

八月六日午前二時四五分、三機のB―29爆撃機が、日本から約二四〇〇キロメートル隔たったマリアナ諸島のテニアン島を飛び立った。機長を乗せた〈エノラ・ゲイ〉は〝リトルボーイ〟と呼ばれるウラン原爆を搭載していた。リトルボーイは午前八時一五分に爆発し、その爆発力はTNT爆薬換算で一六キロトンに相当すると現在では推測されている。広島に住む約三〇万人の市民、四万三〇〇〇人の兵士、四万五〇〇〇人の朝鮮系強制労働者、そして数千人の日系アメリカ人（大半は児童で彼らの両親はアメリカで強制収容されていた）は、ちょうど一日を始めるというところだった。投下目標は市の中心にあるT字形をした相生橋《あいおいばし》だった。港湾と陸軍第二総軍司令部があったとはいえ、広島はそれまでの空爆では優先度の高い軍事的標的と見なされてはいなかった。原爆によって直径三キロメートルあまりの円内全域が破壊された。〈エノラ・ゲイ〉の乗組員は広島市が消滅するのを目の当たりにして恐怖に凍りついた。操縦士のポール・ティベッツはB―29爆撃機を自分の母親の名にちなんで名づけた人物であるが、この時の様子をこう語っている。「巨大な紫色のキノコ雲がすでにわれわれの高度より約五〇〇〇メートル高い一万三五〇〇メートルまで立ち上がり、おどろおどろしい生き物のようにまだ湧き上がっていた。しかし、さらに凄まじかったのは眼下の光景だった。いたるところから炎が上がり、熱いタールが泡立つように煙がもくもくと立ち上がった」。別の機会に彼は語っている。「①ダンテがわれわれと一緒に機上にいたとしたら、彼は戦慄《せんりつ》を覚えたことだろう。ほんの数分前に朝日を浴びてはっきりと見えた街が、今はぼんやりとした醜い染みにしか見えないのだ。街はこの恐るべき煙と炎の下に消滅してしまっていた」。ロバート・キャロン尾射手はこれを「地獄の光景」と呼んだ。副操縦士のロバート・ルイスは、投下後初の記録欄に記した。「ああ、俺たちはなにをやらかしたのか？」。

爆発の被害調査のために観測機として同行した爆撃機〈グレート・アーティスト〉に乗っていた無電技師エイブ・スピッツァーは、自分は幻覚を見ているに違いないと思った。彼は乗組員が目にした身の毛のよだつような情景を生々しく伝える文章を残しており、ここに長く引用するに値するだろう。

眼下には見える限り巨大な火災が広がっていたが、それは普通の火災とは違った。炎は見たこともないような一〇色以上の色彩を帯び、どの色も目を開けていられぬほどまぶしかった。最もまぶしく光る中心には、太陽よりも大きそうな火の玉があった。それはまるで太陽が空からわれわれの下の地面まで落ちてしまい、再びこちらに向かってまっしぐらに――そしてすばやく――上がろうとしているかのようだった。

同時に、火の玉は市全体を覆うように外側にも広がり、どの方向を見てもその炎は薄い灰色の太い煙の柱になかば覆われていた。煙は市街地を囲む丘陵地帯に向かって外側に膨《ふく》れ、信じ難い速度でわれわれを追ってきた。

またしても機が揺れた。巨大な鉄砲――大砲か②カノン砲――が、あらゆる方向からわれわれ目がけて発射されているかのような音がした。

やがて紫色の光は青緑に変わり、縁はわずかに黄味を帯びていた。太陽が転げ落ちたような眼下の火の玉は立ち上る煙を追いかけ、目にもとまらぬ速度でこちらに向かってくるように見えた。そのときには、われわれもかつて街があった場所を離れ

三　次の文章を読んで、後の問いに答えよ。

むかし、男ありけり。宮仕へいそがしく、1心もまめならざりけるほどの＊家刀自《いへとうじ》、まめに思はむといふ人につきて、人の国へいにけり。この男、＊宇佐の使にていきけるに、2ある国の＊祇承《しぞう》の官人の妻《め》にてなむあると聞きて、「女あるじに3かはらけとらせよ。4さらずは飲まじ」といひければ、かはらけとりていだしたりけるに、＊さかななりける橘《たちばな》をとりて、

5さつき待つ花たちばなの香をかげば6むかしの人の袖の香ぞする

と7いひけるにぞ8思ひいでて、9尼になりて山に入りてぞありける。

（『伊勢物語』より）

語注

＊家刀自　男の妻。
＊宇佐の使　朝廷から宇佐神宮に派遣された使者。
＊祇承の官人　朝廷からの使者を接待する役人。
＊さかな　酒を飲むときのつまみ。

**問一**　傍線部1「心もまめならざりけるほど」の意味として最も適切なものを次の中から選び、記号で答えよ。
ア　体も心も疲れきっていた頃
イ　精神状態が安定していなかった頃
ウ　誠実な生き方をしていなかった頃
エ　熱心に仕事に打ち込んでいなかった頃
オ　一身に愛情をそそいでやらなかった頃

**問二**　傍線部2「ある国の祇承の官人」と同じ人物を表す語句を文中から十字以内で抜き出して答えよ。

**問三**　傍線部3「かはらけとらせよ」の説明として最も適切なものを次の中から選び、記号で答えよ。
ア　宴会の際に、歌の伴奏をしなさいということ。
イ　酒宴の際に、盃を持って来させなさいということ。
ウ　夫の代わりに「宇佐の使」に挨拶をしなさいということ。
エ　歓迎してくれたお礼に、ほうびをとらせなさいということ。
オ　失礼なふるまいがあったため、罰を与えなさいということ。

**問四**　傍線部4「さらずは飲まじ」の現代語訳として最も適切なものを次の中から選び、記号で答えよ。
ア　従わないので飲まない
イ　そうでなければ飲むまい
ウ　別れた後では飲まないだろう
エ　帰らないなら飲まないつもりだ
オ　そういうことなら飲むわけにはいかない

**問五**　傍線部5「さつき」とは何月のことか答えよ。

**問六**　傍線部6「むかしの人」とは、この話の中では誰のことを言っているのか。最も適切なものを次の中から選び、記号で答えよ。
ア　男　　イ　官人　　ウ　家刀自
エ　男の従者　　オ　官人の従者

**問七**　傍線部7「いひける」・8「思ひいでて」の主語は何か。最も適切なものを次の中から選び、それぞれ記号で答えよ。
ア　男　　イ　官人　　ウ　家刀自
エ　男の従者　　オ　官人の従者

**問八**　傍線部9「尼になりて」とあるが、なぜ尼になったのか。その理由として最も適切なものを次の中から選び、記号で答えよ。
ア　「さつき待つ」の歌に見合った返歌をうまく詠めなかったため。
イ　「宇佐の使」を満足に接待できなかったことに責任を感じたため。
ウ　前の夫と今の夫を同時に愛してしまったことを情けなく思ったため。
エ　夫がありながら、別の男と一緒になってしまったことを罪深く思ったため。
オ　夫がありながら、「宇佐の使」に心が引かれていくわが身を恐ろしく感じたため。

問一　傍線部a～cのカタカナを漢字に直せ。
問二　空欄[A]に入る語を次の中から一つ選び、記号で答えよ。
ア　言葉　イ　文明　ウ　歴史　エ　文化　オ　社会
問三　二重傍線部「わたしたち」「人々」「狩人や漁夫や牧人」「かれら」のうち、時間との関わり方が異なるものを一つ答えよ。
問四　傍線部2「このような単位」の説明として最も適切なものを次の中から選び、記号で答えよ。
ア　大ざっぱであるが人間の行動に即した単位。
イ　近代の人々によって作られた不正確な単位。
ウ　体系的に統一化された自由度の少ない単位。
エ　便利さに欠けるが安心して使用できる単位。
問五　傍線部3「時計のない世界」の説明として、最も適切なものを次の中から選び、記号で答えよ。
ア　実際に即して時間帯を区分した世界。
イ　時間という概念がそもそもない世界。
ウ　厳密で抽象的な規格を設定した世界。
エ　行動を全て規制されない自由な世界。
問六　傍線部4「わたしたちの歴史的現実」とは、わたしたちの労働がどのようなものになっているということか。それが分かる部分を本文中から三十五字で探し、その始めと終わりの五字をそれぞれ抜き出して答えよ。
問七　傍線部5「ある自由」とは、どういうものか。その説明として、最も適切なものを次の中から選び、記号で答えよ。
ア　時計に縛られず自分のペースで働ける自由。
イ　対象と方法を自ら設定して行動できる自由。
ウ　客観的で普遍的な時間に即して生きる自由。
エ　自らの思想や信念に基づいて生活する自由。
オ　活動の期間や日時を自分で変更できる自由。
問八　傍線部6「祭りは、自然という言語の、人間の歳事への翻訳にほかならない」とあるが、その人々にとって祭りがそのようなものであるのはなぜか。次の中から正しくないものを一つ選び、記号で答えよ。
ア　その人々の生活は客体的事象の強制のもとに営まれているから。
イ　その人々は大地の動物や植物に直接依存して生活しているから。
ウ　その人々の中には祭事について深い知識を持つ智者がいるから。
エ　その人々は周期性をもつ自然現象に規定されて暮らしているから。
オ　その人々の生活は自然に対する正確な観察によって成り立っているから。
問九　空欄[B]・[C]に入る語を次の中から選び、それぞれ記号で答えよ。
ア　相対的　イ　理性的　ウ　感覚的
エ　本能的　オ　絶対的
問十　本文の内容と合致しないものを次の中から二つ選び、記号で答えよ。
ア　太古においては、自然との関係に応じて人々の行動が規定されていた。
イ　昔の単位は人々が過ごしている具体的な生活に即して決められていた。
ウ　現代では、どのような行動も時間によってその内容を規定されている。
エ　事物や環境に応じて行われる行動には精神的な自由がともなっている。
オ　現代では、客観的で自動的な時間の流れが人々の行動を規定している。
カ　抽象的な概念は自然を敬う謙虚な感覚を人間から奪ってしまっている。

をこうむっていたわけではなかった。逆に、かれらは時間に遅れることははるかに少なかったと考えられる。今日では機械的、自動的な仕事の時刻表がわたしたちがそこにいることを要求するのにたいし、かつてはかれらがそこにいることが仕事を規定したからである。かれらは、まだ抽象的なものによって行動を規定されてはいなかったのである。一方、時計の時間は抽象された時間、bジョウリュウ物であって、わたしたちを規定している第一級の抽象的なもののひとつである。むろん、このような時計の時間が4わたしたちの歴史的現実の前提である。それは、アメリカの素朴な格言のいうように金《かね》であるばかりではなく、はるかに不可欠な意味においてわたしたちの現実の本質《エッセンス》なのである。

狩人や漁夫や牧人は、計測可能な抽象的時間のそとに暮らしていた。かれらの時間は、かれらの活動によって規定されていたかぎり具体的であった。かれらの活動が時間とその価値とを規定していたのにたいし、わたしたちの仕事の主要部分は時刻表によって、時計によって規定されている。これは根本的な相異である。機械的に設定・運営される授業時間や国会の会期や労働時間などの日時は変更がきく。それらは計算盤の駒のようにずらすことができ、たがいをにらみあわせて設定することもできる。

これにたいし、野獣が水飲み場に現われたり魚群が岸辺に接近する時間は変えられない。種播きや刈入れ、鳥の渡りや季節の祭りなども、客体的事象の強制のもとにある。この強制は、わたしたちの営みの抽象的・自動的強制とは別のものであり、始業のサイレンの強制とは無縁のものである。すなわちこの強制は、5ある自由を併存させている。わたしたちは、原始的な集落を観察すればただちにこの自由に気づき、その集落の生活に加わるならわたしたちもこの自由を味わうのである。舟小屋のほとりや猟小屋のまえや野宿の焚《たき》火《び》のほとりでする仕事は、計測された時間のなかでする仕事に比べてはるかに大きな自由をともなっている。このことこそ、わたしたちがふつう自由な行動と呼ぶあらゆる行動の際立った特徴であり、わたしたちの休暇を満たしている爽快さの真の源泉である。時計を斟酌《しんしゃく》することが少なければ少ないほど、cエイキの回復はそれだけいっそう大きくなるのである。

人々が大地の動物や植物に直接依存して生活しているところでは、天体現象や季候が時間の分割に大きな影響をあたえている。それらは周期性をもっていて、獲物の出現や果実の成熟を規定し、たとえば南洋で行なわれている一定の月相のときにだけ交尾に集まってくる海棲《かいせい》動物の狩猟のように、しばしば正確な観察を必要とする。祭りもそれらの周期に規定され、その期日はすでに太古から定められていたと考えられる。むしろ開花や結実、潮の干満あるいは蜜蜂の巣別れの時期などと同様に、太古から定まっていたというべきかもしれない。6祭りは、自然という言語の、人間の歳事への翻訳にほかならない。だからすでに太古において、祭りなどの歳事の時期とその回帰とについて深い知識をもち、そのために人々に尊敬される智者たちが不可欠だったことだろう。

未開人たちは、気象や宇宙の運行について日常のわたしたちよりもすぐれた知識をもっている。この知識は、かれらの生活の手だてのひとつであって、わたしたちに時計が不可欠であるようにかれらにはこれが不可欠なのである。そしてこの知識があるからこそ、かれらは未開状態にありながらも、わたしたちには不可解なあの確かな行動が、すなわちわたしたちが B と呼ぶところの、鳥の渡りと同種ともいえる行動が可能なのである。そればかりではなく、かれらは空間的にも時間的にも遠い会合を約束することさえできる。かれらは、なるほど C な正確さをもってではないにしろ、必要なだけの正確さをもって約束を守るだろう。一部族を構成する諸氏族は特定の祭儀のもとで結合されているのだが、二人の狩人はたとえ一方が半日待つことになっても山中で落ち合うだろうし、半日待つことはむしろその出会いに祭儀的性格をつけくわえるだろう。また、そのために獲物が減ることもないだろう。

（E・ユンガー著　今村孝訳『砂時計の書』より）

分を、解答欄に合う形で、文中から三十字以上三十五字以内で抜き出し、その始めと終わりの五字をそれぞれ答えよ。

**問九**　本文の内容に合致しないものを次の中から一つ選び、記号で答えよ。

ア　戦争における国民の罪はだまされたという事実そのものの中にある。

イ　戦争中においては新聞やラジオは進んで国民をだます側に加担した。

ウ　戦争が起きたことの責任は、たやすくだまされた国民の側にもある。

エ　戦争責任者の追及は政治問題として便宜的に解決していくほかない。

オ　戦争が終わっても、日本国民は新たなうそによってだまされている。

## 二

次の文章を読んで、後の問いに答えよ。

時間を計測することを知らず、しかもおそらくそのことにほとんど不便を感じなかった昔の人々は、どのようにして日々の仕事を行っていたのだろうか。大森林や大草原や大砂漠に時計なしに暮らす未開人を訪ねるなら、今日でもそれを知ることができる。だがわたしたち自身の生活のなかにも、［A］から休暇をとって未開もしくは自然に近づく期間がある。そのとき時計はほとんど無用になるのがつねだが、それはわたしたちが計測された時間から遠ざかるからである。

わたしたちが計測された時間を気にしなくなるのは、まさに気持よく心楽しく物事に熱中しているときである。わたしたちは時計にしたがって遊びはしない。少なくとも「スポーツ」と呼ばれる労働過程以外の遊び、つまりわたしたちが子供のように遊ぶ遊びにおいてはつねにそうである。子供は呼ばれるまで、飽きるまで遊ぶ。陽が沈み、夕闇とともに不気味さが遊びの魅力にとってかわるまで遊ぶ。それと同じように、わたしたちは魚釣りや狩猟をするとき、また種播《ま》きや刈入れをするとき、時計にしたがって行動はしない。わたしたちは夜明けとともに起き、野獣を倒すまで、あるいはとり逃がすまで狩場を去らないし、また最後の藁《わら》束を車に積みあげるまで畑にとどまっている。時計が行動を規定するのではなく、行動の種類・内容が時間を規定するのである。わたしたちはこのような行動様式を「アド・ホックad hoc」な行動様式（具体的目的そのものに規定された行動の様式。アド・ホックは「この目的のため」の意。ラテン語）と呼ぶことにしよう。

昔の度量衡の単位は、このような行動様式の体系から生じていた。土地はモルゲン（朝、午前）とかタークヴェルク（一日の仕事）とかによって、すなわち一人の男が半日あるいは一日で鋤《す》くことのできる耕地面積によって測られていた。長さの単位はシュパネ（広げた手の親指と小指のあいだ。約二〇センチ）、エレ（ひじから手の先まで。約五五―八〇センチ）、フース（足底の長さ。約三〇センチ）などであり、距離の単位は弓の射程であり一日の行程だった。人々の念頭にあったのはたとえばある具体的な地点にaトウタツすることであって、すなわちアド・ホックな行動そのものであって、そのさい三〇キロメートル行進しなければならないとか三〇〇キロメートル乗物で行かねばならない、というような発想からは遠かったのである。

あらゆる民族、あらゆる地方に2このような単位の名称を見ることができる。それらはわたしたちの感覚からすれば不正確である。だから十進制の度量衡体系がそれらをほとんど淘汰《とうた》し、それらはもはや使われていないか、それともこの体系にしたがって規格を統一されてしまっているかのいずれかである。3時計のない世界の時間表示も、これと同じように不正確だった。昼と夜とをそれぞれ十二時間で測るのは、比較的新しい仮構である。薄明や午前、あるいは午後や夕方などの言葉が表わす時間帯は曖昧《あいまい》であり、またたがいに重なりあう部分をもっている。

しかしわたしたちの祖先は、このような大ざっぱさのために不便こんなことをいえば、それは興味の問題ではないといってしかられるかもしれない。たしかにそれは興味の問題ではなく、もっとさし迫った、いやおうなしの政治問題にちがいない。

しかし、それが政治問題であるということは、それ自体がすでにある限界を示すことである。

すなわち、政治問題であるかぎりにおいて、この戦争責任の問題も、便宜的な一定の規準を定め、その線を境として一応形式的な区別をして行くより方法があるまい。つまり、問題の性質上、その内容的かつ徹底的なる解決は、あらかじめ最初から断念され、放棄されているのであって、残されているのは一種の便宜主義による解決だけだと思う。便宜主義による解決の最も典型的な行き方は、人間による判断を一切省略して、その人の地位や職能によって判断する方法である。現在までに発表された数多くの公職追放者のほとんど全部はこの方法によって決定された。もちろん、そのよいわるいは問題ではない。ばかりでなく、あるいはこれが唯一の実際的方法かもしれない。

しかし、それなら映画の場合もこれと同様に取り扱ったらいいではないか。しかもこの場合は、いじめたものといじめられたものの区別は実にはっきりしているのである。

いうまでもなく、いじめたものは監督官庁であり、いじめられたものは業者である。これ以上に明白なるいかなる規準も存在しないと私は考える。

しかるに、一部の人の主張するがごとく、業者の間からも、むりに戦争責任者を創作してお目にかけなければならぬとなると、その規準の置き方、そして、いったいだれが裁くかの問題、いずれもとうてい私にはわからないことばかりである。

（伊丹万作「戦争責任者の問題」より）

語注

＊癲狂　精神に異常をきたしていること。

＊跳梁　好ましくないものが、のさばりはびこること。

**問一**　傍線部a～cのカタカナは漢字に直し、漢字はその読みをひらがなで答えよ。

**問二**　傍線部1で、「わからなくなる」と言われているのは、何がわからないのか。次のように答えるとして、その空欄［ア］・［イ］に入る最も適切な語句を、文中から五字以上七字以内でそれぞれ抜き出して答えよ。

戦争責任者を決める［ア］や、［イ］ということがわからないということ。

**問三**　傍線部2で、「多くの人」がそのように思っているのは、彼らが戦争責任の有無をどのような仕方で区別しているからか。それが分かる部分を、文中から十五字以上二十字以内で抜き出して答えよ。

**問四**　傍線部3とは対照的な存在を表している部分を文中から七字で抜き出して答えよ。

**問五**　空欄［A］に入る一語として最も適切なものを次の中から選び、記号で答えよ。

ア　関心　　イ　造作　　ウ　理解　　エ　能力　　オ　責任

**問六**　傍線部4「奴隷根性」の説明として正しくないものを次の中から一つ選び、記号で答えよ。

ア　善悪の判断を誠実に下していく道徳的感覚を欠いていること。

イ　個人の尊厳を蔑《ないがし》ろにして、人間性の価値を尊重できないこと。

ウ　封建制度を打ち破れず、基本的人権を獲得できなかったこと。

エ　物事を自分の頭で批判的にとらえて考える力を持たないこと。

オ　自分の信念を持たず、ひたすら強いものに従って生きること。

**問七**　傍線部5「彼らの跳梁を許した自分たちの罪を真剣に反省しなかったならば」とあるが、それでは、「自分たちの罪を真剣に反省する」とは具体的にどのようにすることか。それが分かる一文を文中から抜き出し、その始めの五字を答えよ。

**問八**　傍線部6の「効果」とはどのようなものか。それが分かる部

そこで私は、試みに諸君にきいてみたい。「諸君は戦争中、ただの一度も自分の子にうそをつかなかったか」と。たとえ、はっきりうそを意識しないまでも、戦争中、一度もまちがったことを我が子に教えなかったといいきれる親がはたしているだろうか。

しかし、このような考え方は戦争中にだました人間の範囲を思考の中で実際の必要以上に拡張しすぎているのではないかという疑いが起こる。

ここで私はその疑いを解くかわりに、だました人間の範囲を最小限にみつもったらどういう結果になるかを考えてみたい。

もちろんその場合は、ごく少数の人間のために、非常に多数の人間がだまされていたことになるわけであるが、はたしてそれによってだまされたものの責任が解消するであろうか。

だまされたということは、不正者による被害を意味するが、しかしだまされたものは正しいとは、古来いかなる辞書にも決して書いてはないのである。だまされたとさえいえば、一切の責任から解放され、無条件で正義派になれるように勘ちがいしている人は、もう一度よく顔を洗い直さなければならぬ。

また、もう一つ別の見方から考えると、いくらだますものがいてもだれ一人だまされるものがなかったとしたら今度のような戦争は成り立たなかったにちがいないのである。

つまりだますものだけでは戦争は起こらない。だますものとだまされるものとがそろわなければ戦争は起こらないということになると、戦争の責任もまた(たとえ b ケイチョウの差はあるにしても)当然両方にあるものと考えるほかはないのである。

そしてだまされたものの罪は、ただ単にだまされたという事実そのものの中にあるのではなく、あんなにも造作なくだまされるほど批判力を失い、思考力を失い、信念を失い、家畜的な盲従に自己の一切をゆだねるようになってしまっていた国民全体の文化的無気力、無自覚、無反省、無 [ A ] などが悪の本体なのである。

このことは、過去の日本が、外国の力なしには封建制度も鎖国制度も独力で打破することができなかった事実、個人の基本的人権さえも自力でつかみ得なかった事実とまったくその本質を等しくするものである。

そして、このことはまた、同時にあのような専横と圧制を支配者にゆるした国民の 4 奴隷根性とも密接につながるものである。

それは少なくとも個人の尊厳の冒瀆《ぼうとく》、すなわち自我の放棄であり人間性への裏切りである。また、悪を c 憤る精神の欠如であり、道徳的無感覚である。ひいては国民大衆、すなわち被支配階級全体に対する不忠である。

我々は、はからずも、いま政治的には一応解放された。しかしいままで、奴隷状態を存続せしめた責任を軍や警察や官僚にのみ負担させて、5 彼らの*跳梁《ちょうりょう》を許した自分たちの罪を真剣に反省しなかったならば、日本の国民というものは永久に救われるときはないであろう。

6「だまされていた」という一語の持つ便利な効果におぼれて、一切の責任から解放された気でいる多くの人々の安易きわまる態度を見るとき、私は日本国民の将来に対して暗澹《あんたん》たる不安を感ぜざるを得ない。

「だまされていた」といって平気でいられる国民なら、おそらく今後も何度でもだまされるだろう。いや、現在でもすでに別のうそによってだまされ始めているにちがいないのである。

一度だまされたら、二度とだまされまいとする真剣な自己反省と努力がなければ人間が進歩するわけはない。この意味から戦犯者の追及ということもむろん重要ではあるが、それ以上に現在の日本に必要なことは、まず国民全体がだまされたということの意味を本当に理解し、だまされるような脆弱《ぜいじゃく》な自分というものを解剖し、分析し、徹底的に自己を改造する努力を始めることである。

こうして私のような性質のものは、まず自己反省の方面に思考を奪われることが急であって、だました側の責任を追及する仕事には必ずしも同様の興味が持てないのである。

# 平成二十九年度
# 早稲田大学高等学院

**【国　語】**（五〇分）

〔注意〕字数指定のある問いに答える場合は、句読点などの記号も字数に含めるものとする。

**一**　次の文章は昭和二十一年（一九四六年）に書かれたものである。これを読んで、後の問いに答えよ。

最近、自由映画人連盟の人たちが映画界の戦争責任者を指摘し、その追放を主張しており、主唱者の中には私の名前もまじっているということを聞いた。それがいつどのような形で発表されたのか、くわしいことはまだ聞いていないが、それを見た人たちが私のところに来て、あれはほんとうに君の意見かときくようになった。

そこでこの機会に、この問題に対する私のほんとうの意見を述べて立場を明らかにしておきたいと思うのであるが、実のところ、私にとって、近ごろこの問題ほどわかりにくい問題はない。1考えれば考えるほどわからなくなる。そこで、わからないというのはどうわからないのか、それを述べて意見のかわりにしたいと思う。

さて、多くの人が、今度の戦争でだまされていたという。みながみな口を揃《そろ》えてだまされていたという。私の知っている範囲ではおれがだましたのだといった人間はまだ一人もいない。ここらあたりから、もうぼつぼつわからなくなってくる。2多くの人はだましたものとだまされたものとの区別は、はっきりしていると思っているようであるが、それが実は錯覚らしいのである。たとえば、民間のものは軍や官にだまされたと思っているが、軍や官の中へはいればみな上のほうをさして、上からだまされたというだろう。上のほうへ行けば、さらにもっと上のほうからだまされたというにきまっている。すると、最後にはたった一人か二人の人間が残る勘定になるが、いくら何でも、わずか一人や二人の智慧《ちえ》で一億の人間がだませるわけのものではない。

すなわち、だましていた人間の数は、一般に考えられているよりもはるかに多かったにちがいないのである。しかもそれは、「だまし」の専門家と「だまされ」の専門家とに画然と分かれていたわけではなく、いま、一人の人間がだれかにだまされると、次の瞬間には、もうその男が別のだれかをつかまえてだますというようなことを際限なくくりかえしていたので、つまり日本人全体が夢中になって互いにだましたりだまされたりしていたのだろうと思う。

このことは、戦争中の末端行政の現れ方や、新聞報道の愚劣さや、ラジオのばかばかしさや、さては、町会、隣組、警防団、婦人会といったような民間の組織がいかに熱心にかつ自発的にだます側に協力していたかを思い出してみれば直《す》ぐにわかることである。

少なくとも戦争の期間をつうじて、だれが一番直接に、そして連続的に我々を圧迫しつづけたか、苦しめつづけたかということを考えるとき、だれの記憶にも直ぐ蘇《よみがえ》ってくるのは、直ぐ近所の小商人の顔であり、隣組長や町会長の顔であり、あるいは郊外の百姓の顔であり、あるいは区役所や郵便局や交通機関や配給機関などの小役人や雇員や労働者であり、あるいは学校の先生であり、といったように、3我々が日常的な生活を営むうえにおいていやでも接触しなければならない、あらゆる身近な人々であったということはいったい何を意味するのであろうか。

いうまでもなく、これは無計画な*癲狂《てんきょう》戦争の必然の結果として、国民同士が相互に苦しめ合うことなしには生きて行けない状態に追い込まれてしまったためにほかならぬのである。そして、もしも諸君がこの見解の正しさを承認するならば、同じ戦争の間、ほとんど全部の国民が相互にだまし合わなければ生きて行けなかった事実をも、等しく承認されるにちがいないと思う。

しかし、それにもかかわらず、諸君はaイゼンとして自分だけは人をだまさなかったと信じているのではないかと思う。

## 英語解答

A　Ⅰ　1　reason　2　prince

Ⅱ　ウ　Ⅲ　ウ

Ⅳ　(3)…イ　(14)…エ

Ⅴ　(4)　all　(5)　without　(9)　truth

(18)　Why　(21)　attention

(23)　sure〔certain〕

Ⅵ　(6)…ア　(17)…エ

Ⅶ　(7)…ウ　(8)…イ　(12)…エ　(19)…ア

(20)…イ　(22)…ア

Ⅷ　4番目…well　6番目…leaving

Ⅸ　imagination

Ⅹ　(13)　by　(16)　of

Ⅺ　exciting

B　Ⅰ　1　example　2　succeeded

3　clone

Ⅱ　(1)…ア　(2)…ウ　(7)…エ　(9)…イ

(11)…ウ　(14)…ア

Ⅲ　(3)…イ　(12)…イ

Ⅳ　(4)…イ　(6)…エ　(8)…ア　(13)…ア

Ⅴ　ウ　Ⅵ　ウ

Ⅶ　different from　Ⅷ　ウ，エ

Ⅸ　(1)…イ　(2)…エ　(3)…イ　(4)…ア

(5)…ウ

（声の教育社　編集部）

A〔長文読解総合―エッセー〕

≪全訳≫❶その春，ダンカン先生は理科の研究課題として，生きているカメレオンを教室に持ってきた。各チームは葉を敷き詰めた箱に，生きているコオロギを食べるカメレオンを入れたものを１個ずつ持つことになり，子どもたちはカメレオンが丸々１匹の昆虫を瞬時に食べてしまうのを見て興奮した。コオロギの数が減ってきたとき，ダンカン先生が子どもたちにコオロギがたくさん見つかる場所を尋ねると，アーロンが手を挙げた。「僕のおばあちゃんの家の後ろの畑にコオロギがいます」と彼は言った。「今週末におばあちゃんの家に行ったとき何匹か捕まえてきます」　月曜日の朝，ダンカン先生がアーロンにコオロギの捕獲はどうだったかを尋ねると，彼は「100匹のコオロギを捕まえたけど，１匹死んだので今は99匹しかいません」と言った。❷「それだけいれば十分すぎるわよ」とダンカン先生は言った。「明日コオロギを持ってくることをメモに書いておいてね。もうすぐ全部いなくなりそうだし，カメレオンはもっとエサが必要になるから」❸火曜日，アーロンが手ぶらで学校に来たので，ダンカン先生が説明を求めると，「みんな寝坊して，てんやわんやの大騒ぎをしているうちに，ママが僕にコオロギを持たせるのを忘れてしまったんです」と彼は言った。❹「コオロギを持ってくると約束したのはあなたのお母さんじゃなくて，あなたでしょ」とダンカン先生は言った。「これはあなたの仕事なのよ，アーロン。カメレオンはおなかをすかせているわ。彼らはあなたを当てにしているし，クラスのみんなもあなたを当てにしているのよ。明日は絶対に忘れないようにね」❺水曜日，アーロンがコオロギを持たずに現れてもダンカン先生は驚きもしなかったが，「アーロン，あなたの言うコオロギってあなたの心の中にだけいるものなのね？」と言った。アーロンは答えなかった。❻ダンカン先生は，カメレオンにエサをやらない(10)ままにしておいただけでなく，うそをついたことについてもアーロンと話し合いを持たなければならないことがわかっていたので，ため息をついた。私は彼の話に大いに楽しませてもらった。コオロギが１匹死んだことにするという，細かいところが私を笑わせ，アーロンが自信たっぷりに世界をつくり変えようとしていることに驚いた。❼子どもはうそを企むこともあるが，特別な理由もなくつ

いうそをついてしまうこともあるのだ。それはまるで想像力が突然意に反して彼らをトラブルに巻き込むかのようなものである。私は9歳のとき家族と一緒に列車で旅行をした際，家族からいくつか席を隔てて1人で座りたいと思った。そのときある女性が私の隣に座った。私は知らない人とは決して話さないように言われていたが，すぐ近くに見知らぬ人がいるとわくわくすると同時に少し怖かった。私は横目で彼女を見た。彼女は本を取り出し，おかしなめがねをかけた。私自身もめがねをかけ始めた頃だったが，そのようなめがねは見たことがなかった。私は礼儀を忘れて，彼女の方をじっと見てしまった。私の視線を感じたのか，その女性はめがねの上から私を見下ろしたので，私は動けなくなった。❽「こんにちは」と彼女は言った。「どなた？」❾「僕，チェコスロバキアの王子なの」という言葉が私の口から飛び出たので，彼女ばかりか私まで驚いてしまった。❿「ここからずいぶん遠い所ね」と彼女は言った。「どうしてアメリカに来たの？」⓫彼女が私の言ったことを信じたことにとても驚き，自分の力に興奮して，私の心臓の鼓動は速くなった。私は彼女にこう言った。「家族はみんな殺されてしまったんだ。命からがら逃げなければならなかったんだ」⓬「まあ，かわいそうに」⓭私は悲しげにうなずいて窓の外を見た。⓮「教えて」と彼女は言った。「チェコスロバキアのどこから来たの？」⓯「デュッセルドルフ」⓰「変ね。デュッセルドルフってドイツにあるんじゃないかしら」⓱「以前はそうだったけど，移ったんだ」⓲「ああ，そうなの」と彼女は言った。彼女は本を閉じ，めがねを外すと，今までの人生を一部始終教えてほしいと頼んできた。私が話している間，私が話をでっち上げていることを彼女は理解していることが私には半ばわかっていたが，彼女は熱心に聞いてくれ，彼女の心を意のままにしていることに，私はわくわくした。⓳私がある友人にこの話をすると，彼女は「あなた，『ライ麦畑でつかまえて』から話を取ってきたでしょ。その話に出てくるホールデンという少年も列車の中で女性にうそをついて，重病にかかっていると言うのよ」と言った。私はそのことを本で調べると，確かにホールデンは列車の中で見知らぬ人にとんでもないうそをついている。私は自分の記憶を疑い始めた。あの列車の中で私は本当にあの女性に出会ったのだろうか。私は『ライ麦畑でつかまえて』を読んだ後に，その話をつくったのではないだろうか。私の心が著者サリンジャーに自由に操られ，私はそのことに気づきさえしなかったのだろうか。

Ⅰ＜英問英答＞1．「著者はアーロンがうそをついたことをどう思っていたか」―「彼はアーロンが何の理由もなくうそをついていると思った」　第7段落第1文参照。　2．「著者は9歳のとき，列車の中で女性にどんなうそをついたか」―「彼は自分が王子だと言った」　第9段落第1文参照。

Ⅱ＜内容一致＞「子どもたちは興奮した。なぜなら(　　)」―ウ．「カメレオンがコオロギを瞬時に食べたから」　「興奮した」理由は直後のto以下に書かれている。このto watch ～は‘感情の原因’を表すto不定詞の副詞的用法。

Ⅲ＜適語選択＞後に続く祖母の家の畑にコオロギがいるという内容のアーロンの発言から，ダンカン先生はコオロギがとれる「場所」を尋ねたことがわかる。

Ⅳ＜指示語＞⑶直前でアーロンが祖母の家の畑にコオロギがいる，と言っていることから，someがコオロギを指していることは文脈上明らかである。　⒁直前のstranger「見知らぬ人」を指す。代名詞oneは前に出てきた不特定の名詞を受ける。ウはstrangeが「変わった，おかしな」の意なので不可。

Ⅴ＜書き換え―適語補充＞⑷このoutは「なくなって」の意。　(例)We are out of coffee.「コーヒーが切れている」　書き換え文は「ほとんど全てのコオロギが食べられた」とすればよい。
(5)「ダンカン先生は説明を求めた」の「説明」とは，直前から，「アーロンが手ぶらで学校に来たことに対する説明」だとわかるので，書き換え文は「ダンカン先生はアーロンになぜコオロギを持たずに学校に来たのかを尋ねた」とする。　(9)「アーロン，あなたの言うコオロギってあなたの心の中にだけいるものなのね」の「あなたの心の中にだけいるもの」とは「実際には存在しない」，「架空の」ということ。書き換え文は「あなたは真実を述べていない」とする。　(18)「何があなたをアメリカに連れてきたのか」とは「なぜあなたはアメリカに来たのか」ということ。　(21)‘have ～ in …’s pocket’は「～を完全に自分のものにしている」という意味であることを文脈から読み取る。書き換え文は「その女性が私の言ったことに注意を払っていたので私は興奮していた」とすればよい。　pay attention to ～「～に注意を払う」　(23)「私は自分の記憶を疑い始めた」とは「私はそれが実際に起きていたことかどうか確信が持てなかった」ということ。

Ⅵ＜適語(句)選択＞(6) forgetは目的語がto不定詞の場合と動名詞の場合で意味が異なる。‘forget＋to不定詞’は「～することを忘れる」，‘forget＋動名詞(～ing)’は「～したことを忘れる」という意味になる。ここは「コオロギを渡す(与える)のを忘れた」という意味になると文意が通るので，アのto giveが適切。　(17)空所を含む文はShe felt my gaze.とThe woman looked down at me …の2文が1文になったと考えられるので，分詞が動詞と接続詞のはたらきを兼ねる分詞構文の形にする。

Ⅶ＜英文解釈＞(7) Theyは前の文のchameleons，youはAaronを指す。count on ～は「～を当てにする」。カメレオンがアーロンを当てにしているとは，ウ．「カメレオンがアーロンのコオロギを必要としている」ということ。　(8) show upは「現れる」。cricketlessの-lessは「ない」を表す接尾語なのでcricketlessは「コオロギを持たずに」。つまり，イ．「アーロンは手ぶらで学校に来た」ということ。　empty-handed「手ぶらで」　(12) theyは前にあるchildren’s liesを受ける。pop upは「急に現れる」。これと同意になるのは，エ．「子どもは考えることなくうそをつく」。(19)このpoorは「哀れな，かわいそうな」という意味。ア．「それを聞いて気の毒に思う」と同意。(20) ItはDüsseldorfを指す。used to ～は「(かつては)～だった」。beの後にはin Germanyが繰り返しとなるので省略されている。このtheyは「当局，政府」といった意味。最も近いのは，イ．「デュッセルドルフはもうドイツにはない」。　(22) thatは前のthis storyを受けている。つまり，「その話を『ライ麦畑でつかまえて』から盗んで〔取って〕きた」ということ。ア．「あなたはその話を自分でつくっていない」はこれを言い換えた意味になっている。

Ⅷ＜整序結合＞... talk to Aaronの後，「～に関して」となるようにabout ～とし，その目的語にlying(lie「うそをつく」の～ing形)とleavingという2つの動名詞をあて，その2つをas well asでつなぐ。後ろのthe chameleonsはleavingの目的語と考えられるので，leavingが後にくるようにする。‘*A* as well as *B*’で「*B*ばかりでなく*A*も」。　... knowing she now had to talk to Aaron about lying as well as leaving the chameleons without any food.

Ⅸ＜適語補充＞下線部(11)のThe detail of the single dead cricketとは，第1段落最終文でアーロンが言ったうそのこと。このdetailは「細部」という意味。つまり，アーロンはコオロギなんて1匹も持っていないのに，わざわざ100匹のうちの1匹が死んだという細かい部分までつくって話したということが筆者を笑わせたのである。iで始まり，こうしたつくり話を考えるのに使うのは想像力。第7段落第2文参照。　「私がおもしろいと思ったのは，アーロンは1匹もコオロギを持っていなかったのに，想像力をはたらかせて，1匹のコオロギが死んで残りが99匹になったと話したことだ」

Ⅹ＜適語補充＞⒀ ‘by＋乗り物’で「～を使って，～で」。　⒃ ‘a pair of＋複数名詞’「(靴，手袋，めがね，箸などのように2つからなる物の)1対，1組」

Ⅺ＜語形変化＞動詞 excite は「〈人〉を興奮させる」という意味。ここから現在分詞の exciting は「(人を)〈物事などが〉興奮させる，わくわくさせる」，過去分詞の excited はもとの「興奮させられた」という意味から「〈人が〉興奮して，わくわくして」という意味になる。ここでは，「すぐ近くに見知らぬ人がいることが，(筆者を)わくわくさせることだった」のだから，exciting が適切。

**B**〔長文読解総合―説明文〕

≪全訳≫❶あなたは自分の犬をどのくらい愛しているだろうか。その犬が年を取るにつれ，全く同じ犬がもう1匹いればいいのだが，とひそかに願うことはないだろうか。多くの人がこのように思っていると私は確信している。そして，彼らの夢はやがて実現するだろう。❷私たちのほとんどはこのことを考えたことがあっても，その結果どうなるのかは，誰もよくわかっていなかった。最初のクローン羊ドリーは，広告塔として使われたが，彼女にとって状況はあまり良くなかった。しかし，時代は変わり，科学は進歩している。昨年，英国のレベッカ・スミスは最愛のダックスフント，ウィニーのクローンを韓国でつくらせた。彼女が犬のクローンをつくらせるのに必要な金額は6万ポンドだった。❸6万ポンドは法外な額に思えるが，経費というものは，どんな新技術の場合でもそうであるように，ほぼ間違いなく下がる。クローンが将来も確実に行われるであろう理由の1つは，それが現在すでに広く行われているということだ。❹クローンは競馬では認められていない。だがポロという，馬に乗って行うチームスポーツにおいては，ポニーのクローンをつくることがだんだん一般的になりつつある。世界のトップ・プレーヤーの1人，アドルフォ・カンビアッソは彼の愛馬の多くのクローンをつくって成功した。カンビアッソはクローンにとても興味を持ち，ブエノスアイレスの近くに研究所を持つクローンメーカーの共同経営者になったほどだ。彼は，いつかクローンの馬だけで試合を行いたいそうだ。クローンの馬は需要がうなぎのぼりになっている。2010年，カンビアッソの最高の馬の1頭であるクアルテテラのクローンは80万ドルで売られた。❺ポロの例に影響を受け，他の乗馬スポーツも参入を望んでいる。来年のリオ・オリンピックは，クローンの出場が初めて認められる大会になる(乗馬スポーツのルールが2012年に変わったのだ)。タマリロ――アテネ・オリンピックに出場し，この夏に死んだ馬――のクローンがつくられた。クローン馬トマチロは2年前に生まれ，2016年にはまだ若すぎたが，2020年には準備万端だろう。❻かわいそうにもトマチロは競技する機会が一度もないかもしれない。その代わりに彼は，タマリロがなしえなかった，他の多くの馬の父親になるだろう。というのも，繁殖はお金を生む場だからである。オリジナルのタマリロは子どもがつくれなくなる手術を受けた。そのような手術は気性の穏やかな競走馬をつくるのにときどき必要になる。❼有名馬のクローンは超大金持ちのステータスシンボルとしか見なされない，と心配する者もいる。クアルテテラやタマリロのような優れた馬を持てるのは，フェラーリの最高級スポーツカーを持てるようなものだからだ。これは1つの問題にすぎない。❽もっと重要なことは，クローンの成功率はいまだに低いままだということと，クローンは禁止するべきだと動物の権利保護活動家が主張していることである。実のところ，多くのクローン動物には将来の健康問題がある。❾また，全てがうまくいき，科学技術が向上しても，スポーツマンシップの問題が残る。勝つ可能性が大きい動物をクローンでつくることは紳士的な行動と言えるだろうか。それは結果がわかっていることに賭けるようなものではないだろうか。❿カンビアッソと彼のチームはそのように願っている。「クローンはオリジナルと似ているのではない――全く同じなのだ」とカンビアッソの同僚の１人は言った。おもしろいことにレベッカ・スミスはそれに同意しない。ひょっとしたら，クローンのダックスフント，ミニは研究所で最初の数か月を過ごしたので，彼女の性格は母親と少し異なるのかもしれない。ミニは，より神経質だとレベッカは言う。⓫たとえそうでも，クローン化のコストが下がるにつれ，かなりの大きな市場が形成されるのは間違いないだろう。１匹の犬は，死んだら終わりというものではなく，永遠のペットになりうるのだということだ。

Ⅰ＜英問英答＞１.「最初のクローン羊ドリーにとって，状況はどのようになったか」―「彼女はクローン動物の良い例〔手本〕にはならなかった」　第２段落第２文参照。　２.「カンビアッソが愛馬のクローンをつくった結果はどうだったか」―「彼はそれらのクローンをつくることに成功した」　第４段落第３文参照。　succeed in ～「～に成功する」　３.「タマリロとトマチロの関係は何か」―「トマチロはタマリロのクローンとして生まれた」　第５段落最後の２文参照。

Ⅱ＜語句・英文解釈＞⑴「それ(クローン)は私たちをどこに連れていくのか」→「(クローンの)結果どうなるのか」とは，ア.「クローン技術は将来何ができるようになるのか」ということ。　⑵steep は「(斜面などが)急勾配の，険しい」の意だが，ここでは，ウ.「高価な」の意。文脈から推測できる。　⑺in hot demand は「需要が大いにあって」という意味なので，エ.「多くの人によって求められている」が適切。　⑼more than ready は「準備ができている以上だ」→「準備万端だ」の意。これと同意となるのは，イ.「彼は2020年には完全にレースの準備ができているだろう」。　⑾「繁殖はお金を生む場だ」とは，ウ.「人々は繁殖でお金を稼ぐことができる」ということ。　⒁「スポーツマンシップの問題が残る」とは，ア.「優れた能力のあるクローン動物を使うことは不公平になりかねない」ということ。直後の２文参照。

Ⅲ＜単語のアクセント＞

⑶　con-tín-ue　⑿　o-ríg-i-nal

Ⅳ＜適語選択＞⑷前の内容からクローンの作製が現時点で行われていることがわかるので「クローンが将来も行われるのが確かである１つの理由は，それが現在すでに広く行われているということだ」とするのが適切。第２，３段落参照。　⑹'so ～ that …'「とても～なので…だ」の構文にすると文意が通る。　⑻「～で売る〔買う〕」は'交換'を表す for で表せる。　⒀動物の権利保護活動家が主張する内容なので，クローンは「禁止する」べきだ，となる forbidden が適切。forbid－forbade－forbidden

Ⅴ＜単語の発音＞

⑸　allówed[au]　ア．awáy[ei]　イ．Áugust[ɔː]　ウ．abóut[au]　エ．alóne[ou]

Ⅵ＜内容一致＞「トマチロが競技する機会を一度も持てないかもしれない理由は，(　　)」―ウ.「トマチロがレースに参加する代わりに子どもをつくることを期待されているからだ」　第６段落第２文参照。

Ⅶ＜適語補充＞「レベッカ・スミスが同意しないのは，ときどきクローン動物はそのオリジナルと性格が異なる場合があることを知っているからだ」 レベッカ・スミスのクローン犬は性格がその母(オリジナル)と違っていたのである。第10段落最後から２文目参照。

Ⅷ＜内容真偽＞ア.「多くの人はもとのペットと全く同じペットをもう１匹持てればいいと願っているが，クローン技術がまだ完全に進んでいないのでそれは不可能だ」…× 第１段落最終文に「やがて彼らの夢は実現するだろう」とある。 イ.「多くのポロ選手はクローン技術に興味を持っているが，他の乗馬スポーツの選手はそうではない」…× 第５段落第１文参照。 ウ.「人々がいかに自分が裕福であるかを示すためにクローン動物がつくられるかもしれないことを心配する人もいる」…○ 第７段落第１文参照。 エ.「問題は山積しているが，世の中は有望な産業としてクローン技術に興味を持ち続けるだろう」…○ 第11段落第１文参照。 オ.「アドルフォ・カンビアッソはすでに多くの馬のクローンをつくり，クローンの馬だけが参加した試合でプレーした」…× 第４段落第５文参照。クローンの馬だけが参加する試合でプレーするのは彼の将来の夢である。 カ.「クローン技術が大いに進んだので，現在，クローン動物をつくるうえで失敗はほとんどない」…× 第８段落第１文参照。

Ⅸ＜要約文完成＞≪全訳≫❶ジョージ(G)：クローン動物をどう思う？ 僕はすばらしいと思う！ クローン動物をつくることによって，ほとんど永遠にペットを飼えるんだからね！❷マサル(M)：残念ながら僕は君とは違う意見だ。そんな理由でクローン動物をつくるべきではないよ。❸G：なぜ？❹M：生命の価値はどうなるんだい？ 僕たちは，生命は特別なものであり，僕たちは１人１人が唯一の存在で，他人に置き換えられるものではないと教わってきた。いつでもクローンをつくれるということがわかったら，どうやって自分が特別な存在だと信じられるんだい？ 動物の場合も同じであり，だから僕はクローンに賛成しないんだ。❺G：僕は単純にもう貴重なペットを失うことを心配せずに済むなら，すばらしいことだと思うだけだよ。❻M：君の意見も理解できるよ。僕も猫を飼っていて，彼女なしの生活なんて想像することができないからね。❼G：事故で猫を失ったらどうする？ 猫のクローンをつくれればなあと思わない？ それでもクローンには反対するの？❽M：正直に言うと，そんなことになったらわからないな。

＜解説＞(1)‘好ましくないこと’を「思う」はI'm afraidで表せる。 (2)直後に「生命は特別なもの」とあるので，「生命の価値」となるエが適切。 (3)the same with ～「～に関しても同じ」 (4)直後でマサルも猫を飼っていて，その猫のいない生活は想像できないと言っていることから，ペットを永遠に失わなくなるという理由でクローンに賛成しているジョージに同調していることが読み取れるので，「君の意見も理解できる」となるアが適切。このsideは「意見・視点」という意味。 (5)be against ～「～に反対である」⇔ be for ～「～に賛成である」

## 数学解答

**1** (1) ① 5個 ② $\dfrac{5}{12}$

(2) ① 円B…$\dfrac{16}{9}S$ 円C…$4S$

② 円B′…$\dfrac{3}{2}T$ 円C′…$3T$

**2** (1) $a-\dfrac{1}{2}$

(2) 傾き…$3a$ **y**座標…$-2a$

(3) ① $\dfrac{1+\sqrt{5}}{6}$ ② $\dfrac{2+\sqrt{5}}{2}$

**3** (1) $3\sqrt{3}$ (2) 45° (3) $3\sqrt{2}$

**4** (1) 105 (2) $x=40$, $y=96$

(3) 24, 40, 56

(4) 最小値…6 $x=10$, $y=15$

（声の教育社 編集部）

**1** 〔独立小問集合題〕

(1)<確率—さいころ>①2つのさいころを投げるとき，出る目の和$X$は2以上12以下の整数になる。そのうち，素数は2, 3, 5, 7, 11の5個である。 ②2つのさいころを投げるとき，出る目をそれぞれ$a$, $b$とすると，出る目の組$(a,\ b)$は，全部で$6\times6=36$(通り)ある。そのうち，$X=2$になる出方は$(a,\ b)=(1,\ 1)$の1通り，$X=3$になる出方は$(a,\ b)=(1,\ 2)$, $(2,\ 1)$の2通り，$X=5$になる出方は$(a,\ b)=(1,\ 4)$, $(2,\ 3)$, $(3,\ 2)$, $(4,\ 1)$の4通り，$X=7$になる出方は$(a,\ b)=(1,\ 6)$, $(2,\ 5)$, $(3,\ 4)$, $(4,\ 3)$, $(5,\ 2)$, $(6,\ 1)$の6通り，$X=11$になる出方は$(a,\ b)=(5,\ 6)$, $(6,\ 5)$の2通りあるから，$X$が素数になる場合は$1+2+4+6+2=15$(通り)ある。よって，求める確率は$\dfrac{15}{36}=\dfrac{5}{12}$である。

(2)<面積>①等しい弧の長さを$l$とする。それぞれの円で，弧に対する中心角の大きさは$60°\times2=120°$, $45°\times2=90°$, $30°\times2=60°$であり，弧の長さは中心角に比例するから，それぞれの円の周の長さは，円Aは$l\times\dfrac{360°}{120°}=3l$, 円Bは$l\times\dfrac{360°}{90°}=4l$, 円Cは$l\times\dfrac{360°}{60°}=6l$と表せる。よって，これらの円の相似比は$3l:4l:6l=3:4:6$となるから，面積比は$3^2:4^2:6^2=9:16:36$である。したがって，円Aの面積が$S$のとき，円Bの面積は$S\times\dfrac{16}{9}=\dfrac{16}{9}S$, 円Cの面積は$S\times\dfrac{36}{9}=4S$と表せる。

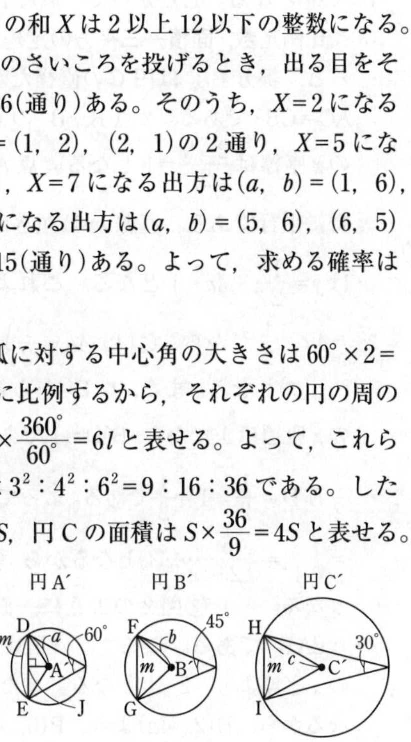


②右図の3つの円A′, B′, C′で，長さの等しい弦をそれぞれDE, FG, HIとし，△A′DE, △B′FG, △C′HIをつくり，DE＝FG＝HI＝$m$とする。また，$\overset{\frown}{\mathrm{DE}}$, $\overset{\frown}{\mathrm{FG}}$, $\overset{\frown}{\mathrm{HI}}$に対する円周角がそれぞれ60°, 45°, 30°だから，∠DA′E＝$60°\times2=120°$, ∠FB′G＝$45°\times2=90°$, ∠HC′I＝$30°\times2=60°$である。円A′で中心A′から弦DEに垂線A′Jを引くと，∠DA′J＝$\dfrac{1}{2}\times120°=60°$だから，△A′DJは3辺の比が$1:2:\sqrt{3}$の直角三角形であり，A′D＝$\dfrac{2}{\sqrt{3}}$DJ＝$\dfrac{2}{\sqrt{3}}\times\dfrac{m}{2}=\dfrac{m}{\sqrt{3}}$である。さらに，円B′で△B′FGは直角二等辺三角形だから，B′F＝$\dfrac{1}{\sqrt{2}}$FG＝$\dfrac{m}{\sqrt{2}}$, 円C′で△C′HIは正三角形だから，C′H＝$m$である。よって，3つの円の相似比は$\dfrac{m}{\sqrt{3}}:\dfrac{m}{\sqrt{2}}:m=\dfrac{1}{\sqrt{3}}:\dfrac{1}{\sqrt{2}}:1$であり，面積比は$\left(\dfrac{1}{\sqrt{3}}\right)^2:\left(\dfrac{1}{\sqrt{2}}\right)^2:1^2=\dfrac{1}{3}:\dfrac{1}{2}:1=2:3:6$である。よって，円A′の面積を$T$とするとき，円B′の面積は$T\times\dfrac{3}{2}=\dfrac{3}{2}T$, 円C′の面積は$T\times\dfrac{6}{2}=3T$と表せる。

**2** 〔関数—関数 $\boldsymbol{y=ax^2}$ と直線〕

≪基本方針の決定≫(3)① 直線$m$の傾きと円$C$の中心の座標に着目する。

⑴＜座標＞右図1で，点A′の$y$座標は，点Aを通り傾き$\frac{1}{2}$の直線$l$の切片である。点Aは放物線$y=ax^2$上にあって$x$座標は1だから，$y=a\times1^2=a$より，A(1, $a$)である。よって，直線$l$の式を$y=\frac{1}{2}x+b$とすると，$a=\frac{1}{2}\times1+b$が成り立ち，$b=a-\frac{1}{2}$となる。よって，点A′の$y$座標は$a-\frac{1}{2}$である。

図1

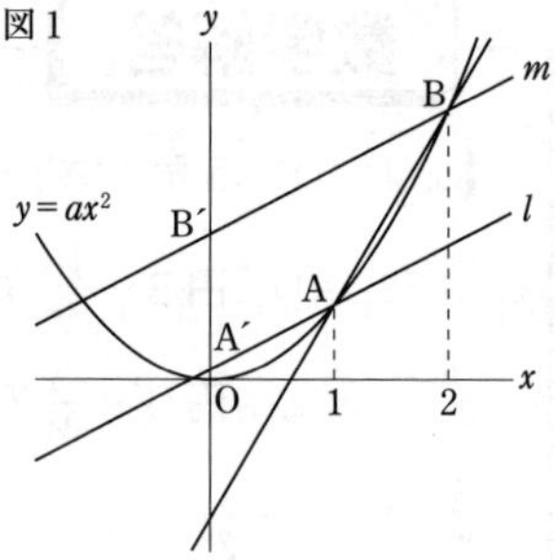


⑵＜傾き，座標＞右図1で，放物線$y=ax^2$上の点Bの$x$座標は2だから，$y=a\times2^2=4a$より，B(2, $4a$)である。⑴より，A(1, $a$)だから，直線ABの傾きは$\frac{4a-a}{2-1}=3a$である。よって，直線ABの式は$y=3ax+c$とおけ，これが点Aを通るから，$a=3a\times1+c$より，$c=-2a$となる。したがって，直線ABと$y$軸との交点の$y$座標は$-2a$である。

⑶＜比例定数，面積―三平方の定理＞①右図2で，円$C$の中心をCとすると，線分BB′は円$C$の直径だから，点Cは線分BB′の中点であり，AC＝CB′である。2点B，B′の$x$座標はそれぞれ2，0だから，点Cの$x$座標は$\frac{2+0}{2}=1$となる。点Aの$x$座標も1だから，半径ACは$y$軸に平行である。直線$m$は傾きが$\frac{1}{2}$でB(2, $4a$)を通るから，その式は$y=\frac{1}{2}x+4a-1$となる。これより，$x=1$のとき，$y=\frac{1}{2}\times1+4a-1=4a-\frac{1}{2}$だから，$C\left(1,\ 4a-\frac{1}{2}\right)$であり，$AC=\left(4a-\frac{1}{2}\right)-a=3a-\frac{1}{2}$……㋐となる。また，点B′から線分ACに垂線B′Dを引くと，点Dの$x$座標は1だから，B′D＝1であり，直線$m$の傾きは$\frac{1}{2}$だから，$DC=\frac{1}{2}B'D=\frac{1}{2}\times1=\frac{1}{2}$である。よって，△DCB′で三平方の定理より，$CB'=\sqrt{B'D^2+DC^2}=\sqrt{1^2+\left(\frac{1}{2}\right)^2}=\sqrt{\frac{5}{4}}=\frac{\sqrt{5}}{2}$……㋑となるから，㋐，㋑より，$3a-\frac{1}{2}=\frac{\sqrt{5}}{2}$が成り立ち，これを解くと，$a=\frac{1+\sqrt{5}}{6}$となる。　②図2のように，直線ABと$y$軸との交点をEとする。〔四角形ABPB′〕＝△EBP－△EAB′である。ここで，△EBP，△EAB′の底辺をそれぞれEP，EB′と見ると，高さは点B，Aの$x$座標より，2，1となる。また，線分BB′は円$C$の直径だから，∠BPB′＝90°で，BP∥〔$x$軸〕となるから，B(2, $4a$)より，P(0, $4a$)である。さらに，⑵よりE(0, $-2a$)だから，$EP=4a-(-2a)=6a$，$EB'=(4a-1)-(-2a)=6a-1$である。したがって，〔四角形ABPB′〕$=\frac{1}{2}\times6a\times2-\frac{1}{2}\times(6a-1)\times1=3a+\frac{1}{2}$となる。①より，$a=\frac{1+\sqrt{5}}{6}$だから，〔四角形ABPB′〕$=3\times\frac{1+\sqrt{5}}{6}+\frac{1}{2}=\frac{2+\sqrt{5}}{2}$となる。

図2

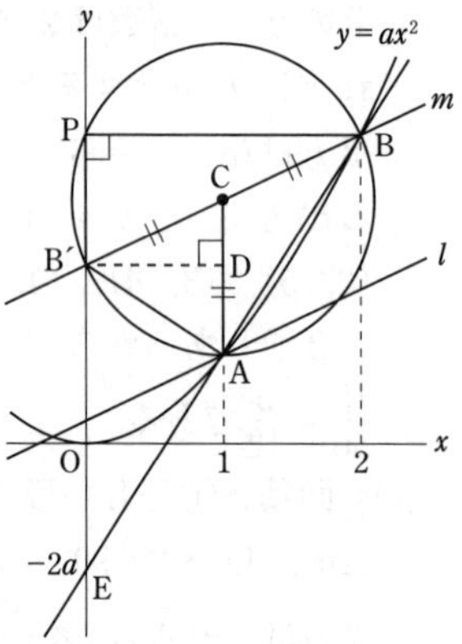


## 3 〔平面図形―円〕

≪基本方針の決定≫⑴　△OABに着目する。　⑵　3点B，G，Cは，点Aを中心とする円の周上にある。

⑴＜長さ―特別な直角三角形＞右図のように，3点O，A，Bを結び，線分OAと線分BCの交点をHとする。2点O，Aは直線BCについて対称だから，AB＝OBであり，円Oの半径より，OB＝OAだから，OA＝OB＝ABとなり，△OABは正三角形である。また，OA⊥BCだから，

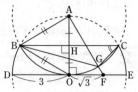

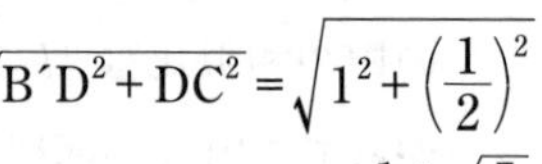

△OHB は3辺の比が1：2：$\sqrt{3}$ の直角三角形となり，$HB=\frac{\sqrt{3}}{2}OB=\frac{\sqrt{3}}{2}\times3=\frac{3\sqrt{3}}{2}$である。さらに，OH⊥BC より，線分 OH は弦 BC の垂直二等分線だから，$HC=HB=\frac{3\sqrt{3}}{2}$となる。よって，$BC=2HB=2\times\frac{3\sqrt{3}}{2}=3\sqrt{3}$ である。

(2)＜角度—円周角＞前ページの図で，$\overset{\frown}{BOC}$ は点 A を中心とする円 O と合同な円の一部である。よって，円周角の定理より，$\angle BCG=\frac{1}{2}\angle BAG$ である。また，線分 DE は円 A の接線より，$\angle AOF=90°$ であり，$OF：OA=\sqrt{3}：3=1：\sqrt{3}$ だから，△AOF は3辺の比が1：2：$\sqrt{3}$ の直角三角形である。これより，$\angle OAF=30°$ であり，(1)より △OAB は正三角形で $\angle OAB=60°$ だから，$\angle BAG=60°+30°=90°$ となる。よって，$\angle BCG=\frac{1}{2}\times90°=45°$ である。

(3)＜長さ—特別な直角三角形＞前ページの図で，(2)より，$\angle BAG=90°$ であり，AB＝AG だから，△ABG は直角二等辺三角形である。よって，$BG=\sqrt{2}AB=\sqrt{2}\times3=3\sqrt{2}$ である。

**4**〔数と式—約束記号〕

≪基本方針の決定≫(2)　$x$，$y$ は最大公約数 $G$ の倍数であることを利用する。

(1)＜約束記号＞42，90 を素因数分解すると，$42=2\times3\times7$，$90=2\times3\times3\times5$ となる。よって，$G=2\times3$，$L=2\times3\times3\times5\times7$ だから，$[42,\ 90]=\frac{2\times3\times3\times5\times7}{2\times3}=3\times5\times7=105$ である。

(2)＜約束記号＞$x$，$y$ は $G$ の倍数であり，$x<y$ であって，$x$ は $y$ の約数ではないから，$m$，$n$ を最大公約数が1で，$1<m<n$ である自然数として，$x=Gm$，$y=Gn$ と表される。このとき，$L=Gmn$ と表されるから，$[x,\ y]=\frac{Gmn}{G}=mn$ である。よって，$[x,\ y]=60$ より，$mn=60$ が成り立つ。これを満たす $m$，$n$ の値の組は，$(m,\ n)=(3,\ 20)$，$(4,\ 15)$，$(5,\ 12)$ の3組ある。$(m,\ n)=(3,\ 20)$ のとき，$x=3G$，$y=20G$ であり，$x$，$y$ は2けたの自然数だから，$G=4$ である。よって，$x+y=3G+20G=23G=23\times4=92$ である。同様に，$(m,\ n)=(4,\ 15)$ のとき，$G=3$，4，5，6 だから，$x+y$ が最大になるのは $G=6$ のときである。このとき，$x+y=4G+15G=19G=19\times6=114$ である。$(m,\ n)=(5,\ 12)$ のとき，$G=2$～8 だから，$x+y$ が最大になるのは $G=8$ のときである。このとき，$x+y=5G+12G=17G=17\times8=136$ である。以上より，$x+y$ が最大になるのは $(m,\ n)=(5,\ 12)$，$G=8$ のときだから，$x=8\times5=40$，$y=8\times12=96$ である。

(3)＜約束記号＞(2)と同様に，$x=Gm$……①，$64=Gn$……②とすると，$[x,\ 64]=mn$ となるから，$[x,\ 64]=x$ となるとき，$mn=x$ が成り立つ。これに①を代入すると，$mn=Gm$ となり，$m>1$ だから，両辺を $m$ でわると，$n=G$ である。これを②に代入すると，$64=G^2$ より，$G=\pm8$ となるが，$G>0$ だから，$G=8$ である。したがって，$x=8m$，$y=8\times8$ である。$m$ と8の最大公約数は1で，$1<m<8$ だから，$m=3$，5，7 である。よって，求める $x$ は，$8\times3=24$，$8\times5=40$，$8\times7=56$ である。

(4)＜約束記号＞(2)と同様に，$x=Gm$，$y=Gn$ とすると，$[x,\ y]=mn$ となる。$m$，$n$ の最大公約数は1であり，$1<m<n$ だから，$(m,\ n)=(2,\ 3)$，$(2,\ 5)$，……，$(3,\ 5)$，$(3,\ 7)$，……である。よって，$mn$ の値は $(m,\ n)=(2,\ 3)$ のとき最小となり，最小値は $mn=2\times3=6$ だから，$[x,\ y]$ の最小値も6である。このとき，$x=2G$，$y=3G$ であり，$x$，$y$ は2けたの自然数だから，$G=5$，6，……，33 である。したがって，$x+y$ が最小になるのは $G$ が最小の5のときで，$x=2\times5=10$，$y=3\times5=15$ となる。

## 国語解答

一 問一　a　依然　b　軽重
　　c　いきどお
問二　ア　規準の置き方
　　イ　だれが裁くか
問三　その人の地位や職能によって判断する方法
問四　軍や警察や官僚　　問五　オ
問六　ウ　　問七　この意味か
問八　だまされた～派になれる［という効果］
問九　ア

二 問一　a　到達　b　蒸留　c　英気
問二　イ　　問三　わたしたち
問四　ア　　問五　ア
問六　わたしたち～されている
問七　ア　　問八　ウ
問九　B…エ　C…オ　　問十　ウ，カ

三 問一　オ
問二　まめに思はむといふ人
問三　イ　　問四　イ　　問五　五月
問六　ウ　　問七　7…ア　8…ウ
問八　エ

（声の教育社　編集部）

一〔論説文の読解―政治・経済学的分野―社会〕出典；伊丹万作「戦争責任者の問題」。

≪本文の概要≫戦争責任については，考えれば考えるほどわからなくなる。多くの人が，今度の戦争ではだまされていたと言っていて，だました者とだまされた者との区別ははっきりしていると思っているようであるが，それが実は錯覚らしい。だまされた人は，同時に，だます人でもあった。ほとんど全部の国民が，相互にだまし合わなければ生きていけなかったのである。これでは，だました人間の範囲が広すぎるかもしれないので，その範囲を最小限に見積もってみよう。その場合は，ごく少数の人間によって，非常に多数の人間がだまされていたことになる。だが，それによって，だまされた者の責任が解消されるだろうか。また，だます者だけでは，戦争は起こらない。だまされる者がいたからこそ戦争が起こったのであり，その責任は，当然，両方にあると考えなければならない。そして，だまされた者の罪は，批判力や思考力や信念を失い，権威に盲従したことにある。今，我々が，この罪を真剣に反省しなかったなら，日本の国民は，永久に救われないだろう。

問一＜漢字＞a．前のとおりであるさま。　b．軽いことと重いこと。　c．音読みは「憤怒」などの「フン」。

問二＜文章内容＞戦争責任者の問題について考えると，戦争責任者を決める「規準の置き方」や(…ア)，「いったいだれが裁くか」ということが，「わからなくなる」のである(…イ)。

問三＜文章内容＞「多くの人」は，国民が「『だまし』の専門家と『だまされ』の専門家とに画然と分かれていた」と考えており，戦争責任の有無を「その人の地位や職能によって判断する方法」で区別しているので，「だましたものとだまされたものとの区別は，はっきりしている」と思っている。

問四＜文章内容＞「熱心にかつ自発的にだます側に協力していた」のは，「あらゆる身近な人々」であった。それと対照的な存在は，「『だまし』の専門家」であるとされる「ごく少数の人間」，つまり，「軍や警察や官僚」である。

問五＜文章内容＞「だまされたものの罪」は，「批判力を失い，思考力を失い，信念を失い，家畜的な盲従に自己の一切をゆだねるようになってしまっていた」国民全体の「奴隷根性」にある。我々は，戦時中に「奴隷状態を存続せしめた責任」を取ろうとしなかったし，「政治的には一応解放された」現在になっても取ろうとしていない。そのような「無責任」な態度が，「悪の本体」なのである。

問六＜文章内容＞「奴隷根性」とは，「造作なくだまされるほど批判力を失い，思考力を失い，信念を失い，家畜的な盲従に自己の一切をゆだねるようになってしま」うことである(エ・オ…○)。それは，「個人の尊厳の冒瀆，すなわち自我の放棄であり人間性への裏切り」であり(イ…○)，「悪を憤る精神の欠如であり，道徳的無感覚」である(ア…○)。「過去の日本が，外国の力なしには封建制度も鎖国制度も独力で打破することができなかった事実」や「個人の基本的人権さえも自力でつかみ得なかった事実」は，「奴隷根性」そのものではない(ウ…×)。

問七＜文章内容＞「自分たちの罪を真剣に反省」することとは，「まず国民全体がだまされたということの意味を本当に理解し，だまされるような脆弱な自分というものを解剖し，分析し，徹底的に自己を改造する努力を始める」ということである。

問八＜文章内容＞「だまされたということは，不正者による被害を意味する」が，「だまされたものは正しい」とは限らない。にもかかわらず，多くの人々は，だまされていたと言えば，自分の責任が解消されたと思い込みがちである。「『だまされていた』という一語の持つ便利な効果」とは，「だまされたとさえいえば，一切の責任から解放され，無条件で正義派になれる」効果のことである。

問九＜要旨＞戦時中，新聞やラジオは，国民をだます役割を果たしていた(イ…○)。「だますものとだまされるものとがそろわなければ戦争は起こらない」のだから，「戦争の責任」は，「当然両方にあるものと考えるほかはない」のである(ウ…○)。「だまされたものの罪は，ただ単にだまされたという事実そのものの中にあるのでは」ない(ア…×)。「『だまされていた』といって平気でいられる」ような日本国民は，「おそらく今後も何度でもだまされるだろう」し，「現在でもすでに別のうそによってだまされ始めているにちがいない」のである(オ…○)。戦争責任の追及は，「いやおうなしの政治問題」であるから，「一種の便宜主義」によって解決するしかない(エ…○)。

二〔論説文の読解―哲学的分野―哲学〕出典；Ｅ・ユンガー／今村孝訳『砂時計の書』「時計と時間」。

問一＜漢字＞ａ．目的とする場所・状態に達すること。　ｂ．液体を熱して，蒸発させ，その蒸気を冷やして，液体にすること。　ｃ．いきいきとした気持ち。「鋭気」は，鋭く強い気性。

問二＜文章内容＞「未開もしくは自然に近づく」ということは，現代の「文明」から遠ざかるということである(イ…○)。人間は，現代文明から距離を取ることはできるが，自分が属する「文化」からは簡単には離れられない(エ…×)。

問三＜文章内容＞「わたしたち」は，「計測された時間」のもとで暮らす現代人である。「人々」「狩人や漁夫や牧人」「かれら」は，「計測可能な抽象的時間のそとに暮らして」いる人々である。

問四＜指示語＞「このような単位」とは，「アド・ホック」な「行動様式の体系」から生じた「昔の度量衡の単位」のことである。これらは，現在の我々の感覚からすれば不正確ではあるが，人間の具体的な行動に基づいてつくられたものである。

問五＜文章内容＞「時計のない世界」では，「時計が行動を規定するのではなく，行動の種類・内容が時間を規定する」のである。そういう世界では，「昼と夜とをそれぞれ十二時間で測る」のではなく，人間の行動に合わせて，時間帯が「薄明や午前，あるいは午後や夕方など」に分けられる。

問六＜文章内容＞「時計の時間」は，「わたしたちを規定している第一級の抽象的なもののひとつ」である。「狩人や漁夫や牧人」の「活動が時間とその価値とを規定していた」のに対して，「わたしたちの仕事の主要部分は時刻表によって，時計によって規定されている」のである。

問七＜文章内容＞「時計を斟酌することが少なければ少ないほど，英気の回復はそれだけいっそう大きく」なり，我々は，爽快さと自由を感じる。この「自由」とは，「計測可能な抽象的時間のそとに暮らし」て，自分の「活動が時間とその価値とを規定して」いることから生じる自由である。「斟酌」は，あれこれと照らし合わせて，適当に処置すること。

問八＜文章内容＞「季節の祭り」は，「客体的事象の強制のもと」にある(ア…○)。「人々が大地の動物や植物に直接依存して生活しているところ」では(イ…○)，周期性を持つ「天体現象や季候が時間の分割に大きな影響をあたえて」いる。その周期性は，祭りや人々の生活を規定しており(エ…○)，そうした周期性を知るためには，「しばしば正確な観察を必要とする」のである(オ…○)。これらのことから，「祭りは，自然という言語の，人間の歳時への翻訳」であるといえるのであり，祭りが自然の中で生きる人々にとって重要なものだったからこそ，祭りについて深い知識を持つ智者は，尊敬されたのである(ウ…×)。

問九＜表現＞B．「未開人たちは，気象や宇宙の運行について日常のわたしたちよりもすぐれた知識をもっている」ため，彼らは，我々には持って生まれたように思える「鳥の渡りと同種ともいえる行動が可能」なのである。　C．未開人たちは，完全に正確とはいえなくても，「必要なだけの正確さをもって約束を守る」のである。

問十＜要旨＞現代でも，スポーツをしたり，魚釣りや狩猟をしたりするときには，「時計が行動を規定するのではなく，行動の種類・内容が時間を規定する」のである(ウ…×)。「昔の度量衡の単位」は，具体的目的そのものに規定された行動様式の体系から生じていた(イ…○)。「今日では機械的，自動的な仕事の時刻表がわたしたちがそこにいることを要求」しており，我々の行動は，抽象的な「時計の時間」によって規定されている(オ…○)。「計測可能な抽象的時間のそと」で，自然や具体的な事物を相手にして行われる行動は，「計測された時間のなかでする仕事に比べてはるかに大きな自由をともなっている」のである(エ…○)。太古の人々は，「大地の動物や植物に直接依存して生活して」おり，彼らの生活は，「天体現象や季候」の周期によって規定されていた(ア…○)。「時計の時間」のような抽象的な概念は，現代人の生活を規定しているが，だからといって，それによって，「自然を敬う謙虚な感覚」が奪われたわけではない(カ…×)。

三〔古文の読解―物語〕出典；『伊勢物語』第六十段。

≪現代語訳≫昔，男がいた。宮中の仕事が忙しく，一身に愛情をそそいでやらなかった頃の男の妻が，誠実に愛そうと言う人について，その人の国へと去ってしまった。この男が，宇佐神宮への使者として派遣されたとき，(元妻が)ある国の接待役の妻であると聞いて，「女主人に盃を持ってこさせなさい。そうでなければ飲むまい」と言ったので，(元妻が)盃を持って(男に)差し出したところ，つまみであった橘の実を取って，／五月を待つ橘の花の香りをかげば昔の人の袖の香りがすることだ／と詠んだところ(元妻は使者が前の夫であることを)思い出して，尼になって山へ入っていったということである。

問一＜現代語訳＞「まめなり」は，誠実・忠実である様子。「ほど」は，時間。男が，仕事が忙しくて，妻を十分に愛してやることができなかった頃，という意味。

問二＜古文の内容理解＞後に「ある国の祗承の官人」になる人物が，男の妻に，あなたのことを誠実に愛そうと言ったので，妻は，夫を捨てて，この人物についていったのである。

問三＜現代語訳＞「かはらけ」は，素焼きの盃。男は，接待役の妻が自分の元の妻であることを知って，彼女に盃を持たせて，酒宴の場に出席させよと要求したのである。

問四＜現代語訳＞「さらずは」は，そうでなければ，という意味。「～じ」は，打ち消しの意志を表す。そうでなければ，自分は酒を飲むまいと，男は言ったのである。

問五＜古語＞「さつき」は，陰暦五月のこと。

問六＜古文の内容理解＞「むかしの人」は，男を捨てて，他の男のもとへいった元の妻のこと。

問七＜古文の内容理解＞男が，去っていった人のことを思う和歌を詠んだので(…7)，女は，使者が自分の元の夫であることを思い出したのである(…8)。

問八＜古文の内容理解＞女は，かつて男と結婚していたのに，愛情を注いでくれないからと，その男と別れ今の夫と結婚した。それを罪深いことだと思ったので，女は，出家して尼になった。

# *Memo*

*Memo*

2025年度用

**高校スーパー過去問**

■編集人　声の教育社・編集部

■発行所　株式会社　声の教育社

〒162-0814 東京都新宿区新小川町8-15

☎03-5261-5061㈹ FAX03-5261-5062

https://www.koenokyoikusha.co.jp





※本書の内容についての一切の責任は当社にあります。内容・解説・解答その他の質問等は文書にて当社に御郵送くださるようお願いいたします。

カコを追いかけ
ミライをつかめ
「今の説明、もう一回」を何度でも
web過去問
ストリーミング配信による入試問題の解説動画
声の教育社
詳しくはこちらから

早稲田大学高等学院

# 別冊 解答用紙

丁寧に抜きとって、別冊としてご使用ください。

**注意**

○ 解答用紙は、収録の都合により縮小したものや、小社独自に作成したものもあります。
○ 学校配点は学校発表のもの、推定配点は小社で作成したものです。
○ 無断転載を禁じます。
○ 解答用紙を拡大コピーする場合、表示した拡大率に対応する用紙サイズは以下のとおりです。
101%～102%＝B5　103%～118%＝A4　119%～144%＝B4　145%～167%＝A3
（タイトルと配点表は含みません）

# ２０２４年度　早稲田大学高等学院

## 英語解答用紙

| 番号 | | 氏名 | |
|---|---|---|---|

| 評点 | ／100 |
|---|---|

**A**

Ⅰ．（１）________　（２）________　（３）________

（４）________　（５）________

Ⅱ．（１）________　（２）________　（３）________

（４）________　（５）________

Ⅲ．（１）(　　　)→ ________　（２）(　　　)→ ________

**B**

Ⅰ．（１）________　（３）________

（９）________　(15)________

Ⅱ．The ________ , ________

Ⅲ．（４）________　（５）________　（８）________　(10)________

Ⅳ．________

Ⅴ．（７）________　(11)________

Ⅵ．【12】________　【16】________　【17】________

Ⅶ．________

Ⅷ．________　Ⅸ．________　________

**C**

Ⅰ．________　Ⅱ．________　Ⅲ．________　Ⅳ．________

Ⅴ．________　Ⅵ．________　Ⅶ．________

**D**

Ⅰ．________　Ⅱ．________　Ⅲ．________

Ⅳ．________　Ⅴ．________

Ⅵ．________

because ________ .

（注）この解答用紙は実物を縮小してあります。Ａ３用紙に154％拡大コピーすると、ほぼ実物大で使用できます。（タイトルと配点表は含みません）

| 推定配点 | | 計 |
|---|---|---|
| | A　各２点×12<br>B　Ⅰ　各２点×４　Ⅱ　３点　Ⅲ　２点×４　Ⅳ　３点<br>Ⅴ　各２点×２　Ⅵ～Ⅸ　各３点×７<br>C　各２点×７<br>D　Ⅰ～Ⅴ　各２点×５　Ⅵ　５点 | 100点 |

# ２０２４年度　早稲田大学高等学院

## 数学解答用紙

| 番号 | | 氏名 | | 評点 | ／100 |
|---|---|---|---|---|---|

**1** 計算欄

答 (1) ①

②

(2)

(3)

**2** 計算欄

答 (1)

(2) ①

②

(3)

**3** 計算欄

答 (1) 傾き　　$y$切片

(2)

(3)

(4)

**4** 計算欄

答 (1)

(2)

(3)

(4)

（注）この解答用紙は実物を縮小してあります。169％拡大コピーすると、ほぼ実物大で使用できます。（タイトルと配点表は含みません）

| 推定配点 | | 計 |
|---|---|---|
| | 1　(1)　各３点×２　(2), (3)　各６点×２<br>2　各７点×４<br>3　(1)　６点　(2)〜(4)　各７点×３<br>4　(1)　６点　(2)〜(4)　各７点×３ | 100点 |

# 二〇二四年度　早稲田大学高等学院

## 国語解答用紙

番号　　氏名　　評点　/100

一

問一　a　　b　　c　げる

問二　①　　②

問三

問四

問五

問六

問七

問八

問九

問十

二

問一　a　り　b　　c

問二

問三

問四

問五

問六

問七

問八

問九

三

問一

問二

問三　3　　4

問四

問五

問六

問七

問八

（注）この解答用紙は実物を縮小してあります。A3用紙に145%拡大コピーすると、ほぼ実物大で使用できます。（タイトルと配点表は含みません）

| 推定配点 | | 計 |
|---|---|---|
| | 一 問一、問二 各2点×5　問三～問五 各4点×3　問六 3点<br>問七～問十 各4点×4<br>二 問一 各2点×3　問二～問六 各4点×5　問七 2点<br>問八、問九 各4点×2<br>三 問一 3点　問二、問三 各2点×3　問四、問五 各3点×2<br>問六 2点　問七、問八 各3点×2 | 100点 |

# ２０２３年度　早稲田大学高等学院

## 英語解答用紙

| 番号 | | 氏名 | | 評点 | ／100 |
|---|---|---|---|---|---|

**A**　Ⅰ．（１）＿＿＿＿　（２）＿＿＿＿　（３）＿＿＿＿　（４）＿＿＿＿　（５）＿＿＿＿

Ⅱ．（１）＿＿＿＿　（２）＿＿＿＿　（３）＿＿＿＿

（４）＿＿＿＿　（５）＿＿＿＿

Ⅲ．（１）（　　　）→ ＿＿＿＿　（２）（　　　）→ ＿＿＿＿

**B**　Ⅰ．＿＿＿＿

Ⅱ．（１）＿＿＿＿　（２）＿＿＿＿　（４）＿＿＿＿

（５）＿＿＿＿　（11）＿＿＿＿

Ⅲ．（３）＿＿＿＿　＿＿＿＿ ～ ＿＿＿＿　＿＿＿＿．

Ⅳ．（６）This ＿＿＿＿ and family... .

（９）I was also ＿＿＿＿ sometimes.

Ⅴ．（７）＿＿＿＿　（８）＿＿＿＿　（10）＿＿＿＿

Ⅵ．A ＿＿＿＿　B ＿＿＿＿

Ⅶ．① ＿＿＿＿　② ＿＿＿＿　Ⅷ．＿＿＿＿

Ⅸ．＿＿＿＿　＿＿＿＿

**C**　Ⅰ．＿＿＿＿　Ⅱ．＿＿＿＿　Ⅲ．＿＿＿＿　Ⅳ．＿＿＿＿

Ⅴ．＿＿＿＿　Ⅵ．＿＿＿＿　Ⅶ．＿＿＿＿

**D**　Ⅰ．＿＿＿＿　Ⅱ．＿＿＿＿　Ⅲ．＿＿＿＿

Ⅳ．＿＿＿＿　Ⅴ．＿＿＿＿　Ⅵ．＿＿＿＿

Ⅶ．I would ＿＿＿＿

because ＿＿＿＿.

（注）この解答用紙は小社で作成いたしました。

| 推定配点 | | 計 |
|---|---|---|
| | A　各２点×12<br>B　Ⅰ　３点　Ⅱ　各２点×５　Ⅲ，Ⅳ　各３点×３　Ⅴ　各２点×３<br>Ⅵ　各３点×２　Ⅶ　各２点×２　Ⅷ　３点　Ⅸ　各２点×２<br>C　各２点×７<br>D　Ⅰ～Ⅵ　各２点×６　Ⅶ　５点 | 100点 |

２０２３年度　早稲田大学高等学院

数学解答用紙

| 番号 | | 氏名 | |
|---|---|---|---|

| 評点 | ／100 |
|---|---|

1 計算欄

答 (1)① $A=$　　　, $B=$

②

(2)

2 計算欄

答 (1)

(2)

(3)

(4)

3 計算欄

答 (1)

(2)

(3)

(4)

4 計算欄

答 (1)

(2)

(3)①

②

（注）この解答用紙は小社で作成いたしました。

| 推定配点 | | 計 |
|---|---|---|
| | 1 各６点×３　2 各７点×４<br>3 (1) ６点　(2)～(4) 各７点×３<br>4 (1) ６点　(2), (3) 各７点×３ | 100点 |

二〇二三年度　早稲田大学高等学院

国語解答用紙

番号　氏名　評点　／100

一

問一　a　b　c　る　d　じる　e

問二

問三　問四

問五

問六　問七

問八

問九

二

問一　a　b　c　しだす

問二　問三

問四

問五

問六

問七　問八

問九　問十

三

問一

問二　2　5　6

問三　3　4

問四　問五

(注) この解答用紙は小社で作成いたしました。

推定配点

一　問一　各2点×5　問二　3点　問三、問四　各4点×2

問五～問七　各3点×3　問八、問九　各4点×2

二　問一　各2点×3　問二　4点　問三　3点　問四　4点

問五～問八　各3点×4　問九、問十　各4点×2

三　問一　2点　問二、問三　各3点×5　問四、問五　各4点×2

計　100点

# ２０２２年度　早稲田大学高等学院

## 英語解答用紙

| 番号 | | 氏名 | | 評点 | ／100 |
|---|---|---|---|---|---|

**A**

Ⅰ．（１）＿＿＿＿　（２）＿＿＿＿　（３）＿＿＿＿　（４）＿＿＿＿　（５）＿＿＿＿

Ⅱ．（１）＿＿＿＿　（２）＿＿＿＿　（３）＿＿＿＿

（４）＿＿＿＿　（５）＿＿＿＿

Ⅲ．（１）（　　　）→ ＿＿＿＿　（２）（　　　）→ ＿＿＿＿

**B**

Ⅰ．＿＿＿＿　Ⅱ．（１）＿＿＿＿　（６）＿＿＿＿　（11）＿＿＿＿

Ⅲ．【２】＿＿＿＿　【12】＿＿＿＿

Ⅳ．（３）＿＿＿＿　（８）＿＿＿＿　（９）＿＿＿＿

Ⅴ．（４）＿＿＿＿

Ⅵ．（５）This let the researchers ＿＿＿＿ types of classes.

Ⅶ．（７）＿＿＿＿　（10）＿＿＿＿　Ⅷ．＿＿＿＿

Ⅸ．（１）＿＿＿＿　（２）＿＿＿＿　（３）＿＿＿＿　（４）＿＿＿＿

Ⅹ．＿＿＿＿

**C**

Ⅰ．＿＿＿＿　Ⅱ．＿＿＿＿　Ⅲ．＿＿＿＿　Ⅳ．＿＿＿＿

Ⅴ．＿＿＿＿　Ⅵ．＿＿＿＿　Ⅶ．＿＿＿＿　Ⅷ．＿＿＿＿

Ⅸ．I can “be the guy at Starbucks” ＿＿＿＿

＿＿＿＿.

**D**

Ⅰ．＿＿＿＿　Ⅱ．＿＿＿＿　Ⅲ．＿＿＿＿

Ⅳ．＿＿＿＿　Ⅴ．＿＿＿＿　Ⅵ．＿＿＿＿

Ⅶ．＿＿＿＿

Ⅷ．（ａ）＿＿＿＿　（ｂ）＿＿＿＿

（注）この解答用紙は小社で作成いたしました。

| 推定配点 | | 計 |
|---|---|---|
| | A　各２点×12<br>B　Ⅰ　３点　Ⅱ～Ⅶ　各２点×12　Ⅷ　３点　Ⅸ　各２点×４　Ⅹ　３点<br>C　Ⅰ～Ⅷ　各２点×８　Ⅸ　３点<br>D　Ⅰ～Ⅶ　各２点×７　Ⅷ　各１点×２ | 100点 |

２０２２年度　早稲田大学高等学院

## 数学解答用紙

| 番号 | | 氏名 | | 評点 | ／100 |
| --- | --- | --- | --- | --- | --- |

**1** 計算欄

答 (1)　$x=$　　, $y=$

(2)① $x=$　　, $y=$

② $b=$　　, $c=$

③ $b=$

**2** 計算欄

答 (1)①

②

(2)

**3** 計算欄

答 (1)

(2)

(3)①

②

**4** 計算欄

答 (1)　$a_7=$　　$a_8=$　　$a_9=$　　$a_{10}=$

(2)

(3)

(4)

（注）この解答用紙は小社で作成いたしました。

| 推定配点 | | 計 |
| --- | --- | --- |
| | 1　各６点×４　2, 3　各７点×７<br>4　(1)　各２点×４　(2), (3)　各６点×２　(4)　７点 | 100点 |

# 二〇二二年度　早稲田大学高等学院

## 国語解答用紙

番号　　氏名　　評点 ／100

一

問一 a　b　c

問二 という認識に変わった

問三

問四

問五

問六

問七

問八

問九

問十

二

問一 a　b　c

問二 始め　終わり

問三

問四

問五

問六

問七

問八 a　b

問九

問十

三

問一 1　2

問二 3　5

問三

問四

問五 始め　終わり

問六 を

（注）この解答用紙は小社で作成いたしました。

| 推定配点 | | 計 |
|---|---|---|
| | 一 問一　各2点×3　問二、問三　各3点×2　問四　4点　問五　2点　問六〜問十　各4点×5<br>二 問一　各2点×3　問二〜問五　各3点×4　問六〜問十　各4点×5<br>三 各3点×8 | 100点 |

# ２０２１年度　早稲田大学高等学院

## 英語解答用紙

| 番号 | | 氏名 | | 評点 | ／100 |
|---|---|---|---|---|---|

**A**

Ⅰ．（１）＿＿　（２）＿＿　（３）＿＿　（４）＿＿　（５）＿＿

Ⅱ．（１）＿＿　（２）＿＿　（３）＿＿

（４）＿＿　（５）＿＿

Ⅲ．（１）＿＿　（２）＿＿　（３）＿＿　（４）＿＿　（５）＿＿

**B**

Ⅰ．＿＿

Ⅱ．（１）＿＿　（８）＿＿

Ⅲ．（２）＿＿　(10)＿＿

Ⅳ．（３）＿＿　（６）＿＿　（７）＿＿

Ⅴ．（４）＿＿ script

(12)＿＿ English

Ⅵ．（５）＿＿　(13)＿＿　Ⅶ．（９）＿＿

Ⅷ．（ｉ）＿＿　（ii）＿＿

Ⅸ．(14)＿＿

Ⅹ．A ＿＿　B ＿＿　C ＿＿　Ⅺ．＿＿，＿＿

**C**

Ⅰ．＿＿　Ⅱ．＿＿　Ⅲ．＿＿　Ⅳ．＿＿

Ⅴ．＿＿　Ⅵ．＿＿　Ⅶ．＿＿

Ⅷ．If I saw such a rude person, ＿＿

because ＿＿.

**D**

Ⅰ．＿＿　Ⅱ．＿＿，＿＿

Ⅲ．＿＿　Ⅳ．＿＿　Ⅴ．＿＿

（注）この解答用紙は小社で作成いたしました。

| 推定配点 | | 計 |
|---|---|---|
| | A～D　各２点×50 | 100点 |

2021年度　　早稲田大学高等学院

数学解答用紙

| 番号 | | 氏名 | | 評点 | ／100 |
|---|---|---|---|---|---|

**1** 計算欄

答 (1)① ______

(1)② ______

(2)① ______

(2)② $b=$ ______

**2** 計算欄

答 (1) $m=$ ______ $n=$ ______

(2) ( ______ , ______ )

(3) $r^2=$ ______

(4)① $a=$ ______

(4)② ______

**3** 計算欄

答 (1) ______

(2) ______

(3) ______

**4** 計算欄

答 (1) ______

(2) ______

(3) $b=$ ______

(4) $a=$ ______

（注）この解答用紙は小社で作成いたしました。

| 推定配点 | 1～3　各6点×12　4　各7点×4 | 計 100点 |
|---|---|---|

# 二〇二二年度　早稲田大学高等学院

## 国語解答用紙

番号　　氏名

評点　/100

## 一

問一　a　b　c

問二

問三

問四

問五

問六

問七

問八

問九

問十

## 二

問一　a　b　c　ね

問二　こと

問三　始め　終わり

問四　A　B

問五

問六

問七　のため

問八

問九

## 三

問一　a　b

問二　A　B

問三

問四

問五

問六

(注)　この解答用紙は小社で作成いたしました。

| 推定配点 | |
|---|---|
| 一 | 問一　各2点×3　問二～問五　各3点×5　問六～問十　各4点×5 |
| 二 | 問一　各2点×3　問二～問七　各3点×7　問八、問九　各4点×2 |
| 三 | 各3点×8 |
| 計 | 100点 |

## 英語解答用紙

| 番号 | | 氏名 | |
|---|---|---|---|

| 評点 | ／100 |
|---|---|

**A**

Ⅰ．（１）＿＿　（４）＿＿　（６）＿＿　（７）＿＿

Ⅱ．（２）＿＿　（３）＿＿　(11)＿＿

Ⅲ．（５）＿＿　（８）＿＿　(22)＿＿

Ⅳ．（９）＿＿　(14)＿＿

Ⅴ．(10)＿＿　(13)＿＿

Ⅵ．(12)＿＿　(18)＿＿　(19)＿＿　(21)＿＿

Ⅶ．(15)＿＿　(16)＿＿

Ⅷ．[17]＿＿

Ⅸ．(20)【　　　】

Ⅹ．＿＿，＿＿

Ⅺ．Your daughter ＿＿

because ＿＿.

**B**

Ⅰ．＿＿

Ⅱ．（１）＿＿　（３）＿＿　（７）＿＿

Ⅲ．（２）＿＿　（８）＿＿　(10)＿＿

Ⅳ．（４）【　　　】

Ⅴ．（５）＿＿　＿＿　＿＿　＿＿

(14)＿＿

Ⅵ．（６）＿＿　(11)＿＿　(13)＿＿　Ⅶ．（９）＿＿

Ⅷ．(12)　1.（１）＿＿　（２）＿＿　（３）＿＿

（４）＿＿　（５）＿＿

2.（A）＿＿

Ⅸ．(15)　1.（１）＿＿　（３）＿＿

2.（２）＿＿　3.（４）＿＿

（注）この解答用紙は小社で作成いたしました。

| 推定配点 | | 計 |
|---|---|---|
| | A　Ⅰ　各２点×４　Ⅱ　各１点×３　Ⅲ　各３点×３　Ⅳ　各２点×２<br>Ⅴ　各１点×２　Ⅵ，Ⅶ　各２点×６　Ⅷ　１点　Ⅸ，Ⅹ　各２点×３<br>Ⅺ　各４点×２<br>B　Ⅰ～Ⅴ　各２点×10　Ⅵ　(6)　１点　(11)，(13)　各２点×２<br>Ⅶ～Ⅸ　各２点×11 | 100点 |

2020年度　早稲田大学高等学院

数学解答用紙

| 番号 | | 氏名 | |
|---|---|---|---|

| 評点 | ／100 |
|---|---|

1 計算欄

答 (1)①

(1)②

(1)③ $a=$　　, $b=$　　, $c=$　　, $d=$

(2)

2 計算欄

答 (1)

(2)

(3)

(4)

3 計算欄

答 (1)

(2)

(3)①

(3)②

4 計算欄

答 (1)

(2)

(3)

(4)

（注）この解答用紙は小社で作成いたしました。

| 推定配点 | | 計 |
|---|---|---|
| | 1 各6点×4<br>2 (1)～(3) 各6点×3 (4) 7点<br>3 (1), (2) 各6点×2 (3) 各7点×2<br>4 (1)～(3) 各6点×3 (4) 7点 | 100点 |

# 二〇二〇年度　早稲田大学高等学院

## 国語解答用紙

番号　　氏名　　評点 /100

### 一

問一　a　b　c　d　む

問二

問三

問四　1　2

問五

問六

問七

問八

問九

問十

### 二

問一　a　って　b　c

問二

問三　A　B

問四

問五

問六

問七

問八

問九

### 三

問一　1　3

問二　①　と　②

問三

問四

問五

問六

問七

（注）この解答用紙は小社で作成いたしました。

| 推定配点 | |
|---|---|
| | 一 問一 各2点×4　問二 3点　問三 2点　問四 各3点×2<br>問五～問八 各4点×4　問九 3点　問十 4点<br>二 問一 各2点×3　問二 3点　問三 各2点×2　問四 4点<br>問五～問七 各3点×3　問八、問九 各4点×2<br>三 問一 各2点×2　問二～問四 各3点×4　問五、問六 各2点×2<br>問七 4点 |
| 計 | 100点 |

# ２０１９年度　早稲田大学高等学院

## 英語解答用紙

| 番号 | | 氏名 | | 評点 | ／100 |
|---|---|---|---|---|---|

A　Ⅰ．＿＿＿　Ⅱ．（１）＿＿＿

Ⅲ．（２）＿＿＿　Ⅳ．（３）＿＿＿

Ⅴ．（４）【＿＿＿】

Ⅵ．（５）＿＿＿　(10)＿＿＿　(11)＿＿＿　(14)＿＿＿

Ⅶ．（６）＿＿＿

Ⅷ．（７）＿＿＿　(15)＿＿＿

Ⅸ．（８）＿＿＿　＿＿＿　＿＿＿　＿＿＿　＿＿＿

Ⅹ．（９）＿＿＿　Ⅺ．(12)＿＿＿

Ⅻ．(13)＿＿＿　(16)＿＿＿

XIII．（１）＿＿＿　（２）＿＿＿　（３）＿＿＿

（４）＿＿＿　（５）＿＿＿　（６）＿＿＿

B　Ⅰ．　1．＿＿＿　＿＿＿　2．＿＿＿　＿＿＿

3．＿＿＿　4．＿＿＿

Ⅱ．（１）＿＿＿　（３）＿＿＿　（５）＿＿＿

Ⅲ．（２）＿＿＿　＿＿＿　（８）＿＿＿

Ⅳ．（４）＿＿＿　(11)＿＿＿　(16)＿＿＿

Ⅴ．（６）＿＿＿　(10)＿＿＿　(14)＿＿＿

Ⅵ．（７）＿＿＿　＿＿＿　（９）＿＿＿　(15)＿＿＿

Ⅶ．(12)＿＿＿　(17)＿＿＿

Ⅷ．(13)【＿＿＿】

Ⅸ．　1．（1）＿＿＿　（3）＿＿＿

2．［2］＿＿＿　［5］＿＿＿

3．（4）＿＿＿　4．＿＿＿

（注）この解答用紙は小社で作成いたしました。

| 推定配点 | | 計 |
|---|---|---|
| | A　Ⅰ　３点　Ⅱ～Ⅳ　各２点×３　Ⅴ　３点　Ⅵ　各２点×４　Ⅶ　３点<br>Ⅷ～Ⅹ　各２点×４　Ⅺ　３点　Ⅻ　各１点×２　XIII　各２点×６<br>B　Ⅰ～Ⅳ　各２点×12　Ⅴ　各１点×３　Ⅵ，Ⅶ　各２点×５<br>Ⅷ　３点　Ⅸ　１，２　各２点×４　３　１点　４　３点 | 100点 |

# 2019年度　早稲田大学高等学院

## 数学解答用紙

| 番号 | | 氏名 | | 評点 | ／100 |
|---|---|---|---|---|---|

1 計算欄

答 (1)①

(1)②

(2)①

(2)②

2 計算欄

答 (1)

(2)

(3)①

(3)②

3 計算欄

答 (1)

(2)

(3)

4 計算欄

答 (1)

(2)

(3)

(4)

(5) $a=$ 　, $b=$

(6)

（注）この解答用紙は小社で作成いたしました。

| 推定配点 | | 計 |
|---|---|---|
| | 1 各6点×4　2 (1), (2) 各6点×2　(3) 各7点×2<br>3 各7点×3　4 (1) 4点　(2)～(6) 各5点×5 | 100点 |

# 二〇一九年度　早稲田大学高等学院

## 国語解答用紙

| 番号 | | 氏名 | | 評点 | /100 |
|---|---|---|---|---|---|

**一**

問一　a　b　c

問二　問三

問四

問五　問六

問七　いくこと

問八

問九　A　B

問十

**二**

問一　a　b　c　しい

問二

問三

問四

問五

問六

問七　問八

問九　C　D

問十

**三**

問一　a　b　c　d

問二　A　B

問三　問四　問五

（注）この解答用紙は小社で作成いたしました。

| 推定配点 | |
|---|---|
| 一　問一　各2点×3　問二　4点　問三　3点　問四　4点　問五、問六　各2点×2　問七　5点　問八　4点　問九　各3点×2　問十　4点　二　問一　各2点×3　問二　3点　問三～問五　各4点×3　問六　3点　問七　4点　問八　2点　問九　各3点×2　問十　4点　三　問一、問二　各2点×6　問三　3点　問四　2点　問五　3点 | |
| 計 | 100点 |

# ２０１８年度　早稲田大学高等学院

## 英語解答用紙

| 番号 | | 氏名 | | 評点 | ／100 |
|---|---|---|---|---|---|

**A**

Ⅰ．（1）＿＿＿＿　（2）＿＿＿＿　（3）＿＿＿＿

（4）＿＿＿＿　（5）＿＿＿＿　（6）＿＿＿＿

Ⅱ．（1）（a）＿＿＿＿　（b）＿＿＿＿　（2）（a）＿＿＿＿　（b）＿＿＿＿

Ⅲ．（1）＿＿＿＿　（2）＿＿＿＿　（3）＿＿＿＿　（4）＿＿＿＿

**B**

Ⅰ．（1）＿＿＿＿　(16)＿＿＿＿

Ⅱ．（2）＿＿＿＿　（3）＿＿＿＿　(14)＿＿＿＿

(15)＿＿＿＿　(20)＿＿＿＿

Ⅲ．（4）＿＿＿＿　（8）＿＿＿＿　(11)＿＿＿＿

(13)＿＿＿＿　(22)＿＿＿＿

Ⅳ．（5）＿＿＿＿　(10)＿＿＿＿

Ⅴ．（6）I＿＿＿＿

Ⅵ．（7）＿＿＿＿　(12)＿＿＿＿　(17)＿＿＿＿

Ⅶ．（9）＿＿＿＿　Ⅷ．(18)＿＿＿＿

Ⅸ．(19)＿＿＿＿　Ⅹ．(21)＿＿＿＿　Ⅺ．＿＿＿＿

Ⅻ．＿＿＿＿，＿＿＿＿

**C**

Ⅰ．（1）＿＿＿＿　（6）＿＿＿＿

Ⅱ．（2）＿＿＿＿　（3）＿＿＿＿　（7）＿＿＿＿　(11)＿＿＿＿

Ⅲ．（4）＿＿＿＿

Ⅳ．（5）so I made a plan that＿＿＿＿causing...

（8）＿＿＿＿no one could see me

Ⅴ．（9）＿＿＿＿

Ⅵ．(10)＿＿＿＿　(14)＿＿＿＿　Ⅶ．(12)＿＿＿＿

Ⅷ．(13)＿＿＿＿　Ⅸ．＿＿＿＿，＿＿＿＿

（注）この解答用紙は小社で作成いたしました。

| 推定配点 | | 計 |
|---|---|---|
| | A　Ⅰ　各１点×６　Ⅱ，Ⅲ　各２点×６　B，C　各２点×41 | 100点 |

# 2018年度　早稲田大学高等学院

## 数学解答用紙

| 番号 | | 氏名 | |
|---|---|---|---|

| 評点 | /100 |
|---|---|

**1** 計算欄

答 (1)

(2)

(3)

**2** 計算欄

答 (1) $a=$ , $b=$

(2)① $a=$ , $b=$

(2)②

**3** 計算欄

答 (1)

(2)

(3)

**4** 計算欄

答 (1)

(2)

(3)

（注）この解答用紙は小社で作成いたしました。

| | | |
|---|---|---|
| 推定配点 | 1 (1), (2) 各８点×２ (3) ９点<br>2 (1) ８点 (2) ① ８点 ② ９点<br>3 (1), (2) 各８点×２ (3) ９点<br>4 (1), (2) 各８点×２ (3) ９点 | 計<br>100点 |

# 二〇一八年度　早稲田大学高等学院

## 国語解答用紙

番号　　氏名　　評点 /100

### 一

問一　a　b　c

問二

問三　始め　終わり

問四

問五　始め　終わり

問六　こと

問七　始め　終わり

問八　問九

問十　始め　終わり

問十一

### 二

問一　a　b　なく　c

問二　問三

問四

問五　問六　始め　終わり

問七

問八　始め　終わり

問九

### 三

問一　問二

問三　問四

問五　問六　問七

（注）この解答用紙は小社で作成いたしました。

| 推定配点 | 計 |
|---|---|
| 一 問一　各2点×3　問二〜問五　各3点×4　問六　4点<br>問七、問八　各3点×2　問九〜問十一　各4点×3<br>二 問一　各2点×3　問二　4点　問三〜問五　各3点×3<br>問六　4点　問七　3点　問八、問九　各4点×2<br>三 問一〜問四　各3点×5　問五　4点　問六　3点　問七　4点 | 100点 |

平成29年度　　早稲田大学高等学院

英語解答用紙

| 番号 | | 氏名 | | 評点 | ／100 |
|---|---|---|---|---|---|

**A**

Ⅰ. 1.　　2.

Ⅱ. (1)　　Ⅲ. (2)

Ⅳ. (3)　　(14)

Ⅴ. (4)　　(5)　　(9)

(18)　　(21)　　(23)

Ⅵ. (6)　　(17)

Ⅶ. (7)　　(8)　　(12)

(19)　　(20)　　(22)

Ⅷ. (10) ４番目　　６番目

Ⅸ. (11)

Ⅹ. (13)　　(16)　　Ⅺ. (15)

**B**

Ⅰ. 1.　　2.　　3.

Ⅱ. (1)　　(2)　　(7)

(9)　　(11)　　(14)

Ⅲ. (3)　　(12)

Ⅳ. (4)　　(6)　　(8)　　(13)

Ⅴ. (5)　　Ⅵ. (10)

Ⅶ. (15)

Ⅷ. ・

Ⅸ. (1)　　(2)　　(3)

(4)　　(5)

(注) この解答用紙は小社で作成いたしました。

| 推定配点 | | 計 |
|---|---|---|
| | A, B　各２点×50 | 100点 |

## 平成29年度　早稲田大学高等学院

### 数学解答用紙

| 番号 | | 氏名 | | 評点 | ／100 |
|---|---|---|---|---|---|

**1** 計算欄

答 (1)①

(1)②

(2)① 円$B$ ,円$C$

(2)② 円$B'$ ,円$C'$

**2** 計算欄

答 (1)

(2) 傾き ,$y$座標

(3)①

(3)②

**3** 計算欄

答 (1)

(2)

(3)

**4** 計算欄

答 (1)

(2) $x=$ ,$y=$

(3)

(4) 最小値 ,$x=$ ,$y=$

| 推定配点 | | 計 |
|---|---|---|
| | 1 (1) 各6点×2 (2) 各3点×4<br>2 (1) 6点 (2) 各5点×2 (3) 各6点×2<br>3, 4 各6点×8〔4(2)は完答，(4)は各6点×2〕 | 100点 |

## 平成二十九年度　早稲田大学高等学院

### 国語解答用紙

| 番号 | | 氏名 | | 評点 | ／100 |
|---|---|---|---|---|---|

一

問一 a b c

問二 ア イ

問三

問四

問五　問六

問七

問八 始め 終わり という効果

問九

二

問一 a b c

問二　問三

問四　問五

問六 始め 終わり

問七　問八

問九 B C

問十

三

問一　問二

問三　問四

問五　問六

問七 7 8　問八

| 推定配点 | | 計 |
|---|---|---|
| | 一 問一 各2点×3 問二～問八 各3点×8 問九 4点<br>二 問一 各2点×3 問二～問十 各3点×11〔問六は完答〕<br>三 各3点×9 | 100点 |